C++ 프로그래밍

Visual Studio 패키지를 이용한

오종철 지음

도서출판 GS인터비전

머리말

현재 우리가 살아가는 이 시대는 가히 4차 산업 혁명의 토대인 정보의 시대라고 할 수 있습니다. 이러한 정보의 빅데이터로부터 우리에게 필요한 정보를 탐색하고 이를 통하여 더 편리한 삶을 누리기 위한 중심에는 소프트웨어가 있습니다. 잘 작성된 소프트웨어는 정보를 탐색하고 탐색된 정보를 이용하여 미래를 예측할 수 있으며 현실 세계와 연결되어 있는 모든 사물의 움직임을 우리의 의도대로 조정할 수도 있습니다. 즉, 제품의 품질은 기계적 품질에서 이 제품에 장착된 소프트웨어의 질로 넘어가고 있는 실정입니다. 그 예로 인공지능(AI), 무인 자동차, 로봇 등에 장착된 소프트웨어가 그 제품의 질을 판가름하는 시대가 이미 눈앞에 와있습니다. 따라서 최근 몇 년 동안 소프트웨어 교육의 중요성이 날로 증대되고 있으며 우리나라는 국가수준 2015 개정 교육과정에서 초·중등 시기에 소프트웨어 교육을 의무적으로 이수하도록 하고 있습니다. 또한 대부분의 대학에서도 3-6학점의 코딩 교육을 통해 소프트웨어 교육을 대신하고 있습니다. 대학교에서의 코딩 교육 과목을 살펴보면 C 프로그래밍을 초기에 다루고 파이썬이나 자바 등의 교육을 가르치고 있으며 응용과목으로 C++ 프로그래밍을 다루고 있는 것 같습니다.

특히 C++ 언어가 오래전부터 전 분야에 걸쳐 사용영역이 넓어지고 있다는 사실로 미루어 여타 다른 언어보다 여러 가지 면에서 매우 성능이 우수하다는 것을 짐작할 수 있습니다. 더욱이 기존의 C를 기본틀로 개발된 객체 지향 프로그래밍 언어로서의 C++ 언어가 비주얼 C++까지 비약적으로 발전을 함으로써 윈도우용 소프트웨어 산업에까지 폭 넓게 자리 잡아가고 있습니다. 따라서 본 저자는 비전공자인 입장에서 지난 20여 년 동안 강의해왔던 C++ 프로그래밍을 좀 더 쉽게 이해하고 코딩할 수 있도록 고심하였습니다. 대부분의 C++ 프로그램 관련 교재의 구성이 유사하지만 본 저자는 cplusplus.com 사이트의 tutorial 파트가 제일 이해하기 쉽게 구성되어 있다고 판단하여 그 구성을 참조하면서 이해하기 쉬운 예제와 실습 문제들로 기술하였습니다. 본문의 200여개의 예제를 이해한 후 90여개의 실습 문제를 스스로 코딩할 수 있도록 실력을 다진다면 120여개의 연습문제도 큰 어려움 없이 해결할 수 있을 것입니다.

이 책은 총 7장으로 구성되어 있는데 이를 간략히 설명하면 다음과 같습니다.

1장은 C++ 언어의 개요와 IDE 프로그램인 비주얼 스튜디오 패키지의 설치와 실행, 그리고 헤더 파일의 작성 등에 대하여 설명하였습니다. 2장은 C++의 기본요소인 변수, 상수, 연산자에 대하여 설명하였으며, 더불어 cin과 cout을 통한 자료의 입출력 방법을 다루었습니다. 3장은 프로그램의 구조를 설명하고 있는데 제어문인 if, for, while 등의 사용법과 사용자 정의 함수의 정의, 선언, 호출 방법, 그리고 함수의 다중 정의에 대하여 기술하고 있습니다. 4장은 기본 자료형을 토대로 만들어지는 배열, 문자열, 포인터 등을 설명하고 있으며, 복합 자료형인 배열의 정보를 함수로 전달하는 방법에 대해서도 언급하고 있습니다. 또한 동적 메모리를 사용하는 방법을 간단히 기술하고 있습니다. 다만 지면 사정에 따라 구조체, 공용체, 나열체 등의 정의와 간단한 사용법은 따로 참고 자료로 준비하였습니다. 5장은 C++ 프로그래밍의 백미인 객체 지향 프로그램의 개념을 잘 설명할 수 있는 클래스의 정의와 연산자 다중정의를 실현하는 방법, 그리고 프렌드와 상속에 대하여 자세히 다루고 있습니다, 6장은 우리가 프로그래밍 도중에 무심코 지나치기 쉬운 형 변환 방법과 예외처리를 설명하였으며, 마지막 7장에서는 파일 스트림 객체를 통해 파일 입출력을 할 수 있는 방법과 파일 복사 등의 응용 방법에 대해 설명하였습니다. 다시 언급하지만 본문의 예제 등을 통해 실습 문제와 연습 문제를 직접 해결해보는 것이 최상의 학습법이라고 말씀드리고 싶습니다.

끝으로 이 책이 C++의 기본을 다지고자 하는 이들에게 조금이나마 참고가 되길 바라며, 이 책이 나오기까지 애써주신 도서출판 GS인터비전 송기수 대표님과 공예서 과장님 이하 편집부 여러분들께 감사의 말씀을 드립니다.

2023년 2월

차례

CHAPTER 1

CHAPTER 1.

C++ 언어

1.1 C/C++ 언어의 개요

1.2 비주얼 스튜디오 패키지

1.3 C++ 소스 프로그램의 작성과 실행

1.4 함수를 헤더파일로 작성하기

1.5 클래스 정의를 클래스 파일과 헤더파일로 작성하기

CHAPTER

1.1 C/C++ 언어의 개요

1.1.1 C/C++ 언어의 쓰임새

현재 우리는 정보 혁명의 시대라고 할 수 있는 4차 산업 혁명 시대에 살고 있다. 정보의 중심에는 소프트웨어가 있으며 이를 통하여 수많은 정보 중에서 우리에게 필요한 것을 찾아올 수 있고 현실 세계와 연결되어 있는 모든 사물의 움직임을 조정할 수도 있다. 인공지능(AI), 무인 자동차, 로봇 등에 장착된 소프트웨어가 그 제품의 질을 판가름하는 시대이다. 이와 같은 현상으로 말미암아 소프트웨어 교육의 중요성이 날로 증대되고 있으며 우리나라는 국가수준 2015 개정 교육과정에서 초·중등 시기에 소프트웨어 교육을 의무적으로 이수하도록 하고 있다. 또한 대부분의 대학에서도 3-6학점의 코딩 교육을 통해 소프트웨어 교육을 대신하고 있는 실정이다.

우리가 실생활에서 의사소통 수단으로 언어를 사용하고 있듯이 C/C++ 등 프로그래밍 언어가 인간과 컴퓨터를 연결하는 의사소통의 도구라고 할 수 있다. 프로그래밍 언어는 과학 계산용으로 사용하는 FORTRAN, PASCAL, BASIC 등 여러 가지 종류가 있으며, 그 중에서 C언어는 수학식의 계산과 같은 단순한 연산에서 벗어나 시스템 프로그래밍(OS)이나 임베디드 프로그래밍에 많이 사용되고 있다. 더욱이 C++ 언어는 C 언어를 토대로 만들어진 언어기 때문에 코드의 기본이 되는 구조가 유사하지만, 각종 컴퓨터 언어 개발, 멀티미디어 저작도구에의 활용, 게임 소프트웨어 개발 툴(tool) 등의 고성능 게임 프로그래밍, 그리고 기타 응용 패키지 프로그램 개발과 서버 프로그래밍 등 무수히 많은 분야에서 다양한 적용이 가능한 언어로 자리 잡고 있다.

C++ 언어 프로그래밍이란 C++ 언어를 이용하여 컴퓨터가 처리할 일련의 작업 처리의 순서를 기술하는 것 또는 그 행위를 말한다.

1.1.2 C/C++ 언어의 역사

C 언어는 1972년에 UNIX 운영체제의 이식성을 증가시킬 목적으로 Bell 연구소의 Dennis Ritche가 개발하였다. 절차적 프로그래밍 언어로서의 초기의 C는 이후 구조적 프로그래밍이 가능하도록 1980년 초에 몇 가지 개선점을 추가하였으며, 1980년대 말에는 많은 기능을 추가하여 "표준 C" 또는 "ANSI C"로 알려진 C 언어의 표준안을 마련하였다.

1980년대 초에 Bell 연구소의 Bjarne Stroustrup이 기존의 C를 기본 틀로 하여 "C with class"라는 이름으로 C++ 언어를 개발하였다. 이렇게 탄생한 C++는 단순한 C의 확장이 아니라 C 보다 훨씬 좋은 독립된 언어이기도 하지만 C++은 이전 버전의 호환성때문에 C언어의 장점이라고 생각하는 부분을 모두 채택하였기 때문에 다소 복잡하다는 비평이 존재하는 언어이기도 하다.

Stroustrup은 C++를 C와 호환성을 갖도록 하였으며, 클래스 구문에 기반한 객체지향 프로그래밍(OOP, Object-Oriented Programming) 특성을 추가시켰다. 이렇게 하여 기존의 C 언어에 함수와 연산자의 다중 정의, 참조자, 그리고 클래스 등 많은 기능이 추가됨으로써 C++는 객체지향 프로그래밍 언어로 탄생한 것이다. C++의 이름도 기존 C라는 이름에 1을 더하는 증가연산자(++)를 붙임으로써 이 언어가 C의 확장이라는 의미를 나타내고 있는 것이다. Stroustrup은 AT&T의 벨 연구소에서 근무하면서 C++를 개발한 이후에도 계속 버전을 향상시켰다. 컴퓨터 언어를 표준화하는 단체인 ANSI(The American National Standards Institute)에서는 2003년 C++의 표준으로 C++03를 정의하였으며, 2011년에 새로운 표준 C++11를 도입하였다. 이후 2014년 C++11의 결점을 보안한 C++14를 표준으로 채택하였고 2017년 C++17를 거쳐 2020년 C++20 버전이 탄생하였다.

1.2 비주얼 스튜디오 패키지

1.2.1 비주얼 스튜디오 패키지 소개

C++ 언어로 작성하여 저장된 파일을 소스 프로그램(원시 프로그램, source program)이라고 한다. C++ 언어로 소스 프로그램을 작성하면 컴파일과 링크 과정을 거쳐야 프로그램의 결과를 얻을 수 있다. 만약 컴파일과 링크 과정에서 오류가 발생하면 디버깅 과정을 거쳐 잘못된 코딩을 수정하는 작업도 필요하다. 원시 프로그램의 작성부터 실행, 그리고 수정에 이르기까지 모든 과정을 하나의 프로그램에서 해결할 수 있게 도와주는 것을 통합 개발 환경(IDE, Integrated Development Environment)이라고 한다. 따라서 이러한 IDE 프로그램을 통하면 IDE에 포함된 문서 편집기로 C++ 원시 프로그램을 작성할 수 있을 뿐만 아니라 이를 컴파일하고 실행할 수 있다.

앞으로 우리는 통합 개발 환경 프로그램으로 Visual Studio 패키지를 사용할 것이다. 비주얼 스튜디오 패키지의 IDE는 C 또는 C++ 언어의 원시 프로그램의 코드 편집 외에도 그래픽 디자이너, 컴파일러, 코드 완성 도구, 소스 제어, 확장 기능 및 기타 많은 기능을 실행할 수 있도록 도와주는 프로그램이다. 이 패키지를 이용하면 C# 또는 비주얼 베이직이나 파이썬 등의 프로그래밍 언어도 편집하면서 바로 실행할 수 있다.

1.2.2 비주얼 스튜디오 패키지 인스톨하기

비주얼 스튜디오 패키지는 사이트 https://visualstudio.microsoft.com/ko/에서 〈그림 1.1〉에 표시한 바와 같이 무료로 사용할 수 있는 제품인 Community 2022를 다운로드 받아 설치할 수 있다. 다운로드를 클릭하면 'VisualStudioSetup.exe' 파일이 사용자의 컴퓨터에 다운로드 되며 다운로드가 종료되면 이 파일을 실행함으로서 비주얼 스튜디오 패키지를 인스톨할 수 있다.

〈그림 1.2〉는 비주얼 스튜디오 패키지를 인스톨하기 위하여 해당 사이트에서 제공하는 안내문이다. 이 안내문에 따르면 비주얼 스튜디오를 인스톨하는 단계는 총 8단계이지만 5단계부터는 선택사항이므로 4단계까지만 따라하면 충분하다.

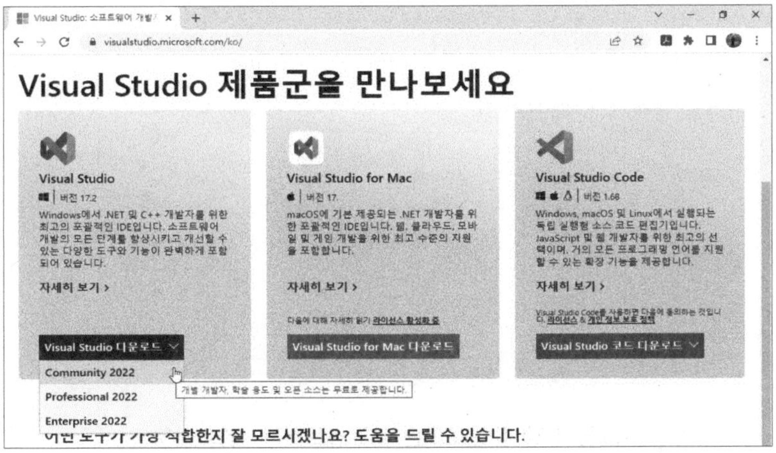

〈그림 1.1〉 Visual Studio 패키지 다운로드 사이트

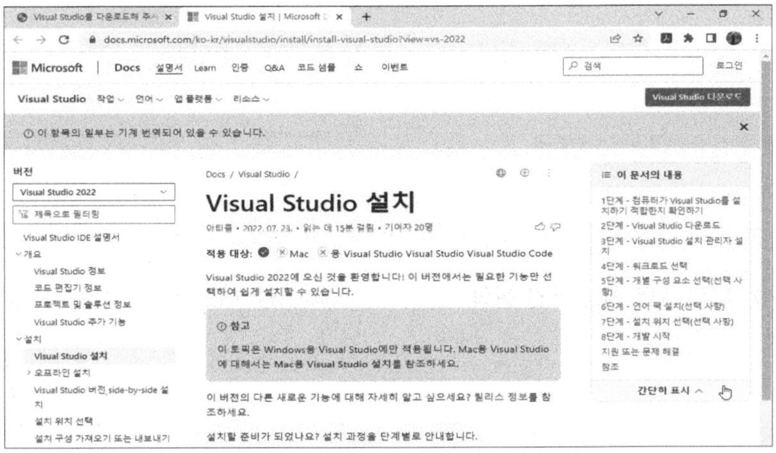

〈그림 1.2〉 Visual Studio 패키지를 인스톨하는 방법

현재 비주얼 스튜디오를 다운로드하는 2단계까지 진행하였으므로 〈그림 1.3〉과 같이 다운로드된 부트스트래퍼 파일을 실행하여 3단계로 넘어가면 된다. 〈그림 1.4〉와 〈그림 1.5〉의 3단계는 비주얼 스튜디오의 설치 관리자를 설치하고 Microsoft 사용 약관 및 개인정보처리방침에 동의하는 메시지가 표시되면 [계속]을 선택하면 다음 4단계로 넘어가게 된다. 앞에서 언급한 바와 같이 개별 구성 요소 선택을 위한 5단계와 언어 팩 설치를 위한 6단계, 그리고 설치 위치 변경을 위한 7단계는 인스톨 과정에서 생략해도 무방하다.

마지막 4단계는 원하는 기능을 얻기 위하여 〈그림 1.6〉과 같이 C++ 언어에 필요한 워크로드를 선택하면 된다. 즉, 여기서는 C++ 지원을 위해 "C++를 사용한 데스크톱 개발" 워크로드를 선택하면 된다. 이후 [설치] 버튼을 클릭하면 선택된 워크로드에 필요한 구성 요소들이 설치된다.

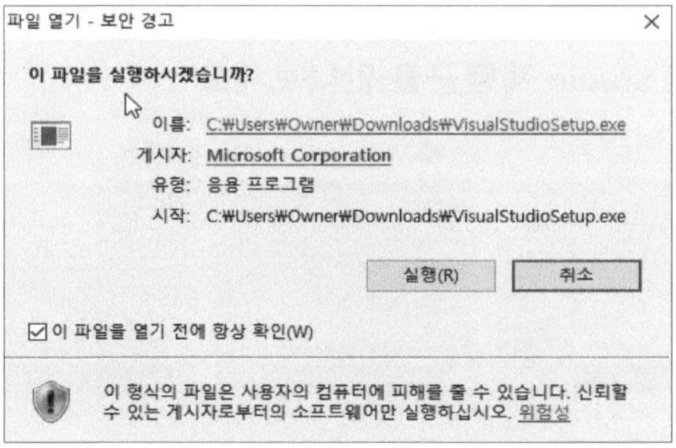

〈그림 1.3〉 다운로드된 부트스트래퍼 파일 실행

〈그림 1.4〉 소프트웨어 사용 조건 동의

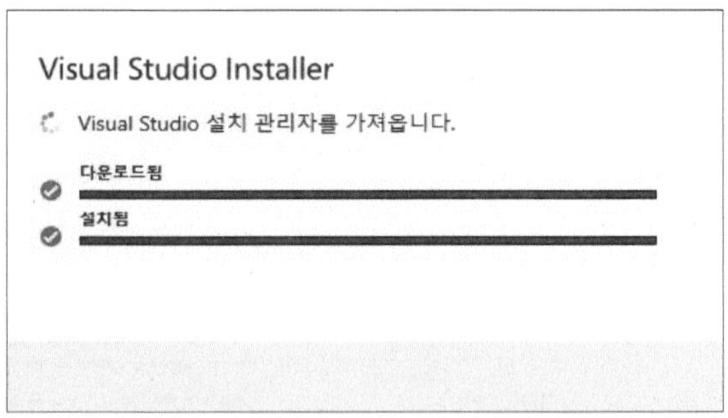

〈그림 1.5〉 Visual Studio 설치관리자

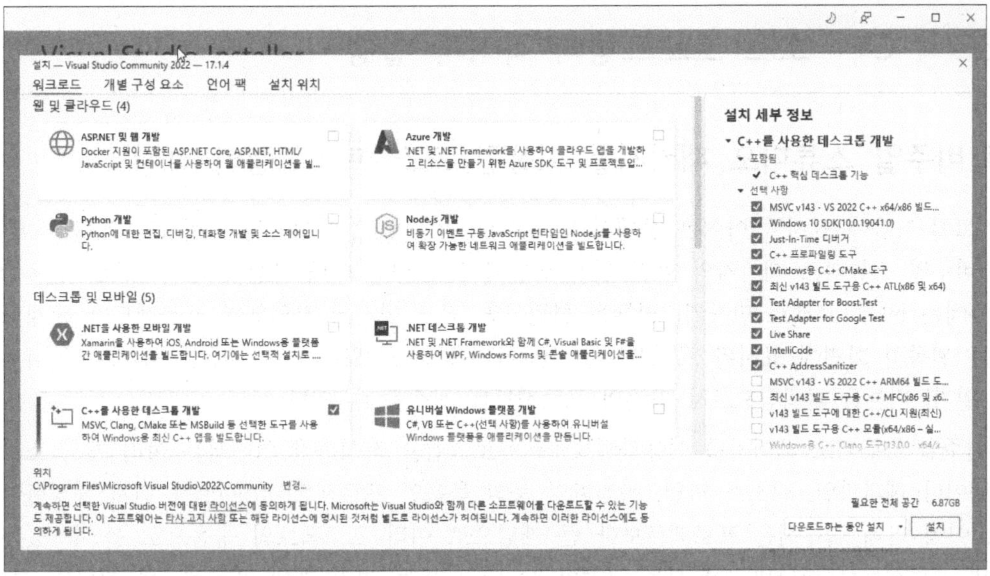

〈그림 1.6〉 Visual Studio 설치화면에서 워크로드 선택

참고로 해당 사이트에서는 이 4단계의 도움말을 통해 20개가 넘는 언어에 대한 기본 코드 편집 기능, 프로젝트 없이도 폴더에서 코드를 열어 편집할 수 있는 기능 및 통합 소스 코드 제어 기능이 포함된 기본 핵심 편집기가 제공됨을 알리고 있다.

4단계의 설치가 완료되면 컴퓨터를 다시 부팅하는 것이 좋다는 코멘트 화면이 출력된다. 이때 [OK] 버튼을 클릭하면 컴퓨터가 재부팅되면서 Visual Studio 패키지 설치가 완성될 것이다. 〈그림 1.7〉은 컴퓨터에 인스톨된 Visual Studio 2022 아이콘의 모습이다. 이 아이콘을 클릭하면 비주얼 스튜디오 패키지를 통한 C++ 프로그램의 실행이 가능하다.

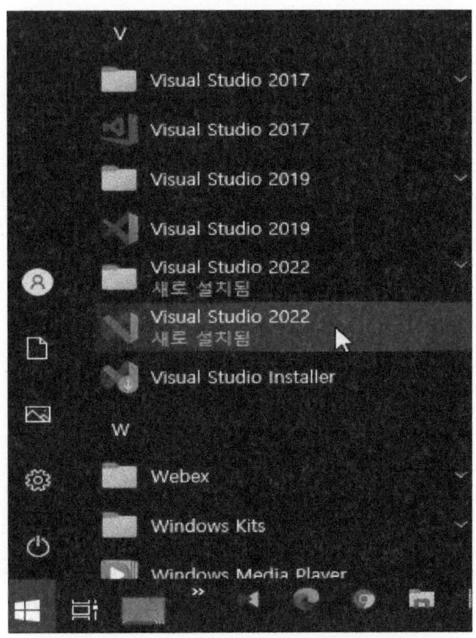

〈그림 1.7〉 컴퓨터에 인스톨된 Visual Studio 패키지

1.3 C++ 소스 프로그램의 작성과 실행

1.3.1 비주얼 스튜디오 패키지를 이용한 소스 프로그램의 작성

〈그림 1.7〉에 표시된 아이콘 중에서 Visual Studio 2022 아이콘을 클릭하면 〈그림 1.8〉과 같이 비주얼 스튜디오 패키지의 파일 열기 화면이 표시된다. 이때 새롭게 C++ 프로그램을 작성할 경우에는 [새 프로젝트 만들기] 버튼을 클릭하면 되고 이전에 작업했던 프로젝트가 존재할 경우에는 왼쪽의 화면에 표시된 프로젝트를 선택하거나 [프로젝트 또는 솔루션 열기] 또는 [로컬 폴더 열기] 버튼을 클릭함으로서 기존의 프로젝트를 실행할 수 있다.

비주얼 스튜디오 패키지를 이용하여 C++ 프로그램을 작성하기 위해서는 여러 개의 소스 프로그램이나 헤더파일, 리소스 파일, 목적파일 등의 묶음인 프로젝트(project)를 먼저 생성하여야 한다. 이에 반해 솔루션은 프로젝트보다 큰 개념으로 여러 프로젝트의 묶음으로 볼 수 있는데 하나의 프로젝트로 하나의 솔루션을 구성할 수 있고 또는 여러 개의 프로젝트로 하나의 솔루션을 구성할 수 있다.

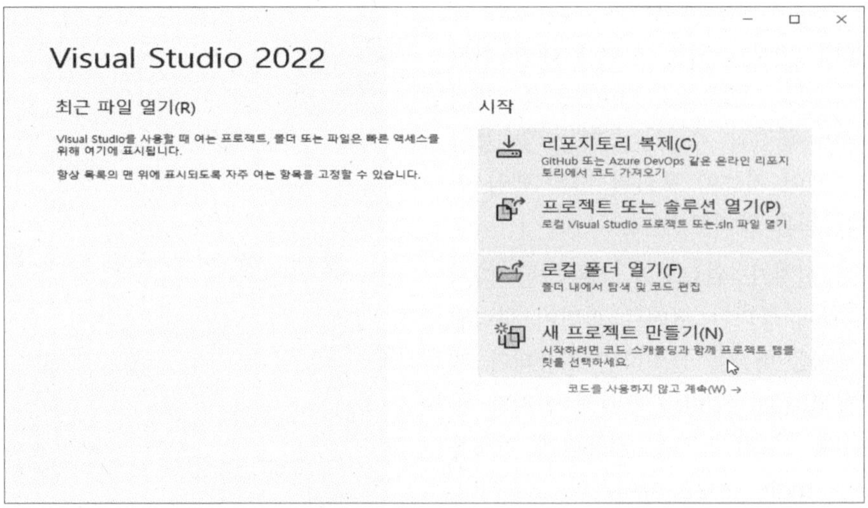

〈그림 1.8〉 비주얼 스튜디오 패키지의 파일 열기 화면

〈그림 1.9〉 새 프로젝트 만들기

〈예 2.1〉에 표시된 원시 프로그램을 Visual Studio 패키지를 이용하여 작성하는 방법을 알아보자. 먼저 〈그림 1.8〉에 [새 프로젝트 만들기] 버튼을 클릭하면 〈그림 1.9〉와 같이 새 프로젝트 만들기 창이 출력되고 [빈 프로젝트]를 선택한 후 [다음] 버튼을 클릭한다.

이어서 출력되는 〈그림 1.10〉의 새 프로젝트 구성 대화상자에 프로젝트의 이름을 "예제2-1"과 같이 정하여 입력한 후, [만들기] 버튼을 클릭하면 새 프로젝트가 생성된 화면 〈그림 1.11〉이 출력된다. 이렇게 생성된 프로젝트는 새 프로젝트 구성 대화상자에서 입력했던 폴더에 위치하게 된다.

〈그림 1.10〉 새 프로젝트 구성

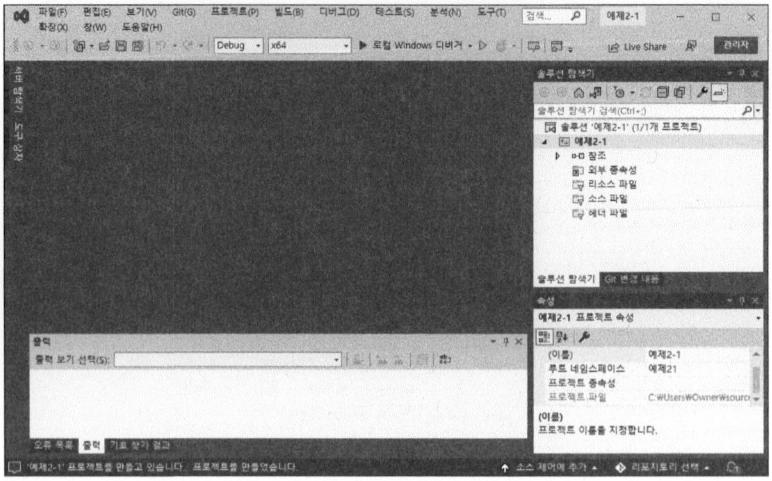

〈그림 1.11〉 새 프로젝트 생성 완료

이제 〈예 2.1〉의 C++ 소스 프로그램을 편집하면 되는데 먼저 〈그림 1.11〉의 솔루션 탐색기에 표시된 [소스 파일]를 추가해줘야 한다. 이를 위하여 〈그림 1.12〉와 같이 마우스 오른쪽 버튼을 이용하여 [추가]-[새 항목]을 차례대로 클릭하면 〈그림 1.13〉의 새 항목 추가에 대한 대화상자가 나타난다. 이때 소스 파일(프로그램)의 종류를 선택하고 이 소스 파일의 이름을 적절한 이름, 예를 들어 "예2-1.cpp"로 변경해준다.

〈그림 1.13〉에서 알 수 있듯이 앞으로 편집되는 C++ 소스 프로그램 "예2-1.cpp" 파일은 직전에 생성된 프로젝트 "예제2-1"의 폴더에 저장될 것이다. 〈그림 1.14〉는 Visual Studio 패키지에 C++ 소스 프로그램인 "예2-1.cpp"를 입력한 모습을 표시한 것이다.

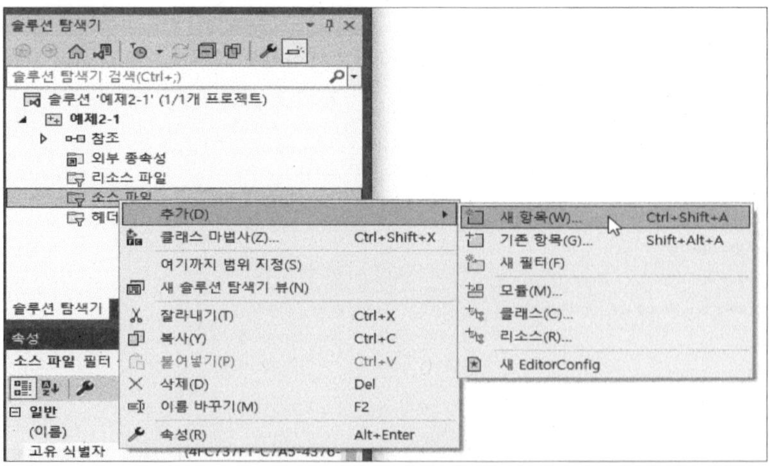

〈그림 1.12〉 소스 파일 추가

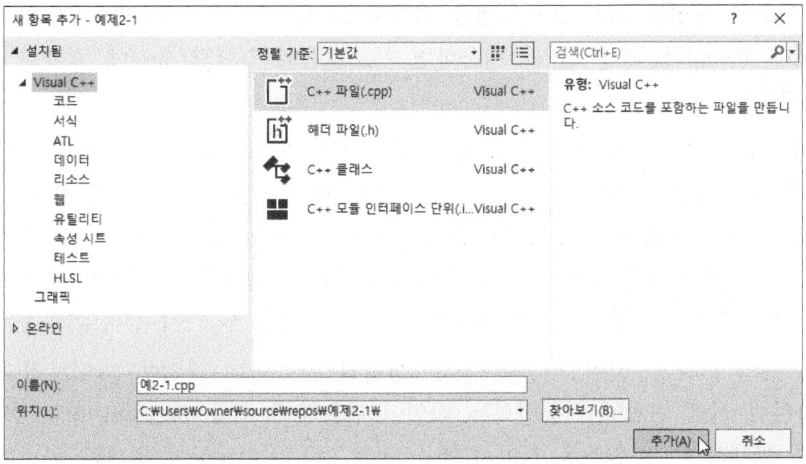

〈그림 1.13〉 소스 파일에 대한 새 항목 추가

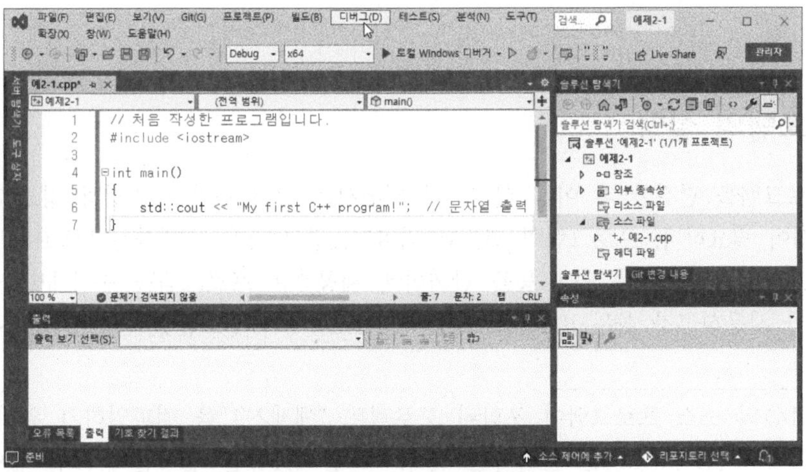

〈그림 1.14〉 C++ 소스 프로그램을 편집한 모습

1.3.2 컴파일과 링크

프로그래밍 언어는 기계 중심의 언어인 저수준 언어(low level language)와 인간이 이해할 수 있는 언어로 작성 가능한 고수준 언어(high level language)가 있다. 저수준 언어는 어셈블리어가 대표적이고 포트란, 베이직, C, C++ 등 기타 대부분의 언어가 고수준 언어라 할 수 있다.

우리가 배우게 될 C++ 언어는 고수준 언어로서 대부분의 명령어를 영어로 표기하기 때문에 우리가 이해하기 쉽지만 컴퓨터인 기계는 이 언어를 이해할 수 없을 것이다. 따라서 우리가 작성한 소스 프로그램을 먼저 컴퓨터 언어인 0과 1의 기계어로 변환해주어야 한다. 이와 같이

C++ 언어 등으로 작성된 소스 프로그램을 기계어 코드로 번역하는 작업을 컴파일(compile)이라고 한다. 이때 Visual Studio IDE를 이용하면 프로그램의 입력과 동시에 컴파일 작업을 수행하는 것이 편리하다.

컴파일러는 선행 처리자가 # 기호로 시작하는 선행 처리문 등을 자동으로 먼저 처리한 이후에 컴파일 작업을 수행하는데 소스 프로그램은 물론 이 프로그램의 수행에 필요한 다른 소스 파일들에 대한 컴파일 작업이 같이 이루어진다. 컴파일 작업이 성공적으로 끝나면 확장자가 .OBJ인 기계어 코드로 이루어진 오브젝트 파일(Object file)이 생성된다. 컴파일 과정에 오류가 발생하면 소스 프로그램으로 되돌아가서 오류가 난 부분을 수정한 후 다시 컴파일 과정을 거쳐야 한다.

컴파일러 작업이 오류 없이 성공할 경우 생성된 오브젝트 파일에 라이브러리 파일(Library file)을 결합하여 서로 연결하고 통합하는 작업이 필요한데 이를 링크(link)라고 한다. 이때 링크 도중 오류가 발생하면 그 원인을 찾아서 소스 프로그램을 수정하여 컴파일 과정부터 다시 시작하여야 한다. 링크 과정이 오류 없이 완성되면 확장자가 .EXE인 실행 파일이 생성되고 추후 이 파일을 통하여 작성한 C++ 프로그램의 실행 결과를 얻을 수 있다.

1.3.3 프로그램의 실행

C++ 프로그램을 편집한 후 이를 실행하기 위해서는 먼저 컴파일 과정과 링크 과정을 수행하는 프로그램이 필요하다. 프로그램의 편집과 컴파일, 링크 등을 수행하는 빌드(build), 그리고 오류를 찾아내기 위한 디버깅 도구 등을 한꺼번에 제공하는 프로그램을 통합개발환경(IDE)이라고 한다. 우리가 사용하고자 하는 IDE 프로그램이 1.2.2절에서 인스톨했던 비주얼 스튜디오 패키지이다.

〈그림 1.14〉의 소스 프로그램이 포함된 프로젝트 "예제2-1"을 컴파일하기 위해서는 주 메뉴의 [빌드(B)]에서 [컴파일(M)]을 클릭하면 된다. 〈그림 1.16〉은 컴파일이 오류 없이 성공적으로 수행했음을 알려주는 메시지 창의 내용이다. 이후 [예제 2-1 빌드(U)] 메뉴를 클릭하면 링크가 실행될 것이다.

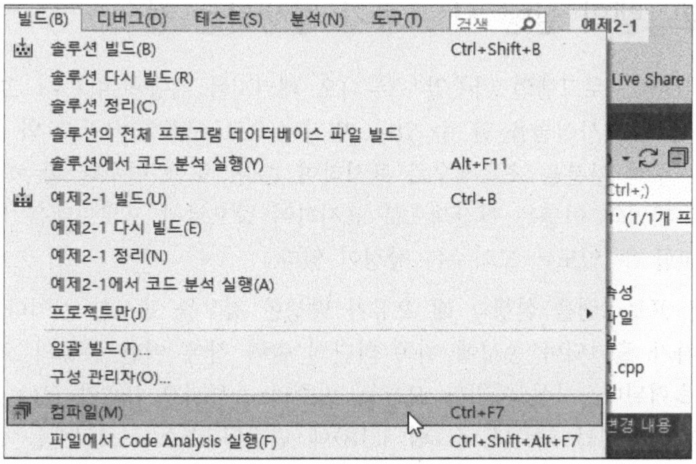

〈그림 1.15〉 컴파일 메뉴와 빌드 메뉴

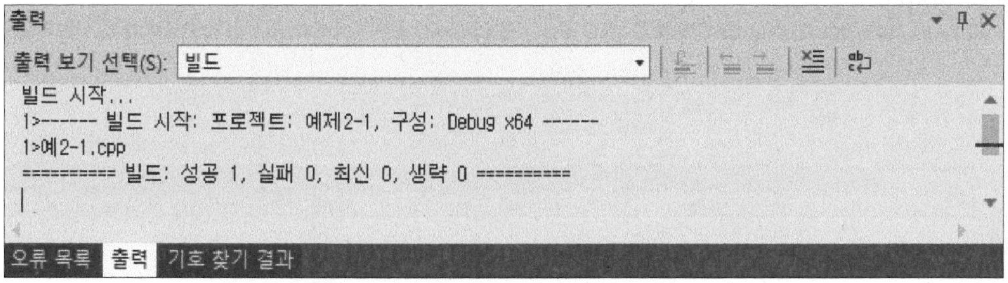

〈그림 1.16〉 컴파일 결과 출력 창

컴파일과 링크를 각각 수행하지 말고 한꺼번에 프로그램을 빌드한 후 그 결과를 얻는 방법이 있는데 주메뉴인 [디버그(D)]의 하위 메뉴인 [디버그하지 않고 시작(H)]를 실행하는 것이다. 이 하위 메뉴에 대한 단축키는 [Ctrl+F5]이며, 물론 이 과정에서 오류가 발생하면 오류의 원인을 해결한 후 다시 시작하여야 한다.

〈그림 1.17〉은 〈그림 1.14〉의 C++ 프로그램을 단축키 [Ctrl+F5]를 통하여 수행함으로서 출력된 프로그램의 실행 결과를 표시한 것이다.

〈그림 1.17〉 C++ 프로그램 “예2-1.cpp”의 실행 결과

1.3.4 C++ 프로그램의 실행 시 오류가 발생하는 경우

통합개발환경(IDE) 프로그램인 비주얼 스튜디오 패키지를 사용하여 C++ 프로그램을 편집하면 몇 가지 편집에 용이한 사실들을 알 수 있다. 먼저 //으로 시작하거나 /* 와 */ 사이에 표시하는 C++ 프로그램의 주석 부분을 초록색으로 표시하여 준다. 또한 변수나 함수의 자료형은 파란색, 문자열이나 헤더 파일의 이름은 빨간색으로 표시하여 줌으로서 프로그램을 편집할 때 명령어와 식별자 등을 구별할 수 있도록 도와주는 장점이 있다.

〈그림 1.18〉은 프로그램을 실행할 때 오류가 발생한 경우를 표시한 것이다. 빌드 오류가 발생했다는 대화 상자가 출력되며 동시에 왼쪽 하단의 출력 창에 어떤 종류의 오류가 발생했는지에 대한 메시지가 출력된다. 사실 이러한 오류는 비주얼 스튜디오 IDE가 C++ 프로그램을 편집할 때 미리 어느 정도 표시를 해준다. 〈그림 1.18〉에 편집된 소스 프로그램을 살펴보면 오류가 발생할 부분에 빨간색 밑줄이 그어져 있음을 알 수 있다. 즉, 정상적인 명령어인 cout 대신에 out 으로만 표기되어 있기 때문에 이 단어에 빨간색 밑줄을 그어 오류가 발생할 수 있음을 미리 경고하는 것이다.

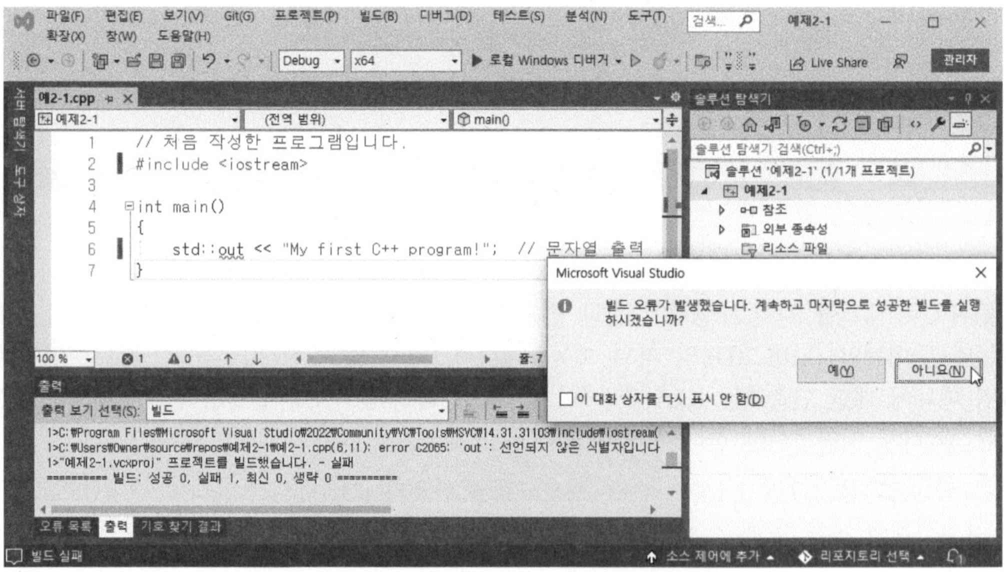

〈그림 1.18〉 프로그램 실행 시 오류가 발생하는 경우

1.4 함수를 헤더파일로 작성하기

C++ 프로그램은 main() 함수의 첫 줄의 명령문부터 실행을 시작하여 마지막 줄의 명령문이 실행되면 전체 프로그램이 종료되는 시스템이다. 다만 main() 함수를 수행하는 과정에서 다른 함수가 호출되면 호출된 함수로 실행 순서가 넘어가고 그 함수의 모든 명령문이 수행되면 다시 이 함수를 호출했던 main() 함수 내로 되돌아온다.

〈예 3.24〉 프로그램은 main() 함수 내에서 함수 star()와 sum_m_n() 함수를 호출하는 예를 보여주고 있다. 〈예 3.24〉의 소스 프로그램을 실행하기 위하여 하나의 편집 화면에 〈예 3.24〉의 내용을 모두 입력한 후 1.3.3절에서 언급한 바와 같이 [디버그(D)]-[디버그하지 않고 시작(H)]를 선택하면 된다.

그러나 main() 함수와 별도로 작성되는 함수를 따로 편집하고 저장하면 추후 다른 프로그램에서 이 함수들을 쉽게 이용할 수 있다. 이 절에서는 main() 함수와 별도로 함수를 저장하는 방법에 대하여 알아볼 것이다. 먼저 이름이 "예제3-24"인 프로젝트를 생성한다. 다음 단계로 소스 파일의 이름이 "예3-24.cpp"인 소스 프로그램을 생성한 후 main() 함수의 내용을 〈그림 1.19〉와 같이 입력한다.

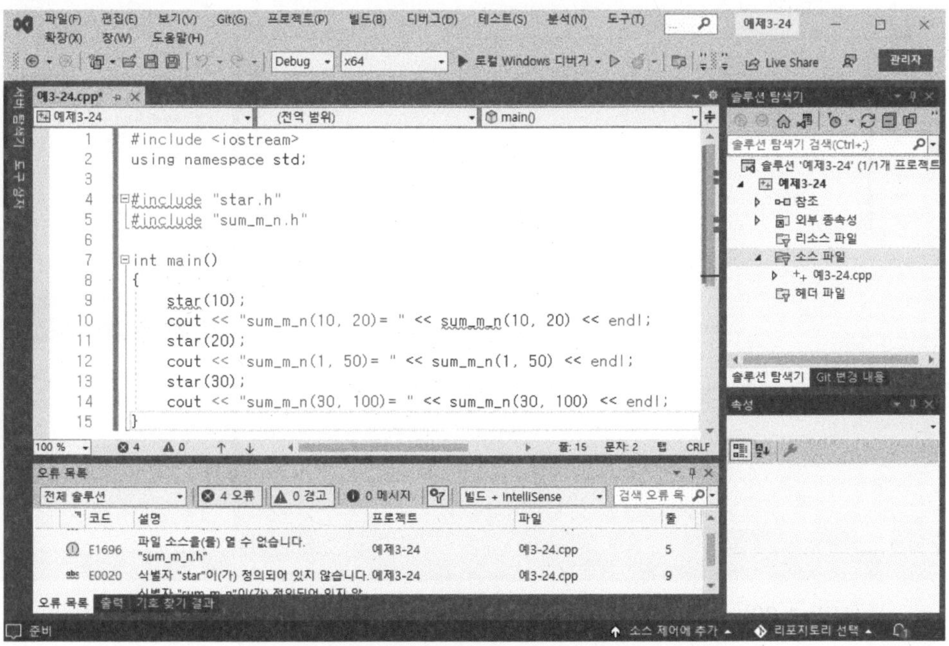

〈그림 1.19〉 main() 함수 편집

이때 〈그림 1.19〉에서 알 수 있듯이 〈예 3.24〉 프로그램에 포함되어 있는 다른 두 함수들은 아직 편집된 상태가 아니므로 이 함수들이 저장된 헤더 파일을 열 수 없다는 메시지와 함수의 정의가 없다는 메시지가 오류 목록 창에 표시되고 있다.

사용자 정의 함수들이 저장된 헤더 파일을 편집하기 위해서 〈그림 1.19〉의 솔루션 탐색기에서 마우스 오른쪽 버튼을 이용하여 [헤더 파일]-[추가(D)]-[새 항목(W)]을 클릭한다. 이어서 출력되는 [새 항목 추가] 대화 상자에서 [헤더 파일(.h)]를 선택하고 헤더 파일의 이름을 "star.h"로 지정한 후 [추가] 버튼을 클릭한다. 새롭게 비어 있는 star.h 이름의 편집기 창에 함수 star()의 정의를 입력한다.

sum_m_n() 함수의 입력을 위하여 [헤더 파일]-[추가(D)]-[새 항목(W)]을 클릭하고 헤더 파일의 이름을 "sum_m_n.h"로 지정한다. 〈그림 1.20〉은 main() 함수가 입력된 편집기 상에 두 함수의 정의가 저장된 헤더 파일을 추가한 모습을 표시한 것이다.

〈그림 1.21〉은 이렇게 main() 함수와 따로 저장된 두 함수를 헤더 파일로 연결하여 실행하여 얻어진 결과이다. 헤더 파일로 독립적으로 저장된 두 함수는 다른 C++ 프로그램에서 필요할 경우 별다른 수정 없이 호출할 수 있을 것이다.

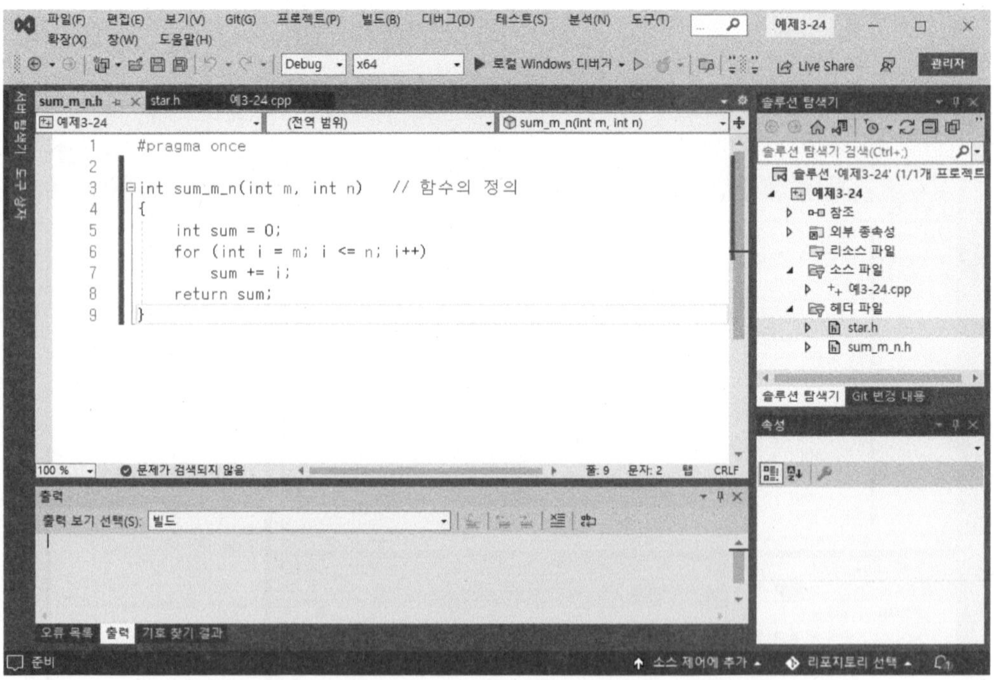

〈그림 1.20〉 star() 함수와 sum_m_n() 함수가 정의된 헤더 파일의 편집

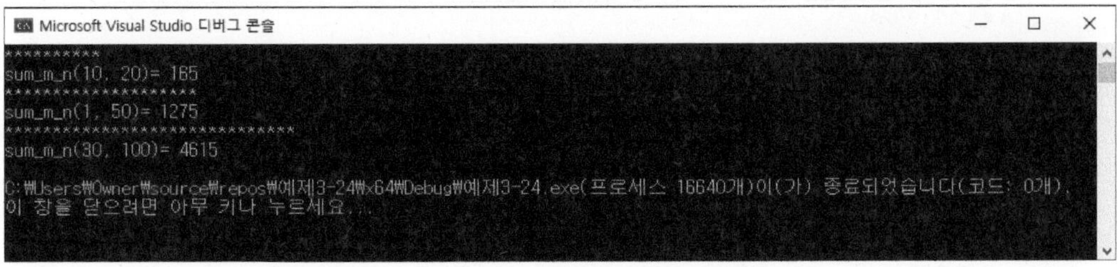

〈그림 1.21〉 〈예 3.24〉 프로그램의 실행 결과 창

1.5 클래스 정의를 클래스 파일과 헤더파일로 작성하기

함수와 비슷하게 클래스의 정의를 헤더 파일로 저장을 해두면 다른 C++ 소스 프로그램에서 쉽게 공유할 수 있다. 이 절에서는 〈예 5.5〉 프로그램에서 다루는 클래스를 main() 함수와 별도로 헤더 파일로 저장하는 방법에 대하여 알아보자.

〈예 5.5〉는 클래스 Cmplx의 정의와 main() 함수가 하나의 소스 프로그램으로 작성되어있다. 이때 클래스 Cmplx의 정의를 main() 함수와 별도로 헤더 파일로 편집한 후 두 개의 파일을 빌드시키면서 실행하면 된다. 이를 위하여 먼저 main() 함수 부분을 "예5-5.cpp" 파일로 편집하면 〈그림 1.22〉와 같다.

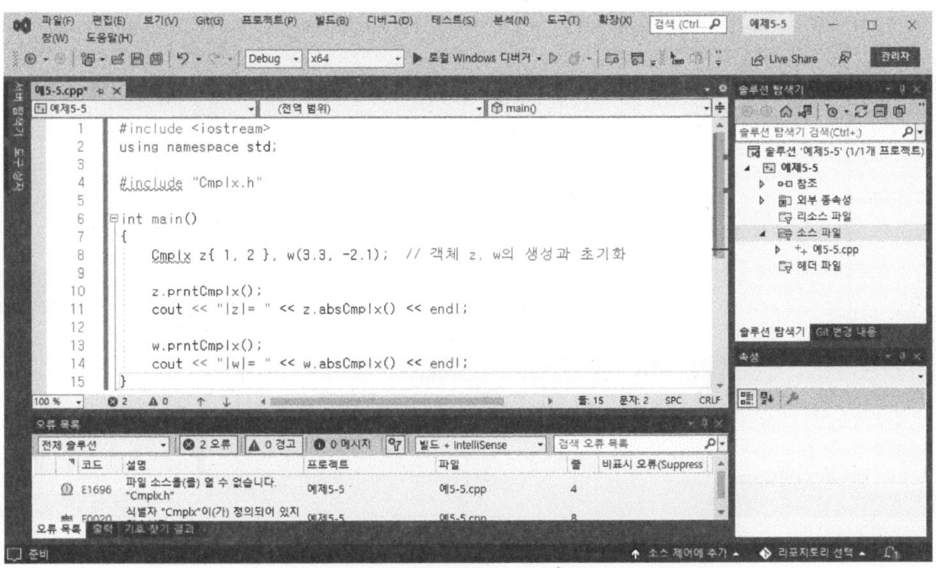

〈그림 1.22〉 클래스 Cmplx를 호출하는 main() 함수

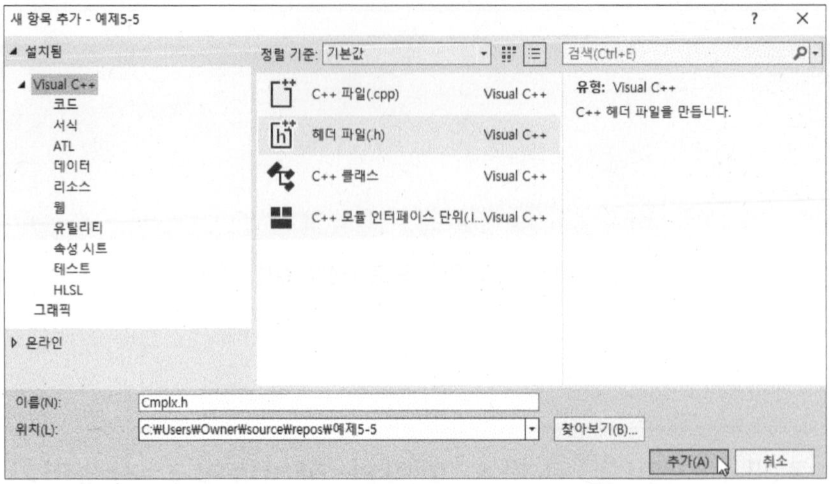

〈그림 1.23〉 클래스 정의를 위한 헤더 파일 추가를 위한 대화 상자

아직 클래스를 정의하는 헤더 파일을 편집하지 않았기 때문에 파일 소스의 부재와 Cmplx 클래스 식별자에 대하여 오류가 발생하지만 이 메시지들은 현재 무시해도 된다. 〈그림 1.23〉은 클래스의 정의를 위한 헤더 파일의 이름을 "Cmplx.h"로 추가하는 대화 상자의 모습이다.

〈그림 1.24〉는 〈예 5.5〉에서 설명한 클래스 Cmplx의 정의를 입력 완료한 "Cmplx.h"의 모습을 표시한 것이다.

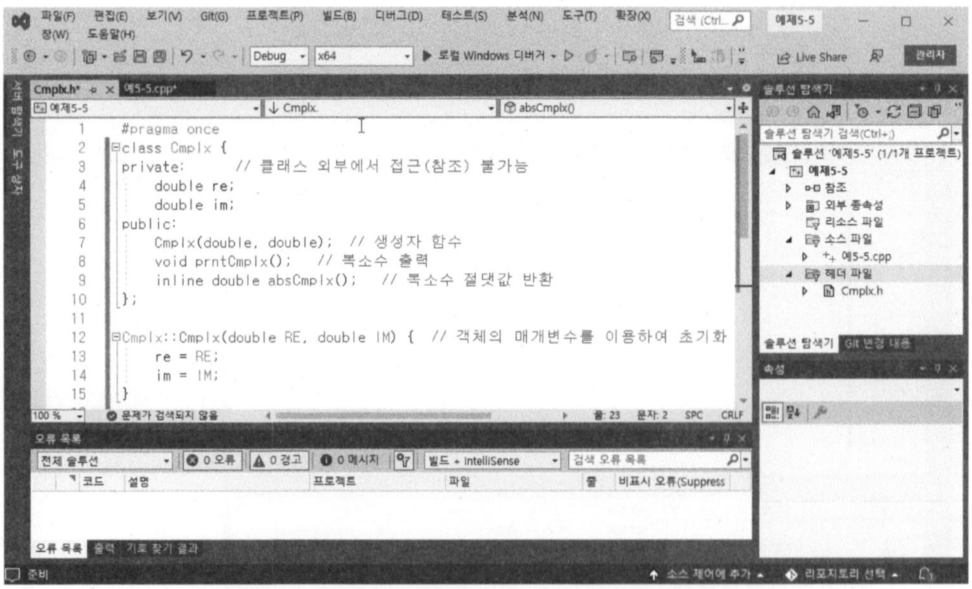

〈그림 1.24〉 클래스 Cmplx의 정의를 "Cmplx.h" 헤더 파일로 편집한 모습

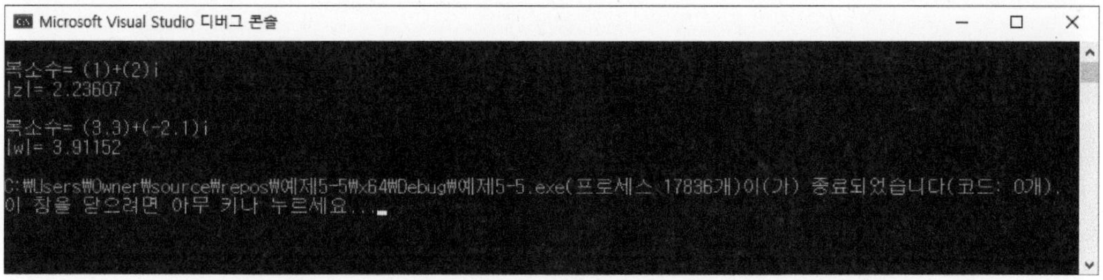

〈그림 1.25〉 클래스를 헤더 파일로 따로 편집한 C++ 프로그램의 실행 결과

이제 [디버그(D)]-[디버그하지 않고 시작(H)]를 선택하여 이 프로젝트를 실행하면 클래스를 호출하는 main() 함수가 정상적으로 수행이 되어 〈그림 1.25〉와 같은 결과를 얻을 수 있다.

CHAPTER 2

CHAPTER 2.

C++의 기본 요소

2.1 C++ 프로그램 언어의 구조

2.2 변수와 자료형

2.3 상수

2.4 연산자

2.5 기본적인 입출력 방법

CHAPTER

2.1 C++ 프로그램 언어의 구조

C++ 프로그램 언어를 배우는 가장 좋은 방법은 직접 소스 프로그램(원시 프로그램, source program)을 작성하는 것이다. 1장에서 우리가 직접 C++ 언어를 이용하여 작성된 프로그램을 소스 프로그램이라고 하였다. 또한 IDE 프로그램인 Visual Studio 패키지를 이용하여 C++ 소스 프로그램을 편집하고 실행하는 방법에 대해서 1장을 다시 참조하기 바라며 앞으로 특별한 경우가 아니면 C++ 프로그래밍 언어를 설명하기 위한 대부분의 예제들은 소스 프로그램과 그 실행 결과만을 표시할 것이다.

어떤 프로그래밍 언어라도 소스 프로그램의 설명은 〈예 2.1〉과 같이 컴퓨터 화면에 문자열(string)을 단순히 출력하는 것으로 시작한다. 문자열이란 문자들의 모임을 의미하며 보통 소스 프로그램에서는 큰따옴표(“”)로 문자열의 시작과 끝을 표시한다. 〈예 2.1〉의 소스 프로그램(앞으로는 단순히 프로그램이라고 칭함)은 하나의 문자열을 출력하는 아주 간단한 프로그램이지만 C++ 프로그램이 갖춰야할 기본적 요소가 대부분 포함되어 있다.

◆ <예 2.1>

```
// 처음 작성한 프로그램입니다.
#include <iostream>

int main()      /* main 함수의 시작 */
{
        std::cout << "My first C++ program!" ;    // 문자열 출력
}
```

```
My first C++ program!
```

〈예 2.1〉에 표시된 프로그램은 한 줄의 빈 줄(blank line)을 포함하여 총 7줄로 구성되어 있다. 이를 간략히 설명하면 다음과 같다.

먼저 기호 //로 시작하는 첫 번째 줄은 주석문(comment statement)으로 프로그램을 설명하는 문장이다. 기호 // 이후부터 해당 줄의 끝까지 표시된 모든 내용은 주석으로서 프로그램의 실행과 전혀 무관하다. 즉, 주석문은 프로그램의 내용을 쉽게 설명하기 위한 것으로 프로그램의 어디에서나 표시할 수 있다. 예를 들어 6째 줄의 마지막에 // 이후 표시된 “문자열 출력”이란 한글도 주석이기 때문에 프로그램의 실행에 전혀 영향을 주지 않는다. 물론 C++는 C의 확장이기에 /* 기호로 시작하고 */ 기호를 끝으로 사용하는 여러 줄의 주석도 가능하다.

해시 사인(hash sign) #으로 시작하는 두 번째 줄은 선행처리 지시자(directives)를 수행하기 위한 문장으로 선행처리기(preprocessor)가 자동 실행된다. 선행처리기는 소스 프로그램을 컴파일하기 전에 먼저 #으로 지정된 헤더 파일의 내용을 프로그램에 삽입하도록 도와준다. 〈예 2.1〉의 경우에는 헤더 파일 〈iostream〉으로 지정된 표준 입출력 정보에 대한 내용이 프로그램에 삽입될 것이다. 우리는 이 헤더 파일의 정보를 이용하여 표준 입력과 표준 출력을 쉽게 할 수 있다. 해시 사인 기호 #으로 시작하는 두 번째 문장이 먼저 삽입되지 않으면 프로그램에서 출력을 위한 cout 문장이 정상적으로 실행되지 않는다. 즉, cin과 cout을 이용한 표준 입출력을 정상적으로 실행하기 위해서는 헤더 파일 〈iostream〉를 불러 삽입해주는 #include 선행처리 지시자가 반드시 필요하다고 할 수 있다.

세 번째 줄의 빈 줄은 프로그램의 실행에 아무런 영향을 주지 않는다. 즉 빈 줄이 없어도 될 뿐 아니라 여러 줄의 빈 줄을 삽입해도 상관이 없다. 다만 빈 줄을 가끔 삽입하는 이유는 프로그램의 가독성을 높이는데 필요하기 때문이다.

네 번째 줄의 int main()은 main() 함수의 시작을 선언하는 문장이다. main() 함수는 C++ 프로그램에서 없어서 안 될 아주 중요한 함수이다. 왜냐하면 C++ 프로그램의 실행은 main() 함수의 첫 문장에서 시작하여 마지막 문장으로 종료되기 때문이다. 보통 함수의 시작은 함수값의 반환 자료형(type)과 함수의 이름, 그리고 한 쌍의 괄호(parentheses)를 함수의 매개 인수와 같이 표시한다. 사용자 정의 함수는 그 이름을 사용자가 직접 정할 수 있지만 main() 함수의 이름인 main은 사용자가 다른 이름으로 변경할 수 없다. 〈예 2.1〉의 경우 main() 함수 내에서 반환값을 선언하는 return문이 존재하지 않지만 암묵적으로 정수를 반환값으로 설계되어 있기 때문에 main() 함수의 반환 자료형을 int로 지정한다. 그리고 외부에서 main() 함수로 전달되는 명령행 인수가 없는 경우이므로 괄호 안에 아무 것도 표시하지 않았다. 그러나 빈 괄호는 반드시 필요하다.

다섯 번째 줄과 일곱 번째 줄에 표시한 바와 같이 main() 함수를 포함한 모든 함수는 블록으로 처리되어야 하며 다른 블록과 경계를 구분하기 위하여 중괄호(brace, { })를 사용한다. 이와 같이 함수나 제어문 등에서 구분자 중괄호로 구분된 블록의 내부는 다른 블록과 별개의 환경을 갖는 하나의 지역으로 간주된다.

마지막으로 여섯 번째 줄에 표시되어 있는 문장은 이 프로그램에서 실제 실행되는 C++ 실행문(statement)이다. C++ 실행문이란 이를 수행할 경우 특정한 결과를 얻을 수 있는 수식(expression)이라고 정의할 수 있다. 이러한 실행문들은 일반적으로 먼저 서술된 순서대로 실행된다. 모든 C++ 실행문은 쎄미콜론(semicolon, ;)으로 마무리되어야 하며 실행문의 끝에 쎄미콜론(;)이 없으면 실행문이 계속 이어지는 것으로 간주되기 때문에 구문 오류(syntax error)가 발생할 수 있다. 처음 C++ 프로그램을 접하는 경우 가장 많은 오류를 범하는 것이 쎄미콜론(;)을 필요로 하는 구문 오류이므로 주의해야 한다.

여섯 번째 줄의 실행문 std::cout 〈〈 "My first C++ program!";를 살펴보면 표시된 문자열 "My first C++ program!"을 삽입 연산자(insertion operator) 〈〈를 이용하여 표준 출력 장치인

std::cout으로 내보내는 작업을 하고 있다. 이는 실행문이므로 기호 ;를 이용하여 끝을 맺어야 한다. 여기서 std::cout는 표준 문자 출력 장치인 standard character output device의 약자로서 보통 컴퓨터의 모니터(monitor)를 의미한다고 생각하면 된다. 따라서 이 실행문이 수행되면 〈예 2.1〉의 출력결과와 같이 지정된 문자열이 모니터에 나타날 것이다. 참고로 표준 문자 입력 장치(standard character input device)인 키포드를 의미하는 것은 std::cin이다. 예를 들어, 키보드(keyboard)를 입력 장치로 하여 변수 a에 값을 입력하는 실행문은 다음과 같다. 여기서 사용하는 연산자 〉〉는 추출 연산자(extraction operator)이다.

```
std::cin >> a ; // 표준 입력 장치인 키보드로부터 변수에 값을 읽어 들이는 실행문
```

다음 〈예 2.2〉는 〈예 2.1〉의 main() 함수 내에 또 다른 문자열을 출력하는 실행문 한 개를 더 추가한 것이다. 실행문이 2개이므로 각 실행문의 끝은 기호 ;으로 반드시 닫아줘야 한다.

◆ **<예 2.2>**

```
// 실행문이 둘 이상인 경우
#include <iostream>

int main()
{
        std::cout << "My first C++ program!" ;
        std::cout << "두 번째 실행문" ;
}
```

```
My first C++ program!두 번째 실행문
```

〈예 2.3〉은 〈예 2.2〉의 두 번째 실행문의 끝을 ;으로 닫지 않고 실행하였을 경우 발생하는 오류를 표시한 것이다. 그 내용을 살펴보면 실행문의 끝을 의미하는 기호 ';' 가 '}' 앞에 없기 때문에 구문 오류(syntax error)가 발생하였음을 알리고 있다. 이 경우 〈예 2.2〉와 같이 수정하고 다시 실행시키면 원하는 답을 얻을 수 있을 것이다.

◆ **<예 2.3>**

```
// 실행문의 끝을 ;으로 표시하지 않은 경우
#include <iostream>

int main()
{
        std::cout << "My first C++ program!" ;
        std::cout << "두 번째 실행문"
}
```

```
빌드 시작...
1>------ 빌드 시작: 프로젝트: Project100, 구성: Debug Win32 ------
1>소스.cpp
1>C:\Users\Owner\source\repos\Project100\Project100\소스.cpp(8,1): error C2143: 구문 오류: ';'이(가) '}' 앞에 없습니다.
1>"Project100.vcxproj" 프로젝트를 빌드했습니다. - 실패
========== 빌드: 성공 0, 실패 1, 최신 0, 생략 0 ==========
```

실행문의 끝은 항상 기호 ';'으로 구분하기 때문에 〈예 2.4〉와 같이 여러 줄에 걸쳐 실행문이 표시되거나 〈예 2.5〉와 같이 한 줄에 모두 표시할 수도 있다. 그러나 이렇게 복잡하게 작성하여도 실행 결과는 모두 동일하다. 〈예 2.5〉의 경우 #으로 시작하는 선행처리 지시자가 포함된 문장은 실행문이 아니므로 실행문의 끝을 의미하는 기호 ';'이 붙지 않는다. #으로 시작하는 문장은 한 줄에 하나씩 선행 처리하도록 구성되었기 때문에 main() 함수와 한 줄로 붙여서는 안된다.

◆ **<예 2.4>**

```
// 실행문이 여러 줄에 걸쳐 표시된 경우
#include <iostream>
int main()
{
std::cout
<<
"My first C++ program!" ;
std::cout
<< "두 번째 실행문" ;
}
```

◆ <예 2.5>

```
// 실행문이 한 줄에 모두 표시된 경우
#include <iostream>
int main() { std::cout << "My first C++ program!" ; std::cout << "두 번째 실행문"; }
```

그러나 프로그램을 작성할 경우에는 〈예 2.2〉 프로그램과 같이 적절한 빈 줄(blank line)을 삽입하고 특정 함수 내에서는 들여쓰기(indent)를 이용함으로서 프로그램을 읽고 해석하는 데에 용이하도록 하는 것이 좋다. 따라서 앞으로 C++ 프로그램을 작성할 경우 특별한 경우가 아니면 한 줄에 한 문장씩 표시하도록 하자. 그밖에 C++ 프로그램을 읽기 쉽게 작성하는 방법으로 다음과 같은 몇 가지를 들 수 있다. 다음에 설명된 것들은 단지 프로그램의 가독성을 높이기 위한 방법이지 이를 따르지 않는다고 해서 프로그램의 실행에 영향을 주는 것은 아니다.

- 변수 선언문과 실행문 사이를 한 줄 이상 띄운다.
- 새로운 블록이 시작할 때마다 3~5개의 빈칸이 있는 들여쓰기를 한다.
- 의미 있는 변수 이름을 선택한다.
- 프로그램의 이해를 돕기 위하여 // 기호를 이용하여 간단한 주석을 표기한다.

〈예 2.1〉의 문자열을 출력하기 위한 실행문에 표시된 std::cout을 간단히 설명해보면 기호 :: 은 C++ 표준 연산자인 범위 지정 연산자이다. 이 연산자 앞에는 이름 공간(namespace)이 표시되고 뒤에는 이 이름 공간 안에 구현되어 있는 클래스, 객체, 함수의 이름 등이 나타난다. 여기서 cout이나 cin은 표준 라이브러리의 일부이며 표준 C ++ 라이브러리의 모든 요소들은 이름 공간(namespace) std 내에 선언되어 있다. std는 2003년 C++ 표준에서 정한 표준 이름 공간이다. 따라서 std 이름 공간의 요소들을 참조하기 위해서는 std::와 같이 접두사를 붙여야 한다. 예를 들어 〈예 2.1〉에 표시한 바와 같이 C++ 표준 입출력 라이브러리에 포함된 cout, cin 또는 endl 등을 사용하기 위해서는 다음과 같이 코딩한다. 여기서 endl은 출력의 포인터를 다음 줄로 넘겨주고 출력 버퍼를 지워주는 기능을 한다.

```
std::cout << "My first C++ program!" << std::endl ;
```

〈iostream〉 헤더 파일 내에 선언된 모든 요소(이름)들을 사용할 때마다 std:: 접두사를 붙인다고 하면 상당히 번거로울 것이다. std 네임 스페이스의 요소를 참조하기 위해 〈예 2.6〉 프로그램과 같이 using 지시어(declaration)를 이용하여 라이브러리 구성 요소의 가시성을 먼저 선언할 수 있다. 이 선언이후에는 std:: 접두사 없이 바로 C++ 표준 라이브러리에 선언된 이름들을 바로 사용하면 된다.

◆ **<예 2.6>**

```
// using 지시어를 사용하여 표준 이름 공간 지정하기
#include <iostream>
using namespace std;

int main()
{
        cout << "My first C++ program!" << endl;
        cout << "두 번째 실행문" << endl;
}
```

```
My first C++ program!
두 번째 실행문
```

<실습 2.1> 다음과 같이 출력하기 위한 cout 문을 작성하시오.

```
수학과 교과목:
C++ Programming Language
```

2.2 변수와 자료형

〈예 2.1〉은 하나의 문자열을 표준 출력 장치에 출력하는 간단한 프로그램이다. 그러나 앞으로 배워가야 할 내용은 어려운 수학적 연산을 수행하여 그 결과를 출력하거나 파일로 입력된 복잡한 자료들을 통계적으로 처리하여 이 자료에 숨겨진 정보를 얻는 작업을 하거나 또는 클래스 등의 복잡한 자료들을 처리하는 작업 등이 포함될 것이다. 이와 같은 작업들을 순차적으로 처리하기 위해서는 프로그램 수행 중에 발생하는 자료들을 우선 메모리에 저장하여야 한다. 이때 컴퓨터 메모리에 자료를 저장하기 위하여 변수의 개념이 필요하다.

예를 들어 가로의 길이와 세로의 길이가 각각 7과 5인 직사각형에 대하여 이 직사각형의 둘레의 길이와 넓이를 구한 후 그 값들을 출력한다고 하자. 이 작업을 수행하기 위해서는 다음 〈예 2.7〉과 같이 이 직사각형의 가로와 세로의 길이를 메모리에 먼저 저장하여야 한다. 이어서 직사각형의 둘레와 넓이를 구하는 수식을 실행하여 둘레의 길이와 넓이를 계산한 후, 이들을 새로운 메모리 영역에 저장한다. 마지막으로 표준출력장치로 변수의 값으로 새롭게 저장된 둘레와 넓이의 값을 출력하면 작업이 완성된다.

◆ **<예 2.7>**

```
// 변수 사용하기
#include <iostream>
using namespace std;

int main()
{
        int horizon, vert;
        int length, area;

        horizon = 7;  // 가로
        vert = 5;    // 세로

        length = 2 * (horizon + vert);  // 둘레 길이
        area = horizon * vert;  // 넓이

        cout << "둘레= " << length << endl;
        cout << "넓이= " << area << endl;
}
```

```
둘레= 24
넓이= 35
```

〈예 2.7〉에 표시된 네 개의 식별자 horizon, vert, length, area가 프로그램이 실행되는 가운데 발생한 값들을 메모리의 특정 영역에 저장하는 변수이다. 이 4개의 변수들은 모두 간단한 정수형 자료들만 저장되는 변수들이며 정수형과 달리 표현되는 실수형 자료들을 저장하기 위해서는 int 자료형인 아닌 float이나 double 자료형을 이용하여 변수를 선언하여야 한다. 정수형 자료와 실수형(또는 부동소수형) 자료를 메모리에 저장하는 방식이 서로 다르기 때문에 문제 상황에 따라 저장하고자 하는 데이터의 자료형을 정확히 선언해 주어야 한다. 여기서 반드시 기억할 점은 프로그램에서의 변수와 이 변수에 해당하는 메모리 영역은 일대일 관계로 볼 수 있다는 점이다. 즉 변수를 선언함으로서 데이터를 저장하기 위한 메모리 영역을 정하는 작업이 자동으로 이루어진다.

각각의 변수들은 다른 변수들과 또는 메모리의 다른 영역과 구별하기 위하여 자신만의 이름을 가져야 한다. 이와 같이 서로 구별하기 위한 이름을 식별자(identifier)라고 한다.

2.2.1 식별자

식별자(identifier)는 C++ 프로그램을 작성하는 과정에서 필요한 변수와 유형 그리고 함수 및 레이블 등에 대한 이름을 의미한다. 프로그램에서 이미 특별히 사용하고 있는 예약어인 키워드(keyword)는 식별자의 이름으로 사용할 수 없다. 식별자의 이름을 짓기 위한 몇 가지 규칙이 있는데 간단히 정리하면 다음과 같다.

- 식별자의 이름은 영문자(대·소문자 구별), 숫자, 밑줄 문자(underscore character, _)를 이용하여 구성하며, 식별자 이름의 길이에 특별한 제한은 없다.
- 밑줄 문자(_)로 시작할 수도 있지만 보통 밑줄 문자로 시작하는 식별자는 컴파일러의 특정 키워드이거나 외부 식별자를 위한 용도로 사용하므로 주의해야 된다.
- 숫자로 시작하는 식별자 이름은 허용하지 않으며, 공백(blank) 문자나 구두점(마침표), 연산자의 기호(symbol) 등도 식별자 이름으로 사용할 수 없다.

C++은 변수의 선언, 함수의 실행과 같이 특별한 업무 수행을 위하여 내부적으로 특정 단어들을 정의하고 있는데 이렇게 사전 정의된 이름의 단어들을 키워드(keyword)라고 한다. 즉, 키워드란 C++가 특별한 사용을 위하여 내부적으로 정의한 식별자라고 할 수 있다. 따라서 C++ 프

로그램을 작성할 때 이미 정의되어 있는 키워드를 변수나 사용자 함수의 이름으로 사용할 수 없다. 다음 [표 2.1]은 C++가 이미 정의해 놓은 표준 키워드의 예를 표시한 것이다.

[표 2.1] C++의 표준 키워드

alignas	alignof	and	and_eq	asm	auto	bitand
bitor	bool	break	case	catch	char	char16_t
char32_t	class	compl	const	constexpr	const_cast	continue
decltype	default	delete	do	double	dynamic_cast	else
enum	explicit	export	extern	false	float	for
friend	goto	if	inline	int	long	mutable
namespace	new	noexcept	not	not_eq	nullptr	operator
or	or_eq	private	protected	public	register	reinterpret_cast
return	short	signed	sizeof	static	static_assert	static_cast
struct	switch	template	this	thread_local	throw	true
try	typedef	typeid	typename	union	unsigned	using
virtual	void	volatile	wchar_t	while	xor	xor_eq

식별자에 사용되는 영문 알파벳의 대소문자는 서로 구별이 되기 때문에 다음과 같이 명명된 변수들은 모두 다른 메모리 영역에 할당되는 서로 다른 변수가 된다.

salary, Salary, saLary, SALARY

반면에 [표 2.2]는 C++에서 변수를 위한 식별자 이름으로 사용하기 부적절한 잘못 정의된 변수 이름에 대하여 잘못된 이유와 이를 적절한 변수로 수정하여 제시한 예를 표시한 것이다.

[표 2.2] 잘못 정의된 변수 이름

잘못 정의된 변수명	이유	수정된 변수명
2Item	숫자는 처음에 사용할 수 없음	Item2
A man	빈칸(blank) 문자는 사용 불가	Aman
Team.alpha	마침표 문자는 변수 이름으로 부적절	Team_alpha
Hap-Ge	연산자로 사용되는 기호는 사용 불가	HapGe
long	C++의 표준 키워드와 중복	long10

2.2.2 변수의 자료형

변수를 선언하면, 즉 변수의 이름을 명명하여 적절한 자료형으로 선언하면 이 변수의 값이 저장하게 될 메모리의 영역을 할당받는다. 이때 컴퓨터는 자동으로 이 변수의 메모리 위치를 일대일로 참조할 수 있도록 해준다. 메모리는 0과 1 만을 저장할 수 있는 기계 장치이기 때문에 모든 변수의 자료를 0과 1로 변환하여 저장한다. 그러나 저장되는 자료의 종류에 따라서 메모리에 저장되는 방식이 다르기 때문에 어떤 형태의 자료들을 저장할 것인지 미리 선언할 필요가 있다. 즉 변수를 선언할 경우에는 변수의 이름과 함께 이 변수에 저장하게 될 자료의 유형을 정해주어야 한다. 이렇게 선언되는 자료의 유형에 따라 변수가 차지하는 메모리의 크기와 저장 방식이 결정될 것이다.

C++에서 사용하는 기본적인 자료형([표 2.3])은 대부분의 프로그래밍 언어에서 사용하는 것과 유사하며 보통 다음과 같이 분류할 수 있다.

- 문자형(character type): 하나의 문자를 저장하기 위한 자료형으로 char가 대표적임
- 정수형(integer type): 정수를 저장하기 위한 자료형으로 int가 일반적인 자료형이지만, 양의 정수만을 저장하기 위한 unsinged 자료형 등이 있음
- 부동소수형(floating-point type): 아주 큰 수나 아주 작은 수를 나타내는 실수를 저장하기 위한 자료형으로 소숫점이 포함된 실수를 의미함. 부동소수형 자료형으로 float형, double형, long double형이 있음
- 논리형(boolean type): 참(true)과 거짓(false)의 결과만을 저장하는 자료형으로 bool형이 있음. 이때 true는 메모리에 1이 저장되고, false는 0이 저장됨

[표 2.3] C++에서 제공하는 기본 자료형

자료형	이름	크기(byte)	표현범위
문자형	char	1	-128 ~ 127
	unsigned char	1	0 ~ 255
	wchar_t	2	
정수형	short	2	-32768 ~ 32767
	int	4	-2,147,483,648 ~ 2,147,483,647
	long	4	-2^{31} ~ $2^{31}-1$
	long long	8	-2^{63} ~ $2^{63}-1$
양의 정수형	unsigned short	2	0 ~ 65,535
	unsigned int	4	0 ~ 4,294,967,295
	unsigned long	4	0 ~ 4,294,967,295
	unsigned long long	8	0 ~ 18,446,744,073,709,551,615

부동소수형	float	4	1.18×10^{-38} ~ 3.4×10^{38}
	double	8	2.23×10^{-308} ~ 1.8×10^{308}
	long double	8, 12, 16	
논리형	bool		0(false) 또는 1(true)
void 타입	void		
null pointer	decltype(nullptr)		

[표 2.3]에서 정수형과 양의 정수형의 각 이름 뒤에 int가 포함되어도 같은 의미이며 정수형의 경우에는 이름 앞에 signed가 생략되었다. 예를 들어 정수형 자료형인 short는 signed short int가 축약된 것으로 signed short 또는 short int로 선언하여도 상관없다. 그러나 int를 signed int int로 선언하면 오류(error)가 발생한다.

문자형 자료에 대한 변수의 자료형으로 char(또는 signed char)와 unsigned char가 있다. 표준 ASCII 문자(수치 코드가 127번 이하의 문자)들을 저장하기 위해서는 char형이면 충분하며, 확장 ASCII 문자(수치 코드가 128번에서 255번까지의 문자)들의 처리에 unsigned char형을 사용한다. 여기서 ASCII란 American Standard Code for Information Interchange의 약어로서 아스키 코드는 char형으로 선언된 문자형 자료들을 메모리에 저장할 경우 대응되는 미리 약속된 문자의 일련번호를 의미한다. 예를 들어 문자 'A'를 메모리에 저장할 경우 'A'의 ASCII 코드 값인 65가 메모리에 저장하는 식으로 작동된다. 문자를 저장하기 위하여 0에서 255까지의 정수가 메모리에 저장되기 때문에 char 자료형을 정수형 자료형으로 분류하기도 한다.

이 밖에 한글이나 일본 글자처럼 두 개의 문자를 합하여 하나의 문자(이를 광폭 문자(wide character)라고 한다)를 구성하는 wchar_t형이 있다. char는 표현할 수 있는 문자의 수가 제한적인 반면에 wchar_t는 세계 각국의 문자와 기호를 표현할 수 있다. char형이 1 바이트(8 비트)의 메모리 영역을 차지하는 것과 달리 wchar_t형은 보통 2바이트의 메모리 크기를 갖는다. wchar_t는 아스키 코드(ASCII) 대신에 유니코드(Unicode)와 같은 세계 각국의 문자와 기호를 정의해 놓은 코드를 사용해서 문자를 처리한다.

예를 들어 한글 1 글자를 char형으로 처리하기 위해서는 2바이트 이상의 char형 문자 배열을 이용하면 되지만 wchar_t형으로 처리하면 바로 한글을 처리할 수 있다. 다음은 char형으로 한글을 출력하는 방법과 wchar_t형으로 한글을 출력하는 방법을 표시한 것이다.

char형으로 한글 출력	wchar_t형으로 한글 출력
char kim[3] = "김"; cout << kim << endl;	setlocale(LC_ALL, "korean"); wchar_t oh = L'오'; wcout << oh << endl;

[표 2.3]에 표시된 각 자료형의 크기는 변수와 일대일 대응되는 메모리 영역에 대한 바이트 수를 의미하며 이 크기와 변수의 저장 방식에 따라 변수의 표현 범위가 달라짐을 알 수 있다.

2.2.3 변수의 선언

C++에서 변수, 즉 메모리를 사용하기 위해서는 먼저 이 변수에 저장되는 데이터의 자료형을 변수의 이름(식별자)과 함께 선언(declaration)해줘야 한다. 메모리의 한 영역을 대표하는 변수의 선언은 다음과 같은 구문 형식으로 이루어진다.

[기억클래스]　자료형　식별자 [= 초기값] ;

여기서 자료형은 [표 2.3]에 표시된 자료형의 이름 중 하나로 선언하며 식별자는 변수의 이름이다. 일반적으로 main() 함수 또는 사용자 정의 함수가 시작되는 초기 부분에 이 함수에서 사용되는 변수들을 선언하는 것이 좋다.

그러나 C와 달리 C++에서는 변수 선언문의 위치에 아무런 제약이 없기 때문에 프로그램 내의 어디서나 변수 선언이 가능하고 바로 이 변수에 값을 저장할 수 있다. 다만 변수의 선언문은 이 변수가 사용되기 이전에 반드시 선언되어야 한다.

다음은 C++에서 변수를 선언하는 일반적인 선언문의 예이다.

```
char   ch ;
int   sum ;
double   average ;
```

여기서 ch는 char 자료형 변수이고, sum은 int형, average는 double형 변수를 선언한 것으로 서로 다른 자료형의 변수들은 서로 다른 문장의 실행문으로 각각 선언하여야 한다. 변수를 선언하면 이 변수에 대응되는 영역이 메모리에 할당되는데, 이 때 할당되는 메모리의 크기는 [표 2.3]에 표시된 바와 같다. 이해를 돕기 위하여 위에서 선언한 3개의 변수가 할당된 메모리의 상황을 간단히 도시하면 다음 〈그림 2.1〉과 같다. 여기서 변수 ch는 1 바이트, 변수 sum은 4 바이트, average는 8 바이트의 메모리 공간을 차지한다. 실제로는 3개 변수들의 위치가 〈그림 2.1〉과 조금 다르게 배치될 수 있지만 우리가 선언하는 변수들이 메모리의 어느 부분에 어떻게 배치되는지 구체적으로 알 필요는 없다.

크기(바이트)	1	4	8	
값				
변수	ch	sum	average	

〈그림 2.1〉 3개의 변수가 선언된 이후 메모리 영역

세 개의 변수 x1, x2, x3가 동일한 자료형을 갖는 변수일 경우 변수 이름인 x1, x2, x3를 쉼표(comma) 기호 ','로 각각 구분하여 하나의 실행문을 통하여 함께 선언할 수 있다.

```
int  x1, x2, x3 ;  // 모두 동일한 자료형인 int형을 갖는 선언문
```

〈예 2.8〉은 서로 다른 종류의 변수를 선언하고 이를 이용하여 문제를 해결하는 과정을 설명한 예이다. 여기서 알 수 있듯이 하나의 프로그램을 작성하기 위해서는 먼저 필요한 변수들을 선언하고 이들을 이용하여 문제의 답을 구한 후, 그 결과를 출력하는 과정으로의 순서가 일반적이다. 〈예 2.8〉은 세 개의 변수에 값을 지정하고(차후에는 표준 입력 장치를 이용하여 입력), 세 변수의 합과 평균을 구한 후 이들을 출력하는 예를 표시한 것이다.

◆ <예 2.8>

```
// 변수의 선언과 실행, 그리고 출력
#include <iostream>
using namespace std;

int main()
{
        // 변수의 선언(declaration)
        int sum;
        double average;
        int x1, x2, x3;

        // 변수에 자료를 입력하고 합과 평균 구하기
        x1 = 12;
        x2 = 25;
        x3 = 9;
```

```
        sum = x1 + x2 + x3;
        average = sum / 3.;

        // 결과 출력
        cout << "합= " << sum << endl;
        cout << "평균= " << average << endl;
}
```

```
합= 46
평균= 15.3333
```

<실습 2.2> 정수형 변수 s와 부동소수형 변수 avr에 각각 27과 83.1827를 입력한 후 두 변수의 합과 곱의 값을 다음과 같이 출력하는 프로그램을 작성하시오.

```
s+avr = 110.183
s*avr = 2245.93
```

변수의 선언문에서 [기억클래스]에 특별히 auto를 지정할 수 있다. 단 이 경우에는 변수의 [자료형]을 표시하지 않는다. 기억클래스 부분에 auto가 지정되면 변수의 초기값 또는 우측의 수식 결과에 대한 자료형을 자동적으로 인식하여 이 자료형에 맞도록 변수를 저장한다.

다음은 auto를 이용하여 변수를 선언하는 예를 표시한 것이다. 이때 at 변수는 초기화 되는 상수 12.5 때문에 자동적으로 double형 변수가 된다.

```
auto  at  =  12.5;
cout  <<  at  << endl;
```

그러나 auto와 함께 변수의 자료형을 따로 표시하거나 변수의 초기값이 주어지지 않으면 다음과 같이 오류가 발생한다.

```
auto int at ;     // 오류 발생 : 자료형인 int를 제거해야 함
```

```
E0084   형식 지정자의 조합이 잘못되었습니다.
C3530   'auto'을(를) 다른 형식 지정자와 함께 사용할 수 없습니다.
```

```
auto at ;    // 오류 발생 : at 변수의 초기값(이니셜라이저)이 필요
```

```
E1593  'auto' 형식을 추론할 수 없습니다(이니셜라이저 필요).
C3531  'at': 형식에 'auto'이(가) 포함된 기호에는 이니셜라이저가 있어야 합니다.
```

auto와 함께 변수를 선언할 때 가끔 사용되는 decltype은 선언되는 변수의 자료형을 ( ) 안의 표현식에 의해 추론하는 키워드로서 declared type의 약자이다. auto 키워드와 달리 선언되는 변수의 초기값은 필요 없다.

```
int sum ;
decltype (sum) average ;     // int average ; 와 동일한 선언문
```

마지막으로 키워드 using을 이용하여 자료형의 별칭을 만들 수 있다. 물론 나중에 언급하게 될 함수의 템플릿(template)에 대한 별칭도 가능하다. 이 키워드는 C 언어의 typedef의 기능과 유사하다.

```
using DW = double ;
DW average ;  //  double average; 와 동일
// typedef  double  DW ;    /* C 언어에서 사용되는 방식 */
```

✣ <실습 2.3> auto 키워드를 사용하여 27과 83.1827으로 각각 초기화 되는 정수형 변수 s와 부동소수형 변수 avr를 생성하고 두 변수의 차를 출력하는 프로그램을 작성하시오.

2.2.4 변수의 초기화

〈예 2.8〉에 선언된 변수들은 초기화가 이루어지지 않은 변수들이다. 따라서 이 변수들이 선언과 동시에 메모리에 할당되는 순간에는 각 변수에 대응되는 메모리에는 아무것도 저장되지 않는다. 이와 같이 초기화되지 않은 변수를 사용할 때 이전 버전에서는 경고(warning)로 그쳤으나 지금은 다음과 같이 오류(error)가 발생한다.

```
int sum ;
cout << "sum= " << sum << endl ;   // 오류 발생
```

```
C6001  초기화되지 않은 메모리 'sum'을(를) 사용하고 있습니다.
C4700  초기화되지 않은 'sum' 지역 변수를 사용했습니다.
```

변수의 선언문에 언급한 바와 같이 변수를 선언함과 동시에 특정한 값으로 초기화할 수 있다. C++에서는 세 가지 방법으로 변수를 초기화할 수 있는데 첫 번째 방법은 C 언어에서 계속 해왔던 방법(c-like initialization)으로 대입 연산자(=)를 이용하는 것이다. 일반적으로 상수 값을 변수의 초기값으로 부여하는데 세 번째 변수 average의 선언문과 같이 변수의 초기값으로 상수 대신 수식을 사용할 수 있다. 초기값으로 수식이 사용되면 수식을 먼저 계산한 후 그 결과를 해당 변수의 초기값으로 메모리에 저장한다.

```
char  ch = 'A' ;    // c-like initialization
int  sum = 25 ;
double  average = 25/3. ;
```

다음 〈그림 2.2〉는 초기화가 동시에 이루어진 이후 메모리의 상황을 그려본 것이다. 물론 실제 메모리의 내용은 세 개의 변수의 값 모두 0과 1로 변환되어 저장될 것이다.

값	A	25	8.33333	
변수	ch	sum	average	

〈그림 2.2〉 초기값을 갖는 변수 선언 이후 메모리

변수의 선언문을 통해 변수를 초기화하는 두 번째 방법은 C++ 언어의 생성자를 통한 초기화 방법(construction initialization)이다. 이 방법은 대입연산자 대신 괄호 기호를 이용하는 것이다.

```
char  ch ( 'A' ) ;     // construction initialization
int  sum ( 25 ) ;
double  average ( 25/3. ) ;
```

마지막으로 변수 초기화의 세 번째 방법은 두 번째 방법과 유사하지만 괄호 대신 중괄호 {}를 사용하는 공동 초기화 방법(uniform initialization)이다. 이 방법을 이용하여 초기화를 하면 암시적인 형 변환이 일어나면서 생기는 데이터의 손실을 사전에 차단할 수 있기 때문에 프로그램을 안전하게 작성할 수 있다.

```
char  ch { 'A' } ;   // uniform initialization
int  sum { 25 } ;
double  average { sum / 3. } ;
```

암시적 형변환이 일어나는 경우에 중괄호를 이용한 공동 초기화 방법의 이점을 살펴보자. 먼저 첫 번째(c-like) 또는 두 번째(construction) 방법으로 다음과 같이 sum 변수를 초기화하면 sum 변수가 정수형 변수이므로 초기화되는 실수형(부동소수형) 자료 25.3의 일부분이 손실되면서 이 자료의 정수 부분인 25만 저장된다. 그러나 이 과정에서 오류가 발생하지 않기 때문에 끝까지 프로그램은 실행된다. 따라서 의도치 않게 잘못된 답을 얻게 될 것이다. (실제로 실행시키면 암시적 형변환에 대한 경고 메시지가 출력된다.)

```
int sum = 25.3 ;     // 경고가 발생하지만 끝까지 실행이 완료됨
cout << "sum= " << sum << endl ;
```

```
warning C4244: '초기화 중': 'double'에서 'int'(으)로 변환하면서 데이터가 손실될 수 있습니다.
```

그러나 다음과 같이 중괄호를 통한 공동 초기화 방법을 사용하면 이 선언문 자체에서 오류가 발생하므로 더 이상 프로그램이 실행이 되지 않는다. 암시적 형변환의 경우 발생했던 경고 대신 오류(error) 메시지를 발생시키므로 이 순간 왜 오류가 발생하는지 판단하여 이를 수정할 수 있기 때문에 보다 정확한 결과를 얻을 수 있다.

```
int sum { 25.3 } ;   // 오류 발생
cout << "sum= " << sum << endl ;
```

```
C2397  'double'에서 'int'(으)로의 변환에는 축소 변환이 필요합니다.
```

<실습 2.4> 변수를 초기화하는 3가지 방법에 따라 정수형 변수 st1, st2, st3에 똑같은 상수 83.1827으로 각각 초기화하고 각 변수의 값을 출력하는 프로그램을 작성하시오. 프로그램의 실행 도중 경고 또는 오류가 발생하면 그 이유를 설명하고 적절하게 이를 수정하시오.

2.2.5 문자열에 대한 string 자료형

[표 2.3]에서 제공하는 기본적인 자료형(fundamental type) 이외에 C++ 언어는 복합적인 자료형(compound type)을 선언할 수 있다는 강점을 가지고 있다. 그 중의 하나가 문자열을 쉽게 저장하기 위한 string 클래스이다. 차후에 문자열을 다루기 위한 여러 가지 방법들을 소개할 예정이지만 이 절에서는 문자열을 메모리에 저장하기 위한 string 선언에 대하여 간단히 알아보자.

문자열(string)이란 일련의 문자들의 모임을 뜻하는 것으로 단어 또는 한 문장의 모든 문자들을 다루고자 할 때 사용된다. C++ 프로그램 내에서 단순히 하나의 문자를 표시하기 위해서는 작은따옴표 기호(')를 사용하고, 문자열을 표시하기 위해서는 큰따옴표 기호(")를 사용한다.

하나의 문자를 저장하기 위해서는 char형 변수를 선언하면 되지만 여러 개의 문자를 동시에 저장하기 위해서는 char형 배열을 선언하여야 한다. 예를 들어 다음과 같이 한 개의 문자를 저장하는 char형의 변수에 대한 자료 처리는 아무런 문제가 없다.

```
char ch ;
ch = 'P' ;    // 기본적 자료형 char형의 사용은 정상적 실행임
cout << ch << endl ;
```

그러나 char형 배열을 이용하여 문자열을 다루고자 할 경우에는 불편한 점이 많다. 예를 들어 다음과 같이 문자 배열을 이용하여 선언한 배열 str1의 기억장소에 문자열의 직접적인 대입은 불가능하므로 오류가 발생한다.

```
char str1[10] ;
str1 = "문자배열을 이용" ;  // 오류 발생
cout << str1 << endl ;
```

```
E0137    식이 수정할 수 있는 lvalue여야 합니다.
C3863    배열 형식 'char [10]'은(는) 할당할 수 없습니다.
```

문자열을 쉽게 저장하고 다룰 수 있는 방법이 문자열을 string 자료형으로 선언하는 것이다. 이는 string 클래스를 이용하는 것으로 먼저 표준 라이브러리로서 string 클래스의 정보가 정의되어 있는 헤더 파일 〈string〉을 삽입하여야 한다. 다음 〈예 2.9〉는 string 클래스를 선언한 후 이를 이용하여 문자열을 다루는 방법을 표시한 것이다.

◆ **<예 2.9>**

```
// 문자열 : string 클래스로 선언
#include <iostream>
#include <string>
using namespace std;

int main()
{
        char ch;
        ch = 'P';
        cout << ch << endl;

        string str;
        str = "문자열 클래스를 이용";
        cout << str << endl;

        str = "다른 문자열로 대치 가능";
        cout << str << endl;

        return 0;
}
```

```
P
문자열 클래스를 이용
다른 문자열로 대치 가능
```

문자열을 다루기 위하여 문자열 클래스를 선언함과 동시에 문자열을 초기화할 수 있다. 문자열의 초기화는 2.2.4절에서 설명했던 3가지 방법이 모두 사용가능하다. 즉, 다음 예의 3개의 선언문은 모두 똑같은 문자열로 초기화가 이루어진다.

```
string str = "문자열 변수의 초기화" ;
string str ( "문자열 변수의 초기화" ) ;
string str { "문자열 변수의 초기화" } ;
```

❖ <실습 2.5> 문자열을 초기화하는 3가지 방법에 따라 string형 변수 str1, str2, str3에 문자열 "나는", "대한민국", "국민입니다."로 각각 초기화한 후 각 변수의 값을 출력하는 프로그램을 작성하시오. 또한 세 변수의 합을 string형 변수 str에 저장한 후 이를 출력하시오.

2.3 상수

〈예 2.8〉의 프로그램을 살펴보면 변수 x1, x2, x3가 선언된 이후 프로그램에서 세 변수들에 특정한 값을 대입(저장)하고 있음을 알 수 있다. 이때 12, 25, 9와 같이 고정된 수치를 표현하는 용도로 사용되는 문자들을 상수(constant)라고 한다. 상수는 변수와는 달리 프로그램이 종료될 때까지 그 값이 변하지 않고 계속 유지된다.

C++에서 다루는 기본적인 상수(literal constant)로 정수(integer), 부동소수(floating-point), 문자(character), 문자열(string), 논리(boolean), 포인터(pointer) 등이 있다.

2.3.1 정수형 상수

정수형 상수는 정수를 표현하는 데 사용되는 상수로서 대부분 10진수(decimal number)로 표기하지만 경우에 따라 8진수(octal number), 16진수(hexadecimal number), 2진수(binary number)로 표기할 수 있다. 프로그램 내에서 정수 상수를 어떤 방식으로든 표시하더라도 결국 메모리에는 이들의 이진수 형태가 저장된다. 다음 예는 십진수로 표현된 정수형 상수가 대입된 int형 변수를 선언한 것이다.

```
int x1, x2, x3 ;
x1 = 12 ;  // 십진수로 표현된 정수형 상수
x2 = 457 ;
x3 = -9100 ;
```

8진수는 0 ~ 7 까지 8개의 기호를 이용하여 표현되는 정수이다. C++ 프로그램 내에서 0으로 시작하는 정수형 상수는 8진수로 해석하여 실행된다. 반면에 16진수 정수는 0 ~ 9, a ~ f 까지 16개의 기호를 이용하여 표현하며 0x 또는 0X를 숫자의 앞에 붙여 16진수임을 나타낸다. 예를 들어 프로그램 내에 표기된 07100은 8진수 7100를 의미하며, 0x34a5는 16진수 34a5를 의미한다. 그러나 09100와 같이 8진수를 표기하면 오류가 발생한다. 기호 9는 8진수를 구성하는 기호가 아니기 때문이다. 마찬가지로 기호 g가 16진수를 구성하는 기호가 아니기 때문에 0x12g5도 16진수의 표기 방식의 잘못으로 오류가 발생한다.

```
int  x1, x2, x3 ;
x1 = 07100 ;     // 8진수
x2 = 0x34a5 ;  // 16진수, 0X34A5와 같은 표현
x3 = 09100 ;    // 9는 8진수의 구성 기호가 아니므로 오류 발생
```

다음은 8진수 07100과 16진수 0x34a5에 대응되는 10진수를 구하는 방법을 표시한 것이다.

$$07100 = 7 \times 8^3 + 1 \times 8^2 + 0 \times 8 + 0 \times 1 = 3648$$
$$0x34a5 = 3 \times 16^3 + 4 \times 16^2 + 10 \times 16 + 5 \times 1 = 13477$$

참고로 16진수의 구성 기호 중 a(또는 A)는 10, b(또는 B)는 11, c(또는 C)는 12, d(또는 D)는 13, e(또는 E)는 14, f(또는 F)는 15를 의미한다.

C++ 프로그램 내에서 2진수 표기를 할 수 있다. 2진수 표기는 0b로 시작하며 0과 1의 기호만으로 표현하면 된다. 십진수 457를 이진수로 표기하면 0b111001001으로 표현된다. 이 값에 해당하는 8진수의 표현은 0711이고, 16진수의 표현은 0X1C9이다.

〈예 2.10〉은 정수 457의 이진수, 8진수, 16진수 표현 방법에 대한 출력 결과가 모두 동일한 십진수 457임을 보여주는 예이다.

◆ **<예 2.10>**

```
// 정수형 상수
#include <iostream>
#include <string>
using namespace std;

int main()
{
        int x1, x2, x3;
```

```
        x1 = 0b111001001;  // 십진수 457의 이진수 표현
        x2 = 0711;          // 십진수 457의 8진수 표현
        x3 = 0X1C9;        // 십진수 457의 16진수 표현

        cout << "x1= " << x1 << endl;
        cout << "x2= " << x2 << endl;
        cout << "x3= " << x3 << endl;

        int x4 = 10'030'450;  // 가독성있는 정수 표현
        cout << "x4= " << x4 << endl;

        return 0;
}
```

```
x1= 457
x2= 457
x3= 457
x4= 10030450
```

〈예 2.10〉에 표기된 변수 x4의 초기값에 대한 표현 방식에 있어서 10'030'450와 같이 정수의 자릿수가 긴 경우 세 자리마다 ' 기호를 삽입하는 자릿수 표기법을 사용할 수 있다.

프로그램 내에 표기된 정수형 상수를 정수형 변수에 저장하거나 수식의 계산에 사용할 경우 이 정수형 상수를 [표 2.3]에 표시된 4 바이트의 int형 또는 8 바이트의 long long형으로 자동 처리한다. 즉, 프로그램 내에서 정수형 상수로서 표현한 값의 범위가 -2^{31} ~ $2^{31}-1$이면 int형 정수형 자료로 처리하고, 그 범위를 넘는 정수 상수는 long long형으로 처리한다는 것이다. 예를 들어 2^{31}을 정수형 변수에 저장하는 다음 실행문은 정수 상수 2^{31}이 int형 범위를 넘어서므로 자동으로 long long형으로 인식하여 정확히 그 값을 출력할 것이다.

```
cout << 2'147'483'648 << endl;          // 2^31 = 2147483648
```

그러나 int형 범위를 넘어서는 정수 상수 2^{31}를 int형 변수 x1에 저장하면 우리의 생각과 다른 정수 값 -2^{31}이 저장될 것이다. 수학에서 주기함수의 의미를 이해한다면 왜 이런 결과가 출력되었는지 미루어 짐작할 수 있을 것이다.

```
int x1 ;
x1 = 2'147'483'648 ;
cout << "x1= " << x1 << endl ;
```

```
1>------ 빌드 시작: 프로젝트: Project100, 구성: Debug Win32 ------
1>소스.cpp
1>C:\Users\Owner\source\repos\Project100\Project100\소스.cpp(10,7): warning C4309: '=': 상수 값이 잘립니다.
```

```
x1= -2147483648
```

이와 같이 정수형 자료가 int형의 표현 범위를 벗어날 경우 잘못된 값으로 변환되어 처리되기 때문에 조금이라도 정확하게 자료를 처리하기 위해서는 int형 변수가 아닌 unsigned형 변수나 long long형 변수를 이용한다. 정수형 상수의 숫자 뒤에 접미사(suffix) U 또는 u를 붙여 표기하면 unsigned int형 상수로 강제 변환할 수 있다. 또한 int형으로 처리되는 숫자의 정수 상수 뒤에 접미사로 ll 또는 LL을 붙이면 long long형 정수 상수로 처리할 수 있다. C++에서 사용되는 정수 상수의 접미사에 대한 예는 다음과 같다.

정수 상수의 접미사(suffix)	변환되는 자료형
u 또는 U	unsigned int
l 또는 L	long
ul 또는 lu 또는 UL 또는 LU	unsigned long
ll 또는 LL	long long
ull 또는 ULL	unsigned long long

▣ 정수형 자료를 메모리에 저장하는 방식

정수형 자료를 메모리에 저장할 때에는 저장하고자 하는 정수를 이진수로 변환하여 그 이진수 형태를 그대로 메모리에 저장한다. 예를 들어 정수 18724를 이진수로 변환하면 다음과 같다. 여기서 0b는 앞에서 언급한 바와 같이 C++ 프로그램 내에서 이진수를 표기하는 방식이다.

18724 = 0b0100100100100100

이 값을 short int형 변수에 저장하면 2 바이트(총 16비트)의 메모리를 할당받아 18724의 이진수를 다음과 같이 저장한다. 이 때 첫 번째 0bit에는 양수이면 0, 음수이면 1이 저장된다. 이후에는 정수의 이진수 표현이 차례대로 저장됨을 알 수 있다.

0bit															15bit
0	1	0	0	1	0	0	1	0	0	1	0	0	1	0	0

short형으로 처리된 정수형 자료 중에서 양수의 최댓값은 1bit부터 15bit 까지 모두 1로 채워진 것으로 그 값은 십진수로 32767(=0b0'111'111'111'111'111)일 것이다. 이 최댓값에 1을 더하면 어떻게 될까? 수학적으로는 32768임이 틀림없지만 이진수 방식으로 덧셈을 하면 다음과 같이 0bit의 값이 1로 바뀔 것이다.

0b0'111'111'111'111'111 + 1 = 0b1'000'000'000'000'000

결국 0bit의 값이 1이므로 이 값은 양수가 아닌 음수가 된다. 이 값을 출력해보면 -32768이다. 이는 short형에 할당된 메모리 용량의 한계 때문이다. 그러면 음수 -18724는 어떻게 메모리에 저장되는가? 음의 정수는 2의 보수(2's complement)란 방식으로 이진수 표현을 구한 후 이를 메모리에 저장한다. 2의 보수 방식은 먼저 양수 18724의 이진수를 먼저 구한 후 각 비트별로 값의 반전을 시행한다. 비트별 값의 반전이란 0은 1로, 1은 0으로 바꾸는 작업을 의미한다. 다음으로 비트별 반전시킨 결과에 1을 더하면 음의 정수의 이진수 표현이 된다. 이를 간단히 표현하면 다음과 같다.

	0bit															15bit
양수 18724	0	1	0	0	1	0	0	1	0	0	1	0	0	1	0	0

	0bit															15bit
비트별 반전	1	0	1	1	0	1	1	0	1	1	0	1	1	0	1	1

	0bit															15bit
음수 -18724	1	0	1	1	0	1	1	0	1	1	0	1	1	1	0	0

<실습 2.6> 태양과 지구까지의 평균 거리가 149,597,870 km이고 지구에서 천왕성까지의 최단 거리가 약 2,720,02,130 km이라고 할 때 정수형 변수와 상수를 이용하여 천왕성에서 태양까지의 평균 거리를 구하는 프로그램을 작성하시오.

2.3.2 부동소수형 상수

부동소수형(floating point type) 상수는 소수점(decimal point)이 포함되어 있는 실수(real number)를 의미한다. C++ 프로그램 내에서 표현되는 부동소수형 상수는 3.14159와 같이 소수점을 지정하여 실수를 표기하는 고정(fixed) 소수점 방식과 0.314159E+2과 같이 E 또는 e를 포함하는 지수형식으로 표기하는 부동(floating) 소수점 방식이 있다. 부동 소수점 방식으로 표기될 때의 기호 E(또는 e)는 10의 거듭제곱 형태에서 밑(base)을 나타내는 10을 의미한다.

다음은 C++ 프로그램의 소스 코드에서 표기하고 있는 부동소수형의 예를 표시한 것이다. 여기서 3.14159는 원주율 π를 나타내는 고정 소수점 방식의 부동소수형 상수이며, 부동소수형 상수인 0.314159e1 또는 0.0314159E+2는 원주율 π를 부동 소수점 방식으로 표시한 것으로 0.314159e1은 0.314159×10^1을, 0.0314159E+2은 0.0314159×10^2을 의미한다.

```
cout << 3.14159 << endl;      // 고정 소수점 방식
cout << 0.314159e1 << endl;      // 부동 소수점 방식
cout << 0.0314159E+2 << endl;      // 부동 소수점 방식
```

부동소수점 형태의 부동소수형 자료를 출력할 경우 〈예 2.11〉과 같이 cout은 고정 소수점 방식과 부동 소수점 방식 중 출력 결과가 간단한 형태를 기본으로 출력한다.

◆ <예 2.11>

```
// 부동소수형 상수의 출력
#include <iostream>
using namespace std;

int main()
{
        cout << 0.314e5 << endl;
        cout << 0.0314E+20 << endl;

        return 0;
}
```

```
31400
3.14e+18
```

프로그램 내에서 부동소수형 상수는 기본적으로 8 바이트의 메모리를 차지하는 double형으로 처리된다. 그러나 이 실수를 float형으로 처리하고 싶다면, 즉, 연산이 이루어질 때 4 바이트의 메모리 공간만을 할당하려면 부동소수형 상수 뒤에 접미사로 f나 F를 붙여 사용한다. 마찬가지로 실수 상수 뒤에 l 또는 L을 붙여 표기하면 이 부동소수형 자료를 long double형의 자료로 변환할 수 있다.

▣ 부동소수형 자료를 메모리에 저장하는 방식

부동소수형 자료를 메모리에 저장하는 방식은 정수형 자료가 메모리에 저장하는 방식과 조금 다르다. 부동소수형 자료, 즉 실수 자료는 할당된 메모리의 처음 1 비트에 부호를 표시(0은 양수, 1은 음수를 의미)하고 이후 실수를 지수부(exponent part)와 가수부(mantissa part)로 분리한 후 각각 따로 저장한다. 예를 들어 float형의 실수 자료 -31.4159F를 저장하기 위해서는 먼저 다음과 같이 변환한다. 이 때 0.314159를 가수부라고 하며 2를 지수부라고 한다.

$$-31.4159 = -0.314159 \times 10^{2}$$

float형의 실수 자료는 총 4 바이트, 즉 32 비트의 메모리를 할당 받는다. 이 때 첫 비트는 부호(S)를 표시하며 양수는 0으로 음수는 1로 저장된다. 이후 8 비트에 걸쳐 지수부의 자료를 이진수로 변환한 후 저장하고 나머지 23 비트에는 가수부의 자료가 이진수로 변환되어 저장된다.

비트	1	2 　　　　9	10 　　　　　32	
	-	2	0.314159	
	S	지수부	가수부	

여기서 가수부에 표시되는 숫자를 실수의 유효숫자라고 한다. 따라서 -31.4159의 유효숫자의 개수는 6개이다. 그러나 가수부에 할당된 메모리의 비트수가 한정적이기 때문에 많은 유효숫자를 갖는 실수들은 메모리에 정확히 저장할 수 없을 것이다. 실수의 유효숫자를 정보의 손실 없이 정확히 표현할 수 있는 유의한 자릿수를 정밀도(precision)라고 한다. 〈예 2.12〉는 float로 선언된 부동소수형의 정밀도가 7자리 정도임을 설명하는 예이다. 반면에 double로 선언된 부동소수형 자료의 정밀도는 시스템에 따라 15~18 자리로 대략 17개의 유효숫자를 저장할 수 있다고 보면 된다.

◆ <예 2.12>

```
// 부동소수형의 정밀도
#include <iostream>
```

```
#include <iomanip>
using namespace std;

int main()
{
        float pi = 3.141592653F;       // float의 정밀도는 7자리 정도
        double pi2 = 31.41592653;     // double의 정밀도는 17자리 정도

        cout << setprecision(10);
        cout << "pi= " << pi << endl;
        cout << "pi2= " << pi2 << endl;

        return 0;
}
```

```
pi= 3.141592741
pi2= 31.41592653
```

〈예 2.12〉에 표시된 setprecision()은 출력하고자 하는 부동소수형의 출력 자리수를 지정하는 데 유용한 조정자(manipulator)이다. cout 객체를 이용하여 setprecision() 조정자를 사용하고자 할 경우에는 반드시 헤더파일인 〈iomanip〉를 삽입하여야 한다. 〈예 2.12〉의 결과를 살펴보면 float형으로 선언된 자료는 7개의 유효숫자만 정확히 저장되었음을 확인할 수 있으며, double형의 경우에는 아무런 문제없이 모든 유효숫자가 저장되고 있음을 알 수 있다.

부동소수형 자료를 저장할 경우 메모리 제한으로 인해 저장 가능한 유효자릿수가 정해져 있기 때문에 정확한 수치가 저장되지 않을 것이다. 이를 반올림 오류(rounding error)라고 한다. 반올림 오류(rounding error)는 예상치 못한 결과를 초래할 수 있으므로 주의해야 한다. 또한 부동소수형 자료들 간의 연산에서 아주 큰 수와 작은 수를 더하는 경우에도 전혀 생각지 못했던 결과가 도출될 수 있다.

〈예 2.13〉은 매우 큰 부동소수형 자료 1.34e+16와 이 값에 비해 상대적으로 작은 실수 2.0의 덧셈을 구하여 이를 출력하는 프로그램이다. 두 값의 덧셈 연산을 수행하면 먼저 부동소수형 자료 1.34e+16은 0.134e+17로 변환되고, 실수 2.0은 0.2e+1로 변환되어 메모리에 저장된다. 두 값의 덧셈은 먼저 두 실수의 지수부를 일치시킨 후 두 값의 가수부를 더한다. 따라서 실수 2.0이 0.00⋯02e+17로 변환되므로 두 값을 더한 결과는 0.1340⋯02e+17이 되며 이 때 유효숫자 길이는 17이다. 두 실수의 덧셈이 double형으로 연산을 하고 있기에 double형의 정밀도를 고려하면 두 실수의 덧셈은 정확히 연산되어 출력되고 있음을 알 수 있다.

◆ **<예 2.13>**

```
// 부동소수형의 연산
#include <iostream>
#include <iomanip>
using namespace std;

int main()
{

        double x = 1.34e+16;  // 0.134e+17
        double y = 2.0;       // 2.0 == 0.00000000000000002e+17

        cout << setprecision(18);

        cout << "x= " << x << endl;
        cout << "y= " << y << endl;
        cout << "x+y= " << x + y << endl;

        return 0;
}
```

```
x= 13400000000000000
y= 2
x+y= 13400000000000002
```

〈예 2.14〉는 덧셈의 연산 과정에서 double형의 정밀도를 벗어날 경우 그 결과가 잘못되고 있음을 알려주는 예이다. 두 변수 x2와 y2의 유효숫자의 길이는 각각 3과 1이므로 메모리에 저장하는 순간에는 아무런 문제가 발생하지 않는다. 그러나 두 변수를 더하는 연산을 하게 되면 y2의 값의 지수부가 x2의 지수부와 일치하도록 변환되기 때문에 그 결과 x2+y2의 유효숫자의 길이가 21로 double의 정밀도의 한계를 벗어난다. 즉, 메모리 제한으로 인해 double형의 정밀도인 17개의 유효자릿수를 벗어난 자료들은 잘라내야 하므로 덧셈 연산에서 2를 더하는 효과가 사라지게 된다.

◆ **<예 2.14>**

```
// 부동소수형의 연산
#include <iostream>
#include <iomanip>
using namespace std;

int main()
{
        double x2 = 1.34e+20;  // 0.134e+21
        double y2 = 2.0;       // 2.0 == 0.000000000000000000002e+21

        cout << setprecision(22);
        cout << "x2= " << x2 << endl;
        cout << "y2= " << y2 << endl;
        cout << "x2+y2= " << x2 + y2 << endl;

  return 0;
}
```

```
x2= 134000000000000000000
y2= 2
x2+y2= 134000000000000000000
```

✣ **<실습 2.7> 집의 넓이를 측정하는 오래된 도량형인 평(坪)은 m^2 단위로 변환할 수 있다. 50평인 집의 넓이를 m^2 단위로, 반대로 100 m^2인 집의 넓이를 평 단위로 계산하여 출력하는 프로그램을 작성하시오. 단, 1평은 3.3058 m^2으로 계산한다.**

2.3.3 문자형 상수와 문자열

C++ 프로그래밍 언어를 포함한 모든 프로그래밍 언어들은 기본적인 약 256개의 문자들을 다루기 위하여 내부적으로 문자와 일대일 대응관계인 수치 코드(정수)를 사용한다. 이때 모든 문자들을 0에서 255까지의 수치코드로 일대일 대응시키므로 1 바이트의 크기만으로 충분히 문자들을 저장할 수 있으므로 기본적인 문자 상수들을 저장하기 위하여 1 바이트의 메모리가 필요하다. 문자들의 수치 코드로 가장 많이 사용되는 문자 세트가 ASCII(American Standard Code for Information Interchange)이다. [표 2.4]는 ASCII 표의 일부분을 표시한 것이다. 이 표를 살펴보면 영문 대문자 'A'에 해당하는 10진수의 코드 값은 65이며, 영문 소문자 'a'에 해당하는 10진수의 코드 값이 97임을 알 수 있다. 영문 알파벳의 대문자와 소문자들은 서로 일렬로 배치되어 있으므로 대문자 'P'와 소문자 'p' 간의 ASCII 코드 값은 32 만큼 차이가 난다.

[표 2.4] ASCII 코드(일부분)

10진수	16진수	8진수	ASCII	10진수	16진수	8진수	ASCII
65	41	101	A	97	61	141	a
66	42	102	B	98	62	142	b
67	43	103	C	99	63	143	c
68	44	104	D	100	64	144	d
69	45	105	E	101	65	145	e
70	46	106	F	102	66	146	f
71	47	107	G	103	67	147	g
72	48	110	H	104	68	150	h
73	49	111	I	105	69	151	i
74	4A	112	J	106	6A	152	j
75	4B	113	K	107	6B	153	k
76	4C	114	L	108	6C	154	l
77	4D	115	M	109	6D	155	m
78	4E	116	N	110	6E	156	n
79	4F	117	O	111	6F	157	o
80	50	120	P	112	70	160	p
81	51	121	Q	113	71	161	q
82	52	122	R	114	72	162	r
83	53	123	S	115	73	163	s
84	54	124	T	116	74	164	t
85	55	125	U	117	75	165	u
86	56	126	V	118	76	166	v
87	57	127	W	119	77	167	w
88	58	130	X	120	78	170	x
89	59	131	Y	121	79	171	y
90	5A	132	Z	122	7A	172	z
91	5B	133	[	123	7B	173	{
92	5C	134	\	124	7C	174	|

93	5D	135	]	125	7D	175	}
94	5E	136	^	126	7E	176	~
95	5F	137	_	127	7F	177	DEL
96	60	140	`				

C++ 프로그램 내에서 문자형 상수는 'A'와 같이 작은따옴표(single quotes, ' ')를 이용하여 하나의 문자(character)만을 표시하는 경우와 "World"와 같이 큰따옴표(double quotes, " ")를 이용하여 2개 이상의 문자를 일렬로 표현하는 문자열(string)이 있다. 1개의 문자라도 "A"와 같이 큰따옴표를 이용하여 표시하면 문자열로 취급된다. 하나의 문자(single-character)는 1바이트의 메모리 용량이 필요하지만, 문자열은 문자열에 포함된 문자의 개수보다 1바이트의 메모리가 더 필요하다. 예를 들어 문자열 "World"를 메모리에 저장하기 위해서는 총 6바이트의 메모리 용량이 필요한 것이다. 이는 문자열의 끝을 표시하는 널 문자(null character, '\0')를 자동으로 저장하기 위함이다. 참고로 널 문자('\0')의 ASCII 코드 값은 0이다.

C++ 프로그램 내에서 한글에 대한 문자를 다루기 위해서는 큰따옴표를 이용한 문자열 형태로 표시하여야 한다. 영문자가 아닌 한글은 기본적으로 한 글자 1개가 2바이트의 메모리를 필요하기 때문이다. 물론 wchar_t형의 변수를 이용하면 char형으로 처리하지 못하는 확장된 글자의 문자들을 처리할 수 있다. 그러나 wchar형의 변수보다 문자열을 다루기 위한 string형의 변수를 이용하는 것이 편리하다.

〈예 2.15〉는 프로그램 내에서 문자형 상수들을 표현하는 몇 가지 예를 보여준 것이다.

◆ **<예 2.15>**

```
// 문자형 상수의 처리
#include <iostream>
using namespace std;

int main()
{
        cout << "char A = " << 'A' << endl;
        cout << "대문자 P와 소문자 p의 ASCII 값의 차이= " << 'p' - 'P' << endl;
        cout << "문자(char) A의 메모리 용량= " << sizeof 'A' << endl;
        cout << "문자열(string) ABC의 메모리 용량= " << sizeof "ABC" << endl;
        return 0;
}
```

```
char A = A
대문자 P와 소문자 p의 ASCII 값의 차이= 32
문자(char) A의 메모리 용량= 1
문자열(string) ABC의 메모리 용량= 4
```

〈예 2.15〉의 출력 결과를 살펴보면 앞에서 언급한 바와 같이 영문 대문자 'P'와 소문자 'p' 사이의 ASCII 코드 값의 차이가 32임을 알 수 있다. sizeof 연산자는 메모리에 저장된 피연산자의 메모리 용량을 계산하여 이를 바이트(byte) 단위로 출력해주는 연산자이다. 그 결과를 보면 문자 1개는 1 바이트의 메모리가 필요하고, 문자열의 경우에는 문자열에 포함된 문자의 개수보다 1개 많은 바이트 수가 그 문자열의 메모리 크기로 출력되고 있음을 알 수 있다.

다음은 string 변수 man을 선언하고 여기에 문자열 His first words were "Will you promise me?"을 저장한 것이다. 하지만 이 코드를 실행하면 오류 목록 창에 다음과 같이 많은 오류 메시지가 발생하여 실행이 불가함을 알 수 있을 것이다.

```
string man ;
man = "His first words were "Will you promise me?" " ;
cout << man << endl ;
```

```
E2486  사용자 정의 리터럴 연산자가 없습니다.
E0065  ';'가 필요합니다.
C3688  잘못된 리터럴 접두사 'Will'입니다. 리터럴 연산자 또는 리터럴 연산자 템플릿 '연산자 ""Will'을(를) 찾을 수 없습니다.
C2146  구문 오류: ';'이(가) 'you' 식별자 앞에 없습니다.
C2065  'you': 선언되지 않은 식별자입니다.
C2146  구문 오류: ';'이(가) 'promise' 식별자 앞에 없습니다.
C2065  'promise': 선언되지 않은 식별자입니다.
C2146  구문 오류: ';'이(가) 'me' 식별자 앞에 없습니다.
C2065  'me': 선언되지 않은 식별자입니다.
C2059  구문 오류: ';'
```

C++ 프로그램 내에서 문자열은 큰따옴표를 이용하여 정의한다. 따라서 앞에서 코딩된 프로그램의 예에서 string 변수 man에 저장하고자 하는 문자열은 "His first words were "로 인식될 것이다. 왜냐하면 저장하고자 하는 문자열 속에 있는 문자 'W' 앞에 있는 큰따옴표는 앞에서 나왔던 큰따옴표와 짝을 이뤄 문자열의 끝으로 해석되기 때문이다. 'W' 앞의 큰따옴표가 문자열의 끝을 나타내는 기호가 아니라 큰따옴표 자체의 문자로 인식하기 위해 이 큰따옴표 앞에 백슬래쉬(backslash, '\') 문자를 삽입한다. 마찬가지로 세 번째 표시된 큰따옴표도 문자열의 일부인 큰따옴표 자체 문자이기 때문에 이 문자 앞에 '\' 문자를 삽입한다. 다음 예는 앞에서 잘못된 실행 결과를 바르게 수정한 코드이다. 즉 문자열 안에 표기되는 큰따옴표는 \"으로 표시하여야 한다.

```
string man ;
man = "His first words were \"Will you promise me?\" " ;
cout << man << endl ;
```

```
His first words were "Will you promise me?"
```

이와 같이 C++ 프로그램 내에서 문자열 상수를 코딩할 때 키보드로 직접 입력이 불가능한 문자 상수들이거나 큰따옴표와 같이 문자열의 시작과 끝을 의미하는 기호들은 특별히 역사선 (backslash, '\') 문자와 같이 표기함으로서 특수한 기능을 수행토록 할 수 있다. 역사선 문자와 같이 쓰이기 때문에 두 개 이상의 문자들의 조합이 되므로 이를 확장 문자열(이스케이프 시퀀스, escape sequences)이라고 한다. 문자열 man에 저장되는 문자 중에서 \" 문자가 큰따옴표 자체를 표기하기 위한 확장 문자열의 한 종류이다. 다음 [표 2.5]는 자주 사용하는 이스케이프 시퀀스들을 표시한 것이다.

[표 2.5] 이스케이프 시퀀스(escape sequences, 확장 문자열)

이스케이프 시퀀스	이름	의미
\a	alert	삑(beep) 소리 문자
\n	new line	키보드의 [Enter] 기능과 유사함
\t	tab	키보드의 [Tab] 기능과 유사함
\b	backspace	키보드의 [Backspace] 기능과 유사함
\f	form feed	현재 활성위치를 다음 페이지 처음으로 옮김
\r	carriage return	현재 활성위치를 그 줄의 처음으로 옮김
\\	backslash	\ 자체를 위한 문자
\'	single quote	작은따옴표(')를 위한 문자
\"	double quote	큰따옴표(")를 위한 문자
\ooo	8진수 값의 문자	ASCII 표에서 8진수 ooo에 대응하는 문자
\xhh	16진수 값의 문자	ASCII 표에서 16진수 hh에 대응하는 문자
\0	NULL 문자	ASCII의 값이 0인 문자(널 문자)
\	line-continuation	다음 줄로 문자열을 연속하고자 할 때 사용

다음 〈예 2.16〉은 [표 2.5]에 표시된 이스케이프 시퀀스들의 사용 방법에 대하여 몇 가지 예를 표시한 것이다. 여기서 문자 '\n'은 다음 줄로 출력 위치를 바꿔는 기능을 수행하며, 문자 '\t'는 키보드의 [Tab]처럼 특정한 크기의 빈칸을 출력해준다. 문자 '\\'은 역사선 문자 '\' 자체를 의미하는 문자이다.

[표 2.4]의 ASCII 표에서 문자 'P'는 ASCII 값이 십진수로 80이지만 8진수로 120, 16진수로 50이다. 문자 'P'를 이스케이프 시퀀스로 표시하면 \120 또는 \x50으로 입력할 수 있다.

◆ **<예 2.16>**

```
// 이스케이프 시퀀스 (확장문자열)
#include <iostream>
#include <string>
using namespace std;

int main()
{
        string man;
        man = "His first \\words\\ were\n \"Will you \tpromise \tme ?\"";
        cout << man << endl;

        cout << 'P' << endl;
        cout << '\120' << '\n' << '\x50' << endl;

}
```

```
His first ₩words₩ were
 "Will you      promise         me ?"
P
P
P
```

〈예 2.17〉은 프로그램 내에서 문자열을 생성하는 몇 가지 특이한 방법을 설명하는 예이다. 문자열은 큰따옴표를 이용하여 그 시작과 끝을 표현하는데 이렇게 표현하는 문자열을 2개 이상 연달아 붙여서 하나의 문자열을 표시할 수 있다.(1: 문장) 또한 하나의 문자열이 2줄 이상 이어질 경우 첫 번째 줄의 끝에 '\' 문자를 표시하면 바로 다음 줄 까지 연속으로 문자열을 저장할 수 있다.(2: 문장) 그리고 R"( )"의 괄호 안에 문자열을 표시하면 이 문자열에 표시된 어떤 문자라도 직접 문자열의 문자로 저장된다. 이 경우 이스케이프 시퀀스가 적용되지 않는다. (3: 문장) 즉, 괄호 안에 '\n'으로 표시되더라도 new line을 의미하는 이스케이프 시퀀스가 적용되지 않고 단지 char형 문자 \와 n이 각각 저장된다.

◆ **<예 2.17>**

```
// 문자열의 다양한 표현 방식
#include <iostream>
#include <string>
using namespace std;

int main()
{
        string man;
        man = "His first" "\twords were" "\n\"Will you promise me?\" ";
        cout << "1:" << man << endl;

        man = "His first words were \
\"Will you promise me?\" ";
        cout << "2:" << man << endl;

        man = R"(His first" "\twords were\n\"Will you promise me?\")";
        cout << "3:" << man << endl;
}
```

```
1:His first     words were
"Will you promise me?"
2:His first words were "Will you promise me?"
3:His first" "₩twords were₩n₩"Will you promise me?₩"
```

<실습 2.8> 다음은 윤동주 시인의 작품 "서시"의 일부분이다. 한 개의 문자열 변수를 선언한 후 이스케이프 시퀀스(\", \n, \t, \\, \)를 이용하여 문자열을 저장한 후 다음과 같이 출력하는 프로그램을 작성하시오.

```
        "서 시"
                ₩윤₩동₩주

죽는 날까지 "하늘"을 우러러
한 점 '부끄럼'이 없기를,
"잎새"에 이는 바람에도
```

2.3.4 const 키워드와 #define 전처리기를 이용한 상수 정의

원주율 $\pi \approx 3.1415$이나 자연대수 $e \approx 2.718$ 등 수학에서 많이 사용하는 특수한 상수 또는 프로그램 내내 자주 취급하는 상수의 경우에는 변수처럼 이름을 정해주는 것이 편리하다. 즉, 프로그램의 여러 부분에 자주 노출되는 상수이거나 프로그램의 실행이 이루어 질 때의 주변 상황에 따라 자주 수정해야 하는 상수, 또는 매번 표기하기가 복잡하고 긴 상수들을 프로그램의 서두에 이름을 정해서 선언하면 이 상수들의 값이 바뀌어도 한 번에 수정하기 쉽다. 예를 들어 은행의 금리 같은 상수는 매번 달라질 수 있는데 그때 마다 프로그램 곳곳에 숨어있는 금리 상수를 모두 수정하는 것은 쉽지 않을 것이다. 그러나 상수를 변수 같이 선언하면 상수 값이 바뀌었을 경우 이 상수의 선언 문장만 수정하면 된다.

상수에 이름을 부여하는 방식은 const 키워드를 이용하여 상수의 이름을 변수같이 선언하는 방식과 #define을 이용한 전처리기 지시문(preprocessor directive)으로 작성하는 방식이 있다.

먼저 const 키워드를 이용하여 기호 상수를 선언하는 일반적인 형식은 다음과 같다. 여기서 상수의 자료형이 생략되면 int형으로 간주될 수도 있지만 C++에서는 오류가 날 수 있다.

const 자료형 상수이름 = 상수 ;

〈예 2.18〉은 const를 이용하여 기호 상수 pi를 선언하고 이를 활용하여 원의 둘레와 넓이를 구하는 예를 표시한 것이다. 또 다른 상수기호로 tab과 nl을 선언하고 있는데 이스케이프 시퀀스 문자인 '\t' 대신에 tab이 입력되면 [Tab] 키의 기능이 대신 수행될 것이며, '\n' 문자 대신에 nl 상수가 출력 포인터의 위치를 다음 줄로 넘겨주는 new line 문자의 기능을 수행할 것이다. 여기서 pi 상수는 double형으로 자료형을 지정하였으며, tab 상수와 nl 상수는 자료형으로 char를 지정하고 있다.

◆ **<예 2.18>**

```
// const를 이용한 상수의 선언
#include <iostream>
#include <iomanip>
using namespace std;

const double pi = 3.14159265;
const char tab = '\t';
const char nl = '\n';

int main()
{
        double radius = 10.0;
        double length, area;
        length = 2 * pi * radius ;    // 원의 둘레 길이
        area = pi * radius * radius;    // 원의 넓이

        cout << setprecision(8);
        cout << "둘레= " << length << tab << tab;
        cout << "넓이= " << area << nl;
}
```

```
둘레= 62.831853          넓이= 314.15927
```

const를 이용하여 상수에 이름을 정해준 이후에는 이 상수를 변수같이 사용할 수 없다. 예를 들어, 원의 넓이를 계산한 이후 다음과 pi의 값을 변경하고자 하면 오류가 발생한다.

```
pi = 3.14;
```

```
E0137  식이 수정할 수 있는 lvalue여야 합니다.
C3892  'pi': const인 변수에 할당할 수 없습니다.
```

#define을 통하여 특정한 상수를 프로그램의 서두, 주로 헤더 파일의 선언과 main() 함수 선언문 사이에 정의한 후 이 상수를 사용할 수 있다. #define 문으로 정의되어 있는 특정한 상수

를 매크로(macro) 상수라고 한다. 프로그램 곳곳에 기술되어 있는 매크로 상수는 선행처리자가 컴파일 이전에 이 매크로 상수 이름대신 #define으로 정의된 상수 값으로 대체한다. 이때 주의할 점은 다른 C++의 실행문과 같이 #define문장의 끝에 세미콜론(;)을 붙이면 오류가 발생한다는 것이다. 그러나 앞에서 설명했던 const 선언문은 반드시 세미콜론(;)을 붙여 문장의 끝임을 알려야 된다.

다음은 #define 문으로 정의되는 매크로 상수의 예를 표시한 것이다. 예를 들어, 산술 연산에 자주 쓰이는 원주율 π는 3.141592의 값으로 프로그램에서 매번 이 값을 표시하는 것이 번거로울 것이다. 이 값을 다음 #define 문과 같이 PI로 정의하고 숫자 대신 매크로 상수 PI를 사용하면 프로그램의 코딩과 해석이 더 쉬울 것이다.

```
#define    RATE    0.025                  // 자주 바뀌는 은행이자
#define    PI      3.141592               // 표기가 복잡한 상수
#define    MSG     "Enter a number: "     // 문자열
#define    TRUE    1                      // 참의 의미를 갖는 상수이름
```

다음 〈예 2.19〉는 #define을 사용한 몇 가지 상수 처리 방법을 표시한 것으로, 은행 이율이 RATE일 경우 1000만원을 저금하고 n년 후 찾는다고 할 때의 총 금액을 출력하는 예이다.

◆ **<예 2.19>**

```
// #define 매크로 상수의 선언
#include <iostream>
#include <iomanip>
#define RATE 0.025
#define MSG "Enter a number: "
using namespace std;

int main()
{
        int n;
        double sum;

        cout << MSG;  // 매크로 MSG
```

```
        cin >> n;

        sum = 1000 * pow(1+RATE, n);  // 원리합계; 매크로 RATE

        cout << setprecision(8);
        cout << "원리합계 = " << sum << endl;
}
```

```
Enter a number: 10↵
원리합계 = 1280.0845
```

C++ 프로그램에서 상수를 다루고자 할 경우 #define으로 상수를 정의하는 것보다 const로 상수를 선언하는 것이 더 능률적이다. 먼저 const를 이용한 기호 상수의 선언문에서 알 수 있듯이 사용되는 기호 상수의 자료형을 처음부터 구별하여 지정할 수 있다. #define문으로 정의된 매크로 상수는 전역적이지만, const으로 선언할 경우 변수 사용의 영역 규칙과 유사하게 프로그램 일부분, 즉, 특정 함수나 블록에서만으로 지역적으로 상수의 사용을 제한할 수 있다. 더구나 const 상수의 선언은 포인터, 배열, 그리고 구조체 같은 복잡한 자료형에도 사용이 가능하다.

<실습 2.9> const 키워드를 통하여 자연대수 e의 값을 2.71825로 정의한 후, 이를 이용하여 e^2, e^3, 그리고 e^4의 값을 출력하는 프로그램을 작성하시오.

2.4 연산자

일반적으로 C++에서 다루는 수식은 연산자(operator)와 피연산자(operand)로 구성되어 있다. 피연산자는 변수와 상수 등으로 구성된 다양한 형태의 자료가 될 수 있으며, 이 자료들은 수식에 포함된 연산자의 기능에 따라 적절한 연산이 이루어진다. 예를 들어 다음 실행문은 2개의 연산자와 3개의 피연산자를 포함하고 있다.

```
y = x + 5 ;
```

이 실행문의 수식 x+5에서 x와 5는 각각 변수와 상수인 자료이므로 피연산자이고, + 기호는 두 자료를 더하는 기능을 하는 연산자이다. 또한 = 기호 역시 이 기호 오른쪽 항에서 계산된 값을 = 기호 왼쪽의 변수(실제로는 메모리) y에 저장하라는 연산자이다. 당연히 변수 y는 = 연산자와 관련된 피연산자이다.

C++ 프로그램에서 사용하는 연산자는 다양한데 이를 잘 사용하기 위해서는 기본적으로 각 연산자의 기능과 연산자 우선순위 및 결합 방향과 같은 연산 규칙을 알고 있어야 한다. 실행문에 2개 이상의 연산자가 포함될 경우 먼저 연산을 수행하는 연산자의 순위를 고려하는데 이를 연산자 우선순위 규칙이라고 한다. 예를 들어 앞의 실행문에서 + 연산자가 = 연산자보다 연산자 우선순위가 빠르기 때문에 먼저 수행된다. 즉, 피연산자인 x와 5를 먼저 덧셈한 후 그 결과를 피연산자인 y에 저장하는 = 연산을 수행한다. 연산자 우선순위가 같은 연산자들이 있을 경우 연산자의 결합 방향을 통해 어느 연산자가 먼저 수행할 것인지 순위가 결정된다. C++에서 사용되는 기본적인 연산자들을 2.4절의 마지막에 [표 2.6]으로 정리하였으니 참조하기 바란다.

2.4.1 대입연산자

우선순위	연산자	결합방향	설명
15	=	←	오른쪽 값을 왼쪽 변수에 저장

대입연산자(assignment operator)는 연산자 =의 오른쪽 항에 위치한 피연산자의 값을 연산자 =의 왼쪽 항에 위치한 피연산자에 대입하는 연산자이다. 왼쪽 항에 위치한 피연산자는 반드시 변수이어야 하며, 이 변수에 대응하는 메모리 영역에 오른쪽 항의 값을 저장하는 기능을 한다.

이때 왼쪽 항의 변수가 갖고 있던 이전의 값은 지워지고 새롭게 대입되는 값으로 대체된다. 따라서 대입연산자 =의 왼쪽 항에 위치한 피연산자가 상수이면 오류가 발생한다. 다음은 대입연산자의 왼쪽 피연산자가 변수가 아닐 경우 오류가 발생함을 알려주는 예이다.

```
int n ;
100 = n ;     // 잘못된 대입연산자의 실행: 왼쪽 피연산자는 반드시 변수이어야 함
```

```
E0137   식이 수정할 수 있는 lvalue여야 합니다.
C2106   '=': 왼쪽 피연산자는 l-value이어야 합니다.
```

대입연산자의 연산자 우선순위는 15로서 연산 순위가 매우 낮으며 연산자의 결합 방향은 오른쪽에서 왼쪽이다. 따라서 다른 연산자보다 가장 늦게 = 연산자가 실행되고 결합방향 규칙에 따라 = 연산자 오른쪽 항에서 계산된 결과를 = 연산자의 왼쪽 항에 있는 변수에 대입하게 된다.

〈예 2.20〉은 대입연산자의 우선순위와 결합 방향에 대한 규칙을 설명하기 위한 예를 표시한 것이다. 또한 대입연산자 때문에 피연산자인 왼쪽 항의 변수에 저장되었던 기존의 자료가 지워지고 있음을 알 수 있다.

◆ **<예 2.20>**

```
// 대입연산자
#include <iostream>
using namespace std;

int main()
{
        int x, y;
        x = 100;
        y = 200;
        cout << "1:x= " << x << endl;
        cout << "1:y= " << y << endl;

        y = 500 + (x = 300);
        cout << "2:x= " << x << endl;
        cout << "2:y= " << y << endl;
```

```
        x = y = 2022;
        cout << "3:x= " << x << endl;
        cout << "3:y= " << y << endl;
}
```

```
1:x= 100
1:y= 200
2:x= 300
2:y= 800
3:x= 2022
3:y= 2022
```

〈예 2.20〉의 실행 결과를 살펴보면 먼저 x와 y의 값이 대입연산자를 통해 100과 200으로 저장되었다. 이후 실행문 y = 500 + (x = 300);를 실행하면 연산자 우선순위가 가장 높은 괄호 ( )가 먼저 수행되어 기존의 x에 저장된 100이 삭제되고 300으로 저장된다. 덧셈 연산자가 대입연산자보다 우선순위가 높기 때문에 500과 300의 덧셈 결과인 800이 변수 y에 저장되었다. 세 번째 실행문은 대입연산자만 2개 있는 실행문으로 = 연산자의 결합 규칙이 오른쪽에서 왼쪽으로 진행되므로 먼저 변수 y에 기존의 값을 지우고 대신 2022가 저장되고 그 결과를 다시 변수 x에 저장한다. 따라서 두 개의 변수 x와 y에 모두 똑같은 자료 2022가 저장됨을 알 수 있다.

대입연산자(또는 누적대입연산자)의 연산이 실행되어 연산자 오른쪽 항의 값이 왼쪽 변수에 저장될 때, 오른쪽 식의 값은 왼쪽 변수의 자료형으로 자동 변환되어 저장된다. 예를 들어 다음 예와 같이 부동소수형 자료 12.5를 대입연산자를 이용하여 정수형 변수 x에 저장하면 소수점 이하의 데이터가 버려지는 자동 변환을 거쳐 정수 12가 변수 x에 저장된다. 이때 대입연산자의 왼쪽 피연산자인 변수의 자료형의 크기보다 오른쪽 피연산자의 자료형의 크기가 더 클 경우 다음과 같이 경고 메시지가 출력될 수 있지만 실행은 이루어진다. 따라서 대입연산자 오른쪽 피연산자의 자료를 왼쪽 변수에 저장하는 과정에서 오차가 발생할 여지가 있으므로 의도적인 목적이 아니라면 대입연산자를 통한 자료형의 자동 변환에 주의하여야 한다.

```
int  x ;
x = 12.5;    // 대입연산자의 연산 과정에서 오차가 발생함
cout << "x= " << x << endl;
```

```
warning C4244: '=': 'double'에서 'int'(으)로 변환하면서 데이터가 손실될 수 있습니다.
```

2.4.2 산술연산자

우선순위	연산자	결합방향	설명
3	-	←	부호연산
5	* / %	→	곱셈, 나눗셈, 나머지
6	+ -	→	덧셈, 뺄셈

산술연산자(arithmetic operator)는 사칙연산을 다루는 연산자(*, /, +, -)와 정수 연산에서 나머지를 구하는 나머지연산자(%), 그리고 피연산자의 부호를 변환해주는 부호연산자(-)로 구성되어 있다. 여기서 부호연산자는 하나의 피연산자만 갖는 단항연산자(unary operator)이다. 반면에 나머지 산술연산자들은 두 개의 피연산자를 갖는 이항연산자(binary operator)이다.

부호연산자와 뺄셈연산자가 동일한 기호 '-'를 공유하는데 이와 같이 하나의 기호로 두 개의 기능을 연산하도록 하는 것을 연산자 다중정의(operator overloading)이라고 한다. 같은 기호로 두 가지 서로 다른 연산을 하더라도 C++ 프로그램에서 피연산자의 개수와 유형에 따라 정확한 연산이 이루어진다. 비슷한 연산자 다중정의의 예로서 이항 연산자인 곱셈연산자로 사용되는 기호 '*'는 단항연산자인 간접연산자로도 사용된다.

산술연산자 중에서 나머지를 구하는 나머지연산자 %는 이항연산자로서 왼쪽 피연산자를 오른쪽 피연산자로 나눈 나머지를 구해주는 연산자이다. 예를 들어 17을 6으로 나눈 나머지는 5이므로 17%6의 결과는 5가 된다.

```
cout << "17%6 = " << 17 % 6 << endl ;
```

```
17%6 = 5
```

이때 주의할 점은 나머지연산자 %의 두 피연산자의 자료형이 모두 정수형이어야 한다는 것이다. 이를 테면 다음과 같이 17.이 저장되어 있는 double형 변수를 %의 피연산자로 사용할 경우 오류가 발생한다. 이는 수학적으로 동일한 수식이기 때문에 착각할 수 있으므로 주의해야 한다.

```
double a = 17. ;
cout << "a%6 = " << a % 6 << endl ;
```

```
E2140  식에 정수 또는 범위가 지정되지 않은 열거형 형식이 있어야 합니다.
C2296  '%': 왼쪽 피연산자 형식으로 'double'을(를) 사용할 수 없습니다.
```

두 정수의 나머지를 구하는 연산자가 나머지연산자 %이지만 C++에서 두 정수의 몫을 구하는 연산자는 무엇일까? 즉, 17을 6으로 나눈 나머지는 17%6으로 연산하여 5를 얻지만 17을 6으로 나눈 몫인 2는 어떻게 구할까? 이에 대한 해답은 나눗셈연산자(/)의 연산 방식을 이해함으로서 얻을 수 있다.

나눗셈연산자는 두 피연산자의 자료형에 따라 서로 다르게 연산을 처리한다. 예를 들어 두 피연산자가 모두 부동소수형(float, double, long double)이면 나눗셈연산자의 연산 결과는 부동소수형이 되어 정확한 나눗셈 연산이 이루어진다. 그러나 두 피연산자가 모두 정수형 자료일 경우 나눗셈 연산 결과는 정확한 나눗셈 연산의 결과가 아니라 왼쪽 항의 피연산자를 오른쪽 항의 피연산자로 나눈 몫이 된다.

〈예 2.21〉은 나눗셈연산자를 이용하여 실수형 또는 정수형 자료형의 피연산자에 따라 서로 다르게 나눗셈 연산을 수행하는 예를 보여주고 있다. 그 결과를 살펴보면 두 피연산자가 모두 실수일 경우의 나눗셈 17./6.의 결과는 2.83333으로 실제 나눗셈을 하고 있으며, 두 피연산자가 모두 int형인 17/6의 결과는 17을 6으로 나눈 몫인 2를 계산하고 있음을 알 수 있다.

◆ **<예 2.21>**

```
// 나눗셈연산자(/)
#include <iostream>
using namespace std;

int main()
{
        cout << "17./6. = " << 17. / 6. << endl;  // double / double == double
        cout << "17/6 = " << 17 / 6 << endl;      // int / int == int (몫)
        cout << "17/6. = " << 17 / 6. << endl;    // 묵시적 형변환 발생
}
```

```
17./6. = 2.83333
17/6 = 2
17/6. = 2.83333
```

나눗셈 연산에서 두 피연산자의 자료형이 서로 다를 경우에는 나눗셈 연산이 이루어지기 전에 먼저 묵시적 형변환(implicit type conversion) 규칙을 적용하여 낮은 순위의 피연산자가 높은 순위의 피연산자에 대한 자료형으로 자동 변환된 후 연산이 이루어진다. 이때 묵시적 형변환에 대한 순위는 메모리에 저장되는 피연산자의 크기(바이트)가 클수록 높다. 다음은 묵시적 형변환

에 대한 우선순위를 부등호로 표시한 것이다. char형보다 int형이, double형보다 long double형이 묵시적 형변환에 대한 우선순위가 더 높다.

char 〈 int 〈 long 〈 float 〈 double 〈 long double

또한 같은 바이트를 차지하는 unsigned와 signed의 경우에는 unsigned가 signed보다 묵시적 형변환의 우선순위가 높다. 따라서 〈예 2.21〉의 3번째 실행문에서 17/6.의 연산은 나눗셈 연산이 이루어지기 전에 먼저 17을 double형 17.으로 형변환된 이후 17./6.의 나눗셈 연산이 이루어진다.

〈예 2.22〉는 변수 seconds에 초 단위의 시간을 읽어 들인 후, 초 단위의 시간을 (시:분:초)로 출력하는 프로그램이다. 이 문제를 해결하기 위하여 나눗셈연산자(/)와 나머지연산자(%)를 사용할 것이다. 즉, 초 단위의 시간(seconds)으로부터 시(hour)를 구하기 위해서는 3600으로 나눈 몫을 구해야 하고, 시(hour)를 제외한 나머지로부터 분(min)을 구하기 위하여 seconds를 3600으로 나눈 나머지를 구해야 한다. 당연히 몫과 나머지는 / 연산자와 % 연산자를 사용한다.

◆ **<예 2.22>**

```
// 나눗셈연산자(/)와 나머지연산자(%)의 응용
#include <iostream>
using namespace std;

int main()
{
        int seconds;
        int hour, min, sec;

        cout << "초 단위의 시간을 입력: ";
        cin >> seconds;

        hour = seconds / 3600;
        sec = seconds % 3600;
        min = sec / 60;
        sec = sec % 60;

        cout << seconds << "초 = "
```

```
            << "(" <<hour << ":" << min << ":" << sec << ")" << endl;
}
```

```
초 단위의 시간을 입력: 7654↵
7654초 = (2:7:34)
```

<실습 2.10> 변수 x와 y가 정수형일 때 다음 식을 만족하는 정수 Q와 정수 r를 구하는 프로그램을 작성하시오. 단, 대입연산자를 이용하여 먼저 변수 x에는 11, 변수 y에는 2345를 대입한다.

$$y = x\,Q + r \quad (0 \le r < x)$$

2.4.3 누적대입연산자

우선순위	연산자	결합방향	설명
15	+= -= *= /= %= >>= <<= &= ^= |=	←	누적대입연산자

누적대입연산자(compound assignment operator)는 연산자의 형태에 따라 오른쪽 항의 값을 왼쪽 항의 피연산자인 변수에 누적하는 연산자이다. 대입연산자(=)는 왼쪽 변수의 값을 무시하고 오른쪽 피연산자의 값을 무조건 저장하는 연산자이었다. 그러나 누적 대입연산자는 왼쪽 변수의 값에 오른쪽 피연산자의 값을 더하거나 빼거나 곱하는 등의 연산을 함으로서 왼쪽 피연산자인 변수의 값을 변경한다.

수학에서 다음 수식을 만족하는 y의 값은 존재하지 않는다. 그러나 모든 컴퓨터 프로그래밍에서 다음 수식은 대입연산자(=)의 오른쪽 수식 y+10을 계산한 후 그 결과를 다시 변수 y에 저장한다는 의미이다.

```
y = y + 10 ;
```

이 실행문은 다음과 같이 누적대입연산자인 +=를 이용하여 동일한 연산을 수행할 수 있다.

```
y  +=  10 ;
```

다음 표는 몇 가지 누적대입연산자의 예를 표시한 것이다. 각 행에 표시된 대응되는 두 실행문은 동일한 연산 결과를 얻을 수 있다. 이와 같이 누적대입연산자를 이용하면 보다 간결한 수식을 표현할 수 있다.

누적대입연산자의 사용	대입연산자의 사용
y -= x ;	y = y - x ;
y *= 20 ;	y = y * 20 ;
y /= 2 ;	y = y / 2 ;
sec %= 60 ;	sec = sec % 60 ;

누적대입연산자를 사용할 때 sec %= 60;를 sec = 60 % sec;으로 오해하지 말아야 한다. 덧셈이나 곱셈 등 교환법칙이 성립하는 연산은 문제없지만 % 연산과 같이 연산의 교환법칙이 성립하지 않는 경우에는 잘못된 오해가 잘못된 결과를 야기하기 때문이다.

누적대입연산자의 결합방향이 오른쪽에서 왼쪽(←)이므로 누적대입연산자가 2개 이상 포함된 실행문의 경우 가장 오른쪽에 위치한 누적대입연산자를 먼저 연산하게 된다. 예를 들어, 다음 실행문은 먼저 *= 연산자가 수행되고 이후에 /= 연산자가 수행된다.

```
avr  /=  sum  *=  2.5 ;
```

이 실행문의 결과를 이해하기 위하여 연산 순서와 대입연산자를 이용한 2개의 실행문으로 자세히 표현하면 다음과 같다.

```
sum  =  sum  *  2.5 ;
avr  =  avr  /  sum ;
```

✣ **<실습 2.11> 누적대입연산자 +=를 2번 이용하여 변수 x에 1+3+5의 값을 대입하고, 누적대입연산자 -=를 2번 이용하여 변수 y에 100-50-1의 값을 대입한 후, x와 y의 값을 출력하는 프로그램을 작성하시오.**

2.4.4 증가연산자와 감소연산자

우선순위	연산자	결합방향	설명
2	++ --	→	후위 표기(postfix)
3	++ --	←	전위 표기(prefix)

증가연산자(increase operator, ++)와 감소연산자(decrease operator, --)는 단항연산자이지만 이 연산자를 피연산자의 왼쪽에 위치하는 전위 표기 방식과 피연산자의 오른쪽에 위치하는 후위 표기 방식 모두를 사용할 수 있다. 참고로 부호연산자를 비롯한 대부분의 단항연산자들은 전위 표기 방식으로 연산자를 사용한다. 증가연산자는 피연산자인 변수의 값을 1 증가시키는 연산을 하며, 감소연산자는 반대로 피연산자인 변수의 값을 1 감소시키는 연산을 수행한다. 다음 네 개의 실행문은 모두 똑같이 x의 값을 1 증가시키는 역할을 수행한다.

```
x = x + 1 ;
x += 1 ;
x++ ; // 후위 표기된 증가연산자
++x ; // 전위 표기된 증가연산자
```

여기서 증가연산자와 감소연산자의 피연산자는 반드시 변수이어야 한다. 따라서 다음과 같이 상수에 증가연산자나 감소연산자를 연산시키면 오류가 발생한다.

```
int x;
x = ++5 ;   // 증가연산자의 피연산자는 반드시 변수이어야 함
```

```
E0137  식이 수정할 수 있는 lvalue여야 합니다.
C2105  '++'에 l-value가 필요합니다.
```

하나의 실행문에서 증가연산자와 감소연산자가 다른 연산자와 어우러져 사용될 때 전위로 표기될 경우와 후위로 표기될 경우 연산 순서가 조금 다르다. 먼저 다음 예와 같이 증가연산자가 전위로 표기되면 피연산자인 변수 a의 값이 10에서 1 증가된다. 이후 증가된 a의 값 11을 이용하여 실행문 x = a + 20;이 실행되어 변수 x에 31이 저장된다.

```
int  a, x ;
a = 10 ;
x = ++a + 20 ;   // 전위로 표기된 증가연산자
```

즉, 실행문 x = ++a + 20;은 다음 2개의 실행문이 축약된 것으로 해석할 수 있다.

```
++a ;           // a가 1 증가됨. 따라서 a = 11
x = a + 20 ;    // x의 값은 11+20=31이 됨
```

반면에 다음과 같이 증가연산자가 후위로 표기되면 증가연산자를 연산하기 이전에 실행문의 나머지 연산자들을 먼저 연산한다. 이후 마지막으로 증가연산자의 연산을 수행한다. 즉, 증가연산자를 잠시 보류한 실행문 x = a + 20;을 실행하여 x의 값으로 30을 저장한 후, 마지막으로 변수 a의 값을 1 증가함으로서 a의 값은 11이 된다.

```
int  a, x ;
a = 10 ;
x = a++ + 20 ;    // 후위로 표기된 증가연산자
```

이때 실행문 x = a++ + 20; 역시 다음 2개의 실행문이 축약된 것으로 볼 수 있다.

```
x = a + 20 ;    // x의 값은 10+20=30이 됨
a++ ;           // a가 1 증가됨. 따라서 a = 11
```

〈예 2.23〉은 누적대입연산자와 감소연산자에 대하여 다소 복잡한 예를 표시한 것이다. 누적대입연산자는 연산자 우선순위가 가장 낮기 때문에 가장 나중에 연산이 이루어지며, 감소연산자는 연산 우선순위가 비교적 높아 먼저 연산이 이루어지지만 표기 방식에 따라 연산 순서가 달라짐을 유의해야 한다.

◆ **<예 2.23>**

```
// 감소연산자
#include <iostream>
using namespace std;
int main()
{
        int a=10, x=20, y=30;

        x += --a * 2;     // a=a-1;  x=x+a*2;의 축약

        cout << "a= " << a << endl;
        cout << "x= " << x << endl;

        y -= a-- * 2;     // y=y-a*2; a=a-1;의 축약

        cout << "a= " << a << endl;
        cout << "y= " << y << endl;
}
```

```
a= 9
x= 38
a= 8
y= 12
```

<실습 2.12> <예 2.23> 소스 프로그램에서 감소연산자를 증가연산자로 각각 변경하였을 경우의 출력 결과를 제시하고 설명하시오.

2.4.5 관계연산자와 비교연산자

우선순위	연산자	결합방향	설명
8	< > <= >=	→	관계연산자(크다, 작다)
9	== !=	→	비교연산자(같다, 틀리다)

관계연산자(relational operator)와 비교연산자(comparison operator)는 두 피연산자의 대소 관계와 등가 비교를 위한 연산자이다. 관계연산자나 비교연산자의 연산 결과는 참(true)이나 거짓(false)으로 표현되며, 그 연산 결과를 메모리에 저장할 경우 참이면 1, 거짓이면 0이 저장된다.

관계연산자의 네 가지 연산자(<, <=, >=, >)들은 각 기호가 수학적으로 의미하는 바와 같이 두 피연산자의 대소 관계를 수행하여 참, 거짓을 규명한다. 예를 들어, 관계연산자 >=의 연산 결과는 연산자의 왼쪽 피연산자가 오른쪽 피연산자보다 크거나 같으면 참, 작으면 거짓이 된다.

등가 비교를 위한 비교연산자 중에서 == 연산자는 두 피연산자의 값이 같으면 참을, 같지 않으면 거짓을 연산 결과로 한다. 반면에 != 연산자의 수행 결과는 == 연산자와 반대로 두 피연산자의 값이 같으면 거짓을, 같지 않으면 참을 출력한다. 여기서 == 연산자는 두 등호 기호(=) 사이를 빈칸으로 띄우지 말고 붙여야 하며, 대입연산자인 = 연산자와 혼동하기 쉬우므로 반드시 구별할 수 있어야 한다.

참고로 C++에서 0은 거짓을 의미하며, 0이 아닌 모든 수는 참을 의미한다. 따라서 다음 if 문에서 조건식에 표기된 x의 값이 0이 아니면 변수 x의 값이 출력될 것이다.

```
if ( x )      // 조건식의 값이 0이 아니면 참으로 인식함
    cout << "x= " << x << endl ;
```

〈예 2.24〉는 관계연산자와 비교연산자의 연산 결과를 살펴보는 몇 가지 예를 표시한 것이다. 여기서 관계연산자와 비교연산자의 결과는 0(거짓, false) 또는 1(참, true)임을 알 수 있으며, 비교연산자인 == 연산자와 대입연산자인 = 연산자의 차이점을 비교해보았다.

◆ **<예 2.24>**

```
// 관계, 비교연산자
#include <iostream>
using namespace std;

int main()
{
        int a, b, c;
        int x = 20, y = 30;

        a = x > y;   //  20>30은 거짓이므로  a = 0
        cout << "a= " << a << endl;

        b = x <= 50;  // 20<=50은 참이므로 b = 1
        cout << "b= " << b << endl;

        c = (x = 40) == y;  // x에 40이 대입되므로 거짓, 즉 c = 0
        cout << "c= " << c << endl;
}
```

```
a= 0
b= 1
c= 0
```

<실습 2.13> x=10이고 y=20일 때 x < y, x > y, x <= y, x >= y의 결과를 각각 출력하는 프로그램을 작성하시오.

2.4.6 논리연산자

우선순위	연산자	결합방향	설명
3	! (또는 not)	←	논리부정(logical NOT)
13	&& (또는 and)	→	논리곱(logical AND)
14	|| (또는 or)	→	논리합(logical OR)

논리연산자(logical operator)는 참, 거짓이 정해져 있는 명제들의 논리 연산을 수행한다. 관계연산자(또는 비교연산자)와 마찬가지로 논리연산자의 연산 결과도 참(true) 또는 거짓(false)으로 출력되며, 그 결과는 1(true)과 0(false)인 2개의 값으로 메모리에 저장된다.

논리연산자는 기호를 사용해도 되고 다른 프로그래밍 언어에서 사용하고 있는 논리 연산 단어를 사용해도 된다. 즉, 익숙한 영단어를 쓰는 것이 좀 더 명제들의 논리식을 이해하는데 도움이 될 수 있기 때문에 논리부정의 경우 ! 대신 not을 사용할 수 있으며, 논리곱연산자 && 대신 and를, 논리합연산자 || 대신 or를 연산자의 기호로 사용할 수 있다.

다음 표는 명제 p, q의 각 논리값(참, 거짓)에 대하여 논리연산자의 연산 결과를 정리한 것이다. 논리부정 연산자 !는 단항연산자로서 오른쪽 피연산자가 true이면 false를, 반대로 오른쪽 피연산자가 false이면 true를 출력한다. C++ 프로그램 내에서 !p 대신에 not p 또는 not(p)로 표기할 수 있다. 논리곱연산자 &&의 연산 결과를 보면 두 피연산자 p와 q의 값이 모두 true일 경우에만 true의 값을 갖고 나머지 경우는 모두 false의 값을 가짐을 알 수 있다. 반면에 논리합연산자 ||의 연산은 두 피연산자 p와 q의 값이 모두 false일 경우에만 false의 값을 갖고 나머지 경우는 모두 true의 값을 가진다.

p	q	!p	p && q	p || q
		not(p)	p and q	p or q
true	true	false	true	true
true	false	false	false	true
false	true	true	false	true
false	false	true	false	false

〈예 2.25〉는 논리연산자의 연산과 관련하여 몇 가지 예를 표시한 것이다.

◆ <예 2.25>

```
// 논리연산자 (!, &&, ||)
#include <iostream>
using namespace std;

int main()
{
        int x = 20, y = 30;
        bool p, q, r;

        cout << boolalpha;  // bool형 자료의 출력 방식을 설정하는 조정자
        p = !(x > y);          //  !(false)  ==  true
        cout << "p= " << p << endl;

        q = x <= 50 && y >= 50;     //  true  &&  false  ==  false
        cout << "q= " << q << endl;

        cout << noboolalpha;
        r = (x == 40) || y;          //  false  ||  true  ==  true
        cout << "r= " << r << endl;

        p = true;          //  p에는 1이 저장됨
        cout << "p= " << p << ",\t!p= " << !p << endl;
        q = 0;             //  q는 거짓(false), !q는 참(true)
        cout << "q= " << q << ",\t!q= " << not(q) << endl;
}
```

```
p= true
q= false
r= 1
p= 1,    !p= 0
q= 0,    !q= 1
```

참고로 〈예 2.25〉에 표시한 바와 같이 cout 객체를 이용하면 bool형인 자료는 기본적으로 true는 1, false는 0으로 출력한다. 그러나 cout 객체에 boolalpha 조정자를 결합하면 bool형의

자료를 1과 0 대신 true와 false로 출력할 수 있다. 이후 boolalpha 조정자의 기능을 해제하고자 할 경우에는 noboolalpha 조정자를 사용하면 된다.

논리곱연산자(&&, and)와 논리합연산자(||, or)는 모두 이항연산자로서 결합규칙이 왼쪽에서 오른쪽으로 연산이 이루어진다는 것이다. 그런데 논리곱연산자의 경우 왼쪽 피연산자의 값이 false일 경우 오른쪽 피연산자의 값에 상관없이 && 연산의 결과는 false이다. 따라서 C++에서는 논리곱연산자를 연산할 때 왼쪽 피연산자의 값이 false이면 계산 시간을 절약하기 위해서 오른쪽 피연산자의 값을 따로 연산하지 않는다.

〈예 2.26〉에서 p의 값을 계산하기 위한 실행문에서 왼쪽 피연산자의 값이 false이기 때문에 오른쪽 피연산자에 표시된 수식을 연산하지 않는다. 따라서 변수 x의 값이 1 증가된 값으로 변경되지 않았음을 알 수 있다.

◆ **<예 2.26>**

```
// 주의: 논리곱연산자 &&의 연산 순서
#include <iostream>
using namespace std;

int main()
{
        int x = 20, y = 30;
        bool p;
        cout << boolalpha;
        p = (y > 50) && (++x);
        cout << "p= " << p << endl;
        cout << "x= " << x << endl;
}
```

```
p= false
x= 20
```

이와 같은 현상은 논리합연산자의 연산에서도 발견할 수 있다. 논리합연산자 ||의 왼쪽 피연산자의 값이 true이면 오른쪽 피연산자의 값을 연산하지도 않고 바로 논리합연산자의 연산을 true로 끝낸다. 예를 들어 다음 연산이 끝난 후 p와 x의 값은 각각 true와 10임을 각각 확인할 수 있을 것이다.

```
bool p ;
int x = 10 ;
p = (x >= 5) || (x = 20) ;
```

❖ <실습 2.14> x의 값이 각각 4와 6일 때 실행문 p = (x >= 5) || (x = 20);이 실행 된 이후의 p의 값과 x의 값을 출력하는 프로그램을 작성하고 출력 결과가 나온 이유를 설명하시오.

2.4.7 조건연산자

우선순위	연산자	결합방향	설명
15	? :	←	조건부 삼항연산자

다음 구문(syntax)에서 표시되는 바와 같이 2개의 기호 ?와 :가 같이 어우러져 연산되는 조건연산자(conditional ternary operator)는 조건식이 참(true)이면 수식1을 계산한 값을, 조건식이 거짓(false)이면 수식2를 계산한 값을 연산 결과로 출력한다.

(조건식) ? (수식1) : (수식2)

다음 예는 조건연산자를 사용하여 두 개의 변수의 값을 비교한 후 작지 않은 수를 새로운 변수에 저장하는 실행문을 표시한 것이다. 최종적으로 변수 z에는 두 변수 x, y 중 큰 값인 20이 저장될 것이다.

```
int  x, y, z ;
x = 10 ;
y = 20 ;
z = (x >= y) ? x : y ;
```

조건연산자는 간단한 형태의 if-else문을 대신하는 것으로 볼 수 있다. 앞의 예에서 표시했던 두 수 중 작지 않은 수를 저장하는 실행문을 조건연산자를 사용하는 대신 if-else문으로 수정하면 다음과 같다. 이와 같이 간단한 if-else 문은 조건부 삼항연산자를 이용하여 실행하면 프로그램의 실행 속도와 이해도를 증진시킬 수 있다.

```
int  x, y, z ;
x = 10 ;
y = 20 ;
if ( x >= y )
    z = x ;
else
    z = y ;
```

<실습 2.15> 실수 x에 대하여 조건 삼항연산자를 이용하여 x의 절댓값을 구하는 프로그램을 작성하시오. 단, 실수 x에 대하여 x >= 0이면 x의 절댓값은 x와 같고, x < 0이면 x의 절댓값은 –x이다.

2.4.8 나열연산자

우선순위	연산자	결합방향	설명
16	,	→	연산우선순위가 가장 낮음

나열연산자(,)는 for 등의 제어문에서 두 개 이상의 수식을 분리하는 데 사용된다. 나열연산자(,)를 통해 여러 개의 수식으로 나열된 전체를 하나의 값으로 평가해야할 경우 결합방향에 따라 가장 오른쪽 수식의 값이 전체의 값으로 연산된다. 예를 들어 다음 실행문에서 변수 z의 값은 최종적으로 변경된 변수 y의 값인 50이다.

```
int x = 20, y = 30, z ;
z = (++x, y += 20) ;
```

여기서 두 번째 실행문의 괄호연산자를 생략하면 나열연산자는 연산우선순위가 가장 낮기 때문에 대입연산자(=)보다 나중에 연산이 이루어진다. 따라서 다음과 같이 괄호연산자가 생략된 실행문은 먼저 z = ++x;의 실행문이 수행되고 이어서 y += 20;의 실행문이 수행되기 때문에 변수 z의 값은 1 증가된 x의 값 21이 출력된다.

```
z = ++x, y += 20 ;    // z = ++x; 이어서 y += 20;이 수행됨
```

다음 예와 같이 for 문의 초기식 또는 변경식 부분에 필요할 경우 나열연산자를 이용하여 2개 이상의 수식을 나열할 수 있다.

```
int i, s, m ;
for (i = 1, s = 0, m = 1; i <= 10; i++)    // for문의 초기식 부분에 나열연산자 활용
{
        s += i ;
        m *= i ;
}
```

2.4.9 비트별연산자

우선순위	연산자	결합방향	설명
3	~	←	비트별 NOT(bitwise NOT)
7	<< >>	→	비트별 이동(bitwise shift)
10	&	→	비트별 AND(bitwise AND)
11	^	→	비트별 XOR(bitwise XOR)
12	|	→	비트별 OR(bitwise OR)

비트별연산자(bitwise operator)는 정수형 자료를 대상으로 대응되는 비트 단위로 논리 연산을 수행하는 연산자이다. 따라서 이 연산자의 연산 결과도 정수형이다. 따라서 비트별연산자의 피연산자가 정수형이 아니면 다음과 같이 오류가 발생한다.

```
double x = 10.5, y ;
y = x ^ 2 ;
```

```
E2140   식에 정수 또는 범위가 지정되지 않은 열거형 형식이 있어야 합니다.
C2296   '^': 왼쪽 피연산자 형식으로 'double'을(를) 사용할 수 없습니다.
```

다음은 비트별연산자 중에서 ~, &, ^, | 연산자의 경우 피연산자의 대응되는 각각의 비트에 대하여 연산되는 실행 결과를 표로 나타낸 것이다.

x	y	~x	x & y	x ^ y	x | y
0	0	1	0	0	0
0	1	1	0	1	1
1	0	0	0	1	1
1	1	0	1	0	1

비트별 NOT 연산자(~)는 피연산자의 각 비트의 값을 반전시킨다. 즉, 각 비트에 있는 값이 0이면 1로, 1이면 0으로 변경하는 연산을 수행하는 것이다. 예를 들어 short int형 자료인 18724를 이진수로 표현하면 다음과 같다

```
short int  x = 0b0100100100100100 ;
```

이 때, 음수 -x의 값을 구하는 2의 보수 방식 중에서 첫 번째 단계가 양수 18724의 모든 비트의 0과 1를 각각 1과 0으로 변경하는 것으로 이를 비트별 NOT 연산자로 표현하면 다음과 같다.

```
short int  y = ~x ;      // y = 0b1011011011011011 ;
```

이렇게 비트별 반전된 y의 값에 1을 더하면 x인 18724의 음수가 구해질 것이다. 즉, ~x + 1이 -18724이므로 y(=~x)의 값은 -18725가 된다.

◆ **<예 2.27>**

```
// 비트별 NOT 연산자(~)
#include <iostream>
#include <iomanip>
using namespace std;

int main()
{
        short int  x = 0b0100100100100100;  //  x = 18724
        cout << "양수= " << x << endl;
        cout << "음수= " << -x << endl;
```

```
        short int y = ~x;
        cout << "~x= " << y << endl;
        cout << "~x+1= " << ~x+1 << endl;   // 음수 ~x+1 == -18724
}
```

```
양수= 18724
음수= -18724
~x= -18725
~x+1= -18724
```

비트별 연산자는 간단하게나마 두 사람 간의 암호를 주고받는 데에 적용할 수 있다. 다음과 같이 비트별 XOR 연산자(^)의 연산을 살펴보자.

```
char A1 = 'A' ;    //  'A' == 65 == 0b01000001;
char key = 0b00001111 ;
char A2 ;
A2 = A1 ^ key ;
cout << "A2= " << A2 << endl ;
```

문자 'A'는 ASCII 코드 값이 65이므로 메모리에 65의 이진수 표현인 0b01000001이 그대로 저장된다. 이때 변수 A2에는 다음 표와 같이 비트별 XOR 연산이 이루어져 그 결과 문자 'N'이 저장된다.

변수	이진수								십진수	ASCII 대응문자
A1	0	1	0	0	0	0	0	1	65	'A'
key	0	0	0	0	1	1	1	1	15	
A2 = A1 ^ key	0	1	0	0	1	1	1	0	78	'N'

이제 이렇게 얻어진(또는 받아진) A2에 다시 피연산자 key를 한 번 더 비트별 XOR 연산을 하면 처음 보내진 문자 A1과 똑같은 문자를 얻을 수 있다. 여기서 key는 암호를 만들 때 사용하는 문자로 두 사람 사이에 서로 약속한 문자이다.

```
char A3 ;
A3 = A2 ^ key ;
cout << "A3= " << A3 << endl ;
```

변수	이진수								십진수	ASCII 대응문자
A2	0	1	0	0	1	1	1	0	78	'N'
key	0	0	0	0	1	1	1	1	15	
A3 = A2 ^ key	0	1	0	0	0	0	0	1	65	'A'

이상에서 설명했던 비트별 XOR 연산을 이용하면 〈예 2.28〉과 같이 두 사람만이 아는 비밀 암호를 송신한 후, 이를 수신하여 원래의 메시지를 읽는 간단한 프로그램을 작성할 수 있다.

◆ **<예 2.28>**

```
// 비트별 XOR(^) 연산자를 이용하여 암호문 만들기
#include <iostream>
#include <string>
using namespace std;

int main()
{
        unsigned char key = 0b00001111;
        string origin = "내일 봅시다";
        char convert[20];

        int i = 0;
        while( origin[i] )
        {
                convert[i] = origin[i] ^ key;
                i++;
        }
        convert[i] = 0;
        cout << "암호문: " << convert << endl;    // 암호화된 메시지
```

```
        char msg[20];
        i = 0;
        while ( convert[i] )
        {
                msg[i] = convert[i] ^ key;
                i++;
        }
        msg[i] = 0;
        cout << "실제 메시지: " << msg << endl;    // 원래 보낸 메시지
}
```

```
암호문: 섮甥/뗬꽐뿟
실제 메시지: 내일 봅시다
```

비트별 이동연산자(bitwise shift operator)도 정수형을 갖는 피연산자에만 작동하며, 왼쪽에 위치한 피연산자가 저장된 메모리의 각 비트를 오른쪽 피연산자의 양의 정수 값만큼 왼쪽(〈〈) 또는 오른쪽(〉〉)으로 이동시킨다. 이때 각 비트를 이동함으로서 밀려난 앞부분의 비트의 값은 삭제되고, 이동됨으로서 비어진 뒷부분의 비트에는 0이 채워진다. 예를 들어 다음 문장은 bit1의 각 비트를 왼쪽으로 1 비트씩 이동시키는 실행문이다.

```
unsigned char  bit1 = 0b00110011 ;
unsigned char  Leftshift = bit1 << 1 ;
```

이 실행문의 결과를 이진수로 표현하면 다음과 같다.

변수	이진수								십진수	ASCII 대응문자
bit1	0	0	1	1	0	0	1	1	51	'3'
Leftshift = bit1 << 1	0	1	1	0	0	1	1	0	102	'f'

위 예의 결과에서 알 수 있듯이 bit1의 각 비트를 왼쪽으로 1 비트 이동시킴으로써 실제로는 bit1에 2를 곱하는 효과를 얻을 수 있다. 따라서 식 (bit1 〈〈 n)의 결과는 bit1의 2^n 배이다. 반대로 식 (bit1 〉〉 n)의 값은 bit1을 2^n 으로 나눈 것과 같다. 예를 들어, 다음 두 정수형 변수 Rightshift와 y는 같은 값 6을 갖는다. 여기서 정수형/정수형 연산의 결과는 나눗셈의 몫이 출력된다.

```
int Rightshift, y ;
Rightshift = bit1 >> 3 ;  // bit1의 각 비트를 오른쪽으로 3만큼 이동
y = bit1 / 8 ;     // bit1을 8로 나눈 몫
cout << "bit1>>3 = " << Rightshift << endl ;
cout << "bit1/8 = " << y << endl ;
```

이제 비트별 AND 연산자(&)와 이동연산자(>>)를 이용하여 short int형 변수 bit2의 특정 비트의 값만을 추출하는 프로그램을 작성하여 보자. 예를 들어 bit2에 0x12a7이 저장되어 있을 때 bit2의 하위 5번째 비트부터 12번째 비트의 값(16진수로 0x2a)을 추출해 보자.

먼저 다음과 같이 & 연산자의 연산 성질을 활용하여 해당 비트의 값만을 남겨 놓는다. 즉, 지우고 싶은 비트는 0으로 & 연산을 하면 되고, 남기고 싶은 비트는 1로 & 연산을 하면 된다. 이때 16진수는 한 자리의 숫자가 이진수의 4자리를 차지하고 있음을 기억하자.

```
bit3 = bit2  &  0x0ff0 ;    //  0xf == 0b1111,  0x0 == 0b0000
```

이제 이렇게 얻어진 bit3을 오른쪽으로 4비트 이동시키면 우리가 원하는 결과를 얻는다.

```
Rtshift = bit3 >> 4 ;
```

이 상황을 간단히 표로 정리하면 다음과 같다.

변수	이진수	16진수
bit2	0001 0010 1010 0111	0x12a7
bit3 = bit2 & 0x0ff0	0000 0010 1010 0000	0x02a0
Rtshift = bit3 >> 4	0000 0000 0010 1010	0x002a

다음 〈예 2.29〉는 이상에서 설명하였던 임의의 정수의 특정 부분에 대한 비트 값을 추출하는 예를 코딩한 것이다. 여기서 cout 객체의 hex 키워드는 cout에 의하여 정수 값들을 16진수로 변환하여 출력해주는 조정자이다. 참고로 8진수로 출력하는 조정자는 oct이고 기본적인 출력 방식인 10진수로 출력하는 조정자는 dec이다.

◆ **<예 2.29>**

```
// 비트별 연산자(&, ^, >>)의 활용
#include <iostream>
using namespace std;

int main()
{
        short bit2 = 0x12a7;
        short bit3, Rtshift;

        bit3 = bit2 & 0x0ff0;
        Rtshift = bit3 >> 4;

        cout << hex;  // 정수를 16진수로 출력하는 조정자
        cout << "bit2 = 0x" << bit2 << endl;
        cout << "bit2 & 0x0ff0 = 0x" << bit3 << endl;
        cout << "bit3 >> 4 = 0x" << Rtshift << endl;
}
```

```
bit2 = 0x12a7
bit2 & 0x0ff0 = 0x2a0
bit3 >> 4 = 0x2a
```

<실습 2.16> 정수 3672를 정수 16으로 나눈 나머지와 몫을 구하는 프로그램을 작성하시오. 단 나눗셈연산자(/)와 나머지연산자(%)를 사용하지 말고 2.4.9절의 연산자를 응용하여 작성하시오. (힌트. 16 = 2^4 이다.)

2.4.10 형변환연산자

우선순위	연산자	결합방향	설명
3	(type)	←	C-style type-casting

형변환연산자(typecasting operator)는 주어진 자료형을 다른 형태의 자료형으로 변환하는 연산자이다. C++에서 수식의 계산은 두 피연산자의 자료형이 다를 때 묵시적 형변환이 자동으로 일어나면서 이루어진다. 그러나 다음 예와 같이 나머지연산자의 피연산자가 정수형이 아니면 묵시적 형변환이 이루어질 수 없으므로 오류가 발생한다.

```
int x = 13.2 % 5 ;   // 오류 발생
```

나머지를 구하는 이 수식에서 발생하는 오류를 방지하기 위하여 일시적으로 특정한 자료를 사용자가 원하는 자료형으로 변환할 수 있다. 이와 같은 변환을 명시적 형변환(explicit type conversion)이라고 하며 형변환연산자를 사용한다. 다음과 같이 피연산자 앞에 변환하고자하는 형변환의 이름을 괄호 안에 명기한 것을 형변환연산자라고 한다. 형변환연산자는 단항 연산자이므로 연산우선순위가 3번으로 비교적 높다.

```
(char)  (unsigned)  (short)  (int)  (long)  (float)  (double)  (long double)
```

형변환연산자 (int)를 이용하여 앞의 수식을 다음과 같이 수정하면 오류가 발생하지 않는다.

```
int x = (int) 13.2 % 5 ;   // 형변환연산자
```

이때 다음과 같이 함수의 호출 형식과 유사하게 형변환연산자를 표기할 수 있다.

```
int x = int (13.2) % 5 ;   // 형변환연산자의 다른 표기 방법
```

2.4.11 sizeof 연산자

우선순위	연산자	결합방향	설명
3	sizeof	←	메모리의 할당량에 대한 바이트수

sizeof 연산자는 피연산자인 변수 또는 수식의 값이 메모리에 저장된다고 할 때 이에 할당되는 메모리의 크기를 바이트 단위로 연산해준다. [표 2.3]에 나열된 자료형의 크기가 바로 sizeof 연산자의 연산 결과이다. 〈예 2.30〉은 몇 가지 자료형과 수식에 대하여 sizeof 연산자의 연산 결과를 바이트 수로 출력하는 예를 표시한 것이다.

◆ <예 2.30>

```
// sizeof 연산자
#include <iostream>
using namespace std;

int main()
{
	cout << "sizeof (char) = " << sizeof(char) << endl;
	cout << "sizeof (short) = " << sizeof(short) << endl;
	cout << "sizeof (int) = " << sizeof(int) << endl;
	cout << "sizeof (float) = " << sizeof(float) << endl;
	cout << "sizeof (double) = " << sizeof(double) << endl;
	cout << "sizeof (long double) = " << sizeof(long double) << endl;
	cout << "sizeof ('A') = " << sizeof('A') << endl;
	cout << "sizeof (\"abcd\") = " << sizeof("abcd") << endl;
	cout << "sizeof (1500) = " << sizeof(1500) << endl;
	cout << "sizeof (12.4) = " << sizeof(12.4) << endl;
}
```

```
sizeof (char) = 1
sizeof (short) = 2
sizeof (int) = 4
sizeof (float) = 4
sizeof (double) = 8
sizeof (long double) = 8
sizeof ('A') = 1
sizeof ("abcd") = 5
sizeof (1500) = 4
sizeof (12.4) = 8
```

2.4.12 연산자 일람표

지금까지 2.4절에서 설명했던 연산자들을 정리하여 하나의 표로 표시하면 다음 [표 2.6]과 같다.

[표 2.6] 연산자

<table>
<tr><th>연산우선순위</th><th>연산자</th><th>연산자 이름</th><th>결합방향</th></tr>
<tr><td>1</td><td>::</td><td>전역식별연산자</td><td>→</td></tr>
<tr><td rowspan="4">2</td><td>++ --</td><td>후위 증가, 감소연산자</td><td rowspan="4">→</td></tr>
<tr><td>( )</td><td>함수</td></tr>
<tr><td>[ ]</td><td>첨자(배열)</td></tr>
<tr><td>. -></td><td>멤버연산자, 멤버참조연산자</td></tr>
<tr><td rowspan="7">3</td><td>++ --</td><td>전위 증가, 감소연산자</td><td rowspan="7">←</td></tr>
<tr><td>~ !</td><td>비트별 NOT, 논리 부정</td></tr>
<tr><td>+ -</td><td>부호연산자</td></tr>
<tr><td>& *</td><td>주소연산자, 간접연산자</td></tr>
<tr><td>new delete</td><td>동적메모리 할당연산자</td></tr>
<tr><td>sizeof</td><td>sizeof연산자</td></tr>
<tr><td>(type)</td><td>형변환연산자</td></tr>
<tr><td>4</td><td>.* ->*</td><td>액세스 포인터연산자</td><td rowspan="11">→</td></tr>
<tr><td>5</td><td>* / %</td><td>곱셈, 나눗셈, 나머지연산자</td></tr>
<tr><td>6</td><td>+ -</td><td>덧셈, 뺄셈연산자</td></tr>
<tr><td>7</td><td><< >></td><td>비트별 이동연산자</td></tr>
<tr><td>8</td><td>< > <= >=</td><td>관계연산자</td></tr>
<tr><td>9</td><td>== !=</td><td>비교연산자</td></tr>
<tr><td>10</td><td>&</td><td>비트별 AND</td></tr>
<tr><td>11</td><td>^</td><td>비트별 XOR</td></tr>
<tr><td>12</td><td>|</td><td>비트별 OR</td></tr>
<tr><td>13</td><td>&&</td><td>논리곱연산자</td></tr>
<tr><td>14</td><td>||</td><td>논리합연산자</td></tr>
<tr><td rowspan="3">15</td><td>=</td><td>대입연산자</td><td rowspan="3">←</td></tr>
<tr><td>*= /= %= += -=
>>= <<= &= ^= |=</td><td>누적대입연산자</td></tr>
<tr><td>? :</td><td>조건연산자</td></tr>
<tr><td>16</td><td>,</td><td>나열연산자</td><td>→</td></tr>
</table>

[표 2.6]에 표시된 연산우선순위를 이용하여 수식을 계산할 때, 괄호 기호 ()를 이용하여 연산 순서를 바꿀 수 있다. 예를 들어 다음과 같이 4개의 연산자가 들어 있는 실행문을 살펴보면 연산우선순위가 가장 높은 증가연산자 ++가 먼저 연산이 되고 이어서 곱셈연산자(*), 덧셈연산자(+)의 순으로 수식이 계산된다. 그 결과 122를 대입연산자(=)에 의하여 변수 y에 저장되어 실행문이 끝난다. 여기서 덧셈연산자는 먼저 표시되었음에도 불구하고 ++ 연산자와 * 연산자보다 연산우선순위가 낮기 때문에 나중에 연산이 이루어지는 것이다.

```
int x = 10, y ;
y = 100 + 2 * ++x ;     //  y의 값으로 122가 저장됨
```

그러나 다음과 같이 괄호를 사용하여 연산우선순위를 강제적으로 변경하도록 할 수 있다. 이 경우 괄호 안의 수식을 먼저 계산한 후 ++ 연산, 이어서 * 연산을 수행할 것이다. 따라서 102 * 11 = 1122가 변수 y에 저장된다.

```
int x = 10, y ;
y = (100 + 2) * ++x ;   //  y의 값으로 1122가 저장됨
```

따라서 여러 개의 연산자들이 포함된 실행문에서 연산자의 우선순위가 헷갈릴 경우 괄호를 중첩으로 사용하더라도 연산자의 실행 순서를 정확하게 강제하는 것도 좋은 방법이다.

참고로 [표 2.6]에 표시된 연산자 중에서 전역식별연산자(::)는 〈예 2.1〉에서 간단히 언급하였으며, 멤버참조연산자(. ->)는 구조체와 클래스에서 멤버를 참조할 때 사용한다. 곱셈연산자와 같은 기호를 사용하는 간접연산자(*)와 주소연산자(&)는 포인터변수를 설명하면서, new와 delete 연산자는 동적 메모리를 할당하는 연산자로서 4.4절에서 언급될 것이다.

✥ <실습 2.17> 다음 세 식의 값 C1, C2, C3을 각각 구하는 프로그램을 작성하고 출력된 결과를 설명하시오.

```
C1 = 5/9 F - 32
C2 = 5/9 (F - 32)
C3 = 5./9. (F - 32)
```

2.5 기본적인 입출력 방법

지금까지 cout을 이용하여 표준 출력 장치에 자료의 출력을 실행하였다. C에서는 프로그램에서 처리되는 자료들의 값을 모니터(monitor) 등의 표준 출력 장치에 출력하고자 할 때 주로 printf() 표준함수를 사용한다. 그러나 C에서 표준 입출력 장치로부터 입출력을 수행해왔던 printf() 함수나 scanf_s() 함수는 자료의 종류에 따라 입출력 형식지정자를 정확히 사용하여야 한다. 그렇지 않으면 잘못된 출력 결과를 야기 시킬 수 있기 때문이다.

〈예 2.31〉은 C 프로그램에서 printf() 함수를 사용하는 예를 표시한 것이다. 먼저 printf() 함수를 사용하기 위해서는 〈stdio.h〉 헤더파일을 삽입해야 한다. 실제 실행문에서 정수를 출력하기 위해서는 %d 형식지정자를 사용해야 하며, 부동소수형은 %f, 문자형은 %c와 같이 자료형에 따른 형식지정자를 정확히 지정하여야 한다.

◆ **<예 2.31>**

```
// printf() 함수
#include <stdio.h>

int main()
{
        printf("수업 클래스 = %c반\n", 'D');
        printf("%d*%d = %d\n", 9, 7, 9 * 7);
        printf("%d/%d = %f\n", 9, 7, 9. / 7);
}
```

```
수업 클래스 = D반
9*7 = 63
9/7 = 1.285714
```

반면에 지금까지 다루었던 모든 예에 표시한 바와 같이 cout 객체를 사용하면 출력하고자 하는 데이터의 자료형에 대한 형식지정자를 따로 지정할 필요가 없다. 〈예 2.32〉은 〈예 2.31〉의 printf() 함수를 cout 객체로 바꿔 코딩함으로서 보다 간편하고 쉽게 자료를 출력할 수 있음을 보여주고 있다.

◆ **<예 2.32>**

```
// cout 객체
#include <iostream>
using namespace std;

int main()
{
        cout << "수업 클래스 = " << 'D' << "반\n";
        cout << 9 << "*" << 7 << "=" << 9 * 7 << endl;
        cout << 9 << "/" << 7 << "=" << 9. / 7 << endl;
}
```

```
수업 클래스 = D반
9*7=63
9/7=1.28571
```

이와 같이 C++에서는 객체지향 프로그래밍 언어의 장점을 살려서 자료의 출력을 위한 도구로 클래스 객체인 cout를 사용한다. C++은 스트림이라는 추상화를 통하여 화면, 키보드 또는 파일과 같은 순차적인 미디어로부터 입출력 작업을 수행한다. 스트림이란 프로그램을 통해 문자를 삽입하거나 추출할 수 있는 대상으로 자료들을 순차적으로 제공하는 소스이자 저장되는 목적지라고 할 수 있다. 스트림 객체인 cout, cin, cerr, clog 등은 입출력되는 자료들의 자료형을 자동으로 판단하여 처리해주며 그 사용방법도 매우 간단하다. 그러나 이들의 정보는 표준 라이브러리에 저장되어 있으므로 〈iostream〉 헤더파일을 반드시 사용 전에 삽입하여야 한다. 즉, 〈iostream〉 헤더파일에는 C++ 표준 입출력을 위한 클래스와 객체가 선언되어 있다.

```
#include   <iostream>
using   namespace   std ;
```

여기서 std는 C++ 표준에서 정한 표준 이름 공간으로 모든 C++ 표준 라이브러리는 std 이름 공간에 만들어져 있다. 따라서 스트림 객체들을 사용하기 위해서는 std:: 접두어를 붙여야 한다. 그러나 using 지시어를 사용하여 namespace를 std로 지정해주면 스트림 객체를 실행할 때 접두어 std::를 생략할 수 있다.

2.5.1 표준 출력(cout)

대부분의 프로그램 작성 환경에서 표준 출력 장치는 모니터이다. cout은 모니터 장치와 연결된 C++ 표준 출력 스트림 객체(standard output stream object)이다. 다음은 cout객체의 간단한 사용형식으로 비트별 이동연산자와 같은 기호(연산자 다중정의)인 스트림 삽입연산자(stream insertion operator) 〈〈를 이용하여 이 연산자의 오른쪽 피연산자의 자료를 왼쪽 스트림 객체인 모니터에 출력한다.

```
cout  <<  "수업 클래스 = " ;    //  문자열 출력
cout  <<  '\n' ;      // 하나의 문자 출력; new line인 확장문자열 문자가 출력됨
cout  <<  9 * 7 ;   // 정수형 자료 출력
cout  <<  ( x = 65 ) ;       // 변수 x의 값 출력
```

여기서 마지막 cout 실행문은 x의 값을 출력하는 문장으로 cout 객체는 변수 x의 자료형을 자동으로 인지한 후 그 자료형에 따라 정확한 값을 출력한다. 즉, x의 자료형이 int형이면 int형 자료인 65가 출력되며, x의 자료형이 char형이면 char형 자료인 문자 'A'가 출력된다.

〈예 2.33〉은 cout 객체를 이용하여 여러 가지 종류의 자료들을 출력하는 예를 보인 것이다.

◆ **<예 2.33>**

```
// cout 객체
#include <iostream>
using namespace std;

int main()
{
        double x = 3.14;

        cout << "수업 클래스 = ";    //  문자열 출력
        cout << '\n';      // 하나의 문자 출력; new line인 확장문자열 문자가 출력됨
        cout << 9 * 7;  // 정수형 자료 출력
        cout << 9.6;      // 부동소수형 자료 출력
        cout << x;       // 변수 x의 값 출력
}
```

```
수업 클래스 =
639.63.14
```

기본적으로 cout은 하나의 자료를 출력한 후 출력 포인터의 위치를 다음 줄로 넘겨주지 않을 뿐만 아니라, 출력 후 한 자리의 빈칸도 허용하지 않는다. 따라서 출력의 위치를 다음 줄로 넘기기 위해서는 new line을 의미하는 이스케이프 시퀀스 문자인 '\n'을 의도적으로 출력해야 한다. 즉 〈예 2.33〉의 실행 결과에서 알 수 있듯이 문자열 "수업 클래스 = "를 출력한 후 문자 '\n'이 출력됨으로서 두 번째 줄로 출력 포인터의 위치가 바뀌었지만 이후의 cout 객체의 출력 결과는 모두 가지런히 붙여서 출력됨을 알 수 있다.

〈예 2.32〉에 표시된 바와 같이 하나의 cout 실행문에 여러 개의 삽입연산자 〈〈를 사용할 수 있다. 삽입연산자의 결합 방향이 왼쪽에서 오른쪽(→)이므로 cout 실행문에 먼저 표시된 자료부터 차례대로 표준 출력 장치로 출력한다. 〈예 2.34〉는 여러 개의 삽입연산자를 이용한 자료 출력의 예를 표시한 것이다.

◆ **<예 2.34>**

```
// cout 객체의 응용
#include <iostream>
using namespace std;

int main()
{
        double pi = 3.14;
        char cls = 'D';

        cout << "수업 클래스= " << cls << '\n';
        cout << "9*7= " << 9 * 7 << '\n';
        cout << 9.6 << "\t" << "pi= " << pi;
}
```

```
수업 클래스= D
9*7= 63
9.6     pi= 3.14
```

지금까지 우리는 cout 객체의 조정자(조작자, manipulator)인 endl을 가장 많이 사용하였다. endl 조정자는 이스케이프 시퀀스 문자인 '\n'의 기능인 출력 포인터를 다음 줄로 넘겨주는 개행

문자로서의 역할도 수행함과 동시에 cout의 스트림 버퍼(stream buffer)를 비워준다. 따라서 출력 포인터를 다음 줄로 넘겨주면서 스트림 버퍼의 내용을 완전히 지워주고자 할 경우에는 '\n' 보다 endl 조정자를 사용하는 것이 좋다.

◆ **<예 2.35>**

```
// cout 객체의 endl 조정자
#include <iostream>
using namespace std;

int main()
{
        double pi = 3.14;
        char cls = 'D';

        cout << "수업 클래스= " << cls << endl;
        cout << "9*7= " << 9 * 7 << endl;
        cout << 9.6 << endl << "pi= " << pi << endl;
}
```

```
수업 클래스= D
9*7= 63
9.6
pi= 3.14
```

지금까지 설명했던 cout 객체의 조정자를 몇 가지 정리하면 다음과 같다.

조정자	기능	헤더파일	사용 예
endl	개행문자의 기능과 동시에 스트림 버퍼의 내용을 삭제	<iostream>	<예 2.35>
boolalpha noboolalpha	bool형 자료를 true 또는 false로 출력 bool형 자료를 1과 0으로 출력	<iostream>	<예 2.25>
dec oct hex	정수형 자료를 10진수로 출력 정수형 자료를 8진수로 출력 정수형 자료를 16진수로 출력	<iostream>	<예 2.29>
setw() setprecision()	출력의 필드폭을 지정 부동소수형 자료의 유효숫자의 개수를 지정	<iomanip>	<예 2.12>

✣ **<실습 2.18> 10진수 12345를 8진수와 16진수로 각각 출력하는 프로그램을 작성하시오.**

✣ **<실습 2.19> 정수형 자료인 8진수 7654를 8진수, 16진수, 십진수로 각각 출력하는 프로그램을 작성하시오.**

여기서 setw() 조정자와 setprecision() 조정자에 대하여 좀 더 알아보자. 다른 조정자와 달리 setw() 조정자와 setprecision() 조정자를 사용하기 위해서는 반드시 〈iomanip〉 헤더파일을 프로그램의 서두에 삽입하여야 하며, 함수를 호출하는 것처럼 괄호 안에 필요한 매개변수 값을 넣어 주어야 한다.

setw() 조정자는 이 조정자 바로 다음에 표시된 출력자료에만 영향을 주며, 지정된 출력 필드 폭 내에 기본적으로 오른쪽 정렬로 자료가 출력된다. 예를 들어 〈예 2.36〉에 지정된 setw(8) 조정자는 바로 다음에 표시된 자료를 8자리의 필드 크기에 맞춰서 출력한다. 변수 maxE나 meanInc와 같이 출력하고자 하는 자료의 길이가 8개 필드보다 짧으면 앞의 필드는 빈칸으로 남겨질 것이다. 출력하고자 하는 자료의 길이가 8개 필드보다 길면 지정된 8은 무시되고 자료가 그대로 출력된다. 〈예 2.36〉에서 변수 x의 값을 출력하기 위해서는 마침표를 포함하여 9개의 필드가 필요하지만 setw(8)와 같이 조정자를 삽입하면 출력 필드가 부족하므로 setw() 조정자가 무시된다. 그리고 변수 y의 출력에는 setw() 조정자가 삽입되지 않았기 때문에 y 변수의 값이 출력 폭에 상관없이 출력되고 있음을 알 수 있다.

◆ **<예 2.36>**

```
// setw() 조정자
#include <iostream>
#include <iomanip>
using namespace std;

int main()
{
        int maxE = 25107, meanInc = 3510000;
        double x = 2.345e+12, y = 3.14159;

        cout << "maxE= [" << setw(8) << maxE << "]" << endl;
        cout << "meanInc= [" << setw(8) << meanInc << "]" << endl;
        cout << "x= [" << setw(8) << x << "]" << endl;
```

```
        cout << "y= [" << y << "]" << endl;
}
```

```
maxE= [    25107]
meanInc= [ 3510000]
x= [2.345e+12]
y= [3.14159]
```

유효숫자는 측정값이나 계산값에서 오차를 고려해도 신뢰할 수 있는 자리의 숫자를 의미한다. 예를 들어 1의 자리에서 반올림하여 얻어진 20500에서 유효숫자는 2, 0, 5, 0이지만 10의 자리에서 반올림하여 20500이 얻어졌다면 유효숫자는 2, 0, 5이다. 프로그램 내의 부동소수형의 표현에서 0이 아닌 수는 모두 유효숫자이고, 0이 아닌 숫자로 둘러싸인 0들도 모두 유효숫자로 볼 수 있다. 예를 들어 부동소수형 3.14009의 경우 유효숫자는 3, 1, 4, 0, 0, 9이며 부동소수형 0.002345의 유효숫자는 2, 3, 4, 5로서 총 4개이다. 마찬가지로 자료 2.345e+12의 유효숫자도 2, 3, 4, 5로서 총 4개이다.

setprecision() 조정자는 부동소수형 자료를 출력할 때 출력하고자 하는 유효숫자의 개수를 지정하는 조정자이다. 예를 들어 부동소수형 자료 3.14159를 출력할 때 4개의 유효숫자만 출력하고자 한다면 setprecision(4)와 같이 지정하면 된다. 단, 메모리의 한계 때문에 수학적 반올림이 일어날 수도 그렇지 않을 수도 있음을 주의해야 한다. setprecision() 조정자로 지정된 정수보다 유효숫자의 개수가 작은 경우에는 setprecision() 조정자의 기능을 무시한다.

setw() 조정자와 다르게 setprecision() 조정자는 정수형 자료의 출력에는 영향을 주지 않으며, 일단 한번 지정되고 나면 이후 출력되는 모든 부동소수형 자료의 출력에 영향을 미친다. 이외에 보다 자세한 cout의 출력 형식 조정자에 대해서는 7.2.2절을 참조하자.

다음 〈예 2.37〉은 부동소수형에 적용되는 setprecision() 조정자의 사용 방식을 표시한 것이다. setprecision() 조정자는 정수형의 출력에는 영향을 주지 않으며, 출력하고자 하는 유효숫자의 개수를 재지정하기 전까지 계속하여 부동소수형의 출력에 영향을 주고 있음을 알 수 있다.

◆ <예 2.37>

```
// setprecision() 조정자
#include <iostream>
#include <iomanip>
using namespace std;
```

```
int main()
{
        int maxE = 25107;
        double x = 2.345e+12, y = 3.14159;

        cout << setprecision(5);
        cout << "maxE= [" << setw(8) << maxE << "]" << endl;
        cout << "x= [" << x << "]" << endl;
        cout << "y= [" << y << "]" << endl;
        cout << setprecision(3);
        cout << "x= [" << x << "]" << endl;
        cout << "y= [" << y << "]" << endl;
}
```

```
maxE= [   25107]
x= [2.345e+12]
y= [3.1416]
x= [2.34e+12]
y= [3.14]
```

<실습 2.20> setw() 조정자와 setprecision() 조정자를 사용하여 부동소수형 자료 12.3457를 다음과 같이 출력하는 프로그램을 작성하시오.

```
  12.3457
 12.3457
12.3457
      12.3
     12.35
    12.346
   12.3457
```

2.5.2 표준 입력(cin)

C 언어에서는 자료의 입력을 위하여 scanf() 함수를 많이 사용하지만 이 함수도 printf() 함수와 마찬가지로 자료를 입력할 때마다 자료형에 맞게 형식지정자를 지정해줘야 한다. (요즘은 scanf() 함수의 불안정성 때문에 scanf_s() 함수를 사용한다.) C++에서는 변수에 자료를 입력하기 위하여 cin 스트림 객체를 주로 사용한다. 보통 표준 입력 장치는 키보드(keyboard)인데 키보드에 접근할 수 있도록 정의된 C++ 스트림 객체가 cin이라고 할 수 있다. 자료의 입력을 위한 도구로 이러한 cin 객체를 사용하면 scanf() 함수보다 훨씬 쉽고 간단하게 변수에 자료를 입력할 수 있다. cin은 스트림 추출연산자(>>)를 이용하여 키보드로부터 입력받은 문자들을 입력하고자 하는 변수의 자료형에 맞게 변환하여 저장한다.

다음은 cin을 이용하여 정수형 변수 score에 자료를 입력받는 실행문을 표시한 것이다.

```
int  score ;
cin  >>  score ;
```

cin 스트림 객체도 단지 한 문장으로 여러 개의 변수에 각각의 자료를 입력할 수 있다. 이 때 입력되는 자료는 순차적으로 변수 x, y, score에 차례대로 입력된다.

```
cin  >>  x  >>  y  >>  score ;
```

하나의 cin 문장으로 여러 개의 값을 한꺼번에 입력하고자 할 경우 자료들은 빈 칸(space), [Enter] 또는 [Tab] 키 등의 공백 문자로 분리하여야 한다. 그러나 여러 입력 값들을 쉼표로 구분하여 입력하면 쉼표도 하나의 입력 데이터로 인식하기 때문에 예기치 못한 오류가 발생할 수 있다. 따라서 하나의 cin 문장에 가능한 하나의 변수만을 입력하는 것이 좋은 방법이다.

다음 〈예 2.38〉를 코딩하고 실행하면 처음에는 실행 화면 창에 커서만 보이고 아무런 값도 출력되지 않을 것이다. 이는 cin 객체가 변수에 입력할 자료들을 기다리고 있는 상황이므로 변수 x, 변수 y, 변수 score의 순서대로 값을 입력해야 한다. 입력 자료와 자료 사이는 공백 문자로 구분하자. 또한 마지막 자료의 입력이 끝나면 반드시 [Enter] 키를 이용하여 입력이 끝났음을 cin 객체에 알려주어야 한다. (출력 화면에 표시된 ↵는 [Enter] 키를 의미한다.)

◆ **<예 2.38>**

```
// cin 객체를 통한 자료의 입력
#include <iostream>
#include <iomanip>
using namespace std;

int main()
{
	int score;
	double x, y;

	cin >> x >> y >> score;  // 자료 입력

	cout << "x= " << x << endl;
	cout << "y= " << y << endl;
	cout << "score= " << score << endl;
}
```

```
11.5  35.9↵
98↵
x= 11.5
y= 35.9
score= 98
```

다음 실행 화면은 자료와 자료 사이를 쉼표(,)로 구분하였을 경우 발생하는 출력 결과를 표시한 것이다. 첫 자료는 정상적으로 입력이 되었으나 나머지 변수들은 이상한 값으로 입력되고 있음을 알 수 있다.

```
11.5,35.9,98↵
x= 11.5
y= 0
score= -858993460
```

cin 객체를 사용하여 자료를 입력하는 경우 cout 객체를 같이 사용하면 프로그램과 사용자가 서로 대화하면서 입력하는 듯이 프로그램을 코딩할 수 있다. 예를 들어 score 변수의 값을 입력

할 경우 다음과 같이 코딩하면 이 실행문이 실행되는 순간에 어떤 변수의 값을 입력해야 되는지 사용자가 쉽게 알 수 있다.

```
cout  <<  "score= " ;
cin  >>  score ;
```

〈예 2.39〉는 cin 객체를 이용하여 변수에 자료를 입력하는 방법을 표시하고 있다. cin을 이용한 문자열의 입력은 조금 더 주의가 필요하므로 〈예 2.39〉에서는 생략하고 2.5.3절 이후로 넘기자.

◆ <예 2.39>

```
// cin 객체
#include <iostream>
using namespace std;

int main()
{
        int score;
        double x, y;

        cout << "x= "; cin >> x;     // 변수 x의 입력
        cout << "y= "; cin >> y;     // 변수 y의 입력
        cout << "score= "; cin >> score;  // 변수 score의 입력

        cout << "x*2= " << x*2 << endl;
        cout << "y+10= " << y+10 << endl;
        cout << "score= " << score << endl;
}
```

```
x= 11.6↵
y= 45.7↵
score= 98↵
x*2= 23.2
y+10= 55.7
score= 98
```

✣ <실습 2.21> cin을 이용하여 4자리의 정수를 읽어 들인 후 이 정수를 6자리의 필드에 8진수와 16진수로 각각 출력하는 프로그램을 작성하시오.

2.5.3 문자열 입력

문자열은 프로그램 내에서 다루고자 하는 이름, 주소, 패스워드 등 여러 개의 문자들의 모임을 말한다. C++ 프로그램 내에서 한 개의 문자 데이터는 작은따옴표(')로 표시하며 문자열은 큰따옴표(")로 표시한다. 문자 데이터의 입력과 저장은 다음 예와 같이 char형 변수를 선언함으로서 해결할 수 있다.

```
char  ch = 'F' ;  // 한 개의 문자 데이터 저장
cin  >> ch ;  // 표준 입력 장치(키보드)로부터 한 개의 문자 데이터 입력
```

문자열의 저장은 C 언어에서 구사하는 방법처럼 char형 배열을 선언하고 그 배열의 크기만큼 문자들을 저장하면 된다. (실제로는 문자열의 끝을 의미하는 널문자('\0')를 포함하여야 하므로 char형 배열의 크기를 저장하고자 하는 문자보다 1 이상 크게 지정한다.)

```
char str1[21] = "Input String" ;
cout << str1 << endl ;
```

그러나 다음 예와 같이 선언된 char형 배열의 크기보다 많은 개수의 문자를 저장하려고 하면 배열 범위 오버플로 오류가 발생한다.

```
char str2[10] = "Input String!" ;    // 배열 범위 오버플로 오류 발생
```

C++에서 문자열을 다루기 위한 자료형이 string형이다. 이 자료형은 저장하고자 하는 문자열의 크기를 따로 설정할 필요가 없으므로 문자열의 입력과 저장을 아주 쉽게 수행할 수 있다.

```
string  str3 ;    // string 객체의 선언
```

다음은 cin을 이용하여 string형의 자료를 입력받는 예이다. 이때 주의할 점은 cin의 입력 방식 때문에 문자열 내에 빈칸 등 공백문자가 있으면 그 이전까지만 입력된다는 것이다. 즉, 다음 예를 실행하였을 때 입력 문자열로 "This string"을 입력하면 빈칸 문자 앞의 "This" 문자열만 string형 변수 str3에 저장된다.

```
cin >> str3 ;
cout << str3 ;
```

따라서 cin을 이용하여 공백 문자들이 포함된 문자열을 키보드로부터 입력받으려면 다른 방법이 필요하다. 이를 해결하는 방법으로 C에서와 같이 cin.getline() 함수를 호출하여 char[] 배열을 이용한 변수(예를 들어 str1 변수)에 문자열을 입력하는 방법과 C++에서의 getline() 함수를 호출하여 string 객체(예를 들어 str3 변수)에 문자열을 입력하는 방법이 있다.

공백 문자들이 포함된 문자열을 입력받기 위한 첫 번째 방법은 다음과 같이 cin의 멤버함수 getline()을 호출하는 것이다.

```
istream&  getline (char* s, streamsize n );
istream&  getline (char* s, streamsize n, char delim );
```

여기서 s는 char[] 배열의 이름(실제로는 문자형 배열을 가리키는 포인터)이며, n은 s에 저장될 문자열의 최대 길이이다. 문자열의 끝에는 반드시 널문자('\0')가 필요하므로 실제 입력되는 최대의 문자의 개수는 (n-1)개이다. 이 함수의 세 번째 인수를 지정하지 않으면 delim으로 개행 문자인 '\n'이 자동 설정된다. delim의 문자를 따로 지정하면 delim의 문자 이전까지의 자료 중에서 (n-1)개의 문자들이 s에 저장되고 마지막에 널문자('\0')를 추가하여 입력을 종료한다.

〈예 2.40〉은 cin.getline() 함수를 이용하여 문자열을 입력하는 방법을 소개한 예이다. 이 함수의 두 번째 인수인 streamsize의 값을 11로 설정하였기 때문에 문자열에 입력되는 실제 문자의 개수는 10개임을 알 수 있다.

◆ **<예 2.40>**

```
// cin.getline() 함수를 이용한 문자열 입력
#include <iostream>
using namespace std;
```

```
int main()
{
        char str1[21];

        cin.getline(str1, 11);   // '\n' 이전까지의 자료 중 10개의 문자를 읽어 들임
        cout << str1 << endl;
}
```

```
This is string↵
This is st
```

✣ <실습 2.22> cin.getline() 함수를 이용하여 다음 2줄의 문자열을 문자배열 line1[], line2[]에 각각 입력받아 이들을 출력하는 프로그램을 작성하시오. (Sara Teasdale의 시 중에서 발췌)

```
Let it be forgotten forever and ever.
Time is a kind friend, he will make us old.
```

C++에서는 string 변수에 문자열을 저장하는 std:: 소속의 getline() 함수를 사용할 수 있다. 이때 getline() 함수는 다음과 같이 두 가지 형태로 사용한다. 단, std:: 소속의 getline() 함수를 사용하기 위해서는 〈string〉 헤더파일을 미리 삽입해야 한다.

```
istream& getline (istream& is, string& str);
istream& getline (istream& is, string& str, char delim);
```

여기서 is는 문자열을 추출할 객체로서 보통 cin을 입력하며 str은 추출된 문자열이 저장될 string형 변수이다. 첫 번째 유형의 getline() 함수는 입력 버퍼에서 개행문자 '\n'을 만날 때까지 문자열을 입력받는 작업을 수행하고, 두 번째 유형의 getline() 함수와 같이 delim의 문자를 따로 지정하면 delim의 문자 이전까지의 문자들이 str에 저장되고 마지막에 널문자('\0')를 추가하여 입력을 종료한다.

〈예 2.41〉은 두 번째 유형의 getline() 함수를 이용하여 string형 변수 str3에 문자열을 입력하는 모습을 표시한 것이다. 실행 결과를 보면 입력 자료 중에서 '.' 문자 이전의 문자들만 str3에 문자열로 저장되고 있음을 알 수 있다.

◆ **<예 2.41>**

```
// getline(cin, str) 함수를 이용한 문자열 입력
#include <iostream>
#include <string>
using namespace std;

int main()
{
        string str3;

        getline(cin, str3, '.');
        cout << str3 << endl;

        double y;
        cin >> y;     // 입력 버퍼에 남아있는 자료를 y의 값으로 입력
        cout << "y= " << y << endl;
}
```

```
This is 문자열. test↵
This is 문자열
y= 0
```

그러나 〈예 2.41〉의 프로그램의 실행 결과에서 알 수 있듯이 getline() 함수를 이용하여 문자열을 입력할 때의 문제점은 delim 문자부터 [Enter] 문자까지의 자료가 입력 버퍼에 여전히 남아있다는 것이다. 따라서 문자열의 입력이 이루어진 이후 바로 다른 변수(여기서는 y 변수)의 값을 입력하고자 cin 객체를 사용하면 해당 변수의 입력을 위해 남아있는 입력 버퍼의 자료를 가져옴으로서 이상한 결과를 얻게 된다.

이를 해결하는 방법은 getline() 함수로부터 문자열을 읽어 들인 후 다른 변수의 값을 읽어 들이기 전에 입력 버퍼의 내용을 비워주는 작업을 하는 것이다. 이를 플러싱(flushing)이라고 하는데 여기서는 다음과 같이 getchar() 함수를 실행하면 된다. 여기서 getchar() 함수는 입력 버퍼에 있는 문자를 한 개 읽어오도록 C에서 작동하는 함수이다.

```
while ( getchar() != '\n' ) ;    // 입력 버퍼의 내용 비우기(flushing)
```

C++에는 입력 버퍼에 남아 있는 자료들을 삭제하기 위하여 getchar() 함수 대신 cin 클래스의 clear() 함수와 ignore() 함수를 사용하여 다음과 같이 호출하면 된다. 여기서 clear() 함수는 cin 객체의 내부 상태 플래그를 초기화시킴으로서 cin 객체의 기능이 원활하도록 도와주는 기능의 함수이며 ignore() 함수는 1000개 이상의 문자 또는 개행문자 '\n'가 입력되기 전까지 입력 버퍼에 있는 내용을 모두 비워주는 기능을 수행한다.

```
cin.clear() ;
cin.ignore(1000, '\n') ;
```

〈예 2.42〉는 getline() 함수의 두 가지 형식을 각각 이용하여 문자열을 읽는 방법을 표시하였으며, 특히 다른 자료들을 정확히 입력하기 위해서는 문자열 등의 자료를 입력한 후 입력 버퍼에 남아있는 자료들을 모두 비워주는 작업이 필요하다.

◆ **<예 2.42>**

```
// getline(cin, str) 함수를 이용한 문자열 입력
#include <iostream>
#include <string>
using namespace std;

int main()
{
        string str3;
        getline(cin, str3, '.');
        cout << "2nd format: " << str3 << endl;

        while (getchar() != '\n');    // 입력 버퍼의 내용 비우기(flushing)

        double y;
        cout << "실수(y) 입력= ";  cin >> y;
        cout << "y= " << y << endl;

        cin.clear();        // 입력 버퍼의 내용 비우기
        cin.ignore(1000, '\n');
```

```
        getline(cin, str3);
        cout << "1st format: " << str3 << endl;
}
```

```
Dept. of Statistics↵
2nd format: Dept
실수(y) 입력= 12.345↵
y= 12.345
Dept. of Mathematics↵
1st format: Dept. of Mathematics
```

<실습 2.23> std:: 소속의 getline() 함수를 사용하여 다음 2줄의 문자열을 string형 변수 line1, line2에 각각 입력받아 이들을 출력하는 프로그램을 작성하시오. (Frost의 시 중에서 발췌)

```
Two roads diverged in a yellow wood,
And sorry I could not travel both
```

2.5.4 스트링스트림(stringstream)

stringstream을 이용하면 숫자로 시작하는 문자열로부터 숫자만 추출하여 하나의 자료를 구성할 수 있다. 예를 들어 다음 예와 같이 "12300aa"란 문자열에서 앞의 숫자들만 추출하여 int형 자료인 정수 12300을 저장할 수 있다.

```
sting str = "12300aa" ;
int x ;
stringstream (str) >> x ;
cout << "x= " << x << endl ;
```

단, stringstream을 사용하기 위해서는 이들의 정보가 실린 <sstream>이란 헤더파일을 삽입해야 한다. 〈예 2.43〉에 정수나 실수를 간접적으로 입력받기 위한 stringstream의 사용방법을 표시하였다. stringstream은 문자열과 혼재되어 있는 입력 자료에서 정수 또는 부동소수형 자료를 읽어 들이는 좋은 방법이다.

◆ <예 2.43>

```
// stringstream을 통한 자료 입력
#include <iostream>
#include <string>
#include <sstream>
using namespace std;

int main()
{
        string str;
        int x;
        double y;

        getline(cin, str);
        stringstream(str) >> x;
        cout << "x= " << x << endl;

        getline(cin, str);
        stringstream(str) >> y;
        cout << "y= " << y << endl;

        cout << "x+y= " << x + y << endl;
}
```

```
12300↵
x= 12300
31.45b↵
y= 31.45
x+y= 12331.5
```

참고로 〈예 2.44〉는 한 줄의 문자열을 읽고 이 문자열로부터 차례대로 학번(int형), 이름(string형), 몸무게(double형), 키(double형)의 자료를 입력받는 stringstream의 예를 표시한 것이다.

◆ **<예 2.44>**

```
// stringstream을 통한 한 줄의 문자열 자료 입력
#include <iostream>
#include <string>
#include <sstream>
using namespace std;

int main()
{
        int id;
        string str, name;
        double weight, height;

        stringstream ss;
        getline(cin, str);
        ss.str(str);      // ss.str() 함수 이용

        ss >> id;
        ss >> name;
        ss >> weight;
        ss >> height;

        cout << "학번= " << id << "\t이름= " << name << endl;
        cout << "몸무게= " << weight << "\t키= " << height << endl;
}
```

```
220011 김갑돌 65.7  175.8↵
학번= 220011     이름= 김갑돌
몸무게= 65.7     키= 175.8
```

연습문제

[연습 2.1.0]

다음 문장들은 실행 시 오류가 발생한다. 그 이유를 설명하시오.

(1) int 10no;

(2) int x; y;

(3) auto double pi = 3.14;

(4) char c, double pi, int no;

(5) cout >> 100;

(6) int x; cout >> x;

(7) int x {12.3};

(8) char ch[10]; ch = "TEST";

(9) int x = 0199;

(10) int y = 0X1HH5;

(11) string str = "I said, "You are good man"";

(12) const pi = 3.1415;

(13) const double e; e = 2.718;

(14) 500 = x;

(15) cout << 26. % 4 << endl;

(16) int x = ++2;

(17) int x = 12.5^2;

(18) cin << 100;

(19) int x; cin << x;

(20) char ch[10]; ch = "영문자";

[연습 2.2.1]

auto 키워드를 사용하여 3.1415로 초기화되는 변수 pi와 2.718로 초기화되는 변수 e를 선언하고 이 변수들을 이용하여 반지름의 길이가 2인 원의 넓이와 e의 제곱을 구하는 프로그램을 작성하시오.

[연습 2.2.2]

string 변수 str1과 str2에 문자열 "나의 최애 과목"과 "C++ 프로그래밍!"으로 각각 초기화한 후 이들의 문자열을 cout으로 출력하는 프로그램을 작성하시오.

[연습 2.3.1]

초기값이 각각 200, 15인 두 개의 int형 변수를 선언한 후 이들의 사칙연산 결과를 출력하는 프로그램을 작성하고 그 결과를 분석하시오.

[연습 2.3.2]

초기값이 각각 25.3, 5.77인 두 개의 double형 변수를 선언한 후 이들의 사칙연산 결과를 조정자 setprecision()을 이용하여 부동소수형 자료의 유효숫자의 개수가 최대 5개가 되도록 출력하는 프로그램을 작성하고 그 결과를 분석하시오.

[연습 2.3.3]

string str; cout << str;으로 실행할 경우 다음과 같이 출력되도록 프로그램을 작성하시오.

```
₩"You are a 'GOOD' student!"₩
```

[연습 2.3.4]

연이율 4%를 상수 r로 선언한 후 매년 초 20만원을 복리로 저금하여 3년 말 찾을 때 받게 되는 총 원리합계액을 구하는 프로그램을 작성하시오. 단, 거듭 제곱을 구하기 위하여 pow() 함수를 이용하고 연이율이 r일 때 연 초에 저금한 A원의 n년 후 원리합계액은 $A(1+r)^n$이다.

[연습 2.4.1]

int형 변수 a, b, c가 각각 20, 3, 10으로 초기화되었다고 할 때, 다음 실행문에 포함된 연산자들의 실행 순서를 설명하고 최종 final의 값을 구하시오.

(1) final = a %= b = 2 + c / 3 ;
(2) final = a + 2 * (b += 5) / c ;
(3) final = -a % ++b - 15 / c-- * 4 ;
(4) final = a-- + (5 * b >= ++c) * 2 ;
(5) final = ++a + 5*b++ % --c ;

[연습 2.4.2]

조건 삼항연산자를 이용하여 실수 x에 대하여 x >= 0이면 y의 값은 x와 같고, x < 0이면 y의 값은 0이 되도록 하는 실행문을 작성하시오.

[연습 2.4.3]

16진수 0xff00ff00으로 초기화된 정수 number의 값을 비트별 이동연산자를 이용하여 왼쪽으로 4비트 이동한 값을 16진수로 출력하는 프로그램을 작성하고 그 결과를 이진수로 분석하시오.

[연습 2.4.4]

16진수 0xff00ff00으로 초기화된 정수 number의 값을 비트별 이동연산자를 이용하여 오른쪽으로 4비트 이동한 값을 16진수로 출력하는 프로그램을 작성하고 그 결과를 이진수로 분석하시오.

※ 힌트: 비트별 이동연산자를 이용하여 오른쪽으로 이동할 경우 부호 비트가 0이면, 즉 양수이면 비트별 이동으로 비는 왼쪽 비트에는 0이, 부호 비트가 1이면, 즉 음수이면 비트별 이동으로 비는 왼쪽 비트에는 1이 채워진다.

[연습 2.4.5]

십진수 1242로 초기화된 정수 number의 하위 1번째, 하위 2번째, 하위 3번째, 하위 4번째 비트에 저장된 비트의 수를 차례대로 출력하는 프로그램을 작성하시오.

[연습 2.4.6]

16진수 0x12ab17으로 초기화된 정수 number의 하위 9번째 비트부터 하위 16번째 비트에 저장되어 있는 수를 16진수로 추출하는 프로그램을 작성하시오.

[연습 2.5.1]

3자리의 10진수 정수와 3자리의 8진수 정수로 초기화되는 2개의 int형 변수 x1, x2를 생성한 후, 이들의 합을 다음과 같이 10진수, 8진수, 16진수의 형태로 출력하는 프로그램을 작성하시오.

```
x1= 123
x2= 0123
10진수= 206
8진수= 0316
16진수= 0xce
```

[연습 2.5.2]

실수 12.22314를 조정자 setw()와 setprecision()을 이용하여 다음과 같이 출력하는 프로그램을 작성하시오.

```
 12.2
12.22
  12.223
12.22314
```

[연습 2.5.3]

cin을 이용하여 3개의 int형 변수에 자료를 입력 받은 후 이들의 합과 평균을 다음과 같이 출력하는 프로그램을 작성하시오.

```
123 455 -231↵
3개의 자료 : 123, 455, -231
합계= 347
평균= 115.667
```

[연습 2.5.4]

cin으로 섭씨온도(C)를 입력받아 섭씨온도에 대응하는 화씨온도(F)를 출력하는 프로그램을 작성하시오. 단, 섭씨온도가 주어졌을 경우 화씨온도를 계산하는 식은 {화씨온도 = 9/5 (섭씨온도) + 32}이다.

[연습 2.5.5]

(1) 미국 프로야구에서는 종종 시속 100 mile/h로 공을 던지는 투수가 나타난다고 한다. 이 속도가 어느 정도인지 알아보기 위하여 마일로 입력된 자료를 km/h 단위로 변환하는 프로그램을 작성하시오. 단, 1마일은 약 1.60934 km라고 한다.

(2) 시속 km/h 단위로 입력된 자료를 mile/h 단위로 변환하는 프로그램을 작성하시오.

[연습 2.5.6]

(1) 파운드로 측정된 무게 자료를 입력받아 이 자료를 kg 단위로 출력하는 프로그램을 작성하시오. 단, 1파운드(lb)는 0.45359 kg이다.

(2) kg 단위로 측정된 무게 자료를 입력받아 이를 파운드 단위로 변환하는 프로그램을 작성하시오.

[연습 2.5.7]

(1) 직사각형의 가로와 세로의 길이를 입력받아 둘레의 길이를 구하는 프로그램을 작성하시오.

(2) 원의 둘레가 이 직사각형의 둘레와 같은 원의 반지름의 길이를 구하여 출력하는 프로그램을 작성하시오.

[연습 2.5.8]

cin으로 char형 변수 ch에 하나의 영문자를 읽어 들인 후 소문자는 대문자로, 대문자는 소문자로 변경하여 출력하는 프로그램을 작성하시오. 힌트. 조건 삼항연산자를 사용하고 ch가 소문자이면 조건식 (ch1 >= 'a' and ch1 <= 'z')이 참이 된다.

[연습 2.5.9]

cin으로 char형 변수 ch에 하나의 영문자를, 정수형 변수 no에 35와 125 사이의 정수를 읽어 들인 후 이 영문자에 대응하는 ASCII 값과 정수에 대응하는 문자를 각각 출력하는 프로그램을 작성하시오.

CHAPTER 3

CHAPTER 3.

프로그램의 구조

3.1 실행문과 제어문

3.2 함수

3.3 함수 템플릿

3.4 변수에 대한 가시성

CHAPTER

3.1 실행문과 제어문

변수의 선언문과 변수 계산을 위한 문장 등과 같이 항상 세미콜론(;)으로 끝나는 모든 실행문은 위에서 밑으로 표시된 순서대로 실행이 이루어진다. 그러나 제어문을 사용하면 프로그램의 흐름을 두 갈래 이상으로 분기하거나, 특정한 영역을 반복 수행하고, 앞, 뒤쪽의 특정한 위치로 점프하여 실행할 수 있다.

흐름 제어문(flow control statement)은 프로그램 실행의 흐름을 바꾸거나 실행문의 수행 순서 또는 상황 등을 변경하고자 할 때 사용되는 문장이다. 제어문에는 if 문과 같이 선택적으로 처리를 구분하는 조건 제어문과 switch 문의 다중 선택문, for, while, do while 문과 같이 특정 영역을 반복 수행하는 반복문, 그리고 프로그램의 흐름을 다른 위치로 바꾸어주는 break, continue 등과 같은 제어문이 있다. 참고로 제어문에 의하여 수행해야 할 실행문이 2개 이상(복합문)일 경우에는 중괄호 { }를 이용하여 반드시 그 영역을 블록으로 지정해 주어야 한다.

3.1.1 선택문: if와 else

if 문은 다음 구문의 조건식이 참인 경우에 한하여 실행문1;을 실행하는 문장이다. 조건식이 거짓인 경우에는 실행문1; 문장을 무시하고 if 문을 종료한다.

---

if (조건식)   실행문1 ;

---

if 문의 실행 순서에 대한 순서도를 그려보면 〈그림 3.1〉과 같다.

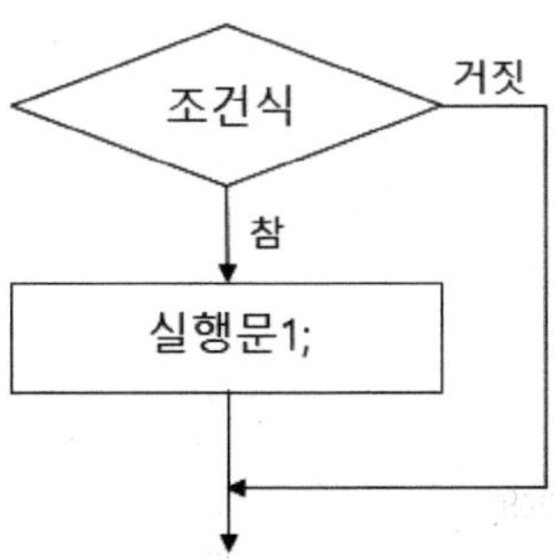

〈그림 3.1〉 if 문

여기서 실행문1; 부분에 해당하는 실행문의 개수가 2개 이상이면 앞에서 언급한 바와 같이 반드시 중괄호 기호를 이용하여 이들을 블록으로 설정해야 한다.

다음 예는 변수 x의 값이 0이 아닐 경우에만 변수 y를 x로 나눈 값을 출력하는 if 문을 표시한 것이다. 이는 수학에서 0으로 나눗셈 연산을 시행할 경우 불능 상태에 빠지므로 두 변수의 나눗셈 연산 이전에 x의 값이 0이 되는 현상을 미연에 방지하고자 if 문을 사용한 예이다.

```
double x, y ;
if ( x != 0 )  cout << "y/x = " << y / x << endl ;
```

2.4.5절에서 조건식의 참, 거짓을 판정할 때 0이 아닌 모든 수는 참으로 인식한다고 설명한 바 있다. 따라서 앞의 예는 다음과 같이 표현해도 똑같은 결과를 얻을 수 있다.

```
double x, y ;
if ( x )  cout << "y/x = " << y / x << endl ;
```

이 사실을 역으로 이용하면 if (x == 0)으로 표현하는 것과 if (!x)는 같은 표현이다. 여기서 ! 연산자는 단항연산자인 논리부정연산자이다.

다음 〈예 3.1〉은 정수의 값이 양수인 경우에만 x를 8로 나눈 몫과 나머지를 구하는 프로그램이다. if 문에서 처리해야 될 실행문이 2개 이상이므로 중괄호로 블록을 지정하고 있음을 알 수 있다. 따라서 x의 값이 양수가 아닌 경우에는 if 문의 블록을 건너 뛰어 "프로그램 종료!"라는 메시지만 출력된다.

◆ **<예 3.1>**

```
// if 문
#include <iostream>
using namespace std;

int main()
{
        int x;
        int quotient, remainder;
```

```
        cout << "정수 입력: "; cin >> x;

        if (x > 0) {
                quotient = x / 8;
                remainder = x % 8;
                cout << x << "를 8로 나눈 몫= " << quotient << endl;
                cout << x << "를 8로 나눈 나머지= " << remainder << endl;
        }
        cout << "프로그램 종료!" << endl;
}
```

```
정수 입력: 259↵
259를 8로 나눈 몫= 32
259를 8로 나눈 나머지= 3
프로그램 종료!
```

if 문은 조건식의 값이 거짓일 경우 아무런 행위도 하지 않는다. 그러나 다음과 같은 형식으로 else 문을 if 문에 추가하면 if 문의 조건식이 거짓일 경우 실행문2;를 실행하도록 유도할 수 있다.

if (조건식) 실행문1 ;
else 실행문2 ;

다음 〈그림 3.2〉는 if - else 문의 실행 흐름을 순서도로 도식화한 것이다. 이 순서도에서 알 수 있듯이 if - else 문은 조건식이 참이면 실행문1;을 수행하고 조건식이 거짓이면 실행문2;를 수행한다.

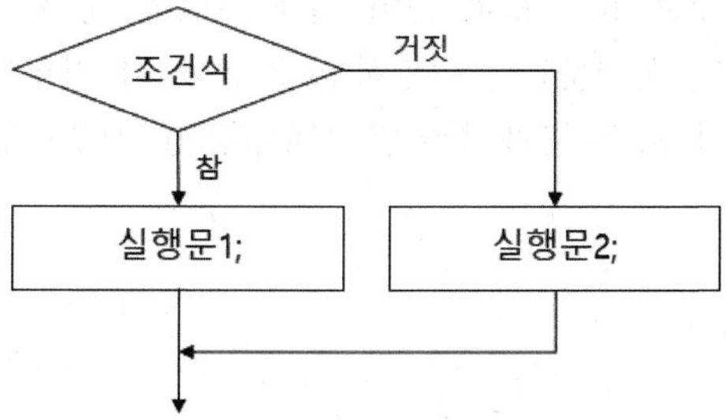

〈그림 3.2〉 if - else 문

다음 예는 변수 x의 절댓값을 구하여 변수 y에 저장하는 if - else 문을 작성한 것이다.

```
if ( x >= 0 )  y = x ;
else  y = -x ;
```

다음 예와 같이 삼항연산자인 조건연산자(? :)를 이용하면 if - else 문의 효과를 얻을 수 있다.

```
y = (x >= 0) ? x : -x ;
```

✥ <실습 3.1> 정수형 변수 num에 cin으로 값을 읽어 들인 후 num의 값이 짝수이면 0으로 초기화된 even의 값을 1 증가 시키고 num의 값이 홀수이면 0으로 초기화된 odd의 값을 1 증가 시키는 if - else 문을 작성하시오.

if - else 문을 중첩하여 여러 갈래의 서로 다른 실행문을 실행할 수 있다. 다음은 세 갈래의 서로 다른 처리를 수행하는 if - else if - else 문을 표시한 것이다. 주의할 점은 else 문의 짝이 누구냐는 것인데 특별한 사정이 없는 한 else 바로 직전의 if 문이 else의 짝이라고 보면 된다. 또한 if 문에는 반드시 조건식이 붙어 있어야 한다는 점이다. 이것은 else 문에는 조건식이 절대 붙어 있으면 안된다는 점과 동일하다.

```
if ( 조건식1 )  실행문1 ;
else  if ( 조건식2 ) 실행문2 ;
else  실행문3 ;
```

다음 〈그림 3.3〉은 if - else if - else 문의 실행 흐름을 순서도로 표시한 것이다. 이를 살펴보면 먼저 조건식1이 참이면 실행문1;을 수행하고 조건식1이 거짓이면 두 번째 if -else 문을 수행한다. 즉, 두 번째 if 문의 조건식2가 참이면 실행문2;가 실행되고 조건식2가 거짓이면 실행문3;을 수행한다.

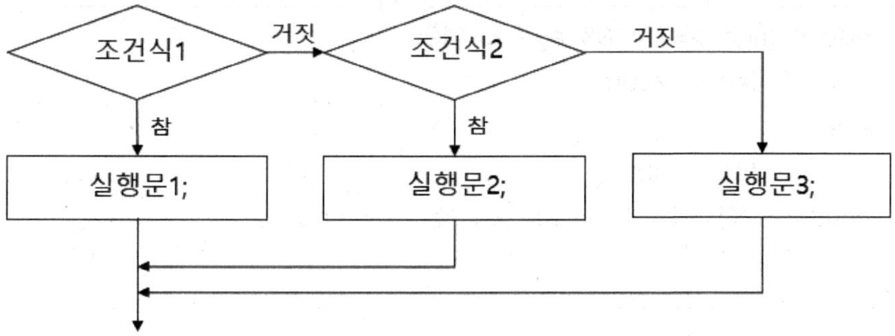

〈그림 3.3〉 if - else if - else 문

다음 표는 J동물원의 입장료를 나이별로 구분한 표이다.

나이	13세 이하	14세 ~ 19세	20세 이상
입장료	800원	2,000원	3,500원

〈예 3.2〉는 나이(age)에 따라 J동물원의 입장료를 출력하는 프로그램을 if - else if - else 문으로 작성한 예이다. 여기서 age가 14세 이상 19세 이하를 표현하는 수식은 논리곱연산자 && 를 사용하여 (age 〉= 14 && age 〈= 19)와 같이 표현함을 기억하자.

◆ **<예 3.2>**

```
// if-else if-else 문
#include <iostream>
using namespace std;

int main()
{
        int age;
        int fee;

        cout << "나이 입력: "; cin >> age;

        if (age >= 20)
                fee = 3500;
```

```
        else if (age >= 14 && age <= 19)
                fee = 2000;
        else
                fee = 800;
        cout << "입장료= " << fee << "원" << endl;
}
```

```
나이 입력: 17↵
입장료= 2000원
```

❖ <실습 3.2> 0점 이상 100점 이하인 정수 score를 cin으로 입력받아 다음 표에 따라 변수 grade의 값을 부여하는 중첩 if - else문을 작성하시오.

score	90점 이상	80점 ~ 89점	60점 ~ 79점	60점 미만
grade	'A'	'B'	'C'	'F'

3.1.2 switch 문

switch 문은 if-else 문을 여러 개 중첩하는 것과 비슷한 기능을 수행하는 다중 선택문으로 switch 문의 수식에서 연산된 값에 따라 별개의 처리를 수행할 수 있다. 다음은 switch 문의 일반적인 구문 형식에 대한 한 가지 예를 표시한 것이다. 이 때 switch 문의 (수식)의 값은 반드시 정수형 또는 문자형이어야 한다.

```
switch (수식)
{
    case  상수1 :
        실행문1 ;
    case  상수2 :
        실행문2 ; break ;
    case  상수3 :
        실행문3 ; break ;
    default :
        실행문4 ;
}
```

switch 문은 (수식)의 값을 계산한 후 이 값과 일치하는 case의 상수 값 문장으로 점프한 후 break; 문이 나타날 때 까지 실행문들을 차례대로 수행한다. break; 문은 이 문장이 속해있는 블록을 강제로 벗어나도록 하는 실행문으로 여기서는 switch 문을 강제로 벗어나도록 한다. 만약 switch 문의 (수식)의 값과 일치하는 case의 상수가 없을 경우에는 default 문으로 점프하여 이후의 실행문을 수행한다.

◆ **<예 3.3>**

```
// switch 문
#include <iostream>
using namespace std;

int main()
{
        string season;
        int month;
        cout << "월을 정수로 입력= "; cin >> month;

        switch (month) {
        case 12:
        case 1:
        case 2:
             season = "겨울"; break;
        case 3:     case 4:     case 5:
             season = "봄"; break;
        case 6:     case 7:     case 8:
             season = "여름"; break;
        case 9:     case 10:    case 11:
             season = "가을"; break;
        default: cout << "1~12 사이의 정수 입력!" << endl;
        }
        if ( month >= 1 and month <= 12)
           cout << "입력한 " << month << "월은 " << season << "입니다." << endl;
}
```

```
월을 정수로 입력= 10↵
입력한 10월은 가을입니다.
```

```
월을 정수로 입력= 13↵
1~12 사이의 정수 입력!
```

〈예 3.3〉의 switch 문을 살펴보면 변수 month의 값에 따라 13가지의 갈래로 점프하게 됨을 알 수 있다. 예를 들어 month의 값이 12일 경우 case 12:의 경로로 가게 되고 break 문이 나타날 때 까지 (또는 switch문의 끝까지) 실행문을 수행한다. 단, case 12:와 실행문 사이에 표시된 다른 case 1:과 case 2:의 레이블(label)은 무시한다. 따라서 month의 값이 12이면 변수 season에 문자열 "겨울"이 저장되고 break 문 때문에 이 블록을 탈출하여 switch 문을 끝낸다. month의 값이 달을 벗어난 정수의 경우에는 이 값과 일치하는 case 레이블(label)이 존재하지 않으므로 default: 레이블로 진입하게 된다. 이후 나타나는 cout 실행문을 실행하고 switch 문이 끝나게 된다.

switch 문은 수식에 해당하는 상수의 값에 따라 여러 종류의 갈림길로 분기되어 서로 다른 처리를 할 수 있다는 장점이 있지만, 레이블에 변수가 사용될 수 없고 또한 임의의 범위에 해당하는 값에 대응하는 처리를 할 수 없다는 단점이 있다. 예를 들어 1〈x〈5인 x 값에 대하여 y=2x+10과 같은 수식 계산을 할 수 없다는 것이다. 이와 같이 상수가 아닌 범위에 해당하는 값에 대하여 원하는 처리를 위해서는 중첩 if - else 문을 사용하는 것이 좋다.

✣ <실습 3.3> 다음 표는 이산형 확률변수 X의 확률분포표를 표시한 것이다. 정수형 변수 x의 값을 입력받아 이 값에 대한 확률 $P(X)$를 구하는 switch 문을 작성하시오.

X	-1	0	1	2	기타
$P(X=x)$	0.25	0.17	0.35	0.23	0

3.1.3 while 문

반복문(iteration statement)이란 조건식이 참인 경우에 한하여 매번 주어진 실행문을 반복 수행하는 문장을 말한다. C++에서 가장 많이 사용하는 반복문으로 while 문, do-while 문, for 문이 있다.

while 문은 가장 간단한 형태의 반복문으로 다음과 같은 구문 형식을 갖는다.

```
while (조건식)
        실행문 ;
```

while 문은 (조건식)의 값이 참일 때 while 문에 연결된 실행문을 계속하여 반복 수행한다. 다만 실행문을 반복 수행하기 전에 매번 (조건식)의 값을 계산하며 그 값이 참이면 반복 수행하고, 거짓이면 while 문의 루프(loop) 밖으로 탈출함으로서 while 문을 끝낸다. 〈그림 3.4〉는 이와 같은 while의 실행 순서를 순서도로 작성한 것이다.

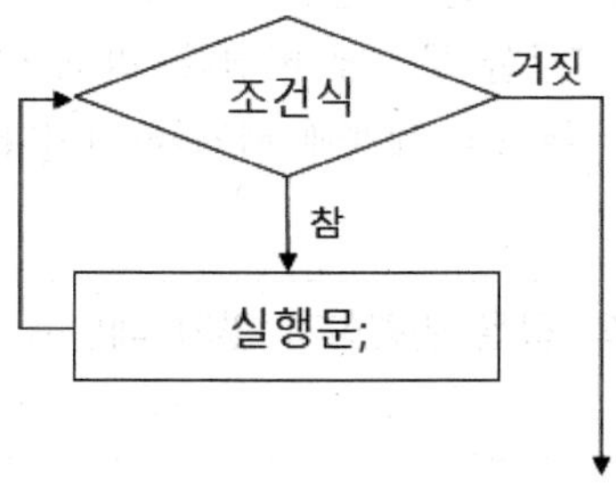

〈그림 3.4〉 while 문

다음 〈예 3.4〉 프로그램은 1부터 100까지의 정수합을 구하기 위하여 while 문을 사용한 예이다. 프로그램을 살펴보면 (조건식)에 a가 100 이하라는 조건을 설정하고 while문의 본체에서 a의 값을 sum에 누적하고 이어서 증가연산자를 이용하여 a의 값을 변경해주고 있음을 알 수 있다.

◆ **<예 3.4>**

```
// while 문
#include <iostream>
using namespace std;

int main()
{
        int a=1, sum = 0;

        while (a <= 100)
        {
                sum += a;
```

```
                a++;  // a 값의 변경이 중요!
        }
        cout << "1+...+" << (a-1) << "= " << sum << endl;
}
```

```
1+...+100= 5050
```

while 문을 비롯하여 반복문을 사용할 때 주의하여야 할 점은 (조건식)의 연산 결과가 언제나 참이 됨으로서 실행문이 계속 무한정 반복 실행되어 프로그램이 영원히 끝나지 않을 수 있다는 것이다. (이와 같은 현상을 보통 "무한 루프에 빠졌다."라고 한다.) 예를 들어 〈예 3.4〉의 while 문을 다음과 같이 코딩하면 무한 루프의 세계에 빠져들 것이다.

```
  while (a <= 100)      // a의 값을 변경하지 않기 때문에 항상 참이 됨
        sum += a ;
```

이와 같이 프로그램을 실행한 경우 영원히 결과가 나타나지 않는 원인은 while 문과 같은 반복문에서 실행문이 무한정 반복 처리되기 때문인 경우가 많다. 따라서 while 문의 블록 안에 반복 수행할 때마다 조건식의 연산 결과를 변경시키는 실행문(예를 들어, a++;)이 필요한 것이다.

2.5.3절에서 getline(cin, str) 함수를 이용하여 문자열을 입력하는 방법에 대하여 설명하였다. 〈예 3.5〉는 표준 입력 버퍼에서 문자를 하나만 읽어 들이는 istream 클래스의 cin.get() 멤버함수를 이용하여 한 줄의 문자열을 문자로 입력받으면서 입력된 총 문자의 개수와 영문 소문자의 개수를 계산하는 예를 while 문을 이용하여 표시한 것이다. 참고로 cin 객체는 공백문자(빈칸, 탭키, 개행문자 등)를 하나의 문자로 읽어 들이지 못하지만 cin.get() 멤버함수는 공백문자도 하나의 문자로 읽어 들일 수 있다.

◆ <예 3.5>

```
// while 문
#include <iostream>
using namespace std;

int main()
{
```

```
        char ch;
        int total = 0, low = 0;

        ch = cin.get();  // 먼저 입력 버퍼에서 한 개의 문자를 읽어옴
        while (ch != '\n')    // 라인의 끝에 도달하지 않으면 반복
        {
                total++;  // 읽어 들이는 문자의 개수를 카운트함
                if (ch >= 'a' && ch <= 'z') low++;    // 소문자의 개수를 카운트함
                ch = cin.get();      // 입력 버퍼의 다음 문자를 읽어 들임
        }
        cout << "읽어 들인 문자의 총 개수= " << total << endl;
        cout << "소문자의 개수= " << low ;
}
```

```
++Generalized Linear Models++↲
읽어 들인 문자의 총 개수= 29
소문자의 개수= 20
```

❖ <실습 3.4> while 문을 이용하여 20부터 5까지의 정수를 차례대로 출력하고 이들의 합을 구하는 프로그램을 작성하시오.

3.1.4 do - while 문

do-while 문은 while 문과 비슷하게 반복 처리를 수행하는 반복문이다. do-while 문은 기본적으로 다음과 같은 구문 형식을 따른다.

```
do
    실행문 ;
while (조건식) ;
```

while 문과 달리 do-while 문은 먼저 루프 내의 실행문을 일단 수행하고 이후 (조건식)의 값을 계산한다. 이때 (조건식)의 값이 거짓이면 do-while 문을 탈출하지만, (조건식)의 값이 참이면 do-while 문의 실행문을 다시 반복 수행한다. while 문은 조건식의 값이 처음부터 거짓이면

while 문의 실행문을 한번도 실행하지 않을 수 있으나, do-while 문은 최소한 한번은 do-while 문의 실행문을 실행하게 되는 차이점이 있다. 또한 무한 루프에 빠지지 않기 위하여 do-while 문의 블록 내에서 조건식의 값을 변경하기 위한 변경식이 있어야 한다는 것은 while 문과 동일하다. 다음 〈그림 3.5〉는 do-while의 실행 순서를 순서도로 작성한 것이다.

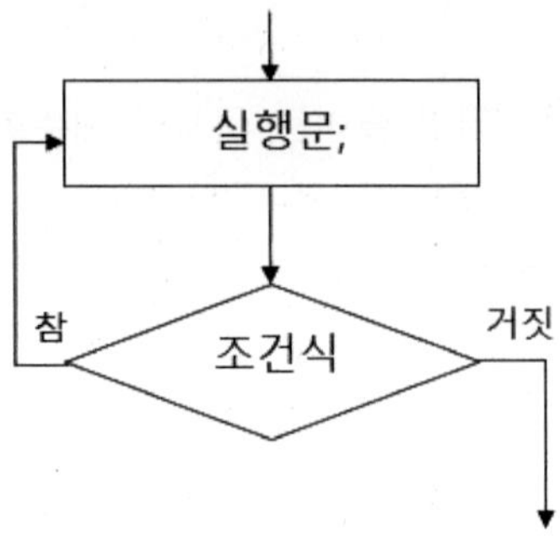

〈그림 3.5〉 do - while 문

다음 〈예 3.6〉은 1부터 5까지의 정수를 출력하는 간단한 do - while 문을 표시한 것이다. 조건식의 값을 먼저 판정하는 것이 아니기 때문에 무조건 k=1의 값은 출력하게 된다.

◆ **<예 3.6>**

```
// do - while 문
#include <iostream>
using namespace std;

int main()
{
        int k = 1;
        do {
                cout << k << endl;
                k++;
        } while (k < 5); // do-while의 끝을 알리는 세미콜론(;)이 반드시 필요함
}
```

```
1
2
3
4
```

<실습 3.5> do - while 문을 이용하여 20부터 5까지의 정수를 차례대로 출력하고 이들의 합을 구하는 프로그램을 작성하시오.

3.1.5 for 문

for 문은 프로그램의 반복문으로 가장 많이 사용하는 제어문이다. while 문이 반복의 횟수를 지정하지 않는 반복문이라면 for 문은 반복의 횟수를 제어할 수 있는 반복문이라고 할 수 있다. for 문의 구문 형식은 다음과 같다.

---

for (초기식 ; 조건식 ; 변경식)
실행문 ;

위의 구문 형식에 의거하여 for 문을 실행하면 가장 먼저 (초기식)에 표시된 문장(들)을 단 한번 수행한다. 이어서 while 문의 조건식과 같은 역할을 하는 (조건식)의 참, 거짓을 평가하여 조건식이 참이면 for 문의 본체인 실행문(들)을 수행하고, 이어서 for 문의 (변경식)을 처리한다. 다시 (조건식)을 재평가하여 그 연산 결과가 참이면 for 문의 본체를 다시 반복 수행한다. for 문이 반복 처리되는 과정에서 (조건식)의 값이 거짓이면 바로 for 문을 끝낸다.

〈그림 3.6〉은 for 문이 반복 수행되는 과정을 순서도로 표시한 것이다. 이 순서도를 살펴보면 언제 for 문의 반복이 끝나는지 알 수 있을 것이다.

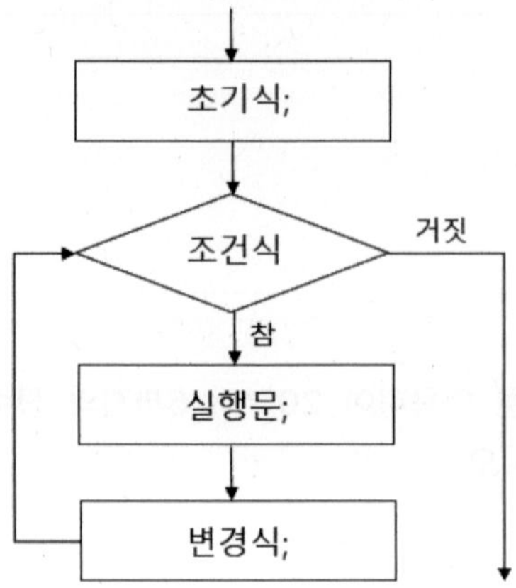

〈그림 3.6〉 for 문

〈예 3.7〉은 while 문을 사용하여 1부터 100까지의 정수합을 구하는 〈예 3.5〉와 같은 결과를 얻도록 for 문을 이용하여 작성한 것이다. 즉, 같은 문제를 풀기 위하여 for 문과 while 문은 서로 호환이 가능하다. 그러나 문제에서 단계(step)가 드러나는 경우에는 for 문으로 문제를 작성하는 것이 유리하며, 문제를 풀어 나가는 단계가 애매한 경우에는 while 문으로 작성하는 것이 좀 더 유리하다.

◆ **<예 3.7>**

```
// while 문을 for 문으로 변경한 경우
#include <iostream>
using namespace std;
int main()
{
        int a, sum;
        for (a = 1, sum = 0; a <= 100; a++)
                sum += a;
        cout << "1+...+" << (a - 1) << "= " << sum << endl;
}
```

〈예 3.7〉에서 표시한 바와 같이 같은 문제를 풀기 위하여 for 문과 while 문은 서로 호환할 수 있다. for 문의 구문 형식을 while 문의 구문 형식으로 표현하면 다음과 같다.

```
초기식 ;
while ( 조건식 ) {
        실행문 ;
        변경식 ;
}
```

✣ <실습 3.6> for 문을 이용하여 20부터 5까지의 정수를 차례대로 출력하고 이들의 합을 구하는 프로그램을 작성하시오.

✣ <실습 3.7> 대문자, 소문자에 해당하는 문자와 이에 대응되는 ASCII 값을 다음과 같이 십진수로 출력하는 for 문을 작성하시오.

```
A       65      a       97
B       66      b       98
C       67      c       99
                . . .
Z       90      z       122
```

✣ <실습 3.8> 영문 대문자를 'A'부터 'Z' 까지 한 줄에 3개씩 출력하는 for 문을 작성하시오. 힌트. 한 문자를 출력할 때 마다 cnt 변수를 1씩 증가하고 이 변수의 값이 5의 배수이면 출력 포인터를 다음 줄로 넘기는 cout << endl; 문장을 수행한다.

```
A B C D E
F G H I J
K L M N O
P Q R S T
U V W X Y
Z
```

for 문을 이용하여 구문을 작성할 경우 for 문의 구성 요소들이 모두 필요한 것은 아니다. 즉, for 문의 초기식, 조건식, 변경식 그리고 반복 수행을 하는 for 문의 실행문(들) 중 어느 것을 생략해도 된다. 그러나 for 문의 괄호 안에는 반드시 2개의 세미콜론(;)이 있어야 한다. 예를 들어, 〈예 3.7〉에서 초기식의 실행문(들)을 for 문 이전의 변수 선언문에서 해결할 수 있을 것이다. 그러면 다음과 같이 for 문의 괄호 안에서 초기식이 생략된 형태가 된다.

```
int a = 1, sum = 0 ;
for (  ; a <= 100 ; a++ )      //  초기식 생략
        sum += a ;
```

또한 다음 예와 같이 for 문의 본체에서 변경식에 대한 문제를 해결하면 for 문의 괄호 안에서 변경식을 생략할 수 있다. 증가연산자가 후위 표기 방식으로 연산되어 있음을 유의하자.

```
for ( a = 1, sum = 0 ; a <= 100 ;  )      // 변경식 생략
        sum += a++ ;
```

for 문의 조건식도 생략할 수 있다. 조건식이 생략되면 for 문의 조건이 항상 참인 것으로 인식되어 무한 루프가 발생할 수 있다. 따라서 이를 방지하기 위해서는 for 문의 본체에서 루프를 탈출하기 위한 break 문이 필요하다.

```
for ( a = 1, sum = 0 ;  ; a++ ) {    // 조건식 생략 (항상 참인 조건)
     if (a > 100) break ;      // for 문의 탈출 조건
     sum += a ;
}
```

마지막으로 주의할 점은 for 문의 괄호 뒤에 실행문임을 알리는 세미콜론 기호(;)를 다음과 같이 붙여서는 안 된다는 점이다. 기호(;)를 for 문의 괄호 뒤에 붙이면 for 문의 끝을 알려주는 것이 되므로 실행문 sum += a;은 for 문 본체로서의 역할을 하지 못하고 for 문이 끝난 후 단독으로 한번 수행되는 실행문이 된다. 즉, 이 경우에는 for 문의 반복 본체가 생략된 것으로 볼 수 있다.

```
for ( a = 1, sum = 0 ; a <= 100 ; a++ ) ;  // 반복 실행문인 본체가 생략된 경우
        sum += a ;
```

〈예 3.7〉의 for 문의 초기식 부분에 두 개의 수식이 나열연산자(,)를 이용하여 동시에 실행되고 있음을 알 수 있다. 이러한 표현은 〈예 3.8〉과 같이 조건식 또는 변경식 부분에도 적용할 수 있다.

◆ **<예 3.8>**

```
// for 문; 나열연산자를 이용한 초기식
#include <iostream>
using namespace std;

int main()
{
        int a, b;
        for ( a = 0, b = 10 ; a != b ; a++, b-- )
              cout << "a= " << a << "\tb= " << b << "\ta+b= " << a + b << endl;
}
```

```
a= 0    b= 10   a+b= 10
a= 1    b= 9    a+b= 10
a= 2    b= 8    a+b= 10
a= 3    b= 7    a+b= 10
a= 4    b= 6    a+b= 10
```

for 문은 이상에서 설명했던 형식과 별개로 범위 기반으로 반복이 수행되는 구문 형식을 가질 수 있다. 다음은 배열, 문자열 등 스퀀스 형태의 범위 자료에 적용할 수 있는 for 문의 구문 형식이다.

```
for ( 변수선언 : 범위자료 )    // 범위 기반 for문
        실행문 ;
```

〈예 3.9〉는 배열의 원소를 참조하는 변수를 선언하고 각 반복 단계마다 이 값을 참조하여 문제를 해결하는 범위 기반 for 문을 표시한 것이다.

◆ **<예 3.9>**

```
// range-based for loop
#include <iostream>
#include <iomanip>
```

```
using namespace std;

int main()
{
        int x[5] = { 2, 4, 7, 10, 21 };
        int cnt = 0;

        cout << "x의 원소= ";
        for (auto y : x) {              // 범위 자료(배열)에 적용한 for 문
                cout << setw(3) << y;
                if (y % 2 == 0) cnt++;  // 짝수이면 1 증가
        }
        cout << "\nx의 원소 중 짝수의 개수= " << cnt << endl;
}
```

```
x의 원소=   2  4  7 10 21
x의 원소 중 짝수의 개수= 3
```

〈예 3.9〉의 실행 결과를 살펴보면 배열의 원소를 각 단계에서 출력하고 있으며, 동시에 짝수의 여부를 조사하여 for 문이 종료된 후, x 배열의 원소 중 짝수의 개수를 출력하고 있다. for 문의 괄호에서 y 변수를 auto로 선언하였기 때문에 콜론(:) 이후에 지정된 배열 x의 원소(element)들에 대한 자료형인 int로 자동 지정되며 배열 x의 원소들이 반복 수행 과정에서 y의 값으로 자동 대입된다.

두 종류의 서로 다른 문제를 처리하는 제어문이 if-else 문이라면 if-else 문을 중첩하여 사용한 if-else if-else 문은 세 갈래의 서로 다른 문제를 처리할 수 있었다. for 문도 중첩을 사용하면 다양한 문제들을 해결할 수 있다. 보통 중첩 for 문은 행렬의 연산을 위하여 많이 사용한다. 행렬을 프로그램에서 다루기 위해서는 행과 열을 구분하기 위한 첨자가 필요한데 첨자의 변수로 행의 첨자는 i, 열의 첨자는 j를 선호한다.

다음 〈예 3.10〉은 중첩 for 문을 사용하여 1단부터 9단까지의 구구단을 출력하는 예를 표시한 것이다.

◆ <예 3.10>

```
// 중첩 for 문을 이용한 구구단 출력
#include <iostream>
#include <iomanip>
using namespace std;

int main()
{
        int i, j;
        for (i = 1; i <= 9; i++) {
                cout << i<< "단:";
                for (j = 1; j <= 9; j++)
                {
                        cout << setw(3) << i * j;
                }
                cout << endl;
        }
}
```

```
1단:  1  2  3  4  5  6  7  8  9
2단:  2  4  6  8 10 12 14 16 18
3단:  3  6  9 12 15 18 21 24 27
4단:  4  8 12 16 20 24 28 32 36
5단:  5 10 15 20 25 30 35 40 45
6단:  6 12 18 24 30 36 42 48 54
7단:  7 14 21 28 35 42 49 56 63
8단:  8 16 24 32 40 48 56 64 72
9단:  9 18 27 36 45 54 63 72 81
```

〈예 3.10〉에 표시된 중첩 for 문에서 첨자 i를 사용하는 첫 번째 for 문은 먼저 "단"을 출력한 후 첨자 j를 사용하는 두 번째 for 문을 이용하여 각 단의 구구단을 행으로 출력하고 있음을 알 수 있다. 즉, 하나의 행(i 값)에 대하여 열을 반복하기 위한 두 번째 for 문이 중첩되고 있다. 이때 두 번째 for 문은 첫 번째 for 문의 본체를 표시하는 블록에 완전히 포함되어 있어야 한다.

<실습 3.9> 다음 그림과 같이 출력되는 중첩 for 문을 작성하시오.

```
*
* *
* * *
* * * *
* * * * *
```

3.1.6 break 문과 continue 문

switch 문, while 문 또는 for 문 등 제어문의 본체 내에 사용되었던 break 문은 이 break 문을 포함하고 있는 블록을 무조건 벗어나는 임무를 수행한다. switch 문이 아닌 다른 제어문에서 break 문은 보통 if 문과 같이 결합하여 사용된다.

〈예 3.11〉은 〈예 3.10〉의 j 첨자를 갖는 두 번째 for 문에 break 문을 사용한 예이다. 실행 결과를 살펴보면 i의 각 첨자에서 두 번째 j 첨자가 증가하는 가운데 j가 4가 되면 break가 속한 두 번째 for 문을 탈출한다. 그러나 i 첨자의 첫 번째 for 문은 첨자가 증가되어 계속 실행되고 있다.

◆ <예 3.11>

```
// break 문의 사용
#include <iostream>
#include <iomanip>
using namespace std;

int main()
{
        int i, j;
        for (i = 1; i <= 5; i++) {  // 5단까지만 실행
                cout << i<< "단:";
                for (j = 1; j <= 5; j++)
                {
                        if (j == 4) break;  // 두 번째 for 문만 탈출
                        cout << setw(3) << i * j;
                }
```

```
                cout << endl;
        }
}
```

```
1단:  1  2  3
2단:  2  4  6
3단:  3  6  9
4단:  4  8 12
5단:  5 10 15
```

반면에 continue 문은 break 문과 달리 continue 문이 속해있는 블록을 탈출하지 않고 블록 내의 continue 문 이후에 표시된 문장(들)만 수행하지 않는다. 대신에 다음 단계의 반복 수행을 위하여 for 문의 경우에는 변경식을, while 문의 경우에는 조건식을 계산하게 된다.

〈예 3.12〉는 〈예 3.11〉의 두 번째 for 문에 있는 break를 단지 continue으로 변경한 예이다. 실행 결과에 알 수 있듯이 j가 4이면 두 번째 for 문을 완전히 탈출하지 않고 바로 변경식 부분으로 가서 j 첨자의 값을 1 증가한 후 다시 두 번째 for 문의 본체를 실행한다.

◆ <예 3.12>

```
// continue 문의 사용
#include <iostream>
#include <iomanip>
using namespace std;

int main()
{
        int i, j;
        for (i = 1; i <= 5; i++) {
             cout << i<< "단:";
             for (j = 1; j <= 5; j++)
             {
                if (j == 4) continue;  // 이후 실행문 실행하지 않고 변경식으로 직행
                cout << setw(3) << i * j;
             }
             cout << endl;
        }
}
```

```
1단:  1  2  3  5
2단:  2  4  6 10
3단:  3  6  9 15
4단:  4  8 12 20
5단:  5 10 15 25
```

<실습 3.10> continue 문을 이용하여 다음과 같이 출력되는 중첩 for 문을 작성하시오.

```
*
* * *
* * * * *
* * * * * * *
* * * * * * * * *
```

<실습 3.11> 다음 for 문의 (가) 부분에 break이 있을 경우와 continue가 있을 경우 출력되는 결과를 표시하고 이를 분석하시오.

```
for (int i = 1; i <= 10; i++) {
        if (i % 3 == 0)  (가) ;
        cout << "i= " << i << endl;
}
```

3.1.7 goto 문

프로그램의 흐름은 일반적으로 위에서 아래로 순서대로 실행이 된다고 하였다. goto 문을 사용하면 특정 위치로 무조건 건너뜀으로서 프로그램의 흐름을 변경할 수 있다. goto 문은 지정된 레이블(label)로 점프가 이루어지며 goto 문의 레이블은 식별자와 콜론(:) 기호로 구성된다. 그러나 goto 문을 사용하면 프로그램의 해석을 방해할 여지가 있기 때문에 지금은 거의 사용하지 않는 저수준 제어문이라고 할 수 있다.

〈예 3.13〉은 〈예 3.11〉의 break 문 대신 goto 문을 사용한 예를 표시한 것이다. break 문을 사용하면 break 문이 속해있는 두 번째 for 문의 블록만 탈출하지만 goto 문을 사용하면 중첩 for 문 전체를 강제적으로 벗어날 수 있다.

◆ **<예 3.13>**

```
// goto 문의 사용
#include <iostream>
#include <iomanip>
using namespace std;

int main()
{
	int i, j;
	for (i = 1; i <= 5; i++) {
		cout << i<< "단:";
		for (j = 1; j <= 5; j++)
		{
			if (j == 4) goto here;  // here: 레이블로 점프
			cout << setw(3) << i * j;
		}
		cout << endl;
	}
here: cout << "\ngoto 문의 사용" << endl;
}
```

```
1단:  1  2  3
goto 문의 사용
```

3.2 함수

C++ 언어 프로그램은 main() 함수를 포함하여 하나 이상의 함수(function)로 구성되어 있다. 이미 언급한 바와 같이 C++ 언어 프로그램을 실행하면 main() 함수의 첫 번째 실행문부터 시작한 후, main() 함수의 마지막 실행문이 끝나면 전체 프로그램이 종료된다. 그러나 특정한 처리의 작업을 위하여 main() 함수와 다른 영역에 함수를 정의할 수 있다. main() 함수와 별도로 정의된 함수는 main() 함수에서 이 함수를 호출함으로서 수행할 수 있다.

하나의 독립적인 블록으로 함수를 정의하면 비슷한 계산을 여러 번 실행하기 위하여 반복적으로 코딩해야 되는 불편함을 해소할 수 있다. 또한 함수는 반복의 불편함뿐만 아니라 복잡하고 긴 프로그램을 여러 개의 작은 부분으로 모듈화(modularization, 구조화)함으로써 프로그램을 쉽게 이해할 수 있다는 장점도 있다. 함수는 자기와 다른 함수를 호출하여 자료를 교환할 수 있으며, 심지어 자기 자신도 호출할 수 있다.

C++에서 다루고 있는 함수는 시스템에서 제공하고 있는 라이브러리 함수(library function)와 사용자가 직접 정의하여 사용할 수 있는 사용자 정의 함수(user-defined function)로 크게 구분된다. 특히 C++ 표준 라이브러리(C++ Standard Library)는 C++ ISO 표준 자체로 작성된 클래스들과 함수들의 집합이다. C++ 표준 라이브러리는 입출력을 포함하는 스트림과 숫자의 제곱근이나 로그를 구하는 작업 등 모든 수학 함수들을 활용하기 위한 함수들을 제공한다. 라이브러리 함수는 이미 작성되어 컴파일러에 포함되어 있으므로 라이브러리 함수를 사용하기 위해서는 그 함수가 정의된 사전 형식에 따라 호출하면 된다. 다만 호출하고자 하는 라이브러리 함수가 포함되어 있는 헤더 파일을 #include 키워드를 이용하여 미리 포함시켜야 한다.

3.2.1 사용자 정의 함수

사용자 정의 함수는 C++ 프로그램을 코딩하는 사용자가 직접 제작하여 실행하는 함수를 말한다. 이때 함수의 이름과 함수의 호출로 인해 주고받는 자료들의 자료형 등은 사용자가 직접 정의하여야 한다. 함수의 이름은 변수의 이름인 식별자(identifier)를 정하는 규칙과 비슷하지만, 함수와의 자료 전달을 위한 인수(매개변수)의 입력을 위해 함수 이름 뒤에 반드시 괄호 ()를 붙여야 한다.

함수를 사용하기 위해서는 먼저 별도의 영역(main() 함수 블록 이전 또는 이후)에 다음과 같은 형식으로 함수를 정의(definition)하여야 한다.

```
자료형   함수이름( 매개변수1, 매개변수2, ... )
{
        실행문 ;
}
```

여기서 *자료형*은 함수를 실행한 후 이 함수를 호출한 함수(주로 main() 함수)로 반환되는 값의 자료형을 의미한다. 예를 들어 함수가 호출되어 실행된 이후 정수 값을 반환하는 경우라면 함수의 자료형으로 int를 설정하면 된다. 어떠한 값도 반환치 않을 경우에는 특별히 void 키워드를 지정한다.

함수이름 뒤의 괄호 안에는 이 함수가 호출될 때 전달되는 자료들을 위한 매개변수들이 선언된다. 각 매개변수의 선언은 일반 변수의 선언과 동일하며, 반드시 전달되는 자료의 개수만큼 선언하여야 한다. 매개변수의 개수가 2개 이상이면 쉼표(,)를 이용하여 각 매개변수의 선언을 구분하면 되며 함수를 호출할 때 이 함수로 전달되는 자료가 없을 경우에는 매개변수 선언 영역을 빈 공간으로 남겨두면 된다.

함수의 본체는 반드시 중괄호({ })로 둘러싸인 블록으로 구성되어야 하며, 이 함수를 호출한 함수로 값을 반환하고자 할 경우에는 return 문을 사용한다. 다만 return 뒤에 있는 수식(변수, 상수 포함)의 값 1개만을 호출한 함수로 보낼 수 있다. 이렇게 반환되는 값의 자료형이 바로 이 함수의 자료형이 된다.

다음 예는 정수 m부터 n까지의 합($= m + (m+1) + \ldots + n$)을 구하여 반환하는 함수를 정의한 것이다. 함수의 이름은 sum_m_n으로 명명하였으며 이 함수가 끝나기 직전 실행되는 return 문을 이용하여 sum 값이 반환된다. 이때 변수 sum의 자료형이 int이므로 함수의 자료형을 int로 지정하였다.

```
int sum_m_n(int m, int n)      // 함수 sum_m_n()의 정의
{
        int sum = 0 ;
        for (int i = m; i <= n; i++)
                sum += i ;
        return sum ;           // sum 값을 호출 함수로 반환
}
```

이렇게 정의된 함수는 main() 함수를 비롯하여 다른 사용자 정의 함수에서 호출(call)할 수 있다. 함수의 호출은 호출하고자 하는 함수의 이름 뒤의 괄호 안에 전달하고 싶은 자료를 매개변수의 순서대로 적으면 된다. 다음은 20부터 50까지의 정수의 합 20+21+...+50을 계산하기 위하여 main() 함수에서 sum_m_n() 함수를 호출한 예를 표시한 것이다.

```
int main()
{
        int s ;
        s = sum_m_n(20, 50) ;      // 함수의 호출
        cout << 20 << "+...+" << 50 << "= " << s << endl ;
}
```

main() 함수에서 sum_m_n() 함수를 호출하고 그 연산 결과를 받아오는 과정을 그림으로 표현하면 다음과 같다.

sum_m_n()	int sum_m_n(int m , int n)
	↑ ↑
main()	sum_m_n(20 , 50)

즉, 함수가 호출되면 첫 번째 자료 20은 함수의 첫 번째 매개변수 m에 저장되고, 두 번째 자료 50은 두 번째 매개변수 n에 저장되며 이들을 이용하여 함수의 본체가 실행된다. 이때 변수 m, n은 함수 sum_m_n() 내에서만 사용가능한 변수이므로 지역변수라고 할 수 있다.

main()에서 sum_m_n() 함수가 호출되는 순간 main() 함수의 실행은 잠시 멈추고 프로그램 실행의 위치가 sum_m_n() 함수로 넘어간다. 따라서 main() 함수에서 선언된 변수 s는 이 함수 sum_m_n()에서 참조할 수 없는 변수가 되며, 매개변수로 선언된 m, n과 이 함수 내에서 선언된 sum 변수만이 이 함수의 블록 내에서 사용할 수 있는 변수이다. sum_m_n() 함수의 본체가 끝까지 실행되든지 또는 중간에 return 문을 실행하게 되어 함수의 실행이 종료되면 잠시 멈추었던 main() 함수가 함수의 호출 문장 이후부터 다시 재개된다.

sum_m_n() 함수의 마지막 실행문인 return 문이 수행되고 이 실행문에 의거하여 sum에 저장된 값이 main() 함수로 반환되며 함수를 종료한다.

```
return sum ;      // sum 값을 호출 함수로 반환
```

다음 그림은 호출된 sum_m_n() 함수가 종료된 시점에 함수 값을 반환하는 모습을 그림으로 표현한 것이다.

sum_m_n()	int sum_m_n(int m , int n)
	↘ 1085
main()	s = sum_m_n(20 , 50)

즉, 함수의 실행이 종료되는 시점에서 sum_m_n(20,50)의 값은 1085가 되며, 이를 main() 함수 내에서 변수 s에 대입하였기 때문에 변수 s의 값으로 1085가 출력될 것이다.

함수를 잘 정의하고 나면 이 함수를 이용하여 비슷한 계산을 다양하게 적용할 수 있다. 예를 들어, cout을 이용하여 바로 sum_m_n(20,50)의 값을 출력해도 된다.

```
cout << 20 << "+...+" << 50 << "= " << sum_m_n(20,50) << endl ;
```

또한 함수에 전달되는 매개변수의 값을 변수로 선언한 후 이 변수들을 전달해도 된다.

```
int  x = 10,  y = 70 ;
cout << x << "+...+" << y << "= " << sum_m_n(x, y) << endl ;
```

그리고 함수의 실행 후 반환되는 값을 다른 수식에 연결하여 연산할 수 있다.

```
int  x, y, z ;
cin >> x >> y ;
z = 2 * sum_m_n(x, y) ;
cout << "2 * sum_m_n(x, y) = " << z << endl ;
```

〈예 3.14〉는 지금까지 설명했던 함수 sum_m_n()을 호출하는 다양한 방법을 표시한 예이다.

◆ **<예 3.14>**

```
// 사용자 정의 함수의 정의와 함수의 호출 방법
#include <iostream>
using namespace std;

int sum_m_n(int m, int n)
{
        int sum = 0;

        for (int i = m; i <= n; i++)
                sum += i;

        return sum;
}

int main()
{
        int s;
        s = sum_m_n(20, 50);    // 함수 호출 후 반환 값을 변수에 저장
        cout << 20 << "+...+" << 50 << "= " << s << endl;

        int x=10, y=70, z;
        cout << x << "+...+" << y << "= " << sum_m_n(x, y) << endl; // 함수 호출

        cout << "x= "; cin >> x;
        cout << "y= "; cin >> y;
        z = 2 * sum_m_n(x, y);    // 수식의 일부분으로 함수 호출
        cout << "2 * sum_m_n(x, y) = " << z << endl;
}
```

```
20+...+50= 1085
10+...+70= 2440
x= 100↵
y= 200↵
2 * sum_m_n(x, y) = 30300
```

✣ <실습 3.12> sum_m_n() 함수를 수정하여 이 함수를 다음과 같이 호출하여도 20에서 50까지의 합을 정확하게 구할 수 있도록 프로그램을 재 작성하시오.

```
s  = sum_m_n(50, 20) ;
cout << 50 << "+...+" << 20 << " = " << s << endl;
```

3.2.2 반환값이 없는 함수의 정의

함수는 return 문을 사용하여 이 함수를 호출한 함수로 1개의 자료를 반환한다. 사용자 정의 함수 내에서 return 문을 통해 반환되는 자료형이 double형 일 때, 함수의 자료형으로 int형이 지정되면 반환되는 자료의 값이 int형으로 자동 변환된 후 반환된다. 따라서 반환되는 자료의 자료형과 함수의 자료형이 일치하지 않으면 잘못된 값이 반환될 수 있으므로 주의해야 한다.

함수를 정의할 때 함수의 본체 내에 return 문이 없거나 다음 예와 같이 return 문에 아무런 자료가 명시되어 있지 않으면 함수가 종료될 때 이 함수를 호출한 함수로 반환되는 자료가 없게 된다.

```
return ;  // 함수의 반환값이 없는 return 문
```

함수를 정의하는 구문 형식을 보면 먼저 함수의 자료형(type)이 반드시 표시되어야 한다. 따라서 반환하는 자료가 없을 경우에도 함수의 자료형이 필요한데, 이때 사용되는 키워드가 void이다. void는 비어있다는 뜻의 단어로서 함수의 자료형이 비어있다(없다)는 의미로 사용된다.

다음은 20개의 별표 문자('*')를 한 줄에 출력하는 star() 함수를 정의한 것이다. star() 함수는 for 문을 이용하여 한 줄에 20개의 '*' 문자를 출력한 후 실행을 종료하는 함수로서 이 함수를 호출한 함수로 어떠한 값도 반환하지 않기 때문에 star() 함수의 자료형으로 void를 사용하였다. 또한 star() 함수는 이 함수를 호출하는 함수로부터 어떠한 값도 전달받지 않는 것으로 정의되고 있는데 이 경우에도 함수의 매개변수 영역을 void로 표시할 수 있다. 그러나 매개변수 영역은 void 키워드 없이 빈 공란으로 두어도 상관없다.

```
void star(void)      // void star()로 시작해도 상관없음
{
        for ( int i = 1 ; i <= 20 ; i++ )
                cout << '*' ;
        cout << endl ;
}       // return 문이 없으므로 반환되는 값이 없음
```

다음은 star() 함수를 호출하는 main() 함수를 표시한 것이다. star() 함수로부터 반환되는 값이 없기 때문에 함수의 호출문만 단독으로 실행하면 된다.

```
int main()
{
        star() ;    // star() 함수 호출 문장
}
```

<예 3.15>는 앞에서 정의한 star() 함수를 수정하여 이 함수에 1개의 정수 값을 전달한 후 이 정수 개수만큼 '*' 문자를 출력하는 예를 작성한 것이다.

◆ **<예 3.15>**

```
// 사용자 정의 함수 star()
#include <iostream>
using namespace std;

void star(int n)
{
        for (int i = 1; i <= n; i++)
                cout << '*';
        cout << endl;
}

int main()
{
        int x=5;
        // 수정된 star() 함수의 호출 방법

        star(20);
        star(x);
        star(x + 20);
}
```

```
********************
*****
*************************
```

✣ **<실습 3.13> 하나의 정수 n를 전달받아 다음과 같이 n줄의 그림을 그리는 함수 triangle()를 정의하고 이를 호출하는 main() 함수를 작성하시오.**

```
*
**
***
****
*****
```

3.2.3 main() 함수의 반환값

C++ 프로그램은 main() 함수의 첫 문장부터 시작하여 main() 함수의 끝 문장이 실행되면 종료하게 된다. 이때 main() 함수도 함수의 일종이므로 함수의 정의 구문에 근거하여 작성되어야 한다. 〈예 2.9〉와 같이 return 문이 존재하는 경우에 main() 함수의 자료형으로 int를 지정하여야 한다.

```
int main()
{
        star(20) ;
        retrurn 0 ;   // main() 함수의 반환
}
```

그러나 앞에서 예시로 설명했던 대부분의 프로그램에서 main() 함수의 끝에 return 문이 존재하지 않기 때문에 main() 함수의 자료형을 void로 지정하여야 한다. int 대신 void를 지정하면 이전 Visual Studio IDE 버전에서는 경고나 오류 메시지 없이 잘 작동하였지만 최근 버전에서는 아마 다음과 같이 경고 메시지가 출력될 것이다. 경고 메시지를 무시하고 실행해도 상관없지만 경고 메시지가 출력되지 않도록 void 대신 int를 main() 함수의 자료형으로 지정하자.

```
void main()    // 경고 메시지가 출력됨
{
        star(20) ;
}
```

이 때 경고 메시지가 발생하는 이유는 return 문 없이 main() 함수가 종료되더라도 컴파일러는 예외적으로 main() 함수가 정수값 0를 반환하는 암시적 return 문이 있는 것으로 가정하기 때문이다.

```
retrurn 0 ;
```

이와 같은 현상은 main() 함수만 적용되는 것으로 다른 사용자 정의 함수를 정의할 때에는 반드시 함수의 자료형을 정확히 기술하여야 한다. 컴퓨터는 main() 함수가 명시적이든 암시적이든 0을 반환하면 이 프로그램이 성공적으로 종료된 것으로 해석한다.

3.2.4 참조자를 이용한 값의 전달 방식

return 문을 사용하여 반환할 수 있는 자료의 개수는 오직 한 개뿐이며, 두 개 이상의 자료를 반환하는 것은 불가능하다. 그러나 포인터나 참조자등의 개념을 이용하면 사용자 정의 함수에서 두 개 이상의 자료를 호출함수로 반환할 수 있는 효과를 얻을 수 있다.

참조자(reference)란 이미 할당되어 있는 변수의 메모리 영역을 공유하는 별도의 명칭(별칭)이라고 할 수 있다. 즉, 이름만 다를 뿐 대응되는 변수의 메모리를 공유한다. 따라서 참조자 변수가 설정된 이후 이미 존재하는 대응 변수의 값이 변경되면 참조자 변수의 값도 자동으로 변경되고, 역으로 참조자 변수의 값을 변경하면 이 참조자 변수에 대응되는 변수의 값도 자동적으로 변경된다.

참조자 변수의 선언은 자료형 다음에 앰퍼샌드(ampersand, &) 기호를 붙이면 된다. 여기서 &는 주소연산자가 아니라 형 식별자의 기능을 하고 있다. 참조자 변수를 선언할 때에는 반드시 기존의 대응 변수를 지정하여 참조자 변수를 초기화하여야 한다.

다음은 x 변수에 대응하는 참조자 변수 refx를 선언하는 예이다.

```
int  x = 100 ;
int  &  refx = x ;  // 변수 x에 대응되는 참조자 변수 refx
```

이때 x 변수의 참조자 변수를 int형이 아닌 다른 자료형으로 선언하면 오류가 발생한다.

```
int  x = 100 ;
double  &  refx = x ;  // 오류 발생!
```

```
E0434  "double &" 형식(const 한정 형식 아님)의 참조를 "int" 형식의 값으로 초기화할 수 없습니다.
C2440  '초기화 중': 'int'에서 'double &'(으)로 변환할 수 없습니다.
```

〈예 3.16〉은 참조자 변수 refx의 값을 변경함으로서 대응변수인 x의 값이 자동으로 변경되는 예를 표시한 것이다. 실제로 참조자 변수 refx와 변수 x의 메모리 영역은 일치하며, 마찬가지로 변수 y와 이에 대응하는 참조자 변수 refy도 같은 메모리를 공유한다.

◆ **<예 3.16>**

```
// 참조자 변수의 선언
#include <iostream>
using namespace std;

int main()
{
        int x = 100;
        int& refx = x;  // x의 참조자 변수 refx 선언

        double y;
        double& refy = y;  // y의 참조자 변수 refy 선언

        cout << "refx = " << refx << endl;
        refy = 3.14;
        cout << "y = " << y << endl;
}
```

```
refx = 100
y = 3.14
```

main() 함수에서 sum_m_n(x, y)의 형식으로 함수를 호출하면 변수 x의 값이 매개변수 m에 저장되고, 변수 y의 값이 매개변수 n에 저장된다. 이와 같이 두 함수간의 자료를 값으로 전달하는 방식을 값에 의한(by value) 전달 방식이라고 한다. 이때 변수 x, y와 매개변수 m, n은 전혀 별개의 변수들로서 별도의 메모리 영역을 갖는다. 따라서 함수 내에서 m, n의 값이 변경되더라도 x와 y의 값에 영향을 주지 않는다.

이제 sum_m_n() 함수를 수정하여 다음 4가지 작업을 수행하는 함수 rs_m_n()를 작성한다고 해보자.

- 작업1. main() 함수에서 rs_m_n(x, y)으로 호출한다. 여기서 x, y는 모두 변수이다.
- 작업2. rs_m_n() 함수에서 x+(x+1)+...+y의 값을 계산하여 s에 저장한다.
- 작업3. main() 함수의 변수 x에 y-x의 값을 저장하고, 변수 y에 2*y의 값을 저장한다.
- 작업4. 저장된 s의 값을 호출 함수인 main() 함수로 반환한다.

여기서 작업1과 작업2를 수행하기 위한 코드는 sum_m_n() 함수와 동일할 것이다. 그러나 작업3은 함수 rs_m_n() 내에서 값에 의한(by value) 전달 방식으로 해결할 수 없다. 이를 해결하기 위해서는 다음과 같이 참조자에 의한(by reference) 전달 방식을 사용하여야 한다.

〈예 3.17〉은 참조자 전달 방식을 이용하여 rs_m_n() 함수에 2개의 값을 전달하고(실제로는 메모리 영역을 공유한다.) 이를 이용하여 위의 4가지 작업을 수행하는 함수를 표시한 것이다.

◆ <예 3.17>

```
// 참조자에 의한 자료의 전달 방식
#include <iostream>
using namespace std;

int rs_m_n(int& m, int& n)   // 참조자에 의한 함수 전달 방식
{
        int sum = 0;
        for (int i = m; i <= n; i++)    // 작업 1, 2
                sum += i;
        m = n - m;    // 작업 3
        n *= 2;
        return sum;    // 작업 4
}
```

```
int main()
{
        int x = 10, y = 70;
        cout << "x= " << x << ",\ty= " << y << endl;
        cout << "rs_m_n(x, y)= " << rs_m_n(x, y) << endl;
        cout << "x= " << x << ",\ty= " << y ;
}
```

```
x= 10,    y= 70
rs_m_n(x, y)= 2440
x= 60,    y= 140
```

〈예 3.17〉의 실행 결과를 통해서 main() 함수에서 rs_m_n() 함수를 호출하고 그 연산 결과를 받아오는 과정을 그림으로 표현하면 다음과 같다.

rs_m_n()	int rs_m_n(int & m , int & n)
	↘ 2440 ↕ ↕
main()	rs_m_n(x , y)

여기서 매개변수 m과 n은 각각 x와 y의 참조자 변수로서 따로 메모리 영역을 할당받지 않고 main() 함수에서 선언된 변수 x, y와 메모리를 공유한다. 따라서 rs_m_n() 함수를 실행하는 과정에서 m과 n의 값이 변경되면 자동적으로 변수 x와 y의 값도 똑같이 변하게 되는 것이다.

✣ <실습 3.14> main() 함수에서 선언된 두 변수 x와 y의 값을 서로 교환하는 함수 swap()을 참조자 변수를 이용하여 작성하시오.

3.2.5 자료 전달 방식의 효율성과 상수 참조자

〈예 3.14〉에 표시된 sum_m_n() 함수와 같이 값에 의한 전달 방식은 매개변수에 값을 대입(복사)하는 작업부터 실행된다. 값에 의한 전달 방식은 int형과 같이 기본적인 자료형을 전달할 경우 간단한 연산으로 값이 전달되지만, 전달하고자 하는 데이터가 문자열, 배열이나 구조체 등 복합적인 자료형이면 예기치 못한 처리 혹은 시간이 발생할 수 있다.

다음은 2개의 문자열을 연결하는 문자열 덧셈 연산에 대한 간단한 예를 표시한 것이다. 문자열에 더하기 연산자 +를 사용하면 두 개의 문자열을 빈칸 없이 붙여서 새로운 문자열을 생성해준다.

```
int main()
{
        string a("Mathematics");
        string b("Statistics");
        string c;
        c = a + b;
        cout << "문자열 c= " << c << endl;
}
```

```
문자열 c= MathematicsStatistics
```

이제 〈예 3.18〉과 같이 문자열을 값에 의한 전달 방식으로 함수로 보내 두 문자열의 덧셈 연산을 수행한 후, 이를 main() 함수로 반환해보자. 여기서 정의된 plusString() 함수를 호출하면 두 개의 문자열을 매개변수로 전달하는데 이때 자료의 복사가 이루어진다. 이 과정에서 전달되는 문자열의 길이가 길어지면 많은 양의 데이터를 복사하게 되므로 오버헤드가 발생할 수도 있다.

◆ **<예 3.18>**

```
// 문자열 자료의 전달
#include <iostream>
using namespace std;

string plusString(string s, string t)
{
        return s + t;
}

int main()
{
        string a("Mathematics");
```

```
        string b("Statistics");
        string c;

        c=plusString(a, b);
        cout << "문자열 c= " << c << endl;
}
```

```
문자열 c= MathematicsStatistics
```

참조자를 전달하는 방식으로 함수를 정의하면 매개변수에 값을 복사할 필요가 없으므로 값을 전달하는 방식보다 더 효율적으로 값을 전달할 수 있다. 그러나 참조자 매개변수를 사용하면 함수를 실행하는 과정에서 호출된 지역의 변수의 값을 수정할 수 있기 때문에 유의해야 한다.

〈예 3.19〉는 두 문자열의 더하기 연산을 수행하기 위하여 참조자 매개변수를 이용한 함수를 정의한 예이다. 또한 이 함수 내에서 main() 함수 내에서 선언된 string형 지역변수 c의 값이 수정되어 있음을 알 수 있다.

◆ **<예 3.19>**

```
// 문자열 자료의 전달: 참조자 매개변수
#include <iostream>
using namespace std;

string plusString2(string& s, string& t, string& r)
{
        r += "TestString";
        return s + t;
}

int main()
{
        string a("Mathematics");
        string b("Statistics");
        string c("plus");
```

```
        cout << "반환 문자열= " << plusString2(a, b, c) << endl;
        cout << "문자열 c= " << c << endl;
}
```

```
반환 문자열= MathematicsStatistics
문자열 c= plusTestString
```

함수의 매개변수로 참조자를 사용하면 함수 내에서 main() 함수 등 이 함수를 호출한 함수의 지역변수(참조자 매개변수와 대응되는 변수)를 의도치 않게 수정해 버리는 약점이 있다. 이 약점은 참조자 매개변수에 const의 자격을 부여함으로서 해결할 수 있다. 참조자 매개변수를 const로 선언하면 이 함수에서 이 변수의 값을 수정할 수 없다. 예를 들어 plusString3()에 표시된 string형 변수 s, t는 이 함수 내에서 수정하고자 하면 오류가 발생한다.

```
string plusString3(const string& s, const string& t)
{
        s += "TestString" ;       // 수정할 수 없음: 오류 발생
        return s + t ;
}
```

```
E0349   이러한 피연산자와 일치하는 "+=" 연산자가 없습니다.
C2678   이항 '+=': 왼쪽 피연산자로 'const std::string' 형식을 사용하는 연산자가 없거나 허용되는 변환이 없습니다.
```

이와 같이 참조자 매개변수를 const로 선언하면 이 함수를 호출한 함수의 지역변수의 값도 보존할 수 있으며, 동시에 대형 자료의 전달도 효율성이 향상되어 빠른 처리가 가능하다.

3.2.6 인라인 함수

C++ 프로그램을 작성하여 실행하면 먼저 컴파일 된 실행문들을 메모리에 로드하고 각 실행문이 저장된 메모리 주소들을 참조하여 차례대로 수행한다. 함수를 호출할 경우에는 호출 바로 다음 명령문의 주소를 메모리에 저장하고 스택을 이용하여 함수로 매개 인수들을 전달한다. 이후 함수가 정의되어 있는 메모리의 위치로 건너뛰어 함수 내의 모든 실행문을 실행하고, 함수의 실행이 끝나면 이전에 메모리에 저장했던 호출 다음 실행문의 위치로 돌아와서 다음 실행문을 수행한다.

함수 호출이 일어났을 경우 일반적으로 함수로 갔다 오는 시간이 걸리는 오버헤드 문제가 발생할 수 있는데, 짧은 함수의 경우 이러한 함수 실행의 프로세스를 수행하는 대신 호출 된 함수의 코드를 직접 삽입하는 방법이 더 효율적일 수 있다.

inline 키워드로 함수를 정의하면 컴파일러로 하여금 일반적인 함수 호출 메카니즘을 따르는 대신 inline 함수의 코드 전부를 이 함수가 호출되는 지점에 삽입하도록 지시한다. 따라서 inline으로 함수를 선언하면 일반 함수보다 실행 시간이 빠르다는 장점이 있다. 단, 인라인 함수는 이 함수를 호출하는 함수보다 먼저 선언(정의)되어야 한다.

다음은 3.2.5절에서 정의했던 plusString() 함수를 수정하여 인라인 함수 plustring()를 선언한 예이다. 이때 참조자 매개변수를 const 키워드로 선언했음을 유의하자.

```
inline string plustring(const string& s, const string& t) { return s + t ; }
```

〈예 3.20〉은 inline을 이용하여 인라인 함수 plustring(), add1000, max()를 선언하고 이를 호출하는 예를 표시한 것이다.

◆ **<예 3.20>**

```
// inline 함수
#include <iostream>
using namespace std;

inline string plustring(const string& s, const string& t)
{ return s + t; }
inline int add100(int n) { return n + 100; }
inline int max(int m, int n) { return m > n ? m : n; }

int main()
{
        string str1("Mathematics");
        string str2("Statistics");
        int a, b;

        cout << "a= "; cin >> a;
```

```
        cout << "b= "; cin >> b;

        cout << "문자열 연결= " << plustring(str1, str2) << endl;
        cout << "a+100= " << add100(a) << endl;
        cout << "max(a,b)= " << max(a, b) << endl;
}
```

```
a= 25↵
b= 76↵
문자열 연결= MathematicsStatistics
a+100= 125
max(a,b)= 76
```

<실습 3.15> 두 수의 곱을 구하는 multiple() 함수와 두 수 중 작은 수를 구하는 min() 함수를 inline 함수로 작성하시오.

3.2.7 함수의 다중 정의

C++에서는 같은 이름을 갖는 함수를 2개 이상 동시에 정의할 수 있다. 이를 함수의 다중 정의(overload) 또는 다형성(polymorphism)이라고 한다. C++의 클래스를 이해하기 위해서는 함수의 다중 정의에 대한 개념을 알아둘 필요가 있다. 예를 들어 세 수 x, y, z에 대하여 다음과 같이 정의되는 함수 f()들을 생각해보자. 여기서 정의역의 차원이 2 이상일 때 이 함수를 다변수 함수라고 한다.

$$f(x) = 2x^2 + 3$$

$$f(x, y) = \frac{f(y) - f(x)}{y - x}$$

$$f(x, y, z) = \frac{f(y, z) - f(x, y)}{z - x}$$

여기서 각 함수들은 실제로 서로 다른 함수이기 때문에 이들을 정의하기 위해서는 원칙적으로 서로 다른 이름의 함수가 필요하다. 그러나 수학에서는 정의역의 차원이 다르기 때문에 함수들의 이름을 f()로 같게 사용하여도 계산에는 전혀 혼동이 되지 않는다. C++에서도 수학 분야처럼 함수의 다형성에 의거하여 〈예 3.21〉과 같이 함수 f()의 수식들을 같은 함수 이름으로 정의할 수 있다.

◆ <예 3.21>

```
// 함수의 다중 정의
#include <iostream>
using namespace std;

inline double f(double x) { return 2 * x * x + 3; }
inline double f(double x, double y) { return (f(y) - f(x)) / (y - x); }
inline double f(double x, double y, double z)
{ return (f(y, z) - f(x, y)) / (z - x); }

int main()
{
        cout << "f(0)= " << f(0) << endl;
        cout << "f(1)= " << f(1) << endl;
        cout << "f(2)= " << f(2) << endl;
        cout << "f(0,1)= " << f(0, 1) << endl;
        cout << "f(1,2)= " << f(1, 2) << endl;
        cout << "f(0,1,2)= " << f(0, 1, 2) << endl;
}
```

```
f(0)= 3
f(1)= 5
f(2)= 11
f(0,1)= 2
f(1,2)= 6
f(0,1,2)= 2
```

〈예 3.21〉의 실행 결과를 보면 이름이 같은 함수가 호출될 때 호출하는 인수의 개수에 따라 자동적으로 적절한 함수를 호출하여 실행함을 알 수 있다.

함수의 이름도 같고 매개변수의 개수가 같을 경우에도 함수의 다중 정의가 가능하다. 그러나 이 경우에는 다음 〈예 3.22〉와 같이 함수 이름이 동일 이름이라고 하더라도 각 함수들의 매개변수에 대한 자료형은 서로 달라야 한다.

◆ **<예 3.22>**

```
// 함수의 다중 정의가 가능한 경우
#include <iostream>
using namespace std;

inline double g(int x) { return 2 * x * x + 3; }  // 매개변수의 자료형이 다르므로
inline double g(double x) { return 2 * x + 5; }   // 다중 정의가 가능함

int main()
{
        cout << "g(0)= " << g(0) << endl ;
        cout << "g(1.2)= " << g(1.2) << endl ;
}
```

```
g(0)= 3
g(1.2)= 7.4
```

그러나 매개변수의 개수와 자료형이 모두 똑같으면 컴파일러가 어떤 함수를 호출해야 할지 선택할 수 없기 때문에 함수의 다중 정의가 불가능하다. 다음은 함수의 매개변수의 개수와 자료형이 모두 같으며 같은 이름으로 정의된 2개의 함수가 서로 공존할 수 없다는 오류가 발생하는 예를 표시한 것이다. 또한 함수의 자료형이 다르다고 두 함수가 다르다는 것이 아님을 보여주고 있다.

```
// 함수의 다중 정의가 불가능한 경우: 매개변수의 개수와 자료형이 모두 일치
inline int g(int x) { return 2 * x * x + 3; }
inline double g(int x) { return 2 * x + 5; }

int main()
{
        cout << "g(0)= " << g(0) << endl ;
        cout << "g(1)= " << g(1) << endl ;
}
```

abc	E0311	반환 형식으로만 구분되는 함수를 오버로드할 수 없습니다.
⊗	C2556	'double g(int)': 오버로드된 함수가 'int g(int)'과(와) 반환 형식만 다릅니다.
⊗	C2371	'g': 재정의. 기본 형식이 다릅니다.
⊗	C2065	'g': 선언되지 않은 식별자입니다.
⊗	C2568	'<<': 함수 오버로드를 확인할 수 없습니다.
⊗	C2065	'g': 선언되지 않은 식별자입니다.
⊗	C2568	'<<': 함수 오버로드를 확인할 수 없습니다.

<실습 3.16> 한 변의 길이가 5인 정사각형의 넓이와 반지름의 길이가 5.0인 원의 넓이를 구하는 함수를 동일한 이름인 area()로 작성하시오.

C++의 새로운 특징 중의 하나로 사용자 함수를 정의할 때 매개변수에 디폴트(default) 값을 지정할 수 있다는 것이다. 즉, 함수를 정의할 때 매개변수의 초기값을 미리 지정하는 것이다. 이렇게 정의된 함수가 호출될 때 매개변수에 전달되는 값을 따로 지정하지 않으면 함수의 정의에서 지정된 매개변수의 초기값이 전달 값으로 대신 사용된다.

다음 〈예 3.23〉은 m부터 d씩 증가하는 정수들의 n까지의 합을 구하는 프로그램이다. 사용자 정의 함수 sum_m_n_d()을 살펴보면 3개의 매개변수 m, n, d 모두에 디폴트 값으로 1, 100, 1을 각각 지정하고 있다.

◆ <예 3.23>

```
// 디폴트 값을 갖는 매개변수
#include <iostream>
using namespace std;

int sum_m_n_d(int m=1, int n=100, int d=1)
{
        int sum = 0;
        for (int i = m; i <= n; i += d)
                sum += i;
        return sum;
}

int main()
{
```

```
        cout << "sum_m_n_d(10, 20, 3)= " << sum_m_n_d(10, 20, 3) << endl;
        cout << "sum_m_n_d(10, 20)= " << sum_m_n_d(10, 20) << endl;
        cout << "sum_m_n_d(10)= " << sum_m_n_d(10) << endl;
        cout << "sum_m_n_d()= " << sum_m_n_d() << endl;
}
```

```
sum_m_n_d(10, 20, 3)= 58
sum_m_n_d(10, 20)= 165
sum_m_n_d(10)= 5005
sum_m_n_d()= 5050
```

따라서 〈예 3.23〉의 실행 결과를 살펴보면 main() 함수에서 sum_m_n_d() 함수를 호출할 때 매개변수에 대응되는 실인수가 생략되면 이미 지정되어 있는 매개변수들의 초기값이 전달 인수를 대신하고 있음을 알 수 있다. 예를 들어 main() 함수에서 sum_m_n_d(10, 20)으로 이 함수를 호출하면 세 번째 매개변수의 디폴트 값이 사용되어 실제는 sum_m_n_d(10, 20, 1)이 호출된다. 즉, 10부터 20까지의 연속적인 정수의 합이 계산되는 것이다. 이를 그림으로 도시하면 다음과 같다.

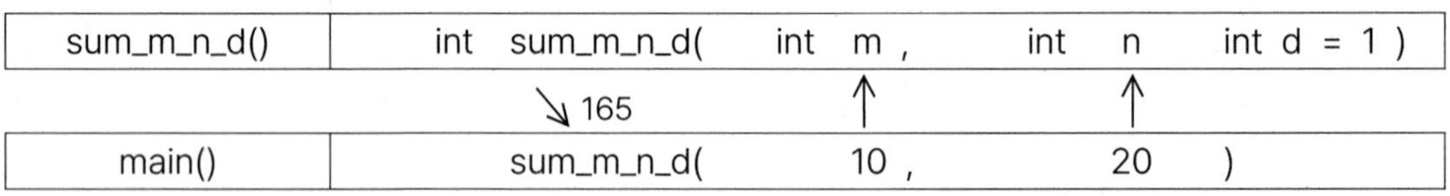

또한 실인수 없이 sum_m_n_d() 함수를 호출하면 sum_m_n_d(1, 100, 1)이 호출되는 것과 같은 연산이 이루어지며, 반대로 sum_m_n_d(10, 20, 3)와 같이 모든 실인수를 지정하여 호출하면 매개변수의 디폴트 값은 모두 무시된다.

함수의 정의에서 디폴트 값을 매개변수에 지정하고자 할 경우에는 디폴트 값은 반드시 가장 오른쪽 매개변수부터 왼쪽 순으로 지정하여야 한다. 예를 들어, 함수를 정의할 때 다음과 같이 두 번째 매개변수에 대한 디폴트 지정을 건너 띄고 첫 번째 매개변수에 디폴트 값을 지정하면 오류가 발생한다.

```
int sum_m_n_d(int m=1, int n, int d=1)    // 오류 발생
{
        int sum = 0;
        for (int i = m; i <= n; i += d)
```

```
                sum += i;
        return sum;
}
```

```
E0306 기본 인수가 매개 변수 목록의 끝에 없습니다.
E0165 함수 호출에 인수가 너무 적습니다.
C2548 'sum_m_n_d': 매개 변수 2의 기본 인수가 없습니다.
```

<실습 3.17> <예 3.14>에서 정의된 sum_m_n() 함수를 수정하여 sum_m_n()으로 호출하면 1부터 100까지의 합을 구하고 sum_m_n(50)으로 호출하면 50부터 100까지의 합을 구하는 프로그램을 작성하시오.

3.2.8 함수 원형의 선언

C++에서 변수를 사용하기 위해서는 먼저 이들을 선언(declaration)해 주어야 한다. 사용자 정의 함수도 이 함수를 호출하기 전에 이 함수를 선언함으로서 이 함수를 사용할 수 있도록 준비하는 작업이 필요하다. 그러나 지금까지는 함수의 정의를 main() 함수 이전에 작성하였기 때문에 특별히 함수를 선언하지 않았다.

사용자 정의 함수를 main() 함수 (또는 호출하는 함수) 이후에 코딩하게 되면 반드시 함수의 원형(prototype)을 먼저 선언하여야 한다. 함수 원형의 선언은 함수 호출과 관련된 정보들을 제공하는 목적으로 사용되며 함수 정의 부분의 함수의 이름이 포함된 첫 줄을 그대로 복사하면 된다. 단, 함수의 선언문도 실행문이므로 반드시 끝에 문장의 끝을 알리는 세미콜론(;)을 붙여야 한다.

〈예 3.24〉는 main() 함수 뒤에 코딩된 두 개의 함수 star()와 sum_m_n()의 선언문을 작성한 예이다.

◆ <예 3.24>

```
#include <iostream>
using namespace std;

int sum_m_n(int m, int n);     // 함수 원형의 선언
void star(int n);  // 함수 원형의 선언

int main()
```

```
{
        star(10);
        cout << "sum_m_n(10, 20)= " << sum_m_n(10, 20) << endl;
        star(20);
        cout << "sum_m_n(1, 50)= " << sum_m_n(1, 50) << endl;
        star(30);
        cout << "sum_m_n(30, 100)= " << sum_m_n(30, 100) << endl;
}

int sum_m_n(int m, int n)    // 함수의 정의
{
        int sum = 0;
        for (int i = m; i <= n; i++)
                sum += i;
        return sum;
}

void star(int n)  // 함수의 정의
{
        for (int i = 1; i <= n; i++)
                cout << '*';
        cout << endl;
}
```

```
**********
sum_m_n(10, 20)= 165
********************
sum_m_n(1, 50)= 1275
******************************
sum_m_n(30, 100)= 4615
```

〈예 3.24〉의 main() 이전에 선언된 두 함수의 원형에 대한 선언문은 다음과 같이 매개변수의 이름을 생략하여 표현할 수 있다.

```
int sum_m_n(int, int) ;    // 함수 원형의 선언
void star(int) ;  // 함수 원형의 선언
```

일반적으로 main() 함수 이전에 함수들을 정의함으로서 함수의 선언문을 생략한다. 그러나 〈예 3.25〉와 같이 먼저 정의된 함수 A()에서 뒤에 정의된 함수 B()를 호출할 경우에는 오류가 발생할 것이다. 그 이유는 함수 A() 입장에서 함수 B()의 존재성을 알지 못하기 때문이다. 이러한 상황을 대비하여 두 함수의 원형을 미리 선언하는 것이 좋은 방법이다.

◆ **<예 3.25>**

```
// 함수 원형을 반드시 미리 선언해야 하는 경우
#include <iostream>
using namespace std;

int A(int a)
{
        return 5 * B(a + 100);  // 함수 B()를 호출하지만 B()의 존재성을 모르므로
}                               // 오류 발생

int B(int b)
{
        return b / 2;
}

int main()
{
        cout << "A(10)= " << A(10) << endl;
}
```

```
ⓧ C3861  'B': 식별자를 찾을 수 없습니다.
```

〈예 3.25〉의 함수 A()의 정의 영역 앞에 함수 B()의 원형을 선언하는 선언문을 다음과 같이 추가하면 오류 없이 실행 결과를 얻을 수 있다.

```
// 함수 원형의 선언
int A(int a) ;
int B(int b) ;
```

```
A(10)= 275
```

3.2.9 자기호출 함수

C++ 프로그램은 함수의 정의 부분에서 자기 자신을 호출할 수 있는 특징을 가지고 있다. 이것을 자기호출(재귀호출, recursive call)이라고 하며 자기호출을 이용하면 수학에서 수열의 점화식 문제를 간단하게 해결하는데 도움이 된다. 단 예외적으로 main() 함수는 자기 자신을 호출하지 못하도록 하고 있다.

자연수 n의 계승(factorial) n!를 구하는 함수를 정의함으로서 함수의 자기호출 방법을 간단히 설명해보자. 자연수 n의 계승 n!이란 n부터 1까지의 자연수를 모두 곱한 값을 의미한다. 즉, 이를 수학적으로 표현하면 다음과 같다.

$$n! = n \times (n-1) \times \cdots \times 2 \times 1$$

다음은 for 문을 이용하여 자연수 n의 계승(factorial) n!을 구하는 함수 fac()를 정의한 예이다. 여기서 n의 값이 커지면 n!의 값이 매우 큰 값이 되기 때문에 int형으로는 정상적으로 표시할 수 없다. 따라서 int형 크기의 두 배인 long long형을 fac() 함수의 반환 자료형으로 지정하였다.

```
// fac() : 계승(factorial) n! 계산하는 함수
long long fac(int n)
{
        long long m = 1;
        for (int i = n; i > 0; i--)
                m *= i;
        return m;
}
```

n!을 계산하는 식을 일종의 수열에 대한 점화식으로 표현할 수 있다. 즉, $a_n = n!$이라고 하면

$$a_n = n \times a_{n-1}, \ a_0 = 1$$

으로 표현할 수 있다. 여기서 a_n을 구하는 루틴이나 a_{n-1}을 구하는 루틴이 같으므로 a_n을 구하는 함수의 정의에서 a_{n-1}을 구하는 자기 자신을 호출하면 된다. 이 때 자기호출을 언젠가는 끝낼 수 있도록 유도하는 초기식 $a_0 = 1$을 경계 조건(boundary condition)이라고 한다. 경계 조건은 자기호출함수를 정의할 때 무제한 자기호출을 방지하기 위하여 반드시 필요하며 주로 if 문을 이용한다.

〈예 3.26〉는 자기호출함수 기법을 이용하여 계승 n!을 계산하는 a() 함수를 정의하고 이를 호출하는 main() 함수를 표시한 것이다. a() 함수의 정의를 보면 계승을 구하는 것 같은 느낌이 들지 않고 단지 점화식을 구하는 모습뿐이다.

◆ <예 3.26>

```
// n!을 구하는 자기호출함수 a()
#include <iostream>
using namespace std;

long long a(int n)
{
        if (n == 0)     // 경계 조건
                return 1;
        else
                return n * a(n - 1);  // 자기 호출
}

int main()
{
        int n;
        cout << 5 << "!= " << a(5) << endl;
        cout << "자연수= "; cin >> n;
        cout << n << "!= " << a(n) << endl;
}
```

```
5!= 120
자연수= 20↵
20!= 2432902008176640000
```

예를 들어, 20!의 값은 20*19!이므로 다시 19!의 값을 계산하기 위하여 똑같은 함수를 호출하여야 한다. 즉, 20!의 값을 계산하기 위하여 a(20)을 호출하면 식 20*a(19)의 값이 반환되어야 하는데 이 반환 값을 계산하기 위하여 다시 a(19)의 호출이 일어난다. 이 경우 무한 자기호출을 막을 수 있는 경계조건으로 n의 값이 1일 때 if 문을 사용하여 1의 값을 반환한다.

다음은 main() 함수에서 a(4)로 a() 함수를 호출하여 n의 값으로 4가 전달된 이후 계승 4!를 계산하기 위한 a() 함수의 자기 호출 과정을 순서대로 표시한 것이다.

---

main() 함수에서 a(4) 호출
→ a() 함수에서 반환값 4*a(3)을 계산하기 위해 다시 a(3) 호출
→ a() 함수에서 반환값 3*a(2)을 계산하기 위해 a(2) 호출
→ a() 함수에서 반환값 2*a(1)을 계산하기 위해 a(1) 호출
→ a(1)의 값으로 1 반환 (경계조건)
→ 식 2*a(1)의 계산 결과 2*1을 a(2)의 값으로 반환
→ 식 3*a(2)의 계산 결과 3*2*1을 a(3)의 값으로 반환
→ 식 4*a(3)의 계산 결과 4*3*2*1을 a(4)의 값으로 반환 → main()에서 24 출력

<실습 3.18> 지수 함수 e^x의 값을 자기호출 함수 방식을 이용하여 함수를 정의하고 e^5의 값을 구하는 프로그램을 작성하시오. (힌트. $e^x = e \times e^{x-1}$이고 $e^0 = 1$이다.)

3.3 함수 템플릿

똑같은 작업을 수행하는 경우에도 매개변수의 자료형을 달리하면 함수의 다중 정의가 가능하다. 예를 들어 〈예 3.22〉의 다중 정의 함수 g()를 다음과 같이 재 정의해도 얼마든지 함수의 다중 정의가 가능한 것이다.

```
inline int g(int x) { return 2 * x * x + 3; }              // 두 함수가 똑같은 작업을
inline double g(double x) { return 2 * x * x + 3; }    //  수행함
```

C++에서 새롭게 추가된 기능인 함수 템플릿(function templates)이라는 제너릭 형식(generic type)으로 함수를 정의할 수 있다. 함수 템플릿은 동일한 작업(코드)을 수행하는 다중 정의 함수들에 대한 하나의 패턴을 정의하는 데에 사용된다.

함수 템플릿은 template 키워드로 함수의 정의를 시작하고 함수의 자료형과 매개변수의 자료형을 대변하는 템플릿의 인수로 〈class typename〉와 같이 표시한다. 여기서 class는 반드시 필요한 키워드이며 typename는 사용자가 명명하는 함수 또는 매개변수 자료형의 별칭이다.

다음 예는 위에서 다중 정의된 함수 g()를 함수 템플릿을 이용하여 간단히 정의한 것이다. 여기서 식별자로 사용된 T는 함수의 자료형, 매개변수의 자료형, 또는 함수 정의 내에서 새로운 변수의 자료형으로 사용될 수 있으며, 함수 템플릿을 〈int〉로 호출하면 식별자 T는 int로, 〈double〉로 호출하면 double로 각각 변환된다.

```
template   <class T>
T   g( T   x )
{
     return   2 * x * x + 3 ;
}
```

함수 템플릿의 호출은 일반 함수의 호출과 유사하게 이루어지지만 함수 이름 다음에 〈 〉 괄호 안에 식별자 T로 전달되어야 할 자료형을 지정하면 된다.

```
cout << "g(5)= " << g<int>(5) << endl ;        // 함수 템플릿 호출
cout << "g(1.5)= " << g<double>(1.5) << endl ;
```

다음 예는 함수로 전달된 두 개의 값 중에서 작지 않은 값을 반환하는 함수 max(x, y)을 함수 템플릿을 이용하여 정의한 것이다. 여기서 전달 인수 x, y에는 서로 순서를 정할 수 있는 임의의 자료형의 자료들이 가능해야 한다. 즉, 정수형, 부동소수형 외에도 구조체, 클래스등 유도 데이터형의 자료들도 두 실인수로 사용될 수 있어야 한다. 따라서 동일한 작업을 하지만 여러 형태의 자료형을 갖는 실인수들을 max() 함수로 전달하기 위해서는 함수의 다중 정의가 필요하다. 그러나 함수 템플릿을 이용하여 함수를 정의하면 간단히 하나의 코딩으로 필요한 모든 작업을 수행할 수 있다.

```
template  <class T>
T maximum(T x, T y)
{
        return (x > y) ? x : y ;
}
```

함수 템플릿으로 정의된 maximum() 함수를 maximum〈int〉(23, 0)로 호출하면 호출하는 순간 컴파일러는 다음과 같은 함수를 생성하고 이를 이용하여 호출된 함수를 실행한다.

```
int maximum(int x, int y)
{
        return (x > y) ? x : y ;
}
```

반면에 maximum() 함수를 maximum〈double〉(2.3, 2.4)로 호출하면 두 개의 인수 2.3과 2.4가 double형이므로 maximum〈int〉(23, 0)을 호출할 때와 이름이 같지만 이와 별개의 새로운 다중 정의된 함수가 생성된다.

```
double maximum(double x, double y)
{
        return (x > y) ? x : y ;
}
```

다음 〈예 3.27〉은 이상에서 설명한 바와 같이 함수 템플릿을 이용하여 함수의 다중 정의를 대신하는 코딩을 작성하고 이를 호출하는 main() 함수를 같이 표시한 것이다.

◆ <예 3.27>

```
// 함수 템플릿
#include <iostream>
using namespace std;

template  <class T>
T g(T x) { return  2 * x * x + 3; }

template  <class T>
T maximum(T x, T y) {
        return (x > y) ? x : y;
}

int main()
{
        cout << "g(5)= " << g<int>(5) << endl;  // 함수 템플릿 호출
        cout << "g(1.5)= " << g<double>(1.5) << endl;

        int i, j;
        cout << "i="; cin >> i;
        j = maximum<int>(i, 0);
        cout << "maximum<int>(i,0)= " << j << endl;

        double d1, d2;
        cout << "d1="; cin >> d1;
        cout << "d2="; cin >> d2;
        cout << "maximum(d1,d2)= " << maximum<double>(d1, d2);
}
```

```
g(5)= 53
g(1.5)= 7.5
i=12↵
maximum<int>(i,0)= 12
d1=2.35↵
d2=2.38↵
maximum(d1,d2)= 2.38
```

함수 템플릿을 이용하여 작성된 함수의 호출은 다음과 같이 〈〉 안에 자료형을 지정하지 않고도 간단히 호출할 수 있다.

```
j = maximum(i, 0);
cout << "maximum(d1,d2)= " << maximum(d1, d2) << endl;
```

〈〉 안에 자료형을 지정하지 않더라도 컴파일러는 자동적으로 전달되는 인수의 자료형을 인식함으로서 적절하게 함수를 실행한다. 그러나 자동적으로 인식하는 경우가 좋지 않은 결과를 야기할 수 있다.

〈예 3.28〉은 두 인수의 차를 구하여 반환하는 diff() 함수를 함수 템플릿으로 코딩한 예를 표시한 것이다. 참고로 함수 템플릿을 정의할 때 여러 템플릿 매개 변수를 가질 수 있으며 함수의 자료형은 일반 템플릿이 아닌 일반 형식을 계속 사용할 수 있다. 함수 템플릿으로 정의할 때 2개 이상의 함수 또는 매개변수 자료형의 별칭이 필요할 경우에는 〈 〉 안에 2개 이상의 class로 각각 선언하면 된다.

◆ **<예 3.28>**

```
// 함수 템플릿
#include <iostream>
using namespace std;

template  <class T, class S>
S diff(T x, S y)
{
    return x - y;
}

int main()
{
    cout << "diff<int,double>(25.5, 23.2)= "
          << diff<int, double>(25.5, 23.2) << endl;
    cout << "diff(25.5, 23.2)= " << diff(25.5, 23.2) << endl;
}
```

```
diff<int,double>(25.5, 23.2)= 1.8
diff(25.5, 23.2)= 2.3
```

〈예 3.28〉의 실행 결과를 살펴보면 template 〈class T, class S〉와 같이 함수 템플릿의 정의에서 2개의 class를 지정할 수 있음을 알 수 있다. 이때 main() 함수에서 함수 템플릿으로 정의된 diff() 함수를 2가지 방식으로 호출할 수 있다. 먼저 〈 〉 안에 diff() 함수로 전달되는 자료형을 정확히 지정하는 diff〈int, double〉(25.5, 23.2)의 경우에는 첫 번째 인자로 25.5가 지정되었지만 이 값이 〈 〉 안에 지정된 int 자료형에 의하여 정수로 변환되어 diff() 함수로 전달된다. 따라서 25와 23.2의 차이인 1.8이 출력되었다.

반면에 〈 〉 안에 자료형을 지정하지 않고 diff(25.5, 23.2)와 같이 호출하면 컴파일러가 두 값의 자료형을 자동적으로 인식하여 T와 S 모두 double형으로 추론한 후 두 값의 차이를 구하여 반환하게 된다. 따라서 이 경우 두 값이 차이인 2.3이 출력되는 것이다. 이와 같이 함수 템플릿으로 정의된 함수를 호출할 때에는 〈 〉를 사용하여 자료형을 정확히 지정하여 호출하는 것이 좋은 방법임을 알 수 있다.

3.3.1 자료형이 없는 템플릿 인수

함수 템플릿은 〈class typename〉의 형식으로 매개변수를 지정할 수 있지만, 이외에도 특정 자료형을 함수 템플릿의 매개변수로 지정할 수 있다.

〈예 3.29〉는 가로의 길이를 함수 템플릿의 특정한 자료형의 매개변수로 전달하고 세로의 길이를 〈class typename〉의 형식으로 정의한 area() 함수를 함수 템플릿으로 정의한 예이다.

◆ <예 3.29>

```
// 자료형이 없는 함수 템플릿
#include <iostream>
using namespace std;

template  <class T, int N>
T area(T x)
{
        return N * x;
```

```
}

int main()
{
        cout << "area<int, 2>(25)= " << area<int,2>(25) << endl;
        cout << "area<double, 5>(16.5)= " << area<double,5>(16.5) << endl;
}
```

```
area<int,2>(25)= 50
area<double,5>(16.5)= 82.5
```

함수 템플릿으로 정의된 함수의 템플릿 매개 변수의 값은 컴파일할 때 결정되어 서로 다른 함수의 실체를 생성한다. 따라서 〈예 3.29〉의 area() 함수에 대한 두 호출은 기본적으로 하나는 항상 2를 곱하고 다른 하나는 항상 5를 곱하는 두 가지 버전의 함수를 호출한다. area() 함수의 호출에서 주의할 점은 두 번째 템플릿 인수는 항상 정수인 상수로 지정하여야 한다는 점이다. 다시 말해 변수 height를 선언한 후 이 변수의 값을 이용하여 area〈int, height〉(25)와 같이 호출하면 다음과 같은 오류가 발생한다.

```
int height = 5 ;
cout << "area<int, height>(25)= " << area<int,height>(25) << endl ; // 오류 발생
```

```
C2672  'area': 일치하는 오버로드된 함수가 없습니다.
C2971  'area': 템플릿 인수 'N': 'height': 비정적 저장 기간을 사용하는 변수는
       비형식 인수로 사용할 수 없습니다.
```

3.4 변수에 대한 가시성

3.4.1 변수가 유효한 영역

C++ 프로그램에서 변수나 함수 등 이름(식별자)을 갖게 되는 개체들은 이들을 사용하기 전에 먼저 이들을 선언을 하여야 된다. 변수는 C++ 프로그램의 어느 위치에서나 선언할 수 있는데 main() 함수를 포함하여 함수를 나타내는 블록의 외부에 선언된 변수를 전역변수(global variable)라고 한다. 전역변수는 프로그램의 어디서든지 이 변수를 참조할 수 있는(또는 가시성이 있는) 전역 범위(global scope)를 갖는다.

반면에 함수의 내부 또는 선택문이나 반복문과 같이 하나의 블록 안에서 선언된 변수를 지역변수(local variable)라고 한다. 우리는 지금까지 함수 또는 반복문 등의 블록 내에서 선언된 지역변수들만을 다루었다. 지역 변수는 전역변수와 달리 이 변수가 선언된 함수 또는 블록의 내부에서만 유효한 블록 범위(block scope)를 갖는다. 즉, 지역변수는 이 변수가 선언된 블록에서만 참조할 수 있으며, 그 범위를 벗어난 다른 함수나 블록에서는 이 지역변수의 값을 참조할 수 없다.

다음은 전역변수로 선언된 변수 gv와 지역변수로 선언된 변수 x의 유효 범위를 설명해주는 예이다. 전역 범위를 갖는 변수 gv는 함수 fun1()과 함수 fun2()에서 모두 참조 가능하지만 함수 fun1() 블록 내에서 선언된 변수 x는 블록 범위를 갖기 때문에 함수 fun1() 블록을 벗어난 함수 fun2() 블록 내에서 참조할 수 없다. 따라서 이 변수가 선언되지 않은 식별자라는 오류가 발생한다.

```
int gv = 100 ;    // 전역변수

int fun1()
{
        int x = 200;    // 지역변수
        cout << "gv= " << gv << ",\tx= " << x << endl;
}

int fun2()
{
        gv += 10;  // 전역변수이므로 참조 가능
        x += 10;  // fun1() 함수의 지역변수이므로 참조 불가능
        cout << "gv= " << gv << ",\tx= " << x << endl;
}
```

```
E0020  식별자 "x"이(가) 정의되어 있지 않습니다.
C2065  'x': 선언되지 않은 식별자입니다.
C2065  'x': 선언되지 않은 식별자입니다.
```

각 영역에서는 하나의 개체에 하나의 이름만 허용한다. 즉, int형 자료형의 변수(개체)에 a라는 이름을 부여했다면 같은 영역 내에서 다른 자료형을 갖는 개체에 똑같은 이름인 a를 부여할 수 없다. 물론 각 개체가 속한 블록 영역이 다르면 두 개체에 같은 이름을 사용할 수 있다.

```
int fun3()
{
        double x = 2.5;  // 함수 fun1()의 지역변수 x와 다른 개체의 지역변수
        int a = 1;
        double a = 3.14;  // 두 개체를 같은 이름으로 사용 불가능
}
```

```
C2371  'a': 재정의. 기본 형식이 다릅니다.
```

블록의 시작과 끝은 항상 중괄호({ })를 이용하여 표시한다. 당연히 블록의 내부에 또 다른 블록이 있을 수 있다. 이때 바깥쪽 블록(outer block)에서 선언된 변수는 안쪽 블록(inner block)에서 언제든지 참조할 수 있지만, 안쪽 블록에서 선언된 변수는 바깥쪽 블록에서 참조할 수 없다. for 반복문을 구현할 때 초기식 영역에서 선언된 변수 등이 안쪽 블록에서 선언된 변수의 한 예라 할 수 있다. 또한 바깥쪽 블록에서 선언된 변수와 같은 이름의 변수를 안쪽 블록에서 선언하면 안쪽 블록에서는 바깥쪽 블록에서 선언된 변수보다 안쪽 블록에서 선언된 변수를 먼저 참조한다.

〈예 3.30〉은 for 문을 이용하여 1부터 5까지의 합을 구하는 예를 표시한 것이다. 여기서 for 문 바깥에서 선언된 변수 sum과 k는 for 반복문 내부에서 얼마든지 참조할 수 있으나 for 반복문의 내부에서 같은 이름의 변수 k를 선언하였기 때문에 바깥쪽 블록의 변수 sum은 아무런 조건 없이 사용할 수 있으나, 바깥쪽 블록의 변수 k는 for 문이 실행되는 와중에도 전혀 참조하지 않는다. 따라서 for 문의 실행이 끝난 이후 바깥쪽 블록의 k 값은 초기값 0이 그대로 유지된다.

◆ <예 3.30>

```
// 바깥쪽 블록의 변수와 안쪽 블록의 변수
#include <iostream>
using namespace std;
```

```
int main()
{
        int sum = 0, k = 0;

        for (int k = 1; k <= 5; k++)
        {
                sum += k;      // k : 안쪽 블럭의 변수
                cout << "k= " << k << ",\tsum= " << sum << endl;
        }

        cout << "k= " << k << ",\tsum= " << sum << endl;
        return 0;        // k : 바깥쪽 블럭의 변수
}
```

```
k= 1,   sum= 1
k= 2,   sum= 3
k= 3,   sum= 6
k= 4,   sum= 10
k= 5,   sum= 15
k= 0,   sum= 15
```

3.4.2 namespace 키워드

둘 이상의 프로그래머가 분야를 나눠서 하나의 C++ 프로그램을 작성한다고 할 때 다른 작업을 수행하지만 이름은 같은 함수를 각자 정의할 수 있을 것이다. 이렇게 나눠서 작업한 프로그램을 하나로 묶어서 컴파일하면 이름이 같은 함수가 존재하므로 컴파일 오류가 발생한다. 따라서 컴파일 오류를 피하기 위하여 동일한 함수의 이름을 다른 이름으로 재정의해야 된다. 프로그램이 방대해지면 곳곳에 숨어있는 함수의 호출 부분을 모두 변경해야 되기 때문에 번거롭고 자칫 수정이 안 된 부분이 있을 경우 또 다른 오류가 발생할 것이다.

이러한 문제를 해결하기 위하여 C++ 언어에서 namespace를 준비하였다. namespace 키워드를 이용하면 다음 예와 같이 다른 기능을 수행하지만 같은 이름을 갖는 복수 개의 함수를 따로 정의할 수 있다. 즉, 동일한 이름의 함수 fun()이 존재할 경우 A 공간과 B 공간에서 fun() 함수를 각각 따로 선언하면 컴파일 오류를 방지할 수 있다.

```
namespace A
{
        int wk = 100 ;
        int fun(int x) { return 3 * x ;  }
}

namespace B
{
        double wk = 2.5 ;
        const double pi = 3.14159 ;
        double fun(double r) { return pi * r * r ; }
}
```

이렇게 선언된 두 함수는 범위지정연산자(scope resolution operator, 전역식별연산자)인 :: 연산자를 이용하여 각각 호출한다. 예를 들어, 이름 공간 A와 이름 공간 B의 함수를 호출하고 각 이름 공간의 변수를 참조하기 위하여 다음과 같이 범위지정연산자를 사용한다.

```
y = A::fun(5) ;           // 이름 공간 A의 함수 fun()을 호출
area = B::fun(3.5) ;      // 이름 공간 B의 함수 fun()을 호출
cout << B::pi << endl;    // 이름 공간 B의 상수 pi 참조
```

〈예 3.31〉은 이름은 같지만 서로 다른 기능을 수행하는 함수를 다른 이름 공간에서 선언한 후, main() 함수에서 이들을 호출하는 방법을 표시한 것이다. 당연히 함수뿐만 아니라 다른 이름 공간에 따로 선언한 같은 이름의 변수들도 함수의 호출과 유사하게 범위지정연산자(::)를 이용하여 참조할 수 있다.

◆ **<예 3.31>**

```
int main()
{
        int y;
        double area;
```

```
        y = A::fun(5);        // 이름 공간 A의 함수 fun()을 호출
        area = B::fun(3.5);  // 이름 공간 B의 함수 fun()을 호출

        cout << "A::fun(5)= " << y << endl;
        cout << "B::fun(3.5)= " << area << endl;
        cout << "A::wk= " << A::wk << endl;    // 이름 공간 A의 변수 wk 참조
        cout << "B::wk= " << B::wk << endl;    // 이름 공간 B의 변수 wk 참조
}
```

```
A::fun(5)= 15
B::fun(3.5)= 38.4845
A::wk= 100
B::wk= 2.5
```

3.4.3 using 키워드

2.2.3절에서 키워드 using을 이용하여 다음과 같이 자료형의 별칭을 만들 수 있음을 설명하였다. 이는 C 언어의 typedef의 기능과 유사하다.

```
using DW = double ;
DW average ;    //  double average; 와 동일
```

또한 using 키워드를 사용하면 임의의 이름 공간에 선언된 변수나 함수를 범위지정연산자(::)를 사용하지 않고 참조할 수 있도록 도움을 준다. 예를 들어, 이름 공간 A의 함수 fun()를 호출하거나 변수 wk를 참조하기 위해서는 다음과 같이 이름 공간 A와 범위지정연산자(::)를 붙여서 표시하여야 한다고 하였다.

```
cout << "A::fun(5)= " << A::fun(5) << endl ;
cout << "A::wk= " << A::wk << endl ;
```

그러나 using 키워드를 사용하여 이름 공간 A의 변수 wk를 지정해주면 이름 공간 A에 선언된 변수 wk를 참조할 때, 이름 공간 A와 범위지정연산자(::)를 생략할 수 있다. 그러나 이름 공간 B의 변수 wk를 참조하고자 할 경우에는 이름 공간 B와 범위지정연산자(::)를 생략할 수 없다.

```
using A::wk ;  // 이름 공간 A의 변수 wk

cout << "A::wk= " << wk << endl ;    // A:: 생략 가능
cout << "B::wk= " << B::wk << endl ;    // B:: 생략 불가능
```

똑같은 방식으로 using 키워드를 사용하면 이름 공간 B에 정의된 함수 fun()를 호출할 때, 이름 공간 B와 범위지정연산자(::)를 생략할 수 있다.

```
using B::fun ;  // 이름 공간 B의 함수 fun()

cout << "A::fun(5)= " << A::fun(5) << endl ;
cout << "B::fun(3.5)= " << fun(3.5) << endl ;    // B:: 생략 가능
```

2.1절에서 다음과 같이 표시하는 실행문을 소개한 바 있다. 이 실행문은 이름 공간 std에 선언된 모든 개체와 함수에 이름 공간 std의 지정없이 참조 또는 호출하겠다는 의미이다.

```
using namespace std ;
```

표준 이름 공간인 std 안에 표준 입출력을 담당하는 cout, cin이 정의되어 있으며 또한 개행문자를 출력하기 위한 조정자 endl도 정의되어 있다. 따라서 위의 using 키워드를 이용하여 std 이름 공간을 지정함으로서 std::cout와 같이 표기하지 않고 이름 공간의 이름 std와 범위지정연산자(::)를 생략하여 cout만 표시할 수 있는 것이다.

using을 이용하면 사용자가 정의한 이름 공간 전체의 개체들을 이 이름 공간의 이름을 표시하지 않고 참조할 수 있다. 다음 예는 using을 사용하여 이름 공간 A의 변수와 함수들을 모두 A:: 없이 직접 참조할 수 있는 실행문을 표시한 것이다.

```
using namespace A ;  // 이름 공간 A 지정

cout << "A::wk= " << wk << endl ;    // A:: 생략 가능
cout << "B::wk= " << B::wk << endl ;

cout << "A::fun(5)= " << fun(5) << endl ;  // A:: 생략 가능
cout << "B::fun(3.5)= " << B::fun(3.5) << endl ;
```

여기서 B::fun(3.5)을 fun(3.5)로 표시하면 이름 공간 A의 함수 fun()을 호출하게 된다. 이때 3.5가 int형으로 자동 변환되면서 데이터가 손실될 우려가 있으니 주의해야 한다.

using과 using namespace로 지정할 때 그 효력은 이들이 지정된 블록으로 한정된다. 즉, 프로그램의 다른 블록에서는 이들의 지정이 효력을 미치지 못한다. 〈예 3.32〉는 main() 함수 내에서 설정된 2개의 각 블록에 using namespace로 이름 공간을 각각 지정할 경우 그 효력을 표시한 예이다. 〈예 3.32〉의 실행 결과를 살펴보면 그 효력의 범위를 이해하는데 어렵지 않을 것이다.

◆ **<예 3.32>**

```
int main()
{
        {
                using namespace A;  // 이름 공간 A 지정
                cout << "wk= " << wk << endl;
                cout << "B::wk= " << B::wk << endl;
                cout << "fun(5)= " << fun(5) << endl;
        }
        {
                using namespace B;  // 이름 공간 B 지정
                cout << "wk= " << wk << endl;
                cout << "fun(3.5)= " << fun(3.5) << endl;
        }
        return 0;
}
```

```
wk= 100
B::wk= 2.5
fun(5)= 15
wk= 2.5
fun(3.5)= 38.4845
```

3.4.4 기억클래스

main() 함수의 외부에서 선언된 전역변수 또는 이름 공간 안에 선언된 변수들은 프로그램이 끝날 때 까지 정적 기억장소(static storage)에 할당되어 프로그램의 어디에서든지 참조가 가능하다. 반면에 함수 내 또는 임의의 블록 내에서 선언된 변수인 지역변수들은 자동 기억장소(automatic storage)에 일시적으로 할당된다. 이후 함수나 블록이 종료되면 자동 기억장소에 저장된 지역변수들의 메모리 공간을 반납하며 이 공간은 다른 용도로 사용된다.

정적 기억장소에 할당된 변수가 명시적으로 초기화를 하지 않으면 자동으로 0이 초기화되며, 반면에 명시적으로 초기화를 하지 않은 자동 기억장소의 지역변수는 예측하기 어려운 값으로 초기화되어 있어 이 값을 참조하면 다음과 같은 오류가 발생한다.

```
int main()
{
        int x ;    // 자동 기억장소에 할당된 지역변수
        cout << x << endl ;
}
```

```
▲ C6001   초기화되지 않은 메모리 'x'을(를) 사용하고 있습니다.
⊗ C4700   초기화되지 않은 'x' 지역 변수를 사용했습니다.
```

main() 함수의 외부에 정의된 전역변수와 동일한 이름의 변수를 함수 내에서 지역변수로 선언할 수 있다. 당연히 main() 함수 내에서 두 변수를 모두 참조할 수 있지만 같은 이름의 변수인 경우 블록 내의 유효 범위로 인하여 지역변수를 먼저 참조한다. 그러나 범위지정연산자(::)를 이용하면 특별히 전역변수를 참조할 수 있다. 이 연산자를 전역식별연산자(scope access operator)라고도 하며, 연산우선순위가 1번으로 다른 모든 연산자보다 우선순위가 빠르다.

다음 〈예 3.33〉에서 명시적으로 초기화하지 않은 외부변수 x는 전역변수이므로 변수가 생성되는 순간 0으로 자동 초기화된다. 반면에 main() 함수 내에 선언된 변수 x는 자동 기억장소에

할당되는 지역변수이므로 10으로 명시적 초기화를 시행하였다. main() 함수 내에서는 지역 변수가 우선이므로 x값을 참조하여 x*=2;를 실행하면 x의 값은 20이 출력된다. 그러나 〈예 3.33〉에 표시한 바와 같이 전역식별연산자(::)를 사용하면 외부변수 x의 값을 main() 함수 내에서 지역 변수 x와 구별하여 참조할 수 있다.

◆ **<예 3.33>**

```
// 같은 이름을 갖는 지역변수가 있을 경우 전역변수의 참조
#include <iostream>
using namespace std;

int x;    // 0으로 초기화된 전역변수

int main()
{
        int x = 10;  // 명시적으로 초기화된 지역변수

        x *= 2;    // 지역변수 우선
        cout << "지역변수 x= " << x << endl;

        ::x += 100;  // 전역변수의 참조
        cout << "전역변수 x= " << ::x << endl;
}
```

```
지역변수 x= 20
전역변수 x= 100
```

연습문제

[연습 3.1.0]

다음 문장들은 실행 시 오류 또는 경고가 발생한다. 그 이유를 설명하시오.

(1) int x; if(x != 0) cout << x;

(2) double a; cin >> a; if(0<a<5.5) cout << a;

(3) double a=1.2; switch(a){case 1.2: cout << a; case 2.2: a+=1;}

(4) xTEN(int x){ return 10*x; }

(5) double a; int& x=a;

[연습 3.1.1]

다음 문제를 해결하기 위한 if 문을 작성하시오.

(1) 정수형 변수 num의 값이 0 이상 100 이하이면 score=12*num의 값을 계산한다.

(2) 문자형 변수 ch의 값이 소문자이면 CH에 ch에 대응하는 대문자를 저장한다.

(3) 정수형 변수 no의 값이 홀수이면 no의 값을 5 증가한다.

[연습 3.1.2]

0에서 24시까지의 정수를 입력받아 12보다 작으면 "오전 **시", 12보다 크면 "오후 **시"로 출력하는 if - else 문을 작성하시오. 예를 들어 정수의 값이 22이면 "오후 10시"로 출력한다.

[연습 3.1.3]

평년의 경우 2월달의 일수는 28일이지만 어느 해가 윤년(leap year)이면 2월달의 일수는 29일이다. 어느 해가 4로 나누어 떨어짐과 동시에 100으로 나누어 떨어지지 않거나 또는 400으로 나누어 떨어지는 해를 윤년이라고 판정한다. 임의의 해를 정수로 입력받은 후 이 해가 윤년인지 평년인지를 구분하는 if - else 문을 작성하시오.

※ 힌트: year가 다음 조건을 만족하면 윤년이다.

```
( (year % 4 == 0) and (year % 100 != 0) ) or (year % 400 == 0)  // 윤년
```

[연습 3.1.4]

(1) int형 국어(kor) 점수를 입력받은 후 다음 표에 표시된 학점 부여 방식에 따라 학점을 계산하기 위한 중첩 if -else 문을 작성하시오.

점수	90점 이상	80점 ~ 89점	70점 ~ 79점	60점 ~ 69점	60점 미만
학점	4.5	3.5	2.5	1.5	0

(2) int형 영어(eng) 점수를 입력받은 후 국어 점수의 학점을 부여하는 방식과 같이 영어의 학점을 계산하기 위한 switch 문을 작성하시오.

※ 힌트: switch 문의 수식으로 (eng/10)을 사용하면 점수를 10으로 나눈 몫이 되므로 수식의 값으로 0~10 사이의 정수가 얻어진다.

[연습 3.1.5]

문자 'a' 또는 'A'를 입력하면 "a로 시작하는 동물: Alligator, Alpaca, Arctic Fox, Anaconda, Ant . . . "를, 문자 'b' 또는 'B'를 입력하면 "b로 시작하는 동물: Bear, Bird, Bison, Buffalo, Butterfly . . ."를, 문자 'c' 또는 'C'를 입력하면 "c로 시작하는 동물: Camel, Cat, Cheetha, Chicken, Cow . . ."를 출력하고, 그 밖의 다른 영문자를 입력하면 "a, b, c만 준비됐습니다."가 출력되도록 switch 문을 작성하시오.

[연습 3.1.6]

다음 출력 결과 창에 표시된 바와 같이 5개의 산술연산자(+, -, *, /, %) 중 1개와 두 int형 자료가 [op 12 35]의 순서로 cin에 입력되면 {12 op 35}을 계산하는 프로그램을 switch 문을 이용하여 작성하시오.

※ 힌트: switch(op){ . . .}의 형식으로 작성하되 op는 산술연산자 중 cin으로 입력된 문자이다.

```
* 12 35↲
12*35 = 420
```

[연습 3.1.7]

다음 출력 결과 창에 표시한 바와 같이 [연습 3.1.6]의 실행을 반복 수행하다가 op의 값이 문자 '.'이면 산술연산을 종료하도록 while 문을 작성하시오.

※ 힌트: while(op != '.') { . . .}의 형식으로 코딩한다.

```
+ 12 23
12+23 = 35
* 12 23
12*23 = 276
% 23 12
23%12 = 11
. 1 2
```

[연습 3.1.8]

std:: 소속의 getline() 함수를 사용하여 1줄의 문자열을 읽어 들인 후 이 문자열에 속해있는 특정 문자(search)의 개수를 세는 while문을 작성하시오.

※ 힌트: while 문의 코드는 다음과 같다. 여기서 str은 string 문자열이고 특정 문자가 발견되면 count의 값을 1 증가 시킨다.

```
while ( str[i] ) {
        if ( str[i] == search ) count++ ;
        i++ ;
}
```

[연습 3.1.9]

cin으로 하나의 단어를 읽어 들인 후 이 단어에 포함된 소문자는 대문자로, 대문자는 소문자로 변경하여 출력하는 프로그램을 while 문으로 작성하시오.

```
comPUTER↵
COMputer
```

[연습 3.1.10]

string 문자열 변수 str를 문자열 "I Like Mathematics"로 초기화한 후 다음과 같이 출력하는 if - else 문을 while 문의 블록 내에 작성하시오.

※ 힌트: 문자 'L'의 ASCII 값은 문자 'I'의 ASCII 값보다 3만큼 크며 while(str[i]) { . . . } 의 형식으로 코딩한다.

```
L Olnh Pdwkhpdwlfv
```

[연습 3.1.11]

int형 자료 m을 입력받아 1에서 n까지의 합이 m을 넘는 최초의 정수 n을 구하여 다음과 같이 출력하는 프로그램을 while 문을 이용하여 작성하시오.

```
정수 m= 100↵
1에서 n까지의 합이 100을 넘는 최초의 정수 n= 14
1+2+...+14 = 105
1+2+...+13 = 91
```

[연습 3.1.12]

양의 정수를 입력받아 이 정수의 각 자리의 수를 일의 자리부터 차례대로 출력하고 각 자리의 수의 합을 구하는 프로그램을 while 문을 이용하여 작성하시오.

※ 힌트: 양의 정수 m의 일의 자리를 추출하는 식은 (m%10)이다. 10으로 나눈 몫은 (m/=10)이고 이 값이 0이 되는 순간 while 문을 탈출하면 각 자리의 수를 일의 자리부터 차례대로 출력할 수 있다.

```
정수 m= 347↵
1의 자리수 = 7
10의 자리수 = 4
100의 자리수 = 3
각 자리의 수의 합 = 14
```

[연습 3.1.13]

(1) 정수형 변수 num에 cin으로 값을 읽어 들인 후 num의 값이 짝수이면 0으로 초기화된 evenSum의 값에 num의 값을 누적시키고 num의 값이 홀수이면 0으로 초기화된 oddSum의 값에 num의 값을 누적시키는 if - else 문을 작성하시오.
※ 힌트: 조건식 (num%2==0)이 참이면 num은 짝수이다.

(2) 이와 같은 과정을 5번 반복하는 for 문을 설계한 후 최종적인 evenSum의 값과 oddSum의 값을 출력하는 프로그램을 작성하시오.

[연습 3.1.14]

다음 그림과 같이 출력되도록 중첩 for 문을 연달아 2번 작성하시오.

```
*__*
*__*__*
*__*__*__*
*__*__*__*__*
*__*__*__*__*__*
@__@__@__@__@
@__@__@__@
@__@__@
@__@
```

[연습 3.1.15]

string 문자열 변수 str를 문자열 "I Like Mathematics"로 초기화한 후 다음과 같이 출력하는 for 문을 작성하시오.
※ 힌트: str 문자열의 총 문자의 수는 str.length()로 구한다.

```
I/ /L/i/k/e/ /M/a/t/h/e/m/a/t/i/c/s/
s/c/i/t/a/m/e/h/t/a/M/ /e/k/i/L/ /I/
```

[연습 3.1.16]

cin으로 하나의 단어를 읽어 들인 후 이 단어에 포함된 모든 영문자와 이 문자에 대응하는 ASCII 값을 출력하는 프로그램을 for 문을 이용하여 작성하시오.

```
Ti+me↵
T : 84
i : 105
m : 109
e : 101
```

[연습 3.1.17]

양의 정수 n을 cin으로 입력 받은 후, n의 모든 약수를 출력하는 프로그램을 작성하시오.
※ 힌트: 정수 n을 1부터 n까지의 수로 나눈 나머지가 0이면 그 수는 n의 약수이다.

```
n = 100↵
100의 약수: 1, 2, 4, 5, 10, 20, 25, 50, 100
```

[연습 3.1.18]

다음과 같이 자료의 개수를 n으로 먼저 읽어 들인 후, n개의 자료를 다시 읽어 들이면서 이 n개 자료들의 합을 sum에 저장한 후, 마지막으로 합과 평균을 출력하는 프로그램을 작성하시오.

```
n = 5↵
1th data= 12.5↵
2th data= 23.7↵
3th data= 15↵
4th data= 9.8↵
5th data= 56.5↵
합= 117.5
평균= 23.5
```

[연습 3.1.19]

다음과 같이 구구단 8단의 일부를 출력하는 프로그램을 while 문과 for 문을 이용하여 각각 작성하시오.

```
8 * 1 = 8
8 * 2 = 16
8 * 3 = 24
8 * 4 = 32
8 * 8 = 64
8 * 9 = 72
```

[연습 3.2.1]

다음 표에 표시된 학점 부여 방식에 따라 국어(kor), 영어(eng), 수학(mat)의 점수를 각각 입력받아 학점을 계산하는 함수 CREDIT()를 정의하고 이 함수를 호출하여 세 과목 학점의 합과 평균을 구하는 프로그램을 작성하시오.

점수	90점 이상	80점 ~ 89점	70점 ~ 79점	60점 ~ 69점	60점 미만
학점	4.5	3.5	2.5	1.5	0

[연습 3.2.2]

(1) 야드(yard)의 값을 전달 받아 이를 미터(meter) 단위로 변환하는 함수 yard2meter()를 정의하시오. 단, 거리의 단위인 1 야드는 91.44 cm이다.

(2) 미터(meter)의 값을 전달 받아 이를 야드(yard) 단위로 변환하는 함수 meter2yard()를 정의하시오.

[연습 3.2.3]

(1) 0에서 360사이의 각도의 값을 전달받아 이 각도의 라디안(radian) 값을 구하는 deg2rad() 함수를 작성하시오. 단, 라디안(radian) = 각도(degree) * 3.14159 / 180이다.

(2) 라디안의 각도를 degree로 변환하는 rad2deg() 함수를 작성하시오.

[연습 3.2.4]

양의 정수 n을 전달받아 다음과 같은 그림(n=4)을 출력하는 함수 gragh()를 작성하여라.

```
0
1**1
2**2**2
3**3**3**3
4**4**4**4**4
```

[연습 3.2.5]

정수형 변수 m에 값을 전달받아 m의 자릿수를 구한 후, 이를 반환하는 DIGIT() 함수를 while() 문을 이용하여 작성하시오. 단, 정수 0의 자릿수는 0으로 한다.

※ 힌트: while 문의 코드는 다음과 같다. 여기서 m이 한자리 정수이면 m/10의 결과는 0(거짓)이 되어 while 문을 탈출한다.

```
while (m / 10) {
        digit++ ;
        m /= 10 ;
}
```

[연습 3.2.6]

DIGIT() 함수를 호출하여 얻어진 정수 부분의 유효숫자의 개수와 조정자 setprecision()를 이용하여 부동소수형 변수 x, y, z에 cin으로 읽어 들인 실수를 다음과 같이 소수 2자리까지만 출력하도록 하는 프로그램을 작성하시오.

※ 힌트: setprecision(DIGIT((int)x) + 2)를 이용한다.

```
실수 x = 0.223↵
실수 y = 123.3131↵
실수 z = 1235.354↵
0.22
123.31
1235.35
```

[연습 3.2.7]

양의 정수를 입력받아 이 정수가 소수인지를 판별하여 소수이면 1을, 소수가 아니면 0을 반환하는 함수 PRIME()를 작성하여라. 참고로 2이상의 양의 정수 중 약수가 1과 자기 자신밖에 없는 수를 소수라고 한다.

[연습 3.2.8]

(1) 두 양의 정수 a, b의 최대공약수를 구하는 함수 GCD()를 for를 이용하여 작성하시오.

※ 힌트: 두 수 a, b에 대하여 (a%x == 0) && (b%x == 0)을 만족하는 최대의 정수가 최대공약수이다.

(2) 함수 GCD()를 호출하여 두 양의 정수 a, b의 최소공배수를 구하는 함수 GLM()를 작성하시오.

※ 힌트: 최소공배수와 최대공약수의 곱은 a와 b의 곱과 같다.

[연습 3.2.9]

$|x|<1$인 실수 x에 대하여 $\frac{1}{1-x}=1+x+x^2+x^3+\ldots=\sum_{k=0}^{\infty}x^k$이다. $|x|<1$인 실수 x를 전달 받아 $S_1=1+x+x^2+\ldots+x^{n-1}$의 값과 $S_2=1+x+x^2+\ldots+x^n$의 값의 차이가 10^{-5} 미만이 되는 순간 S_2의 값을 반환하는 series() 함수를 작성하시오. 단, x^n의 연산은 함수 pow(x, n)을 이용한다.

※ 힌트: 두 값의 차이를 비교하는 while 문은 다음과 같다.

```
while (abs(S1 - S2) > 1.e-5) {
        S1 = S2 ;
        S2 += pow(x, ++n) ;
}
```

[연습 3.2.10]

(1) 실수 x과 양의 정수 k에 대하여 $\frac{x^k}{k!}$의 값을 반환하는 함수 ex()를 작성하시오.

※ 힌트: $\frac{x^k}{k!}=\frac{x}{1}\times\frac{x}{2}\times\cdots\times\frac{x}{k}$이므로 for 문을 이용한다.

(2) 지수함수 e^x의 값은 수학적으로 다음과 같이 계산된다.

$$e^x = 1 + \frac{x}{1!} + \frac{x^2}{2!} + \frac{x^3}{3!} + \frac{x^4}{4!} + \cdots$$

$\frac{x^n}{n!}$의 값이 처음으로 10^{-5} 보다 작게 되는 순간 $1 + \frac{x}{1!} + \frac{x^2}{2!} + \frac{x^3}{3!} + \frac{x^4}{4!} + \cdots + \frac{x^n}{n!}$의 값을 계산하는 함수 expon()을 작성하고 표준 라이브러리 함수 exp()의 호출값과 비교하는 프로그램을 작성하시오.

※ 힌트: while 문을 이용하고 각 단계의 값은 함수 ex()를 호출한다.

[연습 3.2.11]

삼각형의 세 변의 길이 a, b, c를 읽어 들여 삼각형이 만들어질 조건을 조사한 후, 삼각형의 넓이를 구하는 함수 Heron()를 작성하시오. 참고로 삼각형의 넓이를 구하는 헤론의 공식은 다음과 같다.

삼각형의 넓이 = $\sqrt{s(s-a)(s-b)(s-c)}$, 여기서 $s = \frac{a+b+c}{2}$

※ 힌트: 삼각형이 만들어질 조건은 헤론의 공식에서 찾아볼 수 있다. 즉, 다음 조건이 참이 되면 삼각형이 만들어 진다.

((s - a) > 0 && (s - b) > 0 && (s - c) > 0)

[연습 3.2.12]

3개의 자료를 입력받아 참조자에 의한 전달 방식으로 이 자료들을 함수에 전달하여 분산을 구하여 반환(return)하고 평균은 참조자 변수로 main() 함수에 전달되도록 하는 프로그램을 작성하시오. 단, 자료 x_1, x_2, x_3의 평균과 분산을 구하는 식은 평균 $m = (x_1 + x_2 + x_3)/3.$, 그리고 분산 $v = ((x_1 - m)^2 + (x_2 - m)^2 + (x_3 - m)^2)/2.$으로 구할 수 있다.

※ 힌트: 함수의 원형: double referVar(double& a, double& b, double& c, double& m) ;

[연습 3.2.13]

사칙연산을 수행하는 4개의 inline 함수를 작성하시오.

[연습 3.2.14]

정수 deg을 전달하면 deg을 radian으로 변환하여 sine 값과 cosine 값을 계산하는 다중 정의된 sin() 함수와 cos() 함수를 각각 작성하시오. 예를 들어 sin(30)은 sin(PI/6)과 같은 결과를 얻는다. 이때 다중 정의된 sin() 함수는 다음과 같다.

```
double sin(int degree) {  return sin(PI / 180 * degree) ; }
```

[연습 3.2.15]

첫째항이 3이고 공차가 4인 등차수열에 대하여

(1) 15번째 항의 값을 for 문을 이용하여 구하는 프로그램을 작성하시오.

(2) cin으로 읽어 들인 n의 값을 전달받아 이 등차수열의 n번째 항을 구하는 자기호출 함수 AutoAn()을 작성하시오.

※ 힌트: 자기호출 함수 AutoAn() 내에 코딩된 return 문은 다음과 같다.

```
return AutoAn(n - 1) + 4 ;
```

[연습 3.2.16]

실수 p와 양의 정수 r에 대하여 p^0의 값이 1일 때 p^r의 값을 구하고자 한다.

(1) for 문을 이용하여 p^r의 값을 구하는 프로그램을 작성하시오.

(2) 자기호출 방식을 이용하여 p^r의 값을 구하는 함수 AutoPr()를 작성하시오.

※ 힌트: 자기호출 함수 AutoPr() 내에 코딩된 return 문은 다음과 같다.

```
return AutoPr(p, r - 1) * p ;
```

[연습 3.2.17]

cin으로 읽어 들인 n의 값을 전달받아 다음 수열의 n번째 항을 구하는 자기호출 함수를 각각 작성하시오.

(1) [Fibonacci] $a_n = a_{n-1} + a_{n-2}\ (n \geq 3),\ \ a_1 = a_2 = 1$

(2) [Tower of Hanoi] $a_n = 2a_{n-1} + 1\ (n \geq 2),\ \ a_1 = 1$

(3) $a_{n+2} = 3a_{n+1} - 2a_n,\ \ a_1 = 2,\ a_2 = 4$

[연습 3.2.18]

서로 다른 n개의 물건 중에서 서로 다른 r개를 선택하는 경우의 수를 조합($_nC_r$)이라고 한다.

(1) 조합 $_nC_r$의 값을 구하는 식이 다음과 같을 때, <예 3.26>에서 작성한 함수 a()를 이용하여 조합에 대한 경우의 수를 구하는 프로그램을 작성하시오.

$$_{\mathrm{n}}\mathrm{C}_{\mathrm{r}} = \frac{\mathrm{n}!}{\mathrm{r}!\,(\mathrm{n}-\mathrm{r})!}\ ,\ n \geq r$$

(2) 수학적으로 조합 nCr은 다음과 같은 경계 조건을 갖는 점화식이 성립한다.

$$_{\mathrm{n}}\mathrm{C}_{\mathrm{r}} = {}_{\mathrm{n}-1}\mathrm{C}_{\mathrm{r}-1} + {}_{\mathrm{n}-1}\mathrm{C}_{\mathrm{r}} \quad (n \geq 1,\ r \geq 1,\ n > r)$$

$$_{\mathrm{n}}\mathrm{C}_0 = {}_{\mathrm{n}}\mathrm{C}_{\mathrm{n}} = 1$$

이 점화식을 이용하여 조합 nCr을 구하는 자기호출 함수 AutoNCR()을 작성하시오.

[연습 3.2.19]

서로 다른 n개의 물건 중에서 서로 다른 r개를 선택한 후, 이들을 일렬로 세우는 경우의 수를 순열($_nP_r$)이라고 한다.

(1) 순열 $_nP_r$을 구하는 식은 $n(n-1)\times\ldots\times(n-r+1)$이다. for 문을 이용하여 순열에 대한 경우의 수를 구하는 프로그램을 작성하시오.

(2) 수학적으로 순열 nPr은 다음과 같이 조합과 계승의 곱으로 표현할 수 있다. <예 3.26>에서 작성한 함수 a()와 [연습 3.2.18]에서 작성한 AutoNCR() 함수를 이용하여 순열의 수를 구하는 프로그램을 작성하시오.

$$_{\mathrm{n}}\mathrm{P}_{\mathrm{r}} = {}_{\mathrm{n}}\mathrm{C}_{\mathrm{r}} \cdot \mathrm{r}!$$

[연습 3.2.20]

X가 이항분포 B(n, p)를 따르는 확률변수라고 할 때, [연습 3.2.16]의 AutoPr() 함수와 조합을 구하는 AutoNCR() 함수를 호출하여 확률 P(X=r)를 구하는 함수 binom()를 작성하시오.

$$P(X = r) = {}_{n}C_{r}\, p^{r} (1-p)^{n-r} \quad (r=0,\ 1,\ \cdots,\ n)$$

※ 힌트: 함수 binom() 내에 코딩된 return 문은 다음과 같다.

```
return AutoNCR(n, r) * AutoPr(p, r) * AutoPr(1 - p, n - r);
```

CHAPTER 4

CHAPTER 4.

복합 자료형

CHAPTER

4.1 배열

4.1.1 배열의 선언

배열(array)은 동일한 자료형의 자료들을 하나의 이름으로 묶어 다루고자 할 때 사용한다. 예를 들어 어느 지역의 월별 최대 강수량과 그 날의 일자를 저장하고자 할 때 각각 12개의 요소를 갖는 2개의 배열로 선언할 수 있다. 배열에 속한 각 요소(element)들은 첨자(index)를 사용하여 개별적으로 하나의 변수처럼 참조할 수 있으며 이러한 배열의 각 요소들은 메모리에 연속적이면서 순차적으로 할당된다.

배열을 사용하기 위해서는 일반 변수처럼 배열의 자료형과 이름이 표기된 선언문을 작성하여야 한다. 일반 변수의 선언문과 차이나는 점은 배열의 이름 옆에 [] 기호를 붙이고 이 [] 기호 안에 이 배열에 할당될 요소의 개수를 지정해야 한다는 것이다.

다음은 어느 지역의 월별 최대 강수량과 그 날의 일자를 저장하기 위하여 1차원 배열인 day[]와 rainfall[]를 선언한 예이다.

```
int day[12] ;            // 12개의 요소를 갖는 일차원 배열
double rainfall[12] ;
```

이렇게 선언된 배열은 12개의 요소가 메모리의 영역에 연속적으로 할당된다. 각 요소의 이름은 배열의 이름과 첨자를 이용하여 구분되며, 요소의 첨자는 반드시 0부터 시작한다. 다음은 day 배열을 선언한 이후 day 배열의 각 요소가 메모리에 할당된 모습을 그림으로 나타낸 것이다.

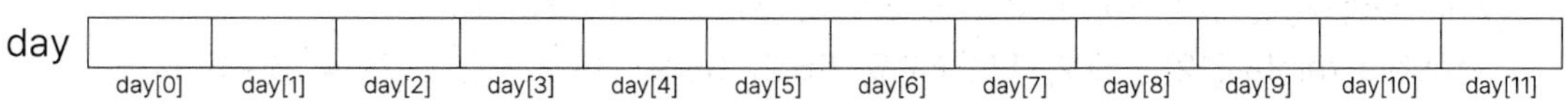

이 그림에서 알 수 있듯이 배열 day[]의 12개 각 요소들의 자료형은 메모리에서 4바이트를 차지하는 int형이며 배열 day[]의 첫 번째 요소의 이름은 day[0], 마지막 요소의 이름은 day[11]이다. 따라서 배열 day[]의 k 번째 요소의 이름은 day[k-1]임을 짐작할 수 있다. 이때 요소 day[k]를 배열 day[]의 k-요소($0 \le k \le 11$)라고 하자.

다음 그림은 배열 rainfall[]의 각 요소가 메모리에 연속적으로 배치된 상황을 표시한 것이다.

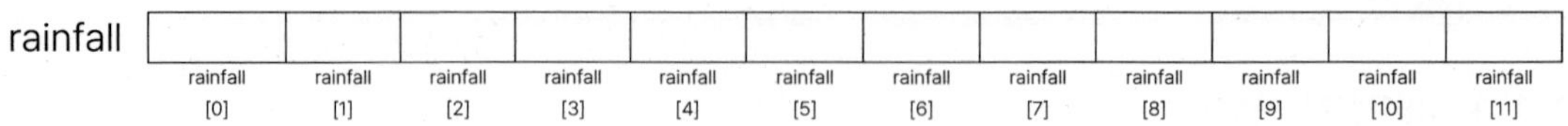

배열 선언의 또 다른 예로 char형 일차원 배열 name[]을 선언하면 다음과 같다.

```
char name[20] ;
```

이렇게 선언된 배열 name[]은 1 바이트의 크기를 갖는 char형 20개의 요소로 구성되어 있다. 즉, 배열 name[]에는 20개의 연속적인 문자를 저장할 수 있기 때문에 주로 문자열을 다루고자 할 때 선언할 수 있다.

4.1.2 배열의 초기화

전역변수(global variable) 또는 이름 공간(namespace)이 설정된 위치에 배열을 선언하면 이를 명시적으로 초기화하지 않아도 기본적인 값(보통 0)으로 자동 초기화된다. 그러나 일반 변수의 선언과 같이 함수 내(또는 블록 내)에 선언된 배열은 자동 초기화가 되지 않으므로 명시적으로 이를 초기화한 후 사용해야 한다. 배열은 다음과 같이 중괄호 { } 기호를 사용하여 초기화한다. 이때 = 기호는 생략해도 된다.

```
// 배열의 초기화
int day[12] = {21, 16, 1, 3, 16, 27, 3, 31, 21, 10, 30, 18} ;
double rainfall[12]  {9.2, 1.5, 67.5, 56.2, 66.9, 38.2, 60.0, 77.4, 68.1, 14.2,
                      27.2, 2.8} ;  // = 기호는 생략할 수 있음
```

초기화가 이루어진 배열 day[]의 메모리 내부 상황을 표시하면 다음과 같다. 즉, { }안에 쉼표(,)를 분리점으로 입력된 초기화 값들이 순차적으로 메모리에 저장되므로 5번째 요소 day[4]가 할당된 메모리에는 16이 저장된다.

day	21	16	1	3	16	27	3	31	21	10	30	18
	day[0]	day[1]	day[2]	day[3]	**day[4]**	day[5]	day[6]	day[7]	day[8]	day[9]	day[10]	day[11]

{ }안에 초기화되는 자료의 개수가 배열의 선언에서 지정한 요소의 총 개수(배열의 크기)보다 많으면 오류가 발생한다. 반면에 다음과 같이 초기화되는 자료의 개수가 배열의 크기보다 작으면 순차적으로 초기화하고 부족한 요소들은 모두 0으로 초기화된다.

```
double rain[12]  {9.2, 1.5, 67.5, 56.2, 66.9, 38.2, 60.0}    // 초기화 개수가 부족함
```

이렇게 초기화된 배열 rain[]의 메모리 내부 상황을 표시하면 다음과 같다.

rain	9.2	1.5	67.5	56.2	66.9	38.2	60.0	**0.0**	**0.0**	**0.0**	**0.0**	**0.0**
	rain[0]	rain[1]	rain[2]	rain[3]	rain[4]	rain[5]	rain[6]	rain[7]	rain[8]	rain[9]	rain [10]	rain [11]

이를 응용하면 배열을 선언하면서 배열의 모든 요소들을 0으로 초기화하고자 할 때 다음과 같이 표시하면 된다.

```
int mon[12] = { } ;      //  배열 mon[]의 모든 요소를 0으로 초기화
```

배열을 선언하는 선언문에서 초기화 없이 배열의 크기를 생략하면 오류가 발생한다. 그러나 초기화를 명시하는 경우에는 배열의 크기를 생략할 수 있다. 이 경우에는 초기화를 위해 주어진 자료의 개수만큼 자동적으로 배열의 크기가 설정된다. 다음 예는 배열의 크기를 생략하는 대신 초기화를 명시한 배열 m[]의 선언문이다. 이 때 초기화되는 자료의 개수가 5이므로 배열 m[]의 크기는 자동으로 5가 된다.

```
int m[] = {10, 15, 20, 30, 55} ;  // 배열의 크기가 5인 배열 m[]
```

<실습 4.1> 매월 달의 최대 일자를 저장하는 일차원 배열 month[]를 선언하고 각 요소를 그 달의 최대 일자로 초기화한 후 각 요소들을 출력하는 프로그램을 작성하시오. 단, 2월의 최대 일자는 28일, 0월의 최대 일자는 0으로 한다.

4.1.3 배열 요소의 참조

배열의 각 요소는 단일 변수처럼 다룰 수 있다. 다만 배열의 요소들을 참조할 경우에는 배열의 이름과 [] 기호 사이에 각 요소의 첨자를 반드시 표시하여야 한다. 각 요소의 첨자(index)는 상수뿐만 아니라 index를 출력하는 간단한 수식으로 표시할 수 있다.

〈예 4.1〉은 어느 지역의 최대 강수량과 그 날의 일자를 출력하는 프로그램을 작성한 것이다. 배열의 첨자가 0부터 시작하므로 for 문에서 최대 강수량이 발생한 월을 month+1로 출력하고 있음을 알 수 있다.

◆ **<예 4.1>**

```
// 배열의 초기화와 참조
#include <iostream>
#include <iomanip>
using namespace std;

int main()
{
    int day[12] = { 21, 16, 1, 3, 16, 27, 3, 31, 21, 10, 30, 18 };
    double rainfall[12] { 9.2, 1.5, 67.5, 56.2, 66.9, 38.2, 60.0, 77.4, 68.1, 14.2,
                          27.2, 2.8 };  // = 기호는 생략할 수 있음

    cout << " day        rainfall" << endl;
    for (int month = 0; month < 12; month++)
    {
        cout << setw(2) << month + 1 << "월" << setw(2) << day[month] << "일"
             << setw(6) << rainfall[month] << endl;
    }
}
```

```
 day      rainfall
 1월21일   9.2
 2월16일   1.5
 3월 1일  67.5
 4월 3일  56.2
 5월16일  66.9
 6월27일  38.2
```

```
 7월 3일     60
 8월31일   77.4
 9월21일   68.1
10월10일   14.2
11월30일   27.2
12월18일    2.8
```

배열의 각 요소는 단일 변수 그 자체이므로 언제든지 각 요소의 값을 변경할 수 있다. 예를 들어 배열 rainfall[]의 7번째 요소의 값 60.0을 60.5로 변경하고자 할 때 다음과 같이 실행하면 된다.

```
rainfall [6] = 60.5 ;
```

<실습 4.2> 배열 rainfall[]의 모든 요소의 값 12개에 대하여 평균값을 구하는 for 문을 작성하시오.

배열의 크기를 벗어난 요소를 참조할 수 있을까? 예를 들어 배열 day[]를 선언한 이후 프로그램에서 다음과 같이 배열의 크기를 벗어난 요소 day[12]를 참조하도록 해보자.

```
day[12] = 1 ;
```

배열 day[]의 선언으로부터 컴파일러가 이해할 수 있는 배열의 요소는 day[0]부터 day[11] 까지이므로 배열의 크기를 벗어난 요소 day[12]의 참조는 불가능하다. 따라서 다음과 같은 오류가 발생한다.

```
▲ C6201  스택에 할당되었을 가능성이 있는 버퍼 'day'에 대해 인덱스 '12'이(가) 유효한 인덱스 범위 '0' - '11'을(를) 벗어납니다.
▲ C6386  'day'에 쓰는 동안 버퍼 오버런이 발생했습니다.
⊗ C4789  버퍼 'day'(크기: 48바이트)이(가) 오버런됩니다. 4바이트가 오프셋 48부터 쓰입니다.
```

그러나 배열의 요소를 참조하는 인덱스가 유효한 범위 안에 있으면 보다 자유롭게 배열의 요소를 참조할 수 있다.

```
int index ;
index = day[6] ;    // index == 3
cout << "day[index]= " << day[index] << endl ;    // day[3] == 3
cout << "day[day[index]+6]= " << day[day[index]+6] << endl ;  // day[9] == 10
cout << "rainfall[index+5]= " << rainfall[index+5] << endl ; // rainfall[8] == 68.1
```

```
day[index]= 3
day[day[index]+6]= 10
rainfall[index+5]= 68.1
```

❖ <실습 4.3> <실습 4.1>에서 선언한 매월 달의 최대 일자를 저장한 일차원 배열 month[]를 이용하여 일 년 총 일수를 계산하는 프로그램을 작성하시오.

❖ <실습 4.4> rainfall[] 배열의 요소 중 최댓값을 구한 후 이 최댓값과 이 값이 발생한 월을 같이 출력하는 프로그램을 작성하시오.

4.1.4 다차원 배열

다차원 배열(multidimensional array)은 배열의 배열이라고 정의할 수 있다. 다음과 같이 선언되는 2차원 배열은 첨자가 2개인 구조를 갖고 있으며, 이들은 수학에서 행렬을 표시할 때 행과 열을 의미하는 첨자와 유사하다. 배열이름 뒤에 대괄호([]) 기호를 두 번 붙여 2차원 배열임을 나타낸다.

자료형 배열이름[행][열] = { 초기화 자료 } ;

여기서 자료형은 2차원 배열의 모든 요소가 모두 동일하게 적용되는 데이터형이며, 배열이름을 정하는 규칙은 일반 변수의 이름을 명명하는 규칙과 동일하다. 첫 번째 [] 기호 안에 명시된 값은 행렬에서 행의 크기를 의미하고, 두 번째 [] 기호 안에 명시된 값은 행렬의 열의 크기이다.

다음은 2차원, 3차원, 4차원 배열의 예를 표시한 것이다. 배열의 차원이 커질수록 많은 첨자가 필요하며, 이들을 저장하기 위한 메모리의 양도 차원이 커질수록 더 필요하다.

```
int a[3][4] ;                  // 총 3*4 = 12개의 요소가 할당되는 2차원 배열
double rain[5][12][31] ;  // 5년*12개월*31일 강수량 자료를 위한 3차원 배열
char str[5][3][10][30] ;    // 총 5*3*10*30 바이트의 크기를 갖는 4차원 배열
```

다음은 3개 지역에서 5일 동안 측정한 하루 중 최고 기온 자료를 저장하기 위하여 2차원 배열 temp[][]를 선언한 예이다.

```
double temp [3][5] ;
```

배열 temp[][]는 길이가 5인 일차원 배열 3개가 연속적으로 배치되어 있는 메모리 구조를 갖고 있으며 이는 길이가 15인 일차원 배열로 간주될 수 있다. 즉, 이차원 배열 temp[][]가 선언된 이후 메모리 구조는 길게 늘어진 일차원 배열과 같은 구조이다. 이를 자세히 살펴보면, 첫 번째 0행의 일차원 배열이 메모리에 배치되고, 이어서 1행의 일차원 배열이, 마지막으로 2행의 일차원 배열이 연속적으로 배치된다. 따라서 2차원 배열의 선언문에서 두 번째 열의 크기를 명시하지 않으면 각 행에 대한 일차원 배열을 할당할 수 없으므로 오류가 발생한다.

다음 그림은 이차원 배열의 구조를 쉽게 이해하기 위해서 배열의 행과 열의 배치를 수학의 행렬과 유사하게 표현한 것이다. 이차원 배열의 각 요소는 프로그램 내에서 temp[i][j]의 형태로 참조된다. 이 때 i, j는 모두 0부터 시작하는 행의 첨자와 열의 첨자이다.

temp[][]	0	1	2	3	4
0	temp[0][0]	temp[0][1]	temp[0][2]	temp[0][3]	temp[0][4]
1	temp[1][0]	temp[1][1]	temp[1][2]	temp[1][3]	temp[1][4]
2	temp[2][0]	temp[2][1]	temp[2][2]	temp[2][3]	temp[2][4]

2차원 배열을 초기화하는 방법은 각 행을 뜻하는 일차원 배열을 먼저 중괄호를 이용하여 초기화하고 중괄호를 중첩 사용하여 전체를 초기화한다. 다음은 이차원 배열 temp[][]를 초기화하는 모습을 표시한 것이다.

```
double temp [3][5] = { {14.9, 14.2, 17.0, 16.4, 15.8},
                       {16.0, 16.2, 18.2, 20.0, 19.3},
                       {13.6, 14.5, 17.1, 16.9, 17.6} } ;
```

이차원 배열의 선언과 동시에 초기화가 함께 이루어질 경우 첫 번째 행의 크기를 생략할 수 있다.

```
double temp [][5] = { {14.9, 14.2, 17.0, 16.4, 15.8},
                      {16.0, 16.2, 18.2, 20.0, 19.3},
                      {13.6, 14.5, 17.1, 16.9, 17.6} } ;  // 행의 크기 생략 가능
```

이차원 배열 temp[][]가 초기화된 이후 메모리에 저장된 각 요소들의 값을 표시하면 다음 그림과 같다.

temp[][]	0	1	2	3	4
0	14.9	14.2	17.0	16.4	15.8
1	16.0	16.2	18.2	20.0	19.3
2	13.6	14.5	17.1	16.9	17.6

이차원 배열 temp[][]의 15개 요소가 연속적으로 메모리에 배치됨으로 중괄호를 중첩하지 않고 중괄호 한 개만으로 초기화가 가능하다.

```
double temp [3][5] = { 14.9, 14.2, 17.0, 16.4, 15.8,
                       16.0, 16.2, 18.2, 20.0, 19.3,
                       13.6, 14.5, 17.1, 16.9, 17.6 } ;  // 한 개의 중괄호만 사용
```

일차원 배열과 마찬가지로 초기화되는 개수가 넘치면 오류가 발생하고, 부족하면 나머지 요소들은 0으로 자동 초기화된다. 다음은 초기화하는 2가지 방법에 대하여 초기화의 개수가 부족할 때 이차원 배열 temp1[][]과 temp2[][]의 각 메모리에 저장된 요소들의 값의 변화를 그림으로 표시한 것이다. 초기화하는 과정에서 중괄호를 중첩으로 사용하느냐 하지 않느냐에 따라 메모리에 저장하는 방법이 차이가 있음을 알 수 있다.

```
double temp1 [3][5] = { {14.9, 14.2, 17.0}, {16.0, 16.2}, {13.6, 14.5, 17.1} } ;
```

temp1[][]	0	1	2	3	4
0	14.9	14.2	17.0	0.0	0.0
1	16.0	16.2	0.0	0.0	0.0
2	13.6	14.5	17.1	0.0	0.0

```
double temp2 [3][5] = { 14.9, 14.2, 17.0, 16.0, 16.2, 13.6, 14.5, 17.1 } ;
```

temp2[][]	0	1	2	3	4
0	14.9	14.2	17.0	16.0	16.2
1	13.6	14.5	17.1	0.0	0.0
2	0.0	0.0	0.0	0.0	0.0

〈예 4.2〉는 이차원 배열 temp[][]를 초기화한 후 중첩 for문을 이용하여 각 요소들을 수학의 행렬 형태로 출력하는 예를 표시한 프로그램이다.

◆ **<예 4.2>**

```
// 이차원 배열의 초기화와 출력
#include <iostream>
#include <iomanip>
using namespace std;

const int row = 3, col = 5;

int main()
{
    double temp[row][col] = { {14.9, 14.2, 17.0, 16.4, 15.8},
                              {16.0, 16.2, 18.2, 20.0, 19.3},
                              {13.6, 14.5, 17.1, 16.9, 17.6} };

    cout << "   |";
    for (int j = 0; j < col; j++) cout << setw(6) << j;
    cout << "\n---|------------------------------" << endl;
```

```
for (int i = 0; i < row; i++) {
    for (int j = 0; j < col; j++)
    {
        if (j == 0) cout << setw(2) << i << " | ";
        cout << setw(6) << temp[i][j];
    }
    cout << endl;
}
```

```
   |     0     1     2     3     4
---|------------------------------
 0 |  14.9  14.2    17  16.4  15.8
 1 |    16  16.2  18.2    20  19.3
 2 |  13.6  14.5  17.1  16.9  17.6
```

〈예 4.2〉에서 알 수 있듯이 이차원 배열의 각 요소는 행의 첨자와 열의 첨자를 이용하여 참조하고 그 값을 갱신할 수 있다. 예를 들어, 이차원 배열 temp[][]의 0번 행, 2번 열의 요소를 16.9으로 변경하고자 하면 다음과 같이 표시하면 된다. 여기서 행과 열의 첨자가 모두 0부터 시작한다는 사실을 항상 기억해야 한다.

```
temp[0][2] = 16.9 ;
```

이차원 배열 temp[][]의 메모리 배치에 대한 그림에서 추론할 수 있듯이 temp[0], temp[1], temp[2]는 각각 일차원 배열의 특성을 갖는다. 3행 5열의 요소를 갖는 이차원 배열 temp[][]는 다음과 같은 첨자 식을 이용하여 15개의 요소를 갖는 일차원 배열 temp[0]와 일대일 처리가 가능하다.

*temp[i][j] == temp[0][i * 5 + j]*

따라서 temp[2][3]과 temp[0][13]의 값은 같다. 그러나 temp[0][5]와 같이 열의 크기를 벗어난 첨자를 사용하면 잘못된 결과를 얻을 수 있기에 프로그램의 실행 시 경고 메시지가 나타날 수 있다.

〈예 4.3〉은 일차원 배열 temp[0]을 이용하여 이차원배열 temp[][]의 모든 요소의 합을 구하는 프로그램을 작성한 것이다.

◆ **<예 4.3>**

```
// 이차원 배열과 일차원 배열의 관계
#include <iostream>
#include <iomanip>
using namespace std;

const int row = 3, col = 5;

int main()
{
    double temp[row][col] = { {14.9, 14.2, 17.0, 16.4, 15.8},
                              {16.0, 16.2, 18.2, 20.0, 19.3},
                              {13.6, 14.5, 17.1, 16.9, 17.6} };

    cout << "temp[2][3]= " << temp[2][3] << endl;
    cout << "temp[0][2*col+3]= " << temp[0][2*col+3] << endl;

    double sum = 0.;
    for (int k = 0; k < row * col; k++) {
        sum += temp[0][k];
    }
    cout << "이차원배열 temp[][]의 합 = " << sum << endl;
}
```

```
temp[2][3]= 16.9
temp[0][2*col+3]= 16.9
이차원배열 temp[][]의 합 = 247.7
```

✣ **<실습 4.5> 이차원 배열 temp[][]의 행의 합은 일차원 배열 rs[]로, 열의 합은 일차원 배열 cs[]로 각각 저장하고 이들을 출력하는 프로그램을 작성하시오.**

4.1.5 배열을 함수로 전달하는 방법 I

배열이 저장된 주소(포인터)를 함수에 전달함으로서 배열 전체를 전달하는 효과를 얻을 수 있다. 아직 포인터의 개념을 다루지 않았기 때문에 이 방법은 차후에 논의하기로 하고, 이 방법대신 배열 자료를 전달할 수 있는 방법이 함수를 정의할 때 배열이 전달될 매개변수를 똑같이 배열로 선언하는 것이다. 이 때 매개변수로 선언되는 배열의 크기는 지정하지 않으며 이 함수를 호출할 때는 전달하고자 하는 배열의 이름만 표시하면 된다.

〈예 4.1〉에서 선언한 일차원 배열 day[]의 자료들을 함수 hap()에 전달하여 이 함수에서 배열 day[]의 모든 요소들의 합을 구하는 프로그램을 작성해보자. 먼저 함수 hap()은 일차원 배열의 이름을 매개변수로 전달 받고 이들의 합을 반환하여야 하므로 다음과 같이 정의한다.

```
int   hap( int arr[], int n ) { . . . }   // 배열 자료를 전달받아 모든 요소의 합을 반환
```

반면에 일차원 배열 day[]를 선언하고 이들의 값을 함수에 전달하기 위하여 main() 함수에서는 다음과 같이 호출한다. 사실 배열의 이름 자체는 이 배열이 저장된 메모리 기억 장소의 시작 주소를 의미하는 포인터 상수이다.

```
s   =   hap (day, n) ;    //  함수 hap()의 호출, 전달인수는 배열 day[]의 이름
```

함수 hap()에 배열의 시작 주소만 전달하기 때문에 합을 구하고자 하는 요소의 개수 n을 따로 지정해야 한다.

〈예 4.4〉는 함수 hap()을 정의하고, 일차원 배열 day[]의 첫 번째 요소부터 5개 요소들의 합, 그리고 12개 모든 요소들의 합을 구하기 위해 함수 hap()을 2번 호출하는 예를 표시한 것이다.

◆ **<예 4.4>**

```
// 함수로 배열 자료 전달하기
#include <iostream>
#include <iomanip>
using namespace std;

int hap(int arr[], int n)  // 매개변수를 배열로 선언
{
```

```
    int sum = 0;
    for (int i = 0; i < n; i++)
        sum += arr[i];
    return sum;
}

int main()
{
    int day[12] = { 21, 16, 1, 3, 16, 27, 3, 31, 21, 10, 30, 18 };
    int s;

    s = hap(day, 5);
    cout << "day[0]+...+day[" << 4 << "]= " << s << endl;
    cout << "day[0]+...+day[" << 11 << "]= " << hap(day, 12) ;
}
```

```
day[0]+...+day[4]= 57
day[0]+...+day[11]= 197
```

<실습 4.6> 일차원 배열 day[]의 n-요소부터 m-요소까지의 합을 구하는 함수 hap_n_m()을 정의하시오. (단, n < m)

일차원 배열의 전달과 비슷한 방법으로 다차원 배열의 자료도 함수로 전달할 수 있다. 다만 다차원 배열의 경우에는 두 번째 [] 안에 표시되는 차원의 길이를 지정해줘야 한다. 예를 들어, 이차원 배열 temp[][]의 자료들의 행의 합을 구하는 함수 hap_row()를 정의하기 위한 함수의 원형(프로토타입)은 다음과 같다. 여기서 col은 열의 크기를 const로 선언한 상수이다.

```
int   hap_row( double array[][col], int r ) ;
```

이때 main() 함수에서 이차원 배열 temp[][]의 1행의 자료들의 합을 구하기 위하여 함수를 호출하는 방법은 다음과 같다.

```
cout << hap_row( temp, 1 ) << endl ;  // 함수로 이차원 배열의 자료 전달
```

◆ **<예 4.5>**

```
// 함수로 이차원 배열의 자료 전달하기
#include <iostream>
using namespace std;
const int row = 3, col = 5;

double hap_row(double array[][col], int r)   // r행의 합 구하기
{
    double sum = 0;
    for (int j = 0; j < col; j++)
        sum += array[r][j];
    return sum;
}

int main()
{
    double temp[row][col] = { {14.9, 14.2, 17.0, 16.4, 15.8},
                              {16.0, 16.2, 18.2, 20.0, 19.3},
                              {13.6, 14.5, 17.1, 16.9, 17.6} };

    for (int i = 0; i < row; i++) {
        cout << "temp[][]의 " << i << "행의 합= " << hap_row(temp, i) << endl;
    }
}
```

```
temp[][]의 0행의 합= 78.3
temp[][]의 1행의 합= 89.7
temp[][]의 2행의 합= 79.7
```

<실습 4.7> 이차원 배열 temp[][]의 각 열의 자료 합을 구하기 위한 함수 hap_col()를 정의하시오. 단 함수 hap_col()의 원형은 다음과 같다.

```
int  hap_col( double array[][col], int c ) ;    // c열의 합 구하기
```

4.1.6 라이브러리 배열

〈예 4.1〉에서 다루었던 배열 day[]의 요소들을 다른 배열 d[]에 복사하는 방법을 생각해보자. 배열은 복수 개의 자료들의 집합체이므로 일반 변수들처럼 대입연산자를 이용할 수 없다. 즉 다음 실행문에서 변수 x의 값은 변수 y에 대입함으로서 복사가 가능하지만, 배열의 경우에는 d=day;와 같이 실행할 수 없고 for 반복문을 이용하여 개별적으로 복사하여야 한다.

```
int x = 100, y ;
y = x ;  // 변수 x의 값이 변수 y에 복사됨

int d[12];  // 일차원 배열 d[]
for (int month = 0; month < 12; month++)     //  d = day ; 는 불가능
     d[month] = day[month] ;
```

헤더 파일 〈array〉에 정의되어 있는 라이브러리 배열(library array)은 클래스로 지정된 탬플릿으로 array를 통해서 기존의 배열과 같은 형태를 유지하면서 다른 배열로의 복사 등 기존 배열에서 가능하지 않았던 작업을 쉽게 수행할 수 있다.

다음은 라이브러리 배열 day와 d를 선언하는 선언문을 표시한 것이다. 라이브러리 배열을 사용하기 위해서는 array의 정보가 들어있는 헤더 파일 〈array〉를 반드시 삽입해야 한다.

```
#include <array>

int main()
{                               // 라이브러리 배열의 선언
        array<int, 12> day = { 21, 16, 1, 3, 16, 27, 3, 31, 21, 10, 30, 18 } ;
        array<int, 12> d ;
}
```

라이브러리 배열의 요소를 참조하는 방법은 기존의 배열을 참조하는 방식과 at() 멤버함수를 사용하는 방식이 있다. 다음은 at() 멤버함수를 이용하여 day[] 배열의 0번째 요소를 출력하고 10번째 요소를 15로 갱신하는 실행문을 표시한 것이다. 여전히 기존의 배열을 참조하는 방식도 유효함을 알 수 있다

```
cout << "day.at(0)= " << day.at(0) << endl ;   // at() 멤버 함수 활용
day.at(10) = 15 ;
cout << "day[10]= " << day[10] << endl ;  // 기존의 배열 요소 참조 방식
```

라이브러리 배열의 size() 멤버함수는 배열의 크기를 반환하며, empty() 멤버함수는 배열의 크기가 0인지(true, 1) 아닌지(false, 0)를 확인할 수 있게 해준다.

```
cout << "day.size()= " << day.size() << endl ;   // size == 12
cout << "day.empty()= " << day.empty() << endl ;  // not empty == false == 0
```

라이브러리 배열의 fill() 멤버함수는 배열의 모든 요소들을 지정된 값으로 변환하게 한다.

```
d.fill(0) ;  // 배열 d의 모든 요소들의 값을 0으로 설정함
for (int i = 0; i < 12; i++)
    cout << d.at(i) << "  " ;
cout << endl ;
```

파이션에서 활용되는 for 문의 구문처럼 배열을 라이브러리 배열로 선언할 경우 다음과 같이 범위 기반 for문을 구현할 수 있다.

```
for (int k : day)     // k에 라이브러리 배열 day의 모든 원소가 차례대로 대입됨
    cout << k << "  " ;
cout << endl ;
```

마지막으로 대입연산자(=)를 이용하면 크기가 같은 두 라이브러리 배열의 대입 연산을 수행할 수 있다.

```
d = day ;   // 라이브러리 배열 day[]의 자료가 라이브러리 배열 d[]로 복사됨
for (int i = 0; i < 12; i++)
        cout << d.at(i) << "  " ;
cout << endl ;
```

〈예 4.6〉은 지금까지 설명했던 라이브러리 배열에 관한 여러 사실들을 하나의 프로그램으로 작성한 것이다.

◆ **<예 4.6>**

```
// 라이브러리 배열의 활용
#include <iostream>
#include <array>    // 라이브러리 배열을 사용할 경우
using namespace std;

int main()
{
        array<int, 12> day = { 21, 16, 1, 3, 16, 27, 3, 31, 21, 10, 30, 18 };
        array<int, 12> d;

        cout << "배열의 특정 요소 참조:" << endl;
        cout << "day.at(0)= " << day.at(0) << endl;
        day.at(10) = 15;
        cout << "day[10]= " << day[10] << endl;

        cout << "\n배열의 크기:" << endl;
        cout << "day.size()= " << day.size() << endl;
        cout << "day.empty()= " << day.empty() << endl;

        cout << "\n배열의 모든 요소를 특정 값으로 채우기:" << endl;
        d.fill(0);
        for (int i = 0; i < 12; i++)
                cout << d.at(i) << "  ";
        cout << endl;

        cout << "\nfor문에서 배열의 요소 참조:" << endl;
        for (int k : day)
                cout << k << "  ";
        cout << endl;
```

```
        cout << "\n라이브러리 배열의 복사:" << endl;
        d = day;
        for (int i = 0; i < 12; i++)
                cout << d.at(i) << "  ";
        cout << endl;
}
```

```
배열의 특정 요소 참조:
day.at(0)= 21
day[10]= 15

배열의 크기:
day.size()= 12
day.empty()= 0

배열의 모든 요소를 특정 값으로 채우기:
0 0 0 0 0 0 0 0 0 0 0 0

for문에서 배열의 요소 참조:
21  16  1  3  16  27  3  31  21  10  15  18

라이브러리 배열의 복사:
21  16  1  3  16  27  3  31  21  10  15  18
```

라이브러리 배열로 선언된 배열 자료를 함수로 전달하여 배열의 합을 구하고자 할 경우 〈예 4.4〉에서 정의했던 함수 hap()을 그대로 재사용할 수 있다. 다만 함수 hap()에 전달하는 인수가 배열의 이름(실제로는 배열의 시작 주소)이어야 하므로 array의 멤버 함수 data()를 호출하여 그 값(메모리에 할당된 배열의 시작 주소)을 함수로 전달하면 된다.

〈예 4.7〉은 라이브러리 배열로 선언된 day[]의 요소 중 일부의 자료들을 합한 결과를 반환받아 출력하는 main() 함수를 표시한 것이다. 함수 hap()의 정의는 〈예 4.4〉에서 정의한 내용과 같기 때문에 표시를 생략한다.

◆ **<예 4.7>**

```
int main()
{
```

```
    array<int,12> day = { 21, 16, 1, 3, 16, 27, 3, 31, 21, 10, 30, 18 };
    int s;

    s = hap(day.data(), 5);  // 라이브러리 배열의 시작주소를 반환하는 멤버함수

    cout << "day[0]+...+day[" << 4 << "]= " << s << endl;
    cout << "day[0]+...+day[" << 11 << "]= " << hap(day.data(), 12) << endl;
}
```

```
day[0]+...+day[4]= 57
day[0]+...+day[11]= 197
```

✣ <실습 4.8> <예 4.1>에서 선언된 일차원 배열 rainfall[]을 라이브러리 배열로 선언하고 범위 기반 for문의 형식을 이용하여 이 배열의 합과 평균을 구하는 프로그램을 작성하시오.

4.1.7 vector 클래스

vector 클래스를 이용하면 배열을 동적으로 할당하는 효과를 얻을 수 있다. vector 클래스는 클래스를 통해 배열을 구현함으로서 메모리 공간을 할당하는 측면에서 유연성을 가지며 메모리 관리가 쉽다. vector 배열을 선언하고 이를 활용하기 위해서는 vector 클래스의 정보가 들어있는 헤더파일 〈vector〉를 먼저 삽입해야 한다.

```
#include <vector>
```

vector를 선언하는 구문 형식은 다음과 같다.

```
vector<자료형> 벡터변수 ;
vector<자료형> 벡터변수(벡터의 크기) ;
vector<자료형> 벡터변수(벡터의 크기, 초기화자료) ;
```

예를 들어, int형 자료를 요소로 갖는 벡터변수 vec1을 다음과 같이 선언할 수 있다. 이 경우 vec1에 할당되는 요소의 개수는 미정이다.

```
vector<int> vec1 ;
```

벡터변수 vec2와 같이 벡터의 크기를 구체적으로 명시하면서 선언할 수 있다. 이때 vec2의 5개 모든 요소들은 0으로 초기화된다.

```
vector<double> vec2 (5) ;
```

다음 for 문의 조건식 영역에 표시된 size() 함수는 현재 메모리를 차지하고 있는 벡터 변수의 요소의 총 개수를 반환하는 멤버 함수이다. 벡터 변수 vec2의 각 요소를 참조하는 방식도 배열의 경우와 같다.

```
for (int i = 0 ; i < vec2.size() ; i++) {
        cout << vec2[i] << "  " ;
        vec2[i] = i*1.5 ;
}
```

vector<double>::iterator 자료형은 double형 벡터의 각 요소가 저장된 메모리주소(포인터)를 말하는 것으로 이 자료형의 변수를 이용하여 double형 벡터의 각 요소를 참조할 수 있다. 다음은 for 문에서 vector<double>::iterator 변수를 이용하여 벡터 변수의 각 요소를 출력하는 예이다. 여기서 begin() 함수는 벡터 변수의 첫 번째 요소의 주소를 반환하고 end() 함수는 벡터 변수의 마지막 요소의 주소가 아니라 그 다음 주소를 반환하는 멤버 함수이다.

```
for (vector<double>::iterator it = vec2.begin() ; it < vec2.end() ; it++)
        cout << *it << "  " ;
```

다음은 벡터변수 vec3를 벡터의 크기와 초기화를 명시적으로 선언한 예이다. 또한 for 문을 이용하여 벡터 변수의 각 요소를 출력하는 방법을 표시하였다.

```
vector<string> vec3(10, "A") ;    // 10개 요소를 갖는 벡터 변수의 초기화
for (auto& p : vec3) cout << p ;  // 참조자 변수를 활용한 for 반복문
```

벡터 클래스의 push_back() 멤버 함수를 이용하면 벡터 변수의 끝에 자료를 하나씩 붙일 수 있다. 반대로 pop_back() 함수를 이용하면 벡터 변수의 마지막 자료를 제거할 수 있다.

```
vec1.push_back(10) ;
vec1.push_back(20) ;
vec1.push_back(30) ;
for (auto& p : vec1) cout << p << "  ";
```

〈예 4.8〉은 지금까지 설명했던 vector 클래스의 선언과 참조, 몇 가지 멤버 함수의 활용에 대하여 차례대로 표시한 프로그램이다.

◆ **<예 4.8>**

```
// vector 클래스의 선언과 활용
#include <iostream>
#include <string>
#include <vector>
using namespace std;

int main()
{
    vector<int> vec1;  // 벡터 변수의 선언
    vector<double> vec2(5);  // 크기가 5인 벡터 변수의 선언

    for (int i = 0; i < vec2.size(); i++) {    // 벡터 변수의 요소 참조 방법
        cout << vec2[i] << "  ";
        vec2[i] = i*1.5;
    }
    cout << endl;
```

```
    for (vector<double>::iterator it = vec2.begin(); it < vec2.end(); it++)
        cout << *it << "  ";
    cout << endl;

    vector<string> vec3(10, "A");  // 초기화 자료를 갖는 벡터 변수의 선언
    for (auto& p : vec3)  cout << p ;  // 범위 기반 for문
    cout << endl;

    vec1.push_back(10);  // 벡터 변수의 요소 추가하기
    vec1.push_back(20);
    vec1.push_back(30);

    for (auto& p : vec1)  cout << p << "  ";
}
```

```
0  0  0  0  0
0  1.5  3  4.5  6
AAAAAAAAAA
10  20  30
```

<실습 4.9> <예 4.1>에서 선언된 일차원 배열 day[]을 벡터 변수 V_day로 선언하고 범위 기반 for문의 형식을 이용하여 이 벡터 변수의 모든 요소들의 합과 평균을 구하는 프로그램을 작성하시오.

4.2 문자열

4.2.1 문자 배열과 문자열

문자열(string)이란 문자들의 연속적인 배열을 의미한다. C++에는 문자열을 다루기 위하여 string 클래스라는 강력한 도구가 있지만, C에서 해왔던 기존의 방법대로 char형 배열을 선언하고 이를 이용함으로서 문자열을 다룰 수도 있다.

문자 배열은 배열의 각 요소에 하나의 문자(1바이트의 메모리 용량이 필요)를 저장할 수 있으며, 다음 예와 같이 중괄호({ }) 안에 문자 상수 또는 이 문자 상수에 대응되는 ASCII 코드 값을 사용하여 문자 배열을 초기화한다.

```
char dept[5] = {'M', 'a', 't', 'h'} ;
char dept[5] = {77, 97, 116, 104} ;  // ASCII 코드 값으로 초기화
char math[5] = {'M', 'a', 't', 'h', 'e'} ;
```

문자 배열 dept[]는 각각 1바이트의 메모리 공간을 차지하는 5개의 요소를 갖는 일차원 배열이다. 초기화되는 자료가 배열의 크기 5보다 작은 4개이므로 마지막 요소의 값은 0으로 자동 초기화될 것이다. 즉 문자 배열 dept[]의 메모리 내의 상황을 그림으로 표시하면 다음과 같다. (실제로는 문자가 저장되는 것이 아니라 이 문자에 대응되는 ASCII 코드 값이 저장된다.)

dept[]	M	a	t	h	0
	dept[0]	dept[1]	dept[2]	dept[3]	dept[4]

문자 배열 math[]는 초기화되는 문자의 개수가 문자 배열의 크기와 같은 경우이다. 이때 배열 math[]의 메모리 내의 상황을 그림으로 표시하면 다음과 같다.

math[]	M	a	t	h	e
	math[0]	math[1]	math[2]	math[3]	math[4]

문자 배열 dept[]를 초기화하는 과정에서 저장된 0는 아스키(ASCII) 코드가 0번인 문자(프로그램에서 '\0'로 표시함)로서 널(NULL) 문자라고 한다. 초기화되는 자료의 개수 때문에 배열 dept[]는 널 문자로 끝나고 배열 math[]는 널 문자로 끝나지 않음을 알 수 있다.

〈예 4.9〉은 2개의 문자 배열 dept[]와 math[]의 각 요소들을 참조하는 방법과 cout을 이용하여 두 문자 배열을 출력하는 예를 표시한 것이다. 문자 배열의 각 요소들을 출력하기 위하여 prnt() 함수를 정의하였다.

◆ **<예 4.9>**

```
// 문자배열의 선언과 참조
#include <iostream>
using namespace std;

void prnt(char charr[], int n) {
        for (int i = 0; i < n; i++)
                cout << charr[i] << "  ";
        cout << endl;
}

int main()
{
        char dept[5] = { 'M', 'a', 't', 'h' };  // 문자 배열
        char math[5] = { 'M', 'a', 't', 'h', 'e' };

        prnt(dept, 5);
        prnt(math, 5);

        cout << dept << endl;
        cout << math << endl;
}
```

```
M  a  t  h
M  a  t  h  e
Math
Mathe儆儆儆儆儆儆儆儆儆儆儆儆儆儆儆??幾□
```

〈예 4.9〉의 출력 결과를 보면 널 문자('\0')로 끝나는 dept[] 배열은 이상 없이 모든 요소들의 문자들을 출력하였으나 널 문자로 끝나지 못한 math[] 배열은 모든 요소들의 문자들을 출력한 이후 예상치 못한 문자들이 더 출력되고 있음을 알 수 있다. 이는 cout의 임무와 연관이 있다. cout에 문자 배열의 이름을 지정하고 이를 출력하라고 하면 문자 배열의 첫 문자부터 크기 개수만큼 출력하는 것이 아니라 널 문자('\0')가 나타나기 직전의 문자까지 연속적으로 출력한다. 따라서 널 문자('\0')로 끝나는 dept[] 배열은 널 문자('\0') 직전 문자인 'h' 까지 출력하지만, 널 문자('\0')로 끝나지 않는 math[] 배열은 이 배열에 속한 5개의 문자를 넘어서 예상치 못한 문자들까지 출력하게 된다.

따라서 문자 배열을 이용해 문자열을 정확히 다루고자 할 경우에는 다음과 같이 초기화 자료의 끝에 의도적으로 널 문자('\0')를 삽입해야 한다.

```
char mathe[] = { 'M', 'a', 't', 'h', 'e', '\0' };  // 배열의 크기가 6인 문자 배열
```

2.2.5절에서 간단히 string 자료형을 언급하였지만 문자열(string)이란 널 문자로 끝나며 연속적으로 모인 문자들의 자료를 의미한다. 문자열을 프로그램에서 표기하는 방법은 "math"와 같이 문자들의 모임을 큰따옴표(")로 둘러싸면 된다. 이렇게 표시된 문자열의 길이(크기)는 4가 아니라 5가 됨을 유의해야 한다. 왜냐하면 큰따옴표(")로 둘러싸인 문자열은 마지막에 널 문자가 숨어있기 때문이다. 즉, 아스키(ASCII) 코드가 0번인 널 문자는 문자열의 끝을 표시할 때 사용된다고 보면 된다.

문자열을 이용하면 문자 배열을 쉽게 초기화할 수 있다. 다음은 앞에서 다루었던 mathe[] 배열을 문자열로 똑같이 초기화한 것이다.

```
char mathe[] = "Mathe" ;  // 문자열로 초기화한 크기가 6인 문자 배열
```

문자 배열 mathe[]와 같이 배열을 선언함과 동시에 중괄호 또는 문자열을 이용하여 초기화를 할 수 있지만 다음과 같이 초기화 없이 배열을 선언한 이후에 각 배열의 요소를 한꺼번에 대입할 수 없다. 이는 일반 배열의 경우에도 똑같이 적용되는 오류이다.

```
char test[5] ;
test = "Stat" ;    // 오류 발생
test = {'S','t','a','t'} ;  // 오류 발생
```

당연히 다음 〈예 4.10〉와 같이 대입연산자를 이용하여 문자 배열의 각 요소에 값(문자)을 대입함으로서 배열의 선언 이후 문자 배열을 문자열로 설정할 수 있다.

◆ **<예 4.10>**

```
#include <iostream>
using namespace std;
int main()
{
        char stat[5];
        stat[0] = 'S';
        stat[1] = 't';
        stat[2] = 'a';
        stat[3] = 't';
        stat[4] = '\0';
        cout << "stat[]= " << stat << endl;
}
```

```
stat[]= Stat
```

4.2.2 string을 이용한 문자열 생성

string은 문자열을 다루기 위해 C++에서 새로 구성된 클래스이다. string 클래스의 다양한 멤버함수들을 호출하기 위해서는 먼저 헤더파일 〈string〉을 삽입해야 한다.

```
#include <string>
```

먼저 string 변수를 생성하는 방법은 초기화를 통한 string 변수의 생성이다.

```
string math = "Mathematics" ;
// string math ("Mathematics") ;    // 동일한 초기화 방법
```

또한 다음과 같이 string 변수를 먼저 선언하고 차후 대입연산자를 이용하여 문자열을 대입하는 방식이 있다.

```
string stat ;            // 먼저 선언하고
stat = "Statistics" ;  // 나중에 문자열 대입
```

두 번째 생성 방식을 응용하면 다른 string 변수의 값으로 초기화하거나 대입연산자를 이용하여 문자열을 복사할 수 있다.

```
string dept1(math) ;  // 다른 string 변수로 초기화
string dept2 ;
dept2 = stat ;  // 문자열 복사
```

C의 문자 배열과 C++의 string 모두 문자열을 다루기 위한 도구들이지만, C의 문자 배열은 배열을 선언할 때 명시적이든 묵시적이든 배열의 크기를 먼저 정해야 한다. 그러나 string 클래스를 이용하여 문자열을 처리하면 문자열의 크기가 사전에 고정되지 않아도 된다는 장점이 있다. 이는 문자 배열의 크기는 프로그램의 실행 전 컴파일 과정에서 결정되고, string 문자열은 실행 중에 결정되는 동적 크기를 가지고 있기 때문이다.

〈예 4.11〉은 string 클래스를 이용하여 문자열을 저장하고 출력하는 예를 작성한 것이다.

◆ <예 4.11>

```
// string 클래스의 선언과 활용
#include <iostream>
#include <string>
using namespace std;

int main()
{
        string math = "Mathematics";
        string stat;
        stat = "Statistics";

        string dept1(math);
        string dept2;
```

```
        dept2 = stat;

        cout << "math= " << math << endl;
        cout << "stat= " << stat << endl;
        cout << "dept1= " << dept1 << endl;
        cout << "dept2= " << dept2 << endl;
}
```

```
math= Mathematics
stat= Statistics
dept1= Mathematics
dept2= Statistics
```

4.2.3 string 클래스에 관련된 연산자

대입연산자를 비롯하여 몇 가지 연산자를 string 클래스에 사용할 수 있다. 〈예 4.11〉에 표시한 바와 같이 대입연산자(=)는 왼쪽 string 변수에 오른쪽 string의 값을 대입(복사)하는 기능을 수행한다.

```
string stat ;
stat = "Statistics" ;    // 대입연산자 (=)
```

덧셈 기호인 연결연산자(+)는 2개의 문자열을 이어 붙여 새로운 문자열을 생성한다. 다음은 세 개의 문자열 math, " & ", stat를 붙여 문자열 "Mathematics & Statistics"를 출력한다.

```
string math = "Mathematics" ;
cout << math + " & " + stat << endl;    // 연결연산자 (+)
```

누적덧셈기호를 사용하는 붙이기연산자(+=)는 왼쪽 피연산자의 string 변수에 오른쪽 피연산자의 문자열을 이어 붙인다.

다음 〈예 4.12〉는 대입연산자(=), 연결연산자(+), 그리고 붙이기연산자(+=)를 사용한 예를 표시한 것이다. 여기서 실행문 dept2+=stat;은 실행문 dept2=dept2+stat;와 같다.

◆ **<예 4.12>**

```
// string 클래스와 연산자
#include <iostream>
#include <string>
using namespace std;

int main()
{
        string  math = "Mathematics";
        string stat;
        stat = "Statistics";   // 대입연산자 (=)

        cout << math + " & " + stat << endl;   // 연결연산자 (+)

        string dept1(math);
        string dept2;

        dept2 = dept1 + " & ";
        cout << "dept2= " << dept2 << endl;
        dept2 += stat;   // 붙이기연산자 (+=)
        cout << "dept2= " << dept2 << endl;
}
```

```
Mathematics & Statistics
dept2= Mathematics &
dept2= Mathematics & Statistics
```

마지막으로 비교·관계연산자(== != 〈 〉 〈= 〉=)를 이용하여 두 문자열의 대소비교를 수행할 수 있다. 문자열의 대소는 문자열 단어가 사전에서 뒤로 나올수록 크다고 할 수 있다. 비교·관계연산자의 연산 결과는 참이면 true(1)이고 거짓이면 false(0)이 출력된다.

```
cout << "math > stat? = " << (math > stat) << endl;   // 관계연산자 (>)
// math의 문자열이 stat의 문자열보다 먼저 사전에 나타나므로 연산 결과는 false(0)
```

4.2.4 string 클래스의 멤버함수

〈표 4.1〉은 자주 사용하는 string 클래스의 멤버함수를 간단히 표로 정리한 것이다.

〈표 4.1〉 string 클래스의 멤버함수

멤버함수	기능	예
at(index)	string의 index 요소의 문자 반환; string[index]와 유사함	math.at(1) math[1]
front()	string[0]의 문자 출력	math.front()
back()	string의 마지막 문자 출력	math.back()
size() length()	string의 크기(길이) 반환; 크기는 string의 문자의 개수임	math.size() math.length()
clear()	string의 문자열을 모두 삭제	math.clear()
erase(from, len)	string의 from부터 len개의 문자 삭제	math.erase(7, 2)
empty()	string이 empty인지 확인; empty이면 true(1) 반환	math.empty()
substr(index, len) substr(index) substr()	string의 index부터 len개의 문자열 반환 string의 index부터 끝까지 문자열 반환 string의 모든 문자 전부를 가져옴	math.substr(5, 3) math.substr(5) math.substr()
replace(index, len, str)	string의 index부터 len개의 문자열을 str 문자열로 대치	math.replace(5,3,"stat")
insert(index, str)	string의 index 위치에 문자열 str 삽입	math.insert(7, "Mon")
compare(str)	string > str의 값이 참이면 1을 반환; string < str의 값이 참이면 -1을 반환; 두 문자열이 같으면 0을 반환	math.compare("Sathea")
find(str, index=0)	string 중에 str과 같은 문자열이 있는지 index부터 검색하고 일치하는 위치 반환; 찾는 문자열이 없으면 -1 반환	stat.find("tis")
push_back(ch)	string의 끝에 ch 문자 삽입	stat.push_back('K')
pop_back()	string의 맨 끝의 문자 삭제	stat.pop_back()

〈예 4.13〉은 string 변수의 문자열을 다루기 위하여 string 클래스의 멤버함수를 호출하는 예를 표시한 것이다.

◆ **<예 4.13>**

```
// string 클래스와 멤버함수
#include <iostream>
#include <string>
using namespace std;
int main()
{
  string math = "Mathematics";
  string stat("Statistics");

  cout << "(1)math.at(1)=" << math.at(1) << endl;  // math[1] 문자 출력
  cout << "(2)math.front()=" << math.front() << endl; // math[0] 문자 출력
  cout << "(3)math.size()=" << math.size() << endl;  // math의 크기(길이) == 11
  cout << "(4)math.back()=" << math.back() << endl; // math[끝] 문자 출력

  cout << "(5)math.empty()=" << math.empty() << endl;  // 문자열이 비어있는가?
  math.erase(7, 2);  // math의 요소 7부터 2개 문자 삭제하고 그 결과를 math에 저장
  cout << "(6)부분 문자열 삭제후;math=" << math << endl;

  cout << "(7)math.substr(5,3)=" << math.substr(5, 3) << endl;  // 부분 문자열 추출
  cout << "(8)부분 문자열 추출후;math=" << math << endl;
  cout << "(9)math.substr(5)=" << math.substr(5) << endl;
  cout << "(10)math.substr()=" << math.substr() << endl;

  cout << "(11)replace(5,3,\"stat\")=" << math.replace(5,3,"stat") << endl; // 대체
  cout << "(12)insert(7,\"Mon\")=" << math.insert(7, "Mon") << endl;  // 문자열 삽입
  cout << "(13)compare(\"Sath\")=" << math.compare("Sath") << endl; // 문자열 비교

  cout << "(14)stat.find(\"tis\")=" << stat.find("tis") << endl;  // 문자열 검색
  stat.push_back('K');  // stat 문자열 끝에 문자 추가
  cout << "(15)stat=" << stat ;
}
```

```
(1)math.at(1)=a
(2)math.front()=M
```

```
(3)math.size()=11
(4)math.back()=s
(5)math.empty()=0
(6)부분 문자열 삭제후;math=Mathemacs
(7)math.substr(5,3)=mac
(8)부분 문자열 추출후;math=Mathemacs
(9)math.substr(5)=macs
(10)math.substr()=Mathemacs
(11)replace(5,3,"stat")=Mathestats
(12)insert(7,"Mon")=MathestMonats
(13)compare("Sath")=-1
(14)stat.find("tis")=3
(15)stat=StatisticsK
```

〈예 4.13〉의 실행 결과로부터 string 클래스의 멤버함수를 호출할 때 멤버함수를 호출한 string 변수의 값이 변경이 되는지 안 되는지를 유의해야 한다. 예를 들어, math.erase(7,2)와 같이 erase() 함수를 호출하면 math 변수의 값도 변경되면서 그 결과가 temp 변수에도 저장된다.

```
string temp ;
temp = math.erase(7, 2) ;    // math와 temp는 같은 문자열이 됨
```

반면에 math.substr(5,3)과 같이 substr() 함수를 호출하면 math 변수의 값은 변경되지 않고 부분 문자열만 추출되어 temp 변수에 저장된다. 이 같은 현상은 각 호출함수를 정의할 때 함수의 반환 자료형을 어떻게 설정하느냐에 따라 영향을 받기 때문이다. 참고로 erase() 함수의 반환값의 자료형은 string&이고 substr() 함수의 반환값의 자료형은 string이다.

```
string temp ;
temp = math.substr(5, 3) ;  // math는 변함이 없고 부분 문자열이 temp에 저장됨
```

〈표 4.2〉는 string의 멤버함수는 아니지만 string과 관련된 몇 가지 함수들을 정리한 것이다.

〈표 4.2〉 string 클래스와 관련된 함수

함수	기능	예
연산자 << >>	cout, cin을 통해 문자열의 입출력 연산	cout << math; cin >> stat;
getline(cin, str) getline(cin, str, ch)	입출력 스트림으로부터 문자열 읽어 들임 문자 ch 직전까지의 문자열 읽어들임	getline(cin, math) getline(cin, math, '.')

stoi()
stol()
stoll()
	문자열을 정수형으로 변환	cout << stoi("3:20pm");
		cout << stol("3:20pm");
		cout << stoll("3:20pm");

stoul() stoull()	문자열을 부호 없는 정수형으로 변환	cout << stoul("3:20pm"); cout << stoull("-20deg");

stof()
stod()
stold()
	문자열을 부동소수형으로 변환	cout << stof("15.9m");
		cout << stod("15.9m");
		cout << stold("15.9m");

to_string()	숫자형 자료를 string형으로 변환	to_string(12.35)
to_wstring()	숫자형 자료를 wstring형으로 변환	
swap(str1, str2)	두 개의 string의 내용을 교환	swap(math, stat)

〈예 4.14〉는 string 클래스와 관련된 몇 가지 함수들의 간단한 활용법을 표시한 것이다. 〈표 4.2〉에 언급한 바와 같이 stoi() 함수는 문자열로 구성된 자료를 정수형 자료로 변환하는 함수이고, stod() 함수는 문자열 자료를 부동소수형인 double형 자료로 변환하는 함수이다. 두 변수 모두 문자열 자료가 숫자로 시작하는 문자열이어야 하며 문자로 시작하는 문자열은 숫자 데이터형으로 변환할 수 없다. 이와 반대로 to_string() 함수는 int형이나 double형 등 숫자형 자료를 string형 자료로 변환해준다. 마지막으로 swap() 함수를 호출하면 두 string 변수의 문자열을 서로 교환하는 기능을 수행한다.

◆ **<예 4.14>**

```
// string 클래스와 관련된 함수 호출
#include <iostream>
#include <string>
using namespace std;

int main()
{
```

```
        string math, stat("Statistics");

        cout << "stold(\"15.9m\")= " << stold("15.9m") << endl;
        cout << "stoi(\"3:20pm\")= " << stoi("3:20pm") << endl;

        cout << "stoul(\"-20pm\")= " << stoul("-20pm") << endl;
        math = to_string(12.35);
        cout << "math=" << math << endl;

        swap(math, stat);  // 2개 string 변수의 문자열을 서로 교환
        cout << "math=" << math << endl;
        cout << "stat=" << stat << endl;
}
```

```
stold("15.9m")= 15.9
stoi("3:20pm")= 3
stoul("-20pm")= 4294967276
math=12.350000
math=Statistics
stat=12.350000
```

생년월일의 정보가 "0000/00/00"의 형태로 저장된 문자열로부터 생년, 생월, 생일의 자료를 각각 year, month, day으로 저장하는 문제를 생각해보자. 입력된 생년월일의 문자열이 모두 "1994/01/06"와 같이 고정된 자료라면 substr() 멤버 함수만으로 충분하다. 즉, substr(0,4)를 호출하면 문자열 "1994"를 얻을 수 있으며, substr(5,2)를 호출하면 문자열 "01"를 얻을 수 있다. 마지막으로 substr(8)의 호출로 문자열 "06"이 얻어진다.

그러나 "1994/01/6", "1994/1/06", "1994/1/6" 등 생년월일을 저장하는 다양한 방식 때문에 substr() 함수를 일률적으로 적용할 수 없다. 따라서 년, 월, 일을 구분하는 "/" 문자열의 위치를 찾는 find() 멤버 함수를 이용하여 월과 일의 자료를 추출하고자 한다.

먼저 다음과 같이 string 변수를 생성하고 부분 문자열을 추출할 string 변수 tmp를 선언한다. 이어서 substr() 함수를 이용하여 생년의 문자열을 tmp로 추출하고 이 문자열에 stoi() 함수를 적용하여 생년의 값을 구한다.

```
string birthday("1994/1/6"), tmp ;
int year, month, day ;
tmp = birthday.substr(0, 4) ;
year = stoi(tmp) ;
cout << "생년= " << year << endl ;
```

이제 생월을 구하기 위하여 find() 함수를 이용하여 생년월일의 문자열에서 "/" 문자열의 위치를 찾는다. birthday.find("/")를 수행하면 birthday 변수의 문자열 중에서 가장 먼저 검색되는 "/" 문자열의 위치를 반환할 것이므로 다음 위치부터 나머지 문자열을 tmp에 저장한다. 이 문자열에 stoi() 함수를 적용하여 생월의 값을 구한다.

```
tmp = birthday.substr( birthday.find("/") + 1 ) ;
month = stoi(tmp) ;
```

생월을 구하는 방식과 같은 작업을 tmp에 적용하면 다음과 같이 생일 자료를 구할 수 있다.

```
tmp = tmp.substr(tmp.find("/") + 1) ;
day = stoi(tmp) ;
```

〈예 4.15〉는 생년월일의 문자열이 주어질 때 마다 이 문자열로부터 생년, 생월, 생일의 자료를 구하기 위하여 함수를 정의하여 값을 구하는 프로그램이다. main()함수와 BI() 함수는 이전에 다루었던 참조자 변수를 활용하여 정보들을 서로 교환하기 때문에 BI() 함수의 반환값은 void로 설정하였다.

◆ **<예 4.15>**

```
// string 클래스의 멤버함수 응용
#include <iostream>
#include <string>
using namespace std;
```

```
void BI(string& birthday, int& y, int& m, int& d)
{
        string tmp;

        tmp = birthday.substr(0, 4);
        y = stoi(tmp);  // 생년 구하기
        tmp = birthday.substr(birthday.find("/") + 1);
        m = stoi(tmp);  // 생월 추출
        tmp = tmp.substr(tmp.find("/") + 1);
        d = stoi(tmp);  // 생일 추출
}

int main()
{
        string birthday("1994/1/6");
        int year, month, day;

        cout << "birthday: " << birthday << endl;
        BI(birthday, year, month, day);
        cout << "생년월일: " << year << "년"
             << month << "월" << day << "일" << endl;

        birthday="2004/03/08";
        cout << "birthday: " << birthday << endl;
        BI(birthday, year, month, day);
        cout << "생년월일: " << year << "년"
             << month << "월" << day << "일" << endl;
}
```

```
birthday: 1994/1/6
생년월일: 1994년1월6일
birthday: 2004/03/08
생년월일: 2004년3월8일
```

✣ <실습 4.10> 문자열 "We are the world"에서 각 단어들을 추출하여 각각 출력하고 마지막으로 이 문자열에 있는 총 단어의 수를 계산하여 출력하는 프로그램을 작성하시오.
※ 힌트: 빈 칸 문자열(" ")이 나타나면 첫 단어가 탐색된 것으로 볼 수 있다.

```
index = world.find(" ") ;
tmp = world.substr(0, index) ;
cout << ++cnt << " 단어 = " << tmp << endl ;
```

✣ <실습 4.11> 문자열 "We are the\t world"에서 각 단어들을 추출하여 각각 출력하고 마지막으로 이 문자열에 있는 총 단어의 수를 계산하여 출력하는 프로그램을 작성하시오.
※ 힌트: 빈칸이 연속적으로 있거나 '\t'가 존재할 경우 index의 값을 다음과 같이 계속 1 증가시키면 된다.

```
while (world[index + 1] == ' ' or world[index + 1] == '\t')
        index++ ;
```

4.2.5 문자열의 배열

여러 사람들의 이름을 하나의 배열로 처리해야 할 경우도 있고, 주소 등의 복잡한 문자열의 집합체를 하나의 변수로 저장해야 될 상황도 발생한다. 이와 같이 여러 개의 문자열을 하나의 배열로 다루고자 할 때 C에서 다루었던 char형 2차원 배열도 가능하지만 C++의 string형 1차원 배열을 이용하면 쉽게 처리할 수 있다. 다음 예는 어느 학과의 주소를 여러 개의 문자열로 저장하기 위하여 크기가 6인 string형 1차원 배열을 선언하고 초기화한 경우이다.

```
string address[6] = { "Dept of Mathematics", "Natural Science College",
        "KS Nat'l University", "558 Daehak-ro", "GS city, JeonBuk 573", "Korea" } ;
```

vector 클래스에서 vector의 각 요소들을 출력했던 방식처럼 범위 기반 for 반복문 구문을 사용하여 string 1차원 배열인 address의 각 요소들을 다음과 같이 출력할 수 있다. if 문은 address의 요소들을 쉼표(,)를 구분으로 출력하고 동시에 한 줄에 3개만 출력할 수 있도록 조건식을 제시한 것이다.

```
int k = 0 ;
for (auto& p : address) {
        cout << p ;
        k++ ;
        if ( k%3 ) cout << ", " ;  // k가 3의 배수가 아니면
        if ( !(k%3) ) cout << '\n' ;  // k가 3의 배수이면
}
```

```
Dept of Mathematics, Natural Science College, KS Nat'l University
558 Daehak-ro, GS city, JeonBuk 573, Korea
```

〈예 4.16〉은 학생들의 이름을 getline() 함수로 입력받아 string형의 vector에 저장하는 예를 표시한 것이다. 물론 이 vector의 각 요소들도 범위 기반 for 문을 이용하여 출력하였다. 각 학생의 이름은 한 줄로 입력하며 '\n' 문자(키보드의 [Enter])가 입력되면 한 학생의 입력이 끝나도록 하였으며, 학생의 입력을 위한 while 반복문을 종료하기 위해서 파일의 끝 문자(키보드에서 [CTRL]+Z를 누름)를 사용하였다.

◆ **<예 4.16>**

```
// 문자열의 배열
#include <iostream>
#include <vector>
#include <string>
using namespace std;

int main()
{
        string name;
        vector<string> person;

        cout << "학생 이름의 입력을 끝내려면 [Ctrl+z]을 누르세요." << endl;
        while (getline(cin, name))
                person.push_back(name);
```

```
        cout << "총 " << person.size() << "명의 이름이 입력되었음." << endl;
        cout << "입력된 학생의 이름 :" << endl;

        for (auto& p : person)      // 범위 기반 for 문
                cout << p << endl;
}
```

```
학생 이름의 입력을 끝내려면 [Ctrl+z]을 누르세요.
Kim Su Mi
Lee Gab Dol
Oh Yoojung
Sunwoo Eun Sook
^Z
총 4명의 이름이 입력되었음.
입력된 학생의 이름 :
Kim Su Mi
Lee Gab Dol
Oh Yoojung
Sunwoo Eun Sook
```

✣ **<실습 4.12> <예 4.16>의 while 문 대신 for 반복문을 이용하여 5명 학생들의 이름을 입력하는 프로그램을 작성하시오.**

4.3 포인터

프로그램에서 선언된 모든 변수는 컴퓨터 메모리의 한 위치를 할당받고 그 곳에 변수의 값을 저장한다. 그러나 사용자는 이러한 변수의 물리적 메모리 위치를 고민할 필요가 없다. 사용자가 변수를 선언하면 컴퓨터는 변수가 할당된 메모리 위치를 변수의 이름으로 연결해주기 때문이다. 따라서 사용자는 변수의 이름만으로 메모리에 값을 저장하고 참조하는 작업을 쉽게 수행할 수 있다.

컴퓨터의 메모리란 크기가 1바이트인 메모리 셀들이 연속적으로 구성된 기계 장치로서, 모든 메모리 셀은 0번부터 시작하는 고유 번호를 갖고 있다. 문자형 자료들은 1바이트의 메모리가 필요하기 때문에 1개의 메모리 셀이 있으면 되지만, int형의 정수 자료는 4바이트의 메모리가 필요하므로 4개의 메모리 셀이 필요하다. 따라서 1바이트가 넘는 메모리가 필요한 자료를 위해서 다수의 메모리 셀이 연속적으로 할당된다. 즉, int형 변수는 4개의 메모리 셀을 연속적으로 할당받으며, double형 변수는 8개의 메모리 셀을 연속적으로 할당받는다.

변수가 선언되면 특정 위치의 메모리 셀에 대한 고유 번호를 통하여 이 변수에 주소(address)를 부여한다. 이때 부여되는 변수의 주소는 이 변수를 위해 연속적으로 할당된 메모리 셀의 고유 번호 중 가장 작은 번호이다. 예를 들어, 다음과 같이 int형으로 선언된 myInt 변수가 차지하는 4개의 메모리 셀의 고유번호가 각각 1240, 1241, 1242, 1243일 때 시스템에서 부여하는 myInt 변수의 주소는 1240이 된다.

셀 번호	1239	1240	1241	1242	1243	1244
변수		myInt				

프로그램에서 선언된 변수의 값은 이 변수에 할당된 메모리에 저장되고, 프로그램이 실행되는 동안 언제든지 값을 변경할 수 있지만, 한번 선언된 변수의 메모리에 대한 물리적 주소는 프로그램이 끝날 때까지 변경이 불가능한 포인터 상수(pointer constant)가 된다.

4.3.1 주소연산자(&)

단항연산자인 주소연산자(&)는 피연산자인 변수에 할당된 메모리의 주소를 구해준다. 변수와 달리 상수는 주소의 개념이 없기 때문에 주소연산자의 피연산자가 상수이면 주소연산자를 사용할 수 없다는 오류 메시지가 발생한다.

〈예 4.17〉은 전역변수로 선언된 myGlobal 변수와 지역변수로 선언된 myInt, myDbl 변수의 주소를 출력하고자 주소연산자(&)를 사용한 예이다. 사실 C++ 프로그램을 작성하면서 변수의 주소를 직접 출력하는 일은 거의 없지만 〈예 4.17〉에서는 전역변수가 할당받는 메모리의 위치와 지역변수가 할당받는 메모리 위치가 다르다는 점을 강조하기 위하여 변수의 주소를 직접 출력하였다. 또한 출력 형식은 16진수보다 십진수의 출력이 이해가 빠르므로 unsigned형으로 조정하였다.

◆ **<예 4.17>**

```
// 주소연산자(&)와 할당받은 메모리 위치
#include <iostream>
using namespace std;

double myGlobal = 3.14;      // 전역변수

int main()
{
        int myInt = 100;          // 지역변수
        double myDbl = 2.75;  // 지역변수

        cout << "&myGlobal= " << (unsigned) &myGlobal << endl;
        cout << "&myInt= " << (unsigned) &myInt << endl;
        cout << "&myDbl= " << (unsigned) &myDbl << endl;
}
```

```
&myGlobal= 2159202304
&myInt= 1051720292
&myDbl= 1051720328
```

〈예 4.17〉의 출력 결과를 살펴보면 지역변수 myInt와 myDbl은 메모리 중 비슷한 위치에 할당받고 있으며, 전역변수인 myGlobal 변수와 다른 위치에 있음을 알 수 있다. 또한 지역변수는 프로그램의 실행이 일어날 때마다 할당받는 메모리의 위치가 매번 변하고 있음을 알 수 있다. 그러나 변수가 할당된 주소를 어떻게 알아내는지, 또는 그 값이 무엇인지 알 필요는 전혀 없다.

4.3.2 포인터 변수

변수를 선언할 때 이 변수에 부여된 메모리 셀의 고유번호 중 최소의 번호를 이 변수의 주소라고 하였다. 변수에 부여된 주소만을 저장할 수 있도록 하는 변수를 포인터(pointer) 또는 포인터 변수(pointer variable)라고 한다. pointer란 이 변수에 저장된 값(즉 주소)의 변수를 가리킨다(point to)라는 의미이다. 포인터 변수도 변수이므로 일반 변수와 마찬가지로 메모리 공간을 할당받는다. 따라서 포인터 변수도 하나의 고유한 주소를 갖는다.

포인터 변수를 선언하고자 할 경우에는 컴파일러에게 포인터 변수임을 알리기 위하여 생성하고자 하는 포인터 변수 이름 앞에 *(asterisk) 기호를 붙인다. 포인터 변수의 선언문에 지정되는 자료형은 포인터 변수 자체의 자료형이 아니고 이 포인터가 가리키게 될 변수의 자료형을 의미한다.

다음은 포인터 변수를 선언하는 몇 가지 예를 표시한 것이다. 여기서 myChr 변수는 선언문에 * 기호가 없기 때문에 포인터 변수가 아니고 char형 일반 변수이다. * 기호는 자료형과 포인터 변수 사이의 어느 위치에 놓이든지 상관없다.

```
char myChr ;        // 일반 변수

int *pInt ;         // int형 변수를 가리키는 포인터 변수
double * pDbl ;     // double형 변수를 가리키는 포인터 변수
char* pChr ;        // char형 변수를 가리키는 포인터 변수
```

포인터 변수가 선언된 이후 할당받는 컴퓨터 메모리 용량은 프로그램이 실행되는 시스템 또는 플랫폼(platform)에 따라 다를 수는 있지만 같은 시스템 하에서는 동일한 용량을 차지한다. 그러나 포인터 변수의 선언에서 지정한 자료형에 따라 이 포인터 변수가 가리키는 변수의 유형이 달라진다. 예를 들어, pInt 포인터가 가리키는 변수는 반드시 int형 변수이어야 하며 다른 유형을 갖는 변수의 주소를 이 변수에 저장하면 오류가 발생한다.

```
pInt = &myDbl ;   // 오류 발생: pInt에는 int형 변수의 주소만 대입 가능
```

```
abc E0513   "double *" 형식의 값을 "int *" 형식의 엔터티에 할당할 수 없습니다.
⊗ C2440   '=': 'double *'에서 'int *'(으)로 변환할 수 없습니다.
```

참고로 〈예 4.17〉에서 선언된 myInt 변수에 초기화된 값은 100이지만 이 값은 대입연산자 등을 이용하여 프로그램 중간에 언제든지 변경할 수 있다. 그러나 변수 myInt의 값은 바뀌더라도 처음에 할당된 myInt의 메모리 공간의 위치는 항상 일정하다. 다시 말해 변수 myInt의 메모

리 주소는 프로그램이 끝날 때까지 항상 같은 값을 유지한다. 이때 주소연산자를 이용하여 얻어진 메모리 주소인 &myInt의 값을 포인터 상수(pointer constant)라고 부른다. 포인터 상수는 메모리의 셀 번호 중 하나이며, 일반적인 상수와 성격이 다른 상수라고 할 수 있다.

다음 예는 포인터 변수 pInt에 int형 변수 myInt의 주소를 대입하고, 포인터 pDbl에 double형 변수 myDbl의 주소를 대입하는 실행문을 표시한 것이다.

```
pInt = &myInt ;
pDbl = &myDbl ;
```

변수들의 선언 이후 메모리에 할당받는 실제 주소를 프로그램의 실행 전에 알 수 없지만 두 변수 myInt와 myDbl이 각각 주소 20292와 20328에 배치된다고 가정하고 메모리 상황을 그림으로 표현하면 〈그림 4.1〉과 같다.

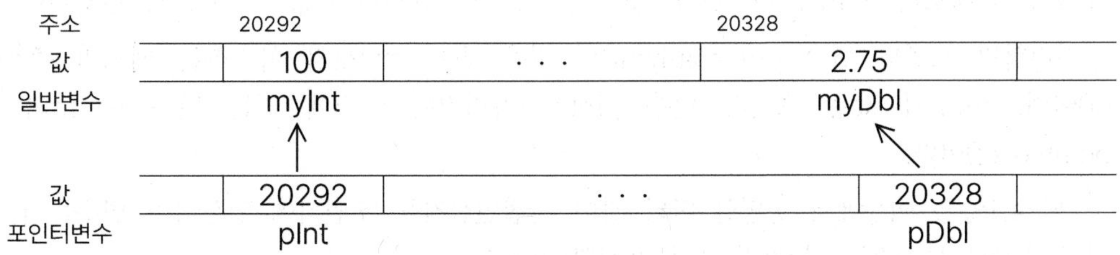

〈그림 4.1〉 변수와 포인터 선언 후 메모리 내의 상황

4.3.3 간접연산자(*)

포인터 변수에 임의의 변수의 주소가 저장되면 간접연산자(dereference operator, indirection operator)를 이용하여 이 포인터 변수가 가리키고 있는 변수에 접근할 수 있다. 즉, 이 포인터 변수에 저장되어 있는 주소에 접근하여 그 값을 가져오거나 다른 값으로 변경할 수 있다.

이와 같이 포인터를 통하여 다른 변수의 값을 간접적으로 수정할 수 있기 때문에 이 연산자를 간접연산자라고 부르며, 연산자 기호로 *(asterisk)를 사용한다. 강조하지만 간접연산자(*)는 단항연산자로서 피연산자는 반드시 포인터 변수이어야 한다. 그러나 곱셈연산자(*)는 이항연산자로서 두 피연산자의 곱셈을 구하는 연산자이다.

다음은 간접연산자를 사용하여 pInt가 가리키고 있는 변수의 값을 출력하고 이어서 간접적으로 myInt의 값을 갱신하는 예를 표시한 것이다.

```
cout << "*pInt= " << *pInt << endl ;
*pInt += 200 ;          // pInt가 가리키고 있는 변수의 값을 200 증가
cout << "myInt= " << myInt << endl ;
```

포인터 변수를 이용하여 간접적으로 포인터가 가리키는 주소에 위치한 변수의 값을 변경시킬 수 있으므로, *pInt는 int형 변수처럼 수식에 사용할 수 있다. 예를 들어, 실행문 *pInt += 200; 은 다음과 같이 대입연산자를 이용하여 자세히 표시할 수 있다.

```
*pInt = *pInt + 200 ;
```

이 실행문을 실행하면 먼저 pInt에 저장되어 있는 주소의 int형 자료(실제로는 변수 myInt의 값 100)를 구하고 여기에 200을 더한 300을 pInt가 가리키고 있는 주소(실제로는 변수 myInt가 할당된 메모리 장소)에 저장한다. 결론적으로 변수 myInt의 값이 300으로 변경된다.

정리하면 포인터 변수 pInt(=&myInt)의 값은 변수 myInt가 차지하는 메모리 주소(address of)이며, *pInt의 값은 포인터 변수 pInt가 가리키는 주소에 있는 변수 myInt의 값(value pointed of)이다.

〈예 4.18〉은 이상에서 설명한 바와 같이 간접연산자를 포인터에 연산하여 변수들의 간접적인 갱신 효과를 보여주는 몇 가지 예를 표시한 것이다.

◆ **<예 4.18>**

```
// 주소연산자(&), 간접연산자(*)와 포인터 변수
#include <iostream>
using namespace std;

double myGlobal = 3.14;

int main()
{
        int myInt = 100;
        double myDbl = 2.75;
        char myChr;
```

```
        int* pInt = &myInt;  // 포인터의 선언과 초기화
        double* pDbl = &myDbl;
        char* pChr;
        pChr = &myChr;

        cout << "*pInt= " << *pInt << endl;
        *pInt += 200;
        cout << "myInt= " << myInt << endl;

        *pDbl = myGlobal;
        cout << "myDbl= " << myDbl << endl;

        *pChr = 'A';
        cout << "myChr= " << myChr << endl;
}
```

```
*pInt= 100
myInt= 300
myDbl= 3.14
myChr= A
```

같은 자료형의 포인터 변수를 선언하고자 할 때 다음과 같이 하나의 선언문으로 처리할 수 있다. 이 때 유의할 점은 기호 *의 위치는 int와 포인터 변수 사이에 어디서든지 놓여 있어도 상관없지만 두 변수가 모두 포인터를 의미하기 위해서는 두 개의 * 기호가 필요하다.

```
int *myIntOne,  *myIntTwo ;
```

그러나 다음 선언문의 int*와 같이 하나의 * 기호만 표시하면 myOne 변수는 포인터 변수이지만 myTwo 변수는 포인터 변수가 아닌 일반 int형 변수로 선언된다.

```
int* myOne, myTwo ;
```

같은 자료형의 포인터 변수들은 대입연산자를 이용하여 서로의 포인터를 복사할 수 있으며 이를 이용하면 함수로의 인수 전달 등 다양한 간접연산자의 효과를 얻을 수 있다. 〈예 4.19〉은 두 포인터 변수를 통하여 두 변수의 값을 서로 교환하는 예를 표시한 것이다.

◆ <예 4.19>

```
// 같은 유형을 갖는 포인터의 활용
#include <iostream>
using namespace std;

int main()
{
        int myOne = 100, myTwo = 200, tmp;

        int* myIntOne = &myOne;
        int* myIntTwo = &myTwo;

        tmp = *myIntOne;
        *myIntOne = *myIntTwo;
        *myIntTwo = tmp;

        cout << "myOne= " << myOne << endl;
        cout << "myTwo= " << myTwo << endl;
}
```

```
myOne= 200
myTwo= 100
```

〈예 4.19〉에서 변수 myIntOne은 포인터 변수로 선언하면서 변수 myOne의 주소로 초기화되고 있음을 알 수 있다. 그러나 선언문이 아닌 실행문에서 다음과 같이 표시하면 오류가 발생한다.

```
int* myIntOne, myOne ;
*myIntOne = &myOne ;    // 오류 발생
```

```
E0513  "int *" 형식의 값을 "int" 형식의 엔터티에 할당할 수 없습니다.
C2440  '=': 'int *'에서 'int'(으)로 변환할 수 없습니다.
```

선언문이 아닌 실행문에서 *myIntOne의 연산은 포인터 myIntOne에 저장되어 있는 주소에 가서 int형 값을 가져오든지(대입연산자의 오른쪽 피연산자일 경우) 아니면 포인터 myIntOne에 저장되어 있는 주소에 int형 값을 저장(대입연산자의 왼쪽 피연산자일 경우)하라는 의미이다. 반면에 &myOne은 변수 myOne이 저장되어 있는 주소이므로 대입연산자의 좌우 피연산자의 자료형이 각각 int와 int*로서 서로 같지 않다. 따라서 오류가 발생하는 것이다.

<실습 4.13> 부동소수형 자료 3.14159가 저장된 변수 Pi를 선언하고, Pi의 주소로 초기화된 포인터 변수 pPi를 선언하고 이 포인터 변수를 이용하여 변수 Pi의 값을 5배 누적하는 프로그램을 작성하시오.

4.3.4 포인터와 배열

배열과 포인터는 매우 밀접한 관련성이 있다. 예를 들어, 배열의 이름 그 자체는 이 배열의 첫 번째 요소가 저장되어 있는 메모리 주소인 포인터 상수(pointer constant)이다. 따라서 포인터 변수에 배열의 이름 자체를 대입할 수 있다. 다음은 〈예 4.1〉에서 선언했던 int형 배열 day[]의 이름 day를 int형 포인터 pd에 대입하는 예를 표시한 것이다. 이때 포인터 pd에는 배열의 시작 주소인 day[0]의 주소가 저장된다.

```
int day[12] = { 21, 16, 1, 3, 16, 27, 3, 31, 21, 10, 30, 18 } ;
int * pd ;
pd = day ;      // 포인터 상수 day가 대입된 포인터 변수 pd
```

그러나 배열의 이름이 포인터 상수이기 때문에 같은 포인터라고 하더라도 다음과 같이 다른 포인터 변수의 값을 이 배열의 이름에 대입할 수 없다.

```
day = pd ;      // 오류 발생; day는 (포인터) 상수임
```

int*형 포인터인 pd에는 int형 자료가 저장된 임의의 int형 변수의 주소가 대입될 수 있다. 따라서 다음 실행문은 정상적으로 작동된다.

```
pd = &day[0] ;  // 배열 day[]의 첫 번째 요소가 저장된 주소
```

여기서 배열 day[]의 첫 번째 요소가 저장된 주소인 &day[0]는 배열의 이름인 day와 같다. 배열의 이름인 day를 포인터 변수 pd에 대입한 이후 간접연산자(*)를 연산하면 day[0]의 값을 얻거나 변경할 수 있다.

```
cout << "*pd= " << *pd << endl ;    // day[0]의 값이 출력됨
```

배열 day[]와 포인터 변수 pd가 선언된 이후 메모리 상황을 그림으로 표시하면 다음과 같다.

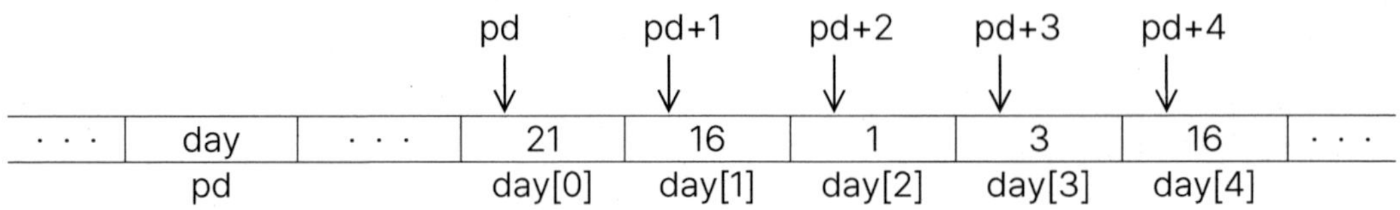

〈그림 4.2〉 pd=day; 실행 이후 메모리 내의 상황

포인터의 대부분의 산술 연산은 불가능하지만 (포인터 ± 정수) 형태의 연산은 가능하다. 포인터는 크기가 1바이트인 메모리 셀의 주소이기 때문에 (포인터+1)의 연산도 또한 메모리 주소가 된다.

변수 x에 대하여 (x+1)은 x의 자료형과 상관없이 x를 무조건 1 증가시키는 덧셈 연산이지만, (포인터+1)의 연산은 포인터가 어떤 유형의 포인터이냐에 따라 그 결과가 달라진다. 예를 들어, 포인터가 int*형일 때 (포인터+1)은 포인터의 값인 메모리 주소에 4를 더하는 연산을 수행하고, 포인터가 double*형일 때 (포인터+1)은 포인터의 값인 메모리 주소에 8를 더하는 연산은 수행한다. 즉, (포인터+1)의 연산 결과는 이 포인터가 가리키는 자료형의 크기(바이트)만큼 건너뛴 메모리 주소가 된다.

〈그림 4.2〉에 표시된 바와 같이 포인터 변수 pd에는 day[] 배열의 첫 번째 요소인 day[0]의 주소가 저장되어 있기 때문에 현재 pd가 가리키고 있는 변수는 day[0]이다. day[] 배열이 int형으로 선언되었기에 day[0]의 자료형도 int형이다. 따라서 int형의 크기가 4바이트이므로 (pd+1)의 결과는 day[0]의 주소에서 4만큼 건너뛴 day[1]의 주소가 된다. 마찬가지로 (pd+3)의 연산 결과는 day[3]의 주소가 된다.

포인터 변수 pd에 간접연산자를 연산하여 배열 day[]의 각 요소들의 값을 참조하고 또한 그 값을 변경할 수 있다. 다음 예는 배열 day[]의 요소 day[0]부터 day[4]까지 각각 5를 더하여 이들의 값을 변경함과 동시에 출력하는 작업을 표시한 것이다.

```
for (int i = 0; i < 5; i++) {
        *(pd + i) += 5 ;
        cout << "day[" << i << "]= " << *(pd + i) << endl ;
}
```

이를 테면, *(pd+1)+=5;는 *(pd+1)=*(pd+1)+5;와 동일한 문장이므로 먼저 (pd+1)이 가리키는 기억장소(day[1]의 방)에서 값(16)을 가져와 5를 더한다. 그 결과 21을 다시 (pd+1)이 가리키는 기억장소인 day[1]에 저장하므로 day[1]의 출력 결과는 21이 된다.

배열 day[]에서 day[1]과 같이 대괄호([], bracket)을 이용하면 배열의 요소를 참조할 수 있었다. 또한 배열의 이름 자체가 메모리에 저장된 이 배열의 시작 주소를 의미하므로 포인터(상수)이다. 이때 포인터 상수 (day+i)는 배열 day[]의 i-요소가 저장된 메모리 주소를 의미한다. 따라서 다음과 같이 배열 day[]의 i-요소가 저장된 메모리 주소 (day+i)에 간접연산자(*)를 적용하여 배열의 각 요소를 참조할 수 있다.

*day[]의 i-요소: day[i]   ==   *(day + i)*

예를 들어, day[0]와 day[3]의 값을 모두 20으로 변경하고자 할 때 다음과 같이 코딩한다.

```
*day = 20 ;             // day[0] = 20 ;
*(day + 3) = 20 ;    // day[3] = 20 ;
```

〈예 4.20〉은 앞에서 설명한 바와 같이 포인트 변수 pd와 포인터 상수 day를 이용하여 배열 day[]의 요소들을 참조하는 예를 표시한 것이다.

◆ **<예 4.20>**

```
// 포인터 변수와 포인터 상수
#include <iostream>
using namespace std;

int main()
```

```
{
        int day[12] = { 21, 16, 1, 3, 16, 27, 3, 31, 21, 10, 30, 18 };
        int* pd;

        pd = day;   // pd: 포인터 변수,  day: 포인터 상수

        cout << "day[0]= " << day[0] << endl;
        cout << "*pd= " << *pd << endl<< endl;

        for (int i = 0; i < 5; i++) {
                *(pd + i) += 5;
                cout << "day[" << i << "]= " << *(pd + i) << endl;
        }

        *day = *(day + 3) = 20;

        cout << "\nday[0]= " << day[0] << endl;
        cout << "day[3]= " << *(day+3) << endl;
}
```

```
day[0]= 21
*pd= 21

day[0]= 26
day[1]= 21
day[2]= 6
day[3]= 8
day[4]= 21

day[0]= 20
day[3]= 20
```

포인터 변수 pd에 배열 day[]의 2-요소 day[2]가 저장된 주소를 대입하면 포인터 pd의 값이 바뀌며 이를 이용하여 배열 day[]의 각 요소들을 참조할 수 있다. 여기서 day[2]가 저장된 주소는 포인터 상수 &day[2] 또는 (day+2)로 표시할 수 있다.

```
pd = &day[2] ;  // 배열 day[]의 세 번째 요소인 2-요소 day[2]가 저장된 주소
```

포인터 변수 pd에 포인터 상수인 day[2]의 주소를 대입한 이후의 메모리 상황을 그림으로 표시하면 다음 〈그림 4.3〉과 같다.

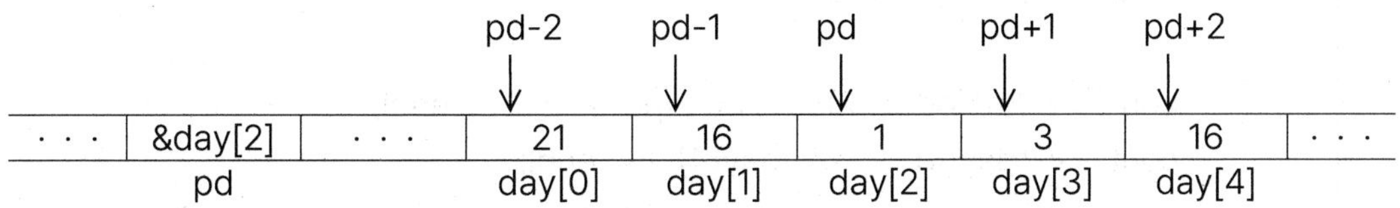

〈그림 4.3〉 pd=&day[2]; 실행 이후 메모리 내의 상황

실행문 pd=&day[2]; 이후 메모리 내의 상황인 〈그림 4.3〉을 살펴보면, pd가 가리키고 있는 기억 장소가 day[2]가 차지하는 메모리 공간이므로 *pd의 값은 day[2]와 같다. 이미 설명한 바와 같이 *(pd+1)의 값은 day[2]의 오른쪽 기억 공간을 차지하는 day[3]의 값이며, *(pd-1)의 값은 반대로 day[2]의 왼쪽 기억 공간을 차지하는 day[1]의 값이다. 또한 (pd-2)은 day[0]을 가리키는 포인터이므로 *(pd-2)는 day[0]과 같다. 그런데 (pd-3)이 가리키는 기억 장소의 값을 *(pd-3)으로 출력할 수는 있지만 이 기억 장소에 실제 어떤 값이 저장되어 있는지 알 수 없기 때문에 이상한 값이 출력될 것이다. (오류는 발생하지 않는다.)

〈예 4.21〉은 실행문 pd=&day[2];이 실행된 이후 배열 day[]의 각 요소들을 참조하는 예를 표시한 것이다. 참고로 *(pd+2)의 값은 (pd+2)가 가리키는 day[4]의 값 16이지만, (*pd+2)의 값은 간접연산자가 우선순위가 높기 때문에 pd가 가리키는 day[2]에 2을 더한 값 3이다.

◆ **<예 4.21>**

```
// 포인터 변수
#include <iostream>
using namespace std;

int main()
{
        int day[12] = { 21, 16, 1, 3, 16, 27, 3, 31, 21, 10, 30, 18 };
        int* pd;
        pd = &day[2];    // 또는 pd = day + 2 ;
```

```
        for (int i = -2; i <= 2; i++)
                cout << "*(pd+(" << i << "))= " << *(pd + i) << endl;
        cout << endl;

        cout << "*(pd - 3)= " << *(pd - 3) << endl;  // 엉뚱한 기억 장소를 참조

        *(pd + 2) = *pd + 2;

        cout << "\n*(pd + 2)= " << *(pd + 2) << endl;
        cout << "day[4]= " << day[4] << endl;
}
```

```
*(pd+(-2))= 21
*(pd+(-1))= 16
*(pd+(0))= 1
*(pd+(1))= 3
*(pd+(2))= 16

*(pd - 3)= -858993460

*(pd + 2)= 3
day[4]= 3
```

<실습 4.14> <예 4.21>에 표시된 일차원 배열 day[]의 5-요소 day[5]의 주소를 포인터 변수 pt에 저장한 후, *pt, *(pt+3), *(pt-2), *pt+3의 값을 출력하는 프로그램을 작성하고 출력된 결과들을 분석하시오.

4.3.5 포인터와 증가, 감소연산자

포인터의 경우 (포인터 ± 정수) 형태의 연산만 가능하고, 그 결과는 현재 포인터가 가리키고 있는 변수의 데이터형의 크기와 관련이 있다. 포인터에 증가연산자 또는 감소연산자를 연산한다는 것은 (포인터 ± 1)의 연산을 수행한다는 의미와 동일하다.

다음은 자료형이 서로 다른 3개의 포인터 변수를 선언하고 각각의 초기값으로 서로 다른 데이터형을 갖는 배열의 시작 주소를 대입하고 있다.

```
char Chr[3] ={'A', 'B', 'C'} ;
int Int[3] = {100, 200, 300} ;
double Dbl[3] = {4.35, 3.25, 2.15} ;

char* pChr = Chr ;  // 포인터의 선언과 초기화
int* pInt = Int ;
double* pDbl = Dbl ;
```

이때 &Chr[0]의 주소가 124라고 가정할 때 메모리 공간 내의 3개의 배열과 3개의 포인터변수의 위치를 그림으로 표시하면 〈그림 4.4〉와 비슷할 것이다.

	pChr ↓				pInt ↓						
주소	124	125	126		160	164	168				
값	'A'	'B'	'C'	· · ·	100	200	300				
요소이름	Chr[0]	Chr[1]	Chr[2]		Int[0]	Int[1]	Int[2]				

	pDbl ↓							
주소	208	216	224					
값	4.35	3.25	2.15	· · ·	124	160	208	
요소이름	Dbl[0]	Dbl[1]	Dbl[2]		pChr	pInt	pDbl	

〈그림 4.4〉 3개의 배열 선언 이후 메모리 내의 상황

이 때 배열 Chr[]의 요소들의 크기는 1바이트이고 배열 Int[]의 요소들의 크기는 4바이트이다. 따라서 (pChr+1)의 값은 125가 되며, (pInt+1)의 값은 164가 된다. 마찬가지로 배열 Dbl[]의 요소들의 메모리 크기가 8바이트이므로 (pDbl+1)의 값은 (208+8)로서 216이다.

포인터에 다음과 같이 증가연산자를 작동시키면 현재 포인터 변수에 들어 있는 값을 1 증가시키는 작업이 수행된다. 즉, ++pInt;는 pInt=pInt+1;과 같은 실행문이므로 pInt에는 주소 164가 저장된다.

```
++pChr ;    // pChr = pChr + 1;
++pInt ;    // pInt = pInt +1;
++pDbl ;    // pDbl = pDbl + 1;
```

포인터에 연산되는 증가연산자와 감소연산자의 경우에도 다른 수식과 어우러져 표기될 때, 전위 표기와 후위 표기 방식에 따라 실행문의 연산 순서가 달라짐으로 조금 차이나는 결과를 얻을 수 있다. 예를 들어, *pInt++은 증가연산자가 피연산자인 포인터 pInt에 후위 표기 방식으로 연산되어 있으며, *++pInt은 증가연산자가 포인터 pInt에 전위 표기 방식으로 연산되어 있기 때문에 출력되는 전체 값은 차이가 있다. 그러나 어느 경우이든 최종적으로 포인터 pInt의 값은 1 증가되어 있다.

```
pInt = Int ;    // Int == &Int[0] : 배열의 시작주소
cout << "*pInt++ = " << *pInt++ << endl ;  // 100이 출력됨
cout << "*++pInt = " << *++pInt << endl ;  // 300이 출력됨
```

수식 *pInt++은 증가연산자가 후위 표기이기 때문에 먼저 *pInt의 값을 계산하여 출력한 후 이어서 포인터 pInt의 값을 1증가 시킨다. 반면에 수식 *++pInt은 먼저 포인터 pInt의 값을 1 증가 시킨 후, 증가된 주소의 값을 계산하게 된다. 첫 번째 cout 문에서 pInt의 값을 1증가하였기 때문에 두 번째 cout문이 실행되면 pInt의 값은 또 1증가되므로 Int[2]의 주소가 pInt의 값이 된다. 따라서 두 번째 cout문의 결과는 200이 아니라 300이 출력될 것이다.

```
cout << "\n++*pDbl = " << ++*pDbl << endl ;
(*pDbl)++;  // *pDbl = *pDbl + 1;
```

한편 수식 ++*pDbl는 ++(*pDbl)과 같은 수식으로 *pDbl=*pDbl+1과 같다. 즉, 현재 pDbl이 가리키고 있는 주소의 값을 1 증가하라는 의미이다. 증가연산자가 전위로 표기된 경우이지만 후위로 표기된 (*pDbl)++와 같은 명령을 수행한다. 이때 괄호는 반드시 필요하다. 괄호가 없는 *pDbl++는 *(pDbl++)의 의미이므로 전혀 다른 결과가 도출될 것이다.

〈예 4.22〉는 이상에서 설명한 바와 같이 포인터에 증가연산자를 연산하는 표기 방식에 따라 다른 결과를 보여주는 예를 표시한 것이다.

◆ <예 4.22>

```
// 포인터 변수와 증가연산자
#include <iostream>
```

```
using namespace std;

int main()
{
        char Chr[3] = { 'A', 'B', 'C' };
        int Int[3] = { 100, 200, 300 };
        double Dbl[3] = { 4.35, 3.25, 2.15 };

        char* pChr = Chr;  // 포인터의 선언과 초기화
        int* pInt = Int;
        double* pDbl = Dbl;

        cout << "*pChr= " << *pChr << endl;
        cout << "*pInt= " << *pInt << endl;
        cout << "*pDbl= " << *pDbl << endl;

        ++pChr;
        ++pInt;
        ++pDbl;

        cout << "\n*pChr= " << *pChr << endl;
        cout << "*pInt= " << *pInt << endl;
        cout << "*pDbl= " << *pDbl << endl;

        pInt = Int;
        cout << "\n*pInt++ = " << *pInt++ << endl;
        cout << "*++pInt = " << *++pInt << endl;

        cout << "\n++*pDbl = " << ++*pDbl << endl;
        (*pDbl)++;
        cout << "*pDbl = " << *pDbl << endl;
}
```

```
*pChr= A
*pInt= 100
*pDbl= 4.35

*pChr= B
*pInt= 200
*pDbl= 3.25

*pInt++ = 100
*++pInt = 300

++*pDbl = 4.25
*pDbl = 5.25
```

<실습 4.15> <예 4.21>에 표시된 일차원 배열 day[]의 5-요소 day[5]의 주소를 포인터 변수 pt에 저장한 후, *pt++, *(pt++), (*pt)++, *pt, ++*pt, ++(*pt)의 값을 차례대로 출력하는 프로그램을 작성하고 출력된 결과들을 분석하시오.

4.3.6 배열을 함수로 전달하는 방법 II

main() 함수에 있는 변수의 정보를 사용자 정의 함수로 전달하는 방법은 이미 설명한 바와 같이 호출하는 과정에서 실인수의 값을 함수의 매개변수로 전달하는 값에 의한 호출(call by value) 방식이 있으며, 실인수가 변수일 경우 이 변수의 별칭인 참조자를 함수의 매개변수로 선언함으로서 값을 전달하는 참조자에 의한 호출(call by reference) 방식이 있다.

함수로 정보를 전달하는 또 다른 방법은 함수의 매개변수를 포인터 변수로 선언하고, 호출하는 함수 내에서는 함수의 실인수로 변수의 주소 등 포인터를 지정하는 방식이다. 즉, 매개변수의 포인터 변수에 메모리 주소를 전달하는 방식으로 이를 주소에 의한 호출(call by address)이라고 부른다.

다음은 함수로 정보를 전달하는 3가지 방식에 대하여 함수의 선언문과 호출 형식에 대하여 간단히 비교를 한 것이다.

함수로 정보 전달 방식	함수의 선언문	호출 형식
call by value(값)	void func1(int a, int b);	func1(x, y) ;
call by reference(참조자)	void func2(int & a, int & b);	func2(x, y) ;
call by address(주소)	void func3(int * pa, int * pb);	func3(&x, &y);

〈예 4.23〉은 main() 내에서 생성된 두 변수의 값을 서로 교환하는 작업을 위하여 주소에 의한 호출 방식으로 작성된 함수 sw()을 main() 함수와 함께 표시한 것이다.

◆ <예 4.23>

```
// call by address
#include <iostream>
using namespace std;

void sw(int* pa, int* pb) {
        int tmp;
        tmp = *pa;
        *pa = *pb;
        *pb = temp;
}

int main()
{
        int x = 100, y = 200;

        sw(&x, &y);
        cout << "x= " << x << ",\ty= " << y << endl;

        cout << "x= "; cin >> x;
        cout << "y= "; cin >> y;

        sw(&x, &y);
        cout << "x= " << x << ",\ty= " << y << endl;
}
```

```
x= 200, y= 100
x= 35↵
y= 76↵
x= 76,  y= 35
```

〈예 4.23〉에서 정의된 함수 sw()가 처음 호출된 직후 지역변수 tmp가 생성될 때의 메모리 상황은 다음 〈그림 4.5〉와 같다.

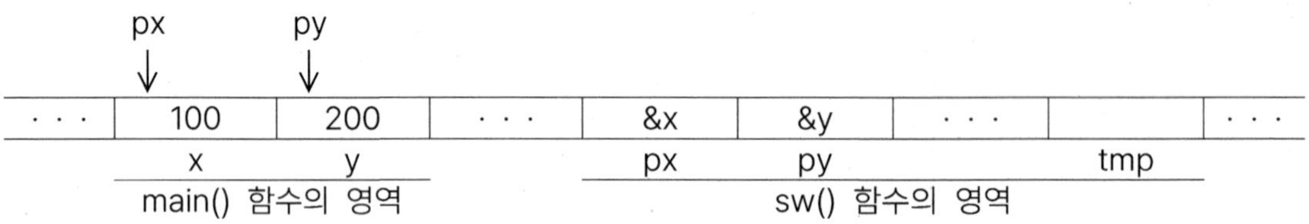

〈그림 4.5〉 함수 sw() 호출이후 메모리 내의 상황

〈그림 4.5〉을 보면 main() 함수에서 선언된 변수 x, y의 메모리 주소를 sw() 함수의 매개변수인 px, py로 전달받았기 때문에 포인터 px, py가 각각 x와 y의 메모리 영역을 가리키고 있다. px, py는 포인터 변수이므로 간접연산자를 이용하면 함수 sw() 내에서 언제든지 변수 x와 y의 값을 참조할 수 있으며 또한 이들의 값을 변경할 수 있다.

4.1.5절에서 함수로 배열의 정보를 전달하고자 할 때 함수의 매개변수를 배열로 선언하는 방법에 대하여 알아보았다. 매개변수로 선언되는 배열의 크기는 지정하지 않고 []으로 표시하며, 함수를 호출할 때는 이 함수로 전달하고자 하는 배열의 이름만 표시하였다.

여기서 함수를 호출할 때 사용하는 배열의 이름은 포인터(상수)이기 때문에 함수의 매개변수를 배열로 선언하는 대신 포인터 변수로 선언할 수 있다. 이러한 배열의 전달 방식은 배열의 요소들을 하나씩 함수의 매개변수로 복사하는 방식보다 실행 시간과 기억 장소가 절약된다.

〈예 4.1〉에서 선언한 일차원 배열 day[]의 자료들을 함수에 전달하여 배열 day[]의 연속적인 일부 요소들의 합을 구하는 함수 subsum()을 작성해보자. 또한 함수 subsum()은 일차원 배열의 일부 요소들의 합을 구한 후 각 요소들이 짝수이면 2를, 홀수이면 3를 곱하여 변경하는 작업도 함께 수행하도록 해보자. 함수 subsum()의 선언문은 다음과 같다. 즉, 배열의 정보를 받는 매개변수를 포인터 변수로 선언하는 것이다.

```
int subsum( int* pd, int n, int m ) ;    // 포인터 pd에 배열의 시작주소를 전달
```

〈예 4.24〉는 main() 내에서 생성된 배열 day[]의 n-요소부터 m-요소까지의 합을 구하여 반환하고 각 요소의 값을 2배 또는 3배로 변경하는 subsum() 함수를 정의한 것이다.

◆ **<예 4.24>**

```
// 배열을 함수로 전달하는 방법 II (call by address)
#include <iostream>
using namespace std;

int subsum( int* pd, int n, int m )  // 배열의 주소를 포인터 변수로 전달
{
        int s = 0;
        for (int i = n; i <= m; i++) {
                s += *(pd + i);         //    s += pd[i];로 표현 가능함
                if (*(pd + i) % 2 == 0) *(pd + i) *= 2;
                else *(pd + i) *= 3;
        }
        return s;
}

int main()
{
        int day[12] = { 21, 16, 1, 3, 16, 27, 3, 31, 21, 10, 30, 18 };
        int m=7, n=4;

        cout << "day[" << n << "]+...+day[" << m << "] = ";
        cout << subsum(day, n, m) << endl;    // call by address

        for (int i = 0; i < 12; i++)
                cout << day[i] << ",  ";
        cout << endl;
}
```

```
day[4]+...+day[7] = 77
21, 16, 1, 3, 32, 81, 9, 93, 21, 10, 30, 18,
```

참고로 함수 subsum()의 정의 내에 표시된 포인터 연산 (pd+i)는 배열의 요소 day[i]를 가리키는 포인터이므로 *(pd+i)의 값은 day[i]와 같다. 이때 pd를 배열의 이름으로 간주하여 함수 내에서 *(pd+i)를 pd[i]로 표기해도 문제가 없다.

다음 prnt() 함수는 배열 자료를 출력하기 위하여 정의한 함수이다. 배열 자료는 주소에 의한 호출 방식으로 배열의 이름만 함수로 전달하였으며, 함수 선언문에서는 매개변수를 포인터변수로 선언하였다.

```
void prnt( const int* pa, const int n )
{
        for (int i = 0; i < (n-1); i++)
                cout << *(pa + i) << ", " ;     // pa[i] == *(pa+i)
        cout << pa[n-1] << endl ;      // pa[n-1] == *(pa+(n-1))
}
```

여기서 prnt() 함수는 배열의 모든 요소들을 단지 출력만 하는 함수이다. 즉, prnt() 함수가 실행되는 동안 간접연산자를 통해 배열의 일부 요소가 변경되기를 바라지 않는다. 이런 경우 prnt() 함수의 선언문에 표기한 바와 같이 매개변수에 const 키워드를 사용하면 부주의하게 원래 자료를 변경시키는 잘못을 방지할 수 있다. 예를 들어 다음과 같이 prnt() 함수의 내부에 포인터 변수 pa가 가리키는 주소의 값을 변경하려고 하면 오류가 발생한다. 변수 n의 경우에도 마찬가지로 함수 내에서는 그 값을 변경시킬 수 없다.

```
void prnt( const int* pa, const int n )
{
        *(pa+4) = 40 ;  // 변경할 수 없음
        n = 20 ;  // n은 상수로 간주되므로 변경 금지
}
```

```
ⓧ C3892   'pa': const인 변수에 할당할 수 없습니다.
ⓧ C3892   'n': const인 변수에 할당할 수 없습니다.
```

〈예 4.25〉은 함수 subsum()을 이용하여 배열의 일부 요소들의 합을 구하면서 동시에 그 값을 변경하면 prnt() 함수가 변경된 배열의 모든 요소들을 출력하도록 두 함수를 호출하는 main() 함수를 표시한 것이다. subsum() 함수와 prnt() 함수의 정의 부분은 생략하고 두 함수의 선언문만 표시하였다.

◆ <예 4.25>

```
// 배열을 함수로 전달하는 방법 II (call by address)
#include <iostream>
using namespace std;

int subsum(int* pd, int n, int m) ;
void prnt(const int* pa, const int n) ;

int main()
{
        int day[12] = { 21, 16, 1, 3, 16, 27, 3, 31, 21, 10, 30, 18 };
        int m=7, n=4;

        cout << "day[" << n << "]+...+day[" << m << "] = ";
        cout << subsum(day, n, m) << endl;  // call by address & call by value

        prnt(day, 12);    // call by address & call by value
}
```

```
day[4]+...+day[7] = 77
21, 16, 1, 3, 32, 81, 9, 93, 21, 10, 30, 18
```

<실습 4.16> 두 수를 읽어 들여서 두 수의 합과 곱을 구하는 addMul() 함수를 정의하고 그 결과인 두 수의 합과 곱을 각각 출력하는 프로그램을 작성하시오. 단, addMul() 함수의 반환값은 두 수의 합이고 두 수의 곱은 포인터를 통하여 반환받도록 한다. addMul() 함수의 원형은 다음과 같다.

```
double  addMul( double x, double y, double * pmul ) ;
```

4.3.7 포인터와 const

〈예 4.25〉에서 다루었던 prnt() 함수의 매개변수 pa는 다음과 같이 상수 요소를 가리키는 포인터로 선언되었다. 이렇게 선언된 포인터 변수 pa에는 int형 변수들의 주소가 언제든지 대입될 수 있지만, pa가 가리키는 *pa, 즉 day[0]의 값은 변경할 수 없다.

```
const int* pa = day ;        // const int를 가리키는 포인터: *pa가 상수로 간주됨
cout << *(pa+2) << endl ;  // (pa+2)가 가리키는 값을 출력: 가능
++pa ;          // pa의 값을 1 증가: 가능
++(*pa) ;    // pa가 가리키는 값을 1 증가: 불가능
```

const int를 가리키는 포인터 변수를 선언하는 문장에서 키워드 const가 int 다음에 표기되어도 상관없다. 즉, 다음과 같이 선언한 두 종류의 선언문은 같은 의미이다.

```
const int* pa = day ;    // const int를 가리키는 포인터:
int const * pa = day ;  // const int를 가리키는 포인터:
```

다음과 같이 포인터 변수의 선언문에서 const 키워드가 앞의 예와 다르게 위치하면 반대의 결과를 얻을 수 있다. 즉, 이렇게 선언된 포인터 pa는 int를 가리키는 const 포인터로서 pa의 값(주소)을 변경할 수 없다. 그러나 pa가 가리키는 주소의 값은 얼마든지 변경이 가능하다.

```
int* const pa = day ;  // int를 가리키는 const 포인터: pa가 상수로 간주됨
cout << *(pa+2) << endl ;  // (pa+2)가 가리키는 값을 출력: 가능
++pa ;          // pa의 값을 1 증가: 불가능
++(*pa) ;    // pa가 가리키는 값을 1 증가: 가능
```

다음 예와 같이 키워드 const가 int*의 앞과 뒤에 모두 표시되어 포인터 변수를 선언하면 pa도 상수로 간주되고, *pa도 상수로 간주될 것이다. 이때 pa를 const int를 가리키는 const 포인터라고 한다.

```
const int* const pa = day ;       // const int를 가리키는 const 포인터
cout << *(pa+2) << endl ;          // (pa+2)가 가리키는 값을 출력: 가능
++pa ;              // pa의 값을 1 증가: 불가능
++(*pa) ;         // pa가 가리키는 값을 1 증가: 불가능
```

4.3.8 포인터를 가리키는 포인터와 배열 포인터

C++ 언어에서 포인터를 가리키는 포인터(pointer to pointer)를 선언할 수 있다. 포인터를 가리키는 포인터란 이 포인터가 가리키고 있는 기억 장소의 자료가 또한 포인터(즉 메모리의 주소)인 경우를 말한다. (포인터를 가리키는 포인터 변수)의 선언은 별표(asterisk, *) 기호를 연달아 2번 표시하면 된다. 예를 들어 다음과 같이 선언되는 변수 ptp는 포인터를 가리키는 포인터 변수이다.

```
double** ptp ;      // 포인터를 가리키는 포인터
```

다음 예에서 변수 x는 3.14로 초기화된 double형 (일반) 변수이고, 변수 px는 x가 차지하는 메모리의 주소가 저장된 double*형 포인터 변수이다. 이때 변수 ptp는 px가 차지하는 메모리의 주소가 저장된 double**형 포인터를 가리키는 포인터 변수이다.

```
double x = 3.14 ;          // 일반 변수
double* px = &x ;          // 포인터 변수
double** ptp = &px ;       // 포인터를 가리키는 포인터 변수
```

이렇게 3개의 선언문이 실행된 이후 메모리의 배치 상황을 표시하면 다음 〈그림 4.6〉과 같다.

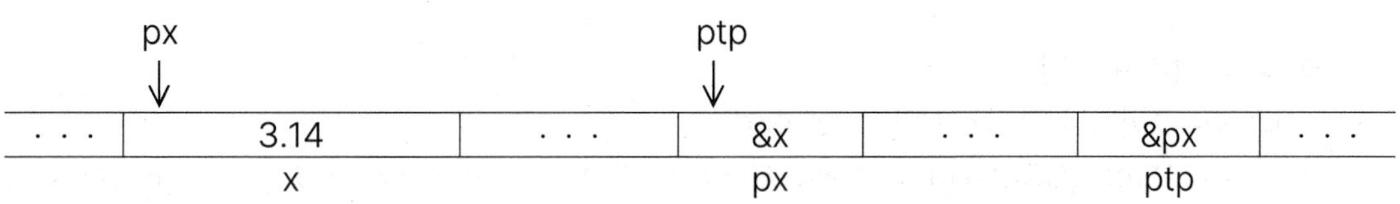

〈그림 4.6〉 포인터를 가리키는 포인터에 대한 메모리 내의 상황

즉, ptp는 double**형 변수이고 ptp가 차지하는 메모리 공간에는 변수 px의 주소가 저장되어 있으며, px는 double*형 변수로서 이 변수에는 x의 주소가 저장되어 있다. 따라서 다음 3개의 cout 실행문은 모두 3.14가 출력된다.

```
cout << "x= " << x << endl ;              // 3개의 실행문은 모두 3.14가 출력됨
cout << "*px= " << *px << endl ;
cout << "**ptp= " << **ptp << endl ;
```

참고로 **ptp의 실행은 *(*ptp)로 해석할 수 있다. 여기서 *ptp는 ptp가 가리키는 주소의 값이므로 이 주소와 동일한 변수의 이름은 int*형인 px이다. 결론적으로 **ptp은 *(*ptp)이므로 *px이고 그 결과는 double형의 값 3.14가 된다.

〈예 4.2〉에서 선언했던 3행 5열의 크기를 갖는 2차원 배열 temp[][]을 다음과 같이 t[][]로 선언하자.

```
double t[3][5] = { {14.9, 14.2, 17.0, 16.4, 15.8}, {16.0, 16.2, 18.2, 20.0, 19.3},
                   {13.6, 14.5, 17.1, 16.9, 17.6} } ;
```

여기서 t[i](i=0,1,2)는 이차원 배열 t[][]의 i행에 대한 double형 일차원 배열의 이름을 의미한다. 일차원 배열의 이름 자체는 그 배열의 첫 번째 요소가 할당받은 메모리 주소이므로 t[i]는 t[i][0]의 메모리 주소를 의미하는 double*형 포인터 상수이다.

t[0]가 double*형 포인터 상수이므로 이 값을 double*형 포인터 변수 pt에 대입하면 수학식을 활용하여 이차원 배열 temp[][]의 모든 요소를 참조할 수 있다. 단, COL은 이차원 배열의 열의 크기이다.

```
double* pt = t[0] ;
cout << "t[i][j] = " << t[i][j] << endl ;
cout << "*(pt+(COL*i+j)) = " << *( pt + (COL*i + j) ) << endl ;  // t[i][j]가 출력됨
```

✧ <실습 4.17> 이차원 배열 t[][]의 첫 번째 요소의 주소 t[0]을 함수에 전달한 후, 함수에서는 중첩 for문을 이용하여 이차원배열의 모든 요소를 출력하는 함수 prnt_marr_one()을 작성하시오.

이차원 배열 t[][]의 double*형 포인터 상수인 t[0], t[1], t[2]를 하나의 일차원 배열로 간주한다면 이 일차원 배열의 이름인 t는 첫 번째 요소 t[0]을 가리키는 포인터 상수가 된다. 따라서 t+1은 이차원 배열의 1행이 시작하는 주소인 t[1]과 같은 의미이며, t+2는 이차원 배열의 2행이 시작하는 주소인 t[2]를 의미하는 포인터이다.

cout을 이용하여 t[0]의 값과 t의 값을 출력해보면 같은 메모리 주소 값이 출력된다. 그러나 t[0]은 double*형 포인터 상수이고 t는 double*형 포인터 t[0]을 가리키는 포인터 상수이므로 두 포인터 상수는 전혀 다른 성질의 포인터이다. 예를 들어 〈그림 4.7〉에 표시된 바와 같이 *t[0]의 값은 14.9가 바로 출력되지만 *t의 값은 t[0]이므로 **t와 같이 표기해야 비로소 14.9가 출력된다. 또한 t[0]+1의 값은 t[0][1]의 주소인 176이지만 t+1의 값은 t[1][0]의 주소인 208이다. 따라서 두 포인터 상수가 서로 다른 유형임을 알 수 있다.

이와 같이 포인터 상수 t에 1을 더하면 그 결과는 상수 t의 값에 이차원 배열의 열의 크기만큼 건너뛴 주소의 값이 계산된다. 따라서 이차원 배열의 정보를 함수에 전달할 때, 이차원 배열의 이름만 함수에 전달할 수 있는데 이 경우 함수의 매개변수를 배열 포인터(pointer to array)로 선언하여야 한다. 배열 포인터는 다음과 같이 열의 크기를 지정하고 괄호를 이용하여 선언한다. 이때 [] 연산자 보다 () 연산자를 먼저 수행하기 때문에 먼저 1개의 변수를 생성하고 이 변수가 5개의 요소를 갖는 배열을 가리킨다는 배열 포인터임을 선언하는 것이다.

```
double (*ptp)[5] = t ;      // 열의 크기가 5인 (이차원) 배열 포인터 생성
```

〈그림 4.7〉은 이차원 배열을 함수로 전달하기 위하여 매개변수를 배열 포인터 ptp를 선언한 이후 메모리 내의 상황을 그림으로 표시한 것이다.

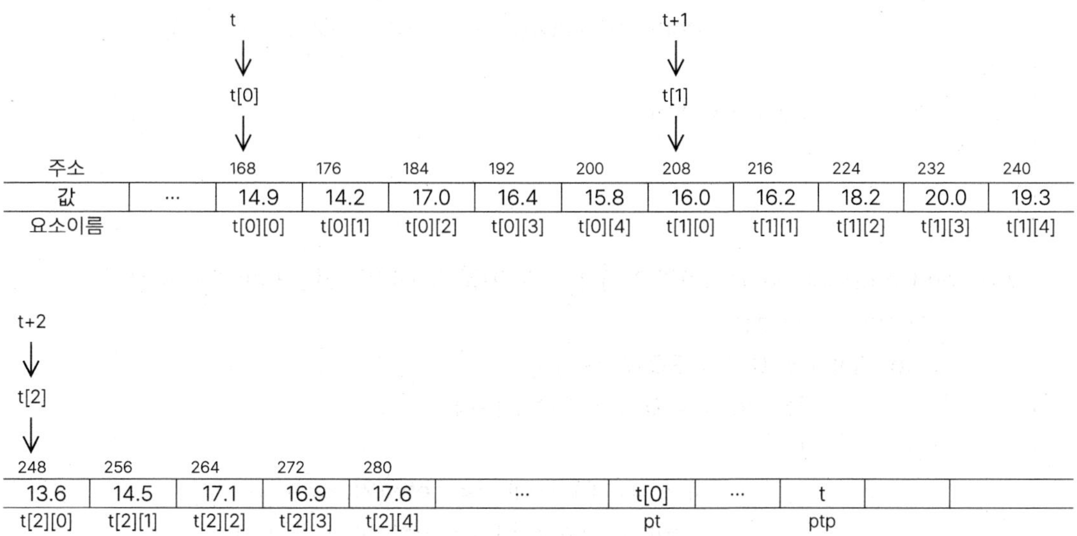

〈그림 4.7〉 이차원 배열과 함수에서 배열 포인터 선언 이후 메모리 내의 상황

〈예 4.26〉은 이차원 배열의 각 요소들을 배열의 이름인 t, 그리고 각 행의 이름인 t[i]를 이용하여 출력하는 예를 표시한 것이다. 그리고 배열의 시작 주소인 t[0]을 함수로 전달하여 이차원 배열 전체를 출력하는 prnt_arr1() 함수와 배열 포인터 상수인 t를 함수로 전달하여 이차원 배열 전체를 출력하는 prnt_arr2() 함수를 동시에 정의하였다. 참고로 prnt_arr2() 함수 내에서는 포인터 배열 ptp를 이차원 배열로 간주하여 *(*(ptp + i) + j)를 ptp[i][j]로 표시해도 문제없다.

◆ **<예 4.26>**

```
// 이차원배열과 배열 포인터
#include <iostream>
#include <iomanip>
using namespace std;

const int ROW = 3, COL = 5;

void prnt_arr1(double* pt) {    // 일차원 배열로 간주하여 출력하기
        cout << endl;
        for (int i = 0; i < ROW; i++) {
                for (int j = 0; j < COL; j++)
                {
                        if (j == 0) cout << setw(2) << i << "|";
                        cout << setw(5) << *(pt + (COL * i + j));
                }
                cout << endl;
        }
}

void prnt_arr2(double (*ptp)[COL]) {    // 배열 포인터로 전달받기: 2차원 배열
        cout << endl;
        for (int i = 0; i < ROW; i++) {
                for (int j = 0; j < COL; j++)
                {
                        if (j == 0) cout << setw(2) << i << "|";
                        cout << setw(5) << *(*(ptp + i) + j);
                }
                cout << endl;
```

```
        }
}

int main()
{
        double t[3][5] = { {14.9, 14.2, 17.0, 16.4, 15.8},
                           {16.0, 16.2, 18.2, 20.0, 19.3},
                           {13.6, 14.5, 17.1, 16.9, 17.6} };

        cout << "t[2][1] = " << t[2][1] << endl;
        cout << "*(t[2]+1) = " << *(t[2]+1) << endl;
        cout << "*(*(t+2)+1) = " << *(*(t + 2) + 1) << endl;

        cout << "\n일차원 배열로 출력하기:" << endl;
        prnt_arr1( t[0] );

        cout << "\n배열 포인터로 출력하기:" << endl;
        prnt_arr2( t );
}
```

```
t[2][1] = 14.5
*(t[2]+1) = 14.5
*(*(t+2)+1) = 14.5

일차원 배열로 출력하기:

 0| 14.9 14.2   17 16.4 15.8
 1|   16 16.2 18.2   20 19.3
 2| 13.6 14.5 17.1 16.9 17.6

배열 포인터로 출력하기:

 0| 14.9 14.2   17 16.4 15.8
 1|   16 16.2 18.2   20 19.3
 2| 13.6 14.5 17.1 16.9 17.6
```

✣ **<실습 4.18> 배열 포인터를 이용하여 이차원 배열 t[][]를 함수로 전달한 후 각 행의 합을 구하는 함수를 정의하고 그 값을 출력하는 프로그램을 작성하시오.**

✣ **<실습 4.19> 배열 포인터를 이용하여 이차원 배열 t[][]를 함수로 전달한 후 각 열의 합을 구하는 함수를 정의하고 그 값을 출력하는 프로그램을 작성하시오.**

배열 포인터를 선언할 경우에는 선언문에 반드시 괄호를 표기하여야 한다. 괄호가 없이 다음과 같이 선언하면 5개의 포인터 요소를 갖는 포인터 배열을 생성하게 된다. 왜냐하면 선언문에서 * 연산자보다 [] 연산자가 우선순위가 높기 때문에 5개의 요소를 갖는 배열을 먼저 생성하고 나중에 그들이 포인터임을 선언하기 때문이다.

```
double *ptp[5] ;  // 5개의 포인터 요소를 갖는 배열 생성
```

4.3.9 void 포인터와 null 포인터

지금까지 선언했던 포인터 변수와 달리 가리키고자 하는 기억 장소의 자료형을 특별히 지정하지 않는 void 포인터 변수를 선언할 수 있다. void 포인터는 어떤 유형의 주소라도 넣을 수 있기 때문에 제너릭(generic) 포인터라고 부른다. 다음은 void 변수 ptr을 선언하는 예이다.

```
void * ptr ;
```

void 포인터에 어떠한 유형의 주소도 대입할 수 있지만 바로 간접연산자를 적용할 수는 없다.

```
int x = 100, y ;
ptr = &x ;
y = *ptr ;  // 오류 발생
```

```
E0852  식이 완전한 개체 형식에 대한 포인터여야 합니다.
C2100  간접 참조가 잘못되었습니다.
C2440  '=': 'void *'에서 'int'(으)로 변환할 수 없습니다.
```

〈예 4.27〉은 void 포인터를 선언하고 이 포인터를 이용하여 다른 변수들의 값을 간접적으로 출력하는 예를 표시한 것이다. 앞에서 살펴 본 바와 같이 void 포인터 ptr이 간접적으로 참조하고자 하는 유형이 정해진 것이 아니기 때문에 단지 주소만 입력하는 것으로는 정보가 부족하다. 따라서 먼저 캐스트 연산자를 이용하여 void 포인터의 유형을 참조하고자 하는 유형의 자료형으로 먼저 변환해주어야 한다.

◆ <예 4.27>

```
// void 포인터
#include <iostream>
using namespace std;

void void_ptr(void* ptr, string str)
{
        if (str == "int") {
                int* pInt; pInt = (int*)ptr;
                *pInt += 100;
        }
        else if (str == "double") {
                double* pDbl; pDbl = (double*)ptr;
                *pDbl *= 2;
        }
        else if (str == "char") {
                char* pChr; pChr = (char*)ptr;
                *pChr = 'A';
        }
}

int main()
{
        int x = 100;
        int* px;

        void* ptr;
```

```
        ptr = &x;
        px = (int*)ptr;  // 자료형 변환이 우선되어야 함
        cout << "*px = " << *px << endl;

        double pi = 3.14;
        char ch;

        void_ptr(&pi, "double");
        cout << "pi= " << pi << endl;

        void_ptr(&ch, "char");
        cout << "ch= " << ch << endl;
}
```

```
*px = 100
pi= 6.28
ch= A
```

모든 변수는 변수를 선언하면서 초기화가 가능하다. 포인터 변수도 기존의 생성된 변수의 주소 또는 배열의 이름 등으로 초기화함으로서 포인터 변수에 저장된 주소의 값을 가리킬 수 있다. 또한 변수를 초기화하지 않고 단지 선언만 할 수 있듯이 다음과 같이 초기화하지 않는 포인터 변수를 선언할 수 있다.

```
int* px ;
```

그러나 포인터 변수 px가 선언되는 순간에는 유효한 주소를 가리키고 있지 않음을 나타내기 위하여 0이나 NULL을 사용하여 초기화할 수 있다.

```
int* px = 0 ;
double* pDbl = NULL ;
```

이렇게 포인터의 초기화에 사용된 0과 NULL이 다중정의 함수에 전달 인수로 사용되면 포인터가 아닌 정수형으로 인식되어 의도치 않은 함수가 실행될 수 있다. 이러한 혼란을 막기 위하여 C++11에 추가된 키워드 nullptr은 NULL의 의미를 수행하는 널 포인터이다. 즉, 포인터 변수를 초기화하기 위하여 기존의 방식대로 0과 NULL을 사용해도 되지만 안전성과 가독성을 높이기 위하여 nullptr을 사용하는 것이 좋다.

```
int* px = nullptr ;
int* pDbl = nullptr ;
```

〈예 4.28〉은 포인터의 초기화에 0이나 NULL보다 왜 nullptr이 더 안전한지 그 이유를 설명해주는 예를 표시한 것이다. 그러나 포인터 변수를 0으로 초기화한 이후 이 포인터 변수에 저장된 값은 정수 0이 아니라 널 포인터(nullptr)임을 알 수 있다.

◆ <예 4.28>

```
// nullptr의 차이점
#include <iostream>
using namespace std;

inline void fun(int x) { cout << "x= " << x << endl; }
inline void fun(int* px) { cout << "px = nullptr" << endl; }

int main()
{
        fun(0);
        fun(NULL);  // 포인터가 아닌 정수 0으로 인식됨
        fun(nullptr);

        int* ptx = 0;  // 널 포인터(nullptr)로 초기화 됨
        fun(ptx);
}
```

```
x= 0
x= 0
px = nullptr
px = nullptr
```

다시 언급하자면 nullptr은 포인터 변수를 초기화하고자 할 때 사용하는 값으로 이 값이 저장된 포인터 변수는 어떤 주소도 가리키고 있지 않는 포인터이다. 반면에 void 포인터 변수는 이 포인터 변수에 저장된 주소의 값에 대한 유형이 결정되지 않은 포인터이다. 즉 주소는 확실하지만 어떤 유형의 자료를 가져올지 모르는 포인터 유형이라고 할 수 있다.

4.3.10 포인터 함수

포인터 함수(pointer function)란 함수의 반환값으로 메모리 주소를 반환하는 함수를 말한다. 따라서 포인터 함수를 정의할 때는 함수 이름 앞에 * 기호를 붙여 반환되는 자료가 포인터임을 알려 주어야 한다. 포인터 함수는 함수에서 변경된 문자열을 반환하거나 동적 할당을 통하여 할당된 메모리 주소를 반환하고자 할 때 사용된다.

〈예 4.29〉는 문자열의 주소와 찾고자 하는 문자를 함수로 전달한 후 문자가 문자열에 존재하면 이 문자가 저장된 메모리 주소를 호출 함수로 되돌려주는 포인터 함수를 정의한 예이다.

◆ **<예 4.29>**

```
// 포인터 함수의 정의
#include <iostream>
using namespace std;

char* findCharAddress(char* str, char ch)
{
        while (*str) {
                if (*str == ch)
                        return str;  // char*형 포인터 반환
                str++;
        }
        return nullptr;  // 널 포인터 반환
}

int main()
{
        char math[] {"Mathematics"};
        char ch = 't';
        cout << math << endl;
```

```
        cout << math + 4 << endl;

        char* pChr = findCharAddress(math,ch);  // 포인터 함수

        if (pChr)
                cout << ch << "문자부터 끝까지 문자열 출력: " << pChr << endl;
        else
                cout << ch << " 문자를 찾지 못함.";
}
```

```
Mathematics
ematics
t문자부터 끝까지 문자열 출력: thematics
```

cout는 문자열의 주소가 입력되면 이 주소부터 NULL 문자('\0', 문자열의 끝)가 나타나기 직전까지의 문자들을 출력해준다. 따라서 cout<<math+3<<endl;은 math 문자열의 4번째 문자부터 끝까지의 문자열인 "ematics"이 출력된다. findCharAddress() 함수는 문자열 중에서 찾고자 하는 문자가 있으면 이 문자가 저장된 주소를 반환하고 없으면 nullptr 포인터를 반환한다. 따라서 함수의 반환값이 char*형 포인터이므로 함수의 정의에서 이름 앞에 char*를 표기하였다.

4.3.11 함수를 가리키는 포인터(함수 포인터)

변수를 선언하면 메모리 공간이 할당되고 이 변수가 저장된 주소를 얻을 수 있다. 변수와 마찬가지로 함수를 정의하면 메모리 공간에 함수의 본체가 저장(정확히는 코드 세그먼트라는 메모리 영역에 저장)되고 그 시작 주소를 알 수 있다. 예를 들어 다음과 같이 두 값을 더하는 함수 addNum()을 정의하고 이 함수의 이름만을 출력하면 이 함수가 저장된 메모리 주소를 알 수 있다.

```
int addNum(int x, int y) { return x + y ; }

int main()
{
        cout << "함수 addNum()의 주소 = " << addNum << endl ;
}
```

```
함수 addNum()의 주소 = 00007FF6E38C14FB
```

함수 포인터(function pointer)는 함수를 가리키는 포인터(pointer to function)로서 이 포인터 변수에 함수가 저장된 주소를 대입할 수 있으며, 차후 대입된 주소의 함수를 호출하는 데 사용한다.

〈예 4.30〉은 사칙연산을 수행하는 4개의 함수를 정의하고 각 함수의 시작주소를 함수 포인터 변수 ptFunc에 대입하고, 이 포인터를 이용하여 각 함수를 실행하고 있다. 이때 함수 포인터를 선언하기 위해서는 4개의 각 함수로 전달해야할 인수의 개수와 자료형이 일치하도록 지정해야 하며, 각 함수의 반환값에 대한 자료형도 동시에 명시해야 한다.

```
int (*ptFunc)(int, int) ;   // 함수 포인터 변수의 선언
```

◆ **<예 4.30>**

```
// 함수를 가리키는 포인터 (함수 포인터)
#include <iostream>
using namespace std;

int addNum(int x, int y) { return x + y; }
int subNum(int x, int y) { return x - y; }
int mulNum(int x, int y) { return x * y; }
int divNum(int x, int y) { return x / y; }

int operation(int x, int y, int (*func)(int, int)){         return func(x, y); }

int main()
{
        int result;
        int (*ptFunc)(int, int);  // 함수 포인터 변수 선언

        ptFunc = addNum;  // 함수 포인터에 함수 시작 주소 addNum 대입
        result = ptFunc(200, 100);
        cout << "call addNum= " << result << endl;
```

```
    ptFunc = subNum;
    cout << "call subNum= " << ptFunc(200, 100) << endl;

    cout << "call mulNum= " << operation(200, 100, mulNum) << endl;
    cout << "call divNum= " << operation(200, 100, divNum) << endl;
}
```

```
call addNum= 300
call subNum= 100
call mulNum= 20000
call divNum= 2
```

이와 같이 포인터 함수를 사용하면 프로그램의 실행 시에 함수를 동적으로 호출할 수 있기 때문에 보다 유연한 프로그램을 만들 수 있다. 또한 자주 사용하는 함수들의 시작 주소를 함수 포인터 배열로 저장한 후 호출하면 일반 함수의 호출보다 빠른 처리 속도가 가능하다.

4.4 동적메모리

지금까지 변수가 필요하면 변수를 선언한 후 사용할 수 있었다. 이렇게 선언된 변수들은 프로그램의 실행 전에 필요한 메모리 공간이 결정된다. 즉, 변수가 선언되면 컴파일 과정에서 이 변수가 필요한 영역을 메모리에 할당받는다. 이 메모리 영역은 변수의 이름에 주소 연산자를 연산함으로서 직접 접근할 수 있는데 이러한 메모리 할당을 정적 메모리 할당(static memory allocation)이라고 한다.

그러나 프로그램이 실행된 이후 런타임(runtime) 중에 사용자의 필요에 따라 메모리 공간이 달라질 수 있는데 프로그램의 실행 도중에 필요한 메모리를 확보하는 것을 동적 메모리 할당(dynamic memory allocation)이라고 한다. 동적 메모리 할당은 C++의 OOP적인 기능으로 new 연산자와 delete 연산자를 통하여 이루어 질 수 있다.

C에서는 malloc() 함수와 free() 함수 등을 이용하여 필요한 동적 메모리를 변수에 할당한다. C++에서도 malloc(), calloc(), realloc() 및 free() 함수를 헤더 〈cstdlib〉 (C에서 〈stdlib.h〉로 알려짐)에 정의된 라이브러리 솔루션으로 사용할 수 있다. 그러나 이 함수들에 의하여 동적 할당된

메모리 블록이 new나 delete 연산자의 메모리 블록과 반드시 호환된다고 볼 수 없기 때문에 혼합하여 사용하지 말아야 한다.

동적 메모리 할당은 힙(heap)이라고 하는 메모리 영역에 이루어진다. 메모리 할당을 사용하면 필요할 때 힙으로부터 메모리를 할당받아 데이터를 처리하고 끝마치면 다른 작업을 위해 할당받은 메모리를 돌려놓을 수 있다. 즉, 동적 메모리 할당을 사용하면 자료를 보다 유연하게 관리할 수 있는 장점이 있다. 다만 동적 메모리 할당은 반드시 포인터를 사용하여 참조하여야 하고, 동적 할당된 메모리의 사용이 종료되면 할당된 메모리를 해제해주는 것이 좋다.

4.4.1 new와 new[] 연산자

동적 메모리는 new 연산자에 의해 할당받을 수 있다. 동적 메모리 할당을 위한 new 연산자의 구문은 다음과 같으며, 이때 new 연산자에 의해 할당받은 동적 메모리의 주소는 이 실행문에 표시된 포인터 변수에 저장된다.

```
포인터변수 = new 자료형 ;
```

여기서 new 연산자는 sizeof(자료형) 바이트만큼의 메모리를 동적 할당하여 그 주소를 포인터 변수에 저장한다. 또한 지정되는 자료형은 double 등의 기본 자료형 외에 복합 자료형인 배열(array)이나 구조체(structure) 또는 클래스(class) 등도 사용될 수 있다.

다음은 할당받은 동적 메모리의 주소로 초기화되는 포인터 변수 pDbl를 선언한 문장이다.

```
double* pDbl = new double ;
```

이제 함수에서 배열을 읽고 이 배열의 요소들의 합을 구하여 main() 함수로 반환하는 문제를 생각해보자. 여기서 main() 함수에서 이 함수를 호출할 때 실인수로 3을 전달하면 크기가 3인 배열의 요소들을 읽어 그 합을 구하고, 실인수로 5를 전달하면 크기가 5인 배열을 읽어들어야 한다면 가능한 최대 크기의 배열을 선언하여야 한다. 그러나 프로그램을 컴파일할 때 배열에 대한 공간이 미리 할당되기 때문에 사용되지 않는 요소들은 불필요하게 메모리를 차지하게 된다.

동적 메모리로 배열을 할당하면 프로그램을 실행하는 동안에 배열에 대한 메모리 공간을 할당받을 수 있으며, 실행할 때마다 배열의 크기를 따로 정할 수 있다. 배열을 위해 동적 메모리를 할당하고, 그 시작 주소를 포인터에 대입하는 new 연산자의 일반적인 구문 형식은 다음과 같다.

```
포인터변수 = new 자료형 [배열의 크기] ;
```

이 문장이 실행되면 [배열의 크기] 만큼의 일차원 배열을 저장할 수 있는 메모리 공간을 할당하고, 그 메모리 공간의 시작 주소를 포인터변수에 대입한다.

다음은 new 연산자를 이용하여 5개의 double형 자료를 연속적으로 저장할 수 있는 동적 메모리 공간을 할당한 후, 그 시작주소를 포인터 변수 pD에 저장하는 예이다.

```
double* pD = new double [5];
```

일반적으로 배열의 이름은 이 배열이 시작하는 첫 번째 요소의 주소(포인터 상수)와 같다. 여기서도 pD는 포인터 변수이지만 배열의 이름으로 간주할 수 있으므로 pD[1], pD[4]와 같은 수식이 무리 없이 작동한다.

```
*pD = 12.5 ;          // *pD == pD[0]
*(pD+1) = 45.2 ;      // *(pD+1) == pD[1]

cout << "pD[0]= " << pD[0] << endl ;
cout << "pD[1]= " << pD[1] << endl ;

pD[4] = 33.3 ;        // pD[4] == *(pD+4)
cout << "*(pD+4)= " << *(pD+4) << endl ;
```

〈예 4.31〉은 함수 newHap()을 호출할 때 마다 new 연산자를 이용하여 서로 다른 크기의 배열을 동적 메모리에 할당받은 후 cin으로 값을 읽고 이들의 합을 반환하는 프로그램을 표시한 것이다.

◆ **<예 4.31>**

```
// 동적 메모리의 할당과 해제
#include <iostream>
using namespace std;

double newHap(int n) {
```

```
        double sum = 0.;
        double* pD = new double [n];  // 동적 메모리 할당

        cout << n << "개의 자료를 입력:" << endl;

        for (int i = 0; i < n; i++) {
                cout << i << "번째 자료= "; cin >> pD[i];
                sum += *(pD + i);     // *(pD + i) == pD[i]
        }
        delete[] pD;  // 동적 메모리 해제
        return sum;
}

int main()
{
        double s;
        int n=3;

        s = newHap(n);
        cout << n << "개의 자료의 합= " << s << endl << endl;

        n = 2;
        cout << n << "개의 자료의 합= " << newHap(n) << endl;
}
```

```
3개의 자료를 입력:
0번째 자료= 11.4
1번째 자료= 22.3
2번째 자료= 33.7
3개의 자료의 합= 67.4

2개의 자료를 입력:
0번째 자료= 123.4
1번째 자료= 234.5
2개의 자료의 합= 357.9
```

new 연산자에 의해 힙에 할당되는 동적 메모리 자원은 물리적 크기가 제한되어 있으므로 할당받을 수 있는 메모리가 부족할 수도 있다. 이때 동적 메모리 자원이 부족하면 연산자 new를 사용한 메모리 할당이 시스템에 의해 거부당할 수 있다.

C++는 메모리 할당이 성공했는지 알아보기 위하여 두 가지의 표준 방법을 제시하고 있다. 첫 번째는 new 연산자에 의해 사용되는 디폴트 방법으로 예외(exception)를 처리하는 것이다. 이 방법을 사용하면 동적 메모리 할당이 실패할 때 bad_alloc 유형의 예외가 발생한다. 만일 이러한 예외가 발생했는데도 특정 핸들러(handler)에 의해 바로 처리해주지 않으면 프로그램의 실행이 바로 종료된다.

메모리 할당이 성공했는지 체크하기 위한 두 번째 방법은 new 연산자 다음에 (nothrow)를 삽입하는 것이다. 이 방법을 사용하면 메모리 할당이 실패하더라도 프로그램이 바로 종료되지 않고 new 연산자의 실행 결과로서 해당 포인터 변수에 nullptr 값을 반환해준다. 즉, 다음과 같이 (nothrow)를 이용하여 동적 할당을 실행하고 만일 할당이 실패하면 pD에 nullptr 값이 입력된다.

```
double* pD ;
pD = new (nothrow) double [20] ;    // 동적 할당이 실패하면 nullptr가 반환됨
```

따라서 new 연산자를 통해 연결된 포인터 변수의 값이 nullptr 포인터이면 의도하던 메모리 할당이 잘못되었다는 것을 의미한다. 따라서 동적 메모리 할당을 수행하는 과정에서 힙 할당이 성공적인지 알아보는 방법으로 다음과 같이 new의 포인터 변수가 널 포인터인지를 조사하는 것이다.

```
if ( pD == nullptr ) {
  cout << "동적 메모리 할당이 실패함" << endl ;
}
```

4.4.2 delete와 delete[] 연산자

delete 연산자는 다음과 같이 동적 메모리를 할당받은 포인터 변수가 가리키는 힙의 메모리 객체를 해제하는 연산자이다. 이렇게 해제된 메모리는 다른 동적 메모리 할당 요청에 사용될 수 있다.

```
delete pDbl ;
```

new를 사용하여 배열을 위한 동적 메모리를 할당한 후 이 메모리를 배열처럼 사용한 이후 이 동적 메모리를 해제할 때에는 다음과 같은 구문 형식을 따라야 한다. 만약 대괄호 []가 생략되면 힙에 할당된 동적 배열의 첫 번째 요소만 해제된다.

---

delete[] 포인터변수 ;

다음은 〈예 4.31〉의 newHap() 함수의 정의 내에서 배열을 위한 동적 메모리를 할당받고, 작업이 종료된 이후 이 동적 메모리를 해제하는 예를 표시한 것이다. 이때 동적 메모리가 정상적으로 할당되었는지를 확인하기 위하여 (nothrow)를 사용하였다.

```
// 배열을 위한 동적 메모리 할당
double newHap(int n) {
        double sum = 0.;
        double* pD = new (nothrow) double [n];  // 동적 메모리 할당

        if (pD == nullptr) {
                cout << "동적 메모리 할당 실패!";
                return 0;
        }
        else {
                cout << n << "개의 자료를 입력:" << endl;

                for (int i = 0; i < n; i++) {
                        cout << i << "번째 자료= "; cin >> pD[i];
                        sum += *(pD + i);    // *(pD + i) == pD[i]
                }
                delete[] pD;  // 동적 메모리 해제
        }
        return sum;
}
```

<실습 4.20> 3행 5열의 int형 이차원 배열 a[][]을 저장하기 위하여 new 연산자를 이용한 동적 메모리 할당을 수행하고 이차원 배열의 각 요소를 a[i][j]=i+2*j로 저장한 후 이를 출력하는 프로그램을 작성하시오. 단 3행 5열의 크기를 갖는 이차원 배열에 대하여 동적 메모리 할당을 위한 new 연산자와 delete 연산자의 사용은 다음과 같다.

```
int (*a)[5] = new int [3][5] ;
delete [] a ;
```

연습문제

[연습 4.1.0]

다음 문장들은 실행 시 오류 또는 경고가 발생한다. 그 이유를 설명하시오.

(1) int x[5] {1, 2, 3, 4, 5, 6};

(2) int y[];

(3) int z[5] {10, 15, 20}; z[5]=50; cout << z[5];

(4) int d[10][];

(5) char ch[5]; ch="ABCDE";

(6) cout << &100 << endl;

(7) int*x; char ch; x=&ch;

(8) double* a; double b; *a=&b;

(9) int x[5] {1, 2, 3, 4, 5, 6}; int *px; x = px;

(10) const int* p; *p = 200;

[연습 4.1.1]

4.1.2절에서 제시했던 rainfall[] 배열의 요소 중 최솟값을 구한 후 이 최솟값과 이 값이 발생한 월을 같이 출력하는 프로그램을 작성하시오.

[연습 4.1.2]

크기가 15인 int형 일차원 배열을 선언하고, 임의의 정수 값으로 이 배열을 초기화하여라.

(1) 짝수 첨자의 요소들만 출력하면서 그 합을 구하는 for 문을 작성하시오.

(2) 3의 배수 첨자의 요소들만 출력하면서 그 합을 구하는 for 문을 작성하시오.

(3) 이 배열의 모든 요소들의 합을 구하는 for 문을 작성하시오.

(4) 이 배열의 짝수 첨자 요소들은 2배 곱하고, 홀수 첨자 요소들은 5배 곱한 후, 이들을 출력하는 for 문을 작성하시오.

[연습 4.1.3]

크기가 10인 2개의 int형 일차원 배열 a[], b[]를 선언하고, 임의의 정수 값으로 이 배열들을 초기화하여라.

(1) 배열 a[]의 뒤에 배열 b[]를 연결한 새로운 배열 c[]를 생성하고 배열 c[]의 모든 요소들을 출력하는 for 문을 작성하시오.

(2) 두 배열 a[], b[]의 각 k-요소들의 합을 크기가 10인 새로운 일차원 배열 d[]의 k-요소에 저장하는 for 문을 작성하시오.

[연습 4.1.4]

1 야드(yard)는 0.9144 미터(m)라고 한다. 10 야드부터 100 야드까지 10 간격으로 저장되어 있는 배열 yard[]를 선언하고, [연습 3.2.2]에서 작성한 yard2meter() 함수를 이용하여 yard[]의 각 요소의 값을 미터 단위로 변환한 후 이를 저장한 일차원 배열 meter[]의 각 요소를 출력하는 프로그램을 작성하시오.

[연습 4.1.5]

<실습 3.3>에 제시된 이산형 확률변수 X의 확률분포표로부터 이 확률변수 X의 평균과 분산을 구하는 for 문을 작성하시오. 단, 확률변수 X의 평균은 $m = \sum_x x \times P(X = x)$으로, X의 분산은 $V = \sum_x x^2 \times P(X = x) - m^2$으로 구한다.

※ 힌트: 먼저 x의 값과 P(X=x)의 값을 크기가 4인 일차원 배열 x[]와 px[]로 저장한다.

[연습 4.1.6]

정수 num의 값을 이진수로 표현할 경우 각 비트의 값을 배열 number[32]에 저장한 후 이 배열의 각 요소를 거꾸로 출력함으로서 출력 결과와 같이 num의 이진수 표현을 확인하는 프로그램을 작성하시오.

※ 힌트: 이진수에서 i번째 bit의 값을 구하는 식은 number[i] = (num >> i) & 0x01;이다.

```
num= 100↵
0000 0000 0000 0000 0000 0000 0110 0100
```

[연습 4.1.7]

(1) [연습 3.1.3]을 참조하여 어느 해 year가 윤년이면 1을 반환하고 윤년이 아니면 0을 반환하는 함수 is_leap_year()를 작성하시오.

(2) 크기가 13인 int형 일차원 배열 mon[]을 선언한 후 k-요소 mon[k]에 k월의 최대 일수를 저장하고, 만일 어느 해 year가 윤년이면 mon[2]에 29를 대입하는 프로그램을 작성하시오.

[연습 4.1.8]

(1) 1900년 1월 1일이 월요일이라고 한다. 이날 이후의 연월일을 year, month, day로 입력받은 후, 1900년 1월 1일부터 year년 month월 day일까지의 총 경과 일수를 구하는 함수 total_days()를 작성하시오.
※ 힌트: 1900년부터 (year-1)년 까지 총 경과 일수를 구하는 for 문은 다음과 같다. 이후 입력 년도의 1월부터 (month-1)월까지 일수 mon[i]를 윤년인지 확인하면서 더해 나간다. 최종적으로 day를 더하면 된다.

```
for (y = 1900; y < year; y++) {   // 직전 년까지 총 경과 일수 sumDay 계산
        if ( is_leap_year(y) == 1 )   sumDay += 366;
        else   sumDay += 365;
}
```

(2) 크기가 7인 string형 일차원 배열 week[]을 선언한 후 0-요소부터 6-요소까지 "일요일"부터 요일에 해당하는 문자열로 초기화하고, 연월일을 year, month, day로 입력받은 후, 이날의 요일을 출력하는 프로그램을 작성하시오.
※ 힌트: 1900년 1월 1일이 월요일이므로 year년 month월 day일의 요일은 총 경과 일수를 7로 나눈 나머지를 이용하여 구한다. 즉, 나머지가 0이면 일요일이다.

[연습 4.1.9]

y1년 m1월 d1일부터 y2년 m2월 d2일까지의 총 경과 일수를 구하는 함수 period()를 작성하시오.
※ 힌트: 1900년 1월 1일부터 주어진 날짜까지의 총 경과 일수를 구하는 함수 total_days()를 2번 호출한 후, 두 경과 일수의 차에 1을 더하면 된다.

```
시작: 년 월 일을 입력= 2022 10 1
끝: 년 월 일을 입력= 2022 11 1
두 날짜사이의 경과 일수= 32일
```

[연습 4.1.10]

getline()을 이용하여 숫자만으로 된 한 줄의 문자열을 읽어서 이 문자열에 각 숫자가 몇 개씩 있는지 카운트하여 크기가 10인 일차원 배열 num[]에 저장하는 프로그램을 작성하시오.
※ 힌트: while 문으로 문자열의 문자들을 한 개씩 읽어 오고 switch 문으로 num[]의 각 요소들을 카운트한다.

```
0011123455566788890001119↵
num[0] = 5
num[1] = 6
num[2] = 1
num[3] = 1
num[4] = 1
num[5] = 3
num[6] = 2
num[7] = 1
num[8] = 3
num[9] = 2
```

[연습 4.1.11]

5명의 학생에 대한 A, B, C 세 과목의 점수가 저장되어 있는 이차원 배열 score[][]를 생성하시오. 이때 score[][]로부터 크기가 5*2인 double형 이차원 배열 r_stat[][]에 각 학생별로 구한 점수의 합계와 평균을 저장하고, 크기가 3*2인 double형 이차원 배열 c_stat[][]에 각 과목별로 구한 점수의 합계와 평균을 저장하는 프로그램을 작성하시오.

[연습 4.1.12]

볼링 경기에서 다음과 같이 10프레임 자료가 주어졌을 때 이를 이차원 배열 bowling[11][2]로 초기화한 후 최종 점수를 계산하는 프로그램을 작성하시오. 단, bowling[10][0]는 10 프레임의 3번째 보너스 투구 점수이고 bowling[10][1]에는 볼링 점수의 합계를 저장한다.

프레임	0		1		2		3		4		5		6		7		8		9		10	
점 수	9	0	9	1	10	0	10	0	3	7	9	1	7	2	10	0	5	5	7	3	6	합

※ 힌트: 초구가 10이면 스트라이크(strike)를 뜻한다. 또한 각 프레임의 두 수의 합이 10이면 스페어 핀(spare pin)이 처리된 프레임을 말한다. 마지막 10번째 프레임의 경우 처음 2번의 투구에서 스페어 핀이 처리되면 1번의 보너스 투구가 있다. 참고로 각 프레임의 점수는 스페어 핀이 처리되면 총 3번의 투구 점수의 합계로 이루어진다. 따라서 만점은 300점이다. 예를 들어 첫 번째 프레임은 두 번째 투구가 스페어 핀 처리가 되지 않아서 이 프레임의 점수는 9점이고, 두 번째 프레임은 스페어 핀 처리가 되었기 때문에 다음 프레임의 첫 번째 투구까지 총 3개 점수의 합계인 20점이다.

[연습 4.1.13]

크기가 10인 int형 일차원 배열 a[]를 선언하고, 임의의 정수 값으로 이 배열을 초기화하여라.

(1) 이 배열의 요소들의 평균을 구하는 avr() 함수를 작성하시오.

(2) 이 배열의 요소들의 분산을 구하는 var() 함수를 작성하시오. 참고로 $x_1, x_2, \cdots, x_n$의 분산은 다음과 같이 계산된다.

$$\text{분산} = \frac{1}{n-1}\left(x_1^2 + x_2^2 + \cdots + x_n^2 - \frac{(x_1 + x_2 + \cdots + x_n)^2}{n}\right)$$

(3) 이 배열의 요소 중에서 가장 큰 값의 첨자를 반환하는 maxIndex() 함수를 작성하시오.

(4) 배열의 요소 중에 특정한 정수가 있는지를 찾는 findIntIndex() 함수를 작성하시오. 즉, 이 배열의 요소 가운데 특정한 정수가 있으면 처음으로 발견된 그 요소의 첨자를 반환한다. 만약 배열의 요소 중에 찾고자 하는 특정한 정수가 없으면 -1을 반환한다.

(5) 지정된 첨자의 요소부터 출력하고 마지막 요소에 도달하면 다시 처음부터 지정된 첨자 직전의 요소까지 출력하는 specialPrnt() 함수를 작성하시오. 예를 들어, 첨자 4가 함수로 전달되면 a[4], a[5], . . . , a[9], a[0], a[1], a[2], a[3] 순으로 출력한다.

[연습 4.1.14]

(1) 다음 행렬 A의 자료를 2차원 배열로 저장한 후 함수에 전달하면 A의 전치행렬인 B를 배열로 출력하는 transpose() 함수를 작성하시오.

$$A = \begin{pmatrix} 4 & 1 & 3 \\ 2 & 3 & 4 \\ 8 & 6 & 7 \end{pmatrix} \quad B = \begin{pmatrix} 4 & 2 & 8 \\ 1 & 3 & 6 \\ 3 & 4 & 7 \end{pmatrix}$$

(2) 1과 3을 함수에 전달하면 행렬 A의 1번째 행과 3번째 행을 서로 교환한 후 이를 배열로 출력하는 exchange() 함수를 작성하시오.
※ 힌트: 행렬 A의 1번째 행은 실제로 배열에서는 첨자가 0번 행이다.

[연습 4.2.1]

string 변수 str에 getline() 함수를 사용하여 한 줄의 문자열을 입력할 때,
(1) str에 저장된 문자 중에서 영문 소문자의 개수를 세는 함수 cntSmall()를 작성하시오.

(2) 문자열 str의 뒤에서 n개의 문자를 출력하는 backPrnt() 함수를 작성하시오.

(3) 문자열 str에 포함된 단어의 수를 세는 cntWord() 함수를 작성하시오.

(4) 문자열 str에서 n번째 단어를 출력하는 wordPrnt() 함수를 작성하시오.

(5) 문자열 str의 마지막 단어를 "LAST"로 치환하는 함수 exchangeWord()를 작성하시오.
※ 힌트: 제일 마지막 빈칸이 있는 index를 찾은 후 index+1부터 (s.size()-index) 개의 문자열인 마지막 단어를 "LAST"로 치환하면 된다. 문자열에서 마지막 빈칸 ' '의 index를 찾는 for 문은 다음과 같다.

```
for (size_t k = 0; k < str.size(); k++)    // typedef unsigned long long size_t;
        if (str.at(k) == ' ') index = k;
```

[연습 4.3.1]

(1) 10개의 요소를 갖는 int형 일차원 배열의 자료를 입력받는 for 문을 작성하시오.

(2) 입력 받은 일차원 배열을 함수로 전달하여 10개 요소의 평균을 구하는 프로그램을 참조자에 의한 전달 방식과 주소에 의한 전달 방식의 2가지 방식으로 각각 작성하시오.

※ 힌트: 두 방식으로 배열을 전달하는 각 함수의 원형은 서로 다르지만 호출 형식은 배열의 이름만 전달하는 것으로 똑같다.

① 참조자에 의한 전달 방식: double referAvr(int(& Arr)[10]) ;

② 주소에 의한 전달 방식: double addressAvr(int* Arr) ;

[연습 4.3.2]

string 문자열 "POINT"의 정보를 prnt() 함수에 포인터로 전달한 후 다음과 출력하는 prnt() 함수를 작성하시오.

```
POINT
OINTP
INTPO
NTPOI
TPOIN
```

[연습 4.3.3]

10개의 요소를 갖는 int형 일차원 배열의 자료를 입력받는 for 문을 작성하고, 이 배열의 이름(포인터)을 함수로 전달하면 함수 내에서 새로운 배열로 저장하고 이들의 요소들을 크기 순으로 정렬하는 sortArray() 함수를 작성하시오.

※ 힌트: sortArray() 함수 내에서 d[] 배열의 정렬을 위해 코딩된 중첩 for 문은 다음과 같다.

```
for (int i = 0; i < n - 1; i++) {  // 버블(bubble) 정렬 방법
        for (int j = 0; j < n - 1 - i; j++) {
                if (*(d + j) > *(d + j + 1)) {
                        tmp = *(d + j) ;
                        *(d + j) = *(d + j + 1) ;
                        *(d + j + 1) = tmp ;
                }
        }
}
```

```
일차원 배열의 요소를 입력:
array[0]= 10
array[1]= 3
array[2]= 17
array[3]= 5
array[4]= 9
array[5]= 23
array[6]= 33
array[7]= 1
array[8]= 8
array[9]= 7

일차원 배열의 요소를 정렬:
1, 3, 5, 7, 8, 9, 10, 17, 23, 33,
```

[연습 4.3.4]

3행 2열의 이차원 배열 a[][]를 a[i][j] = i + j * 5의 식으로 입력한 이후 매개변수를 배열 포인터로 선언하여 이 이차원 배열을 전달 받아 각 행의 합과 열의 합, 그리고 총합을 덧붙인 4행 3열의 새로운 이차원 배열 b[][]을 생성하는 함수 built()를 작성하시오. 단, main() 함수 내에서 built() 함수는 built(a, b);으로 호출한다.

[연습 4.4.1]

cin을 이용하여 양의 정수 n과 성공 확률 p의 값을 읽어 들여 함수에 전달하면, 이 함수에서 이항분포 B(n, p)의 확률 $P(X=x)\,(0 \le x \le n)$을 저장하기 위한 일차원 배열의 동적 메모리 할당을 수행한 후, 이항분포의 평균을 구하는 함수 ExpBinom()를 작성하시오.
※ 힌트: 이항분포 B(n, p)의 확률 $P(X=x)$은 [연습 3.2.20]에서 정의했던 binom() 함수를 활용한다. 이항분포의 평균은 식 $\sum_{r=0}^{n} r\,P(X=r)$을 이용하여 구한다.

```
n= 5↵
p= 0.2↵
P(X=0) = 0.32768
P(X=1) = 0.4096
P(X=2) = 0.2048
P(X=3) = 0.0512
P(X=4) = 0.0064
이항분포의 평균= 0.9984
```

[연습 4.4.2]

cin을 이용하여 양의 정수 n과 성공 확률 p의 값을 읽어 들여 함수에 전달하면, 이 함수에서 이항분포 B(n, p)의 누적확률 $P(X \le x)\,(0 \le x \le n)$을 저장하기 위한 일차원 배열 pFr[]의 동적 메모리 할당을 수행하는 함수 CumBinom()를 작성하시오.

```
n= 5↵
p= 0.2↵
P(X<=0) = 0.32768
P(X<=1) = 0.73728
P(X<=2) = 0.94208
P(X<=3) = 0.99328
P(X<=4) = 0.99968
```

[연습 4.4.3]

new 연산자를 이용한 동적 메모리 할당을 통하여 string형 일차원 배열 fruitColor[3]에 3개의 문자열 “Banana : yellow”, “Orange : yellow”, “Apple : red”를 저장한 후 이를 출력하는 프로그램을 작성하시오.

※ 힌트: string 자료형도 일반 변수와 같이 new 연산자를 통하여 메모리를 할당받을 수 있다.

```
string* fruitColor = new string[3] ;
```

CHAPTER 5

CHAPTER 5.

클래스

5.1 클래스 기초

5.2 클래스 응용

5.3 특수 멤버 함수

5.4 프렌드와 상속

5.5 다형성

CHAPTER

5.1 클래스 기초

5.1.1 객체와 객체지향 기술

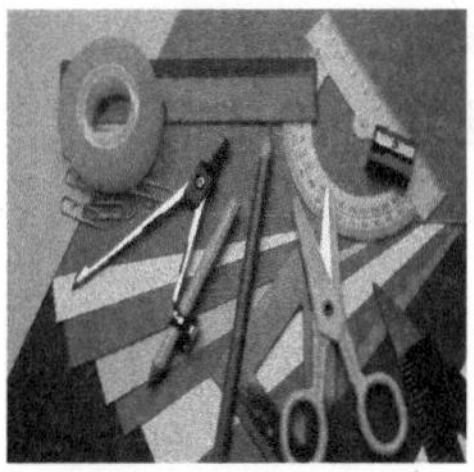

C++가 다른 언어들보다 뛰어난 점은 클래스를 기반으로 하는 객체지향 프로그래밍(OOP, Object-Oriented Programming) 언어라는 것이다. 객체지향 프로그래밍 기술은 기존의 구조적 프로그래밍의 단점인 재사용 문제에 대한 보다 더 효과적인 방법을 제시하고 있으며, 그 영역 안에 존재하는 여러 객체들이 서로 정보를 주고받으면서 문제를 해결하고자 하는 것이다. 즉, 문제 영역 안에 있는 대상이나 객체(object)들이 문제 해결을 위해 무엇인가를 추출하고 그들의 역할(behavior)과 상호 관계(association, inheritance)를 규명하는 것이 OOP의 근본적 개념이라고 할 수 있다.

객체지향 기술을 소프트웨어공학적인 측면에서 살펴보면 OOP로 코딩된 프로그램은 여러 개의 객체(object)들의 집합으로 구성되어 있으며, 각 객체는 주어진 문제와 연관된 자료 구조와 함수들을 포함하고 있다. 또한 OOP 프로그래밍을 통해 각 객체들 간의 상호관계 및 특성을 규명하고 있다. 여기서 객체란 하나의 소프트웨어 모듈이라고 할 수 있다. 따라서 객체는 데이터와 이를 바탕으로 수행되는 함수들로 구성되어 있는데 이때 처리하고자 하는 데이터를 속성(attribute) 또는 데이터 멤버(data member)라고 부르고, 함수를 행동(behavior), 연산(operation), 멤버 함수(member function), 메소드(method) 등으로 부른다. 하나의 객체는 자료와 필요한 함수들을 캡슐화하여 가지고 있으며, 이를 통해 주어진 문제 영역 안의 어떤 사물이나 대상을 표현하고 있다. 객체는 클래스를 선언함으로써 생성된다.

C++는 속성과 행위를 모두 포함하는 추상 자료형(Abstract Data Type; ADT)인 클래스를 정의할 수 있다. 이 때 클래스는 데이터를 표현하는 속성(data)과 데이터를 처리하는 행위(method)를 하나의 패키지로 묶을 수 있으며, 이들 자료(data)와 메소드(method)들은 클래스 밖에서 쉽게 접근이 불가능하다. 클래스 변수인 객체만이 이들로의 접근이 가능하도록 했는데 이것이 OOP의 특징인 캡슐화(Encapsulation)와 정보 은폐(Information Hiding)이다.

또한 기반 클래스(부모클래스)로부터 다른 클래스(자식클래스)를 유도할 수 있으며, 이러한 유도 클래스에서는 기반 클래스가 갖고 있던 은폐 정보들을 자유롭게 참조할 수 있다. 이 개념이 OOP의 또 다른 중요한 개념인 상속(inheritance)이다. 유도 클래스는 기반 클래스의 멤버들을 상속받음으로써 기존의 코드를 재활용할 수 있으며, 클래스의 상속 관계는 계층적이기 때문에 자식 클래스로부터 또 다른 유도클래스를 유도할 수 있다. 또한 자식 클래스는 두 개의 부모 클래스로부터 정보들을 상속받도록 계층관계를 설정할 수 있다.

하나의 함수가 정의되어 있을 때 이 함수에 새로운 기능을 추가한다고 하자. C에서는 기존의 함수의 코드를 수정하여 재작성하여야 하지만 C++에서는 함수의 다중정의를 이용하여 이름이 같은 다른 함수를 새로 만들면 된다. 이러한 특징이 OOP의 다형성(Polymorphism) 개념이다. C++의 다형성은 함수의 다중정의를 확장하여 연산자의 다중정의도 가능케 한다.

한마디로 OOP의 개념을 요약하면 객체지향 프로그래밍이란 클래스로 대표되는 추상 자료형에 대한 캡슐화와 정보 은폐 수단의 제공, 상속을 통한 기존 코드의 재사용, 그리고 함수와 연산자의 다중정의에서 얻을 수 있는 다형성이라 할 수 있다. C++는 객체지향 프로그래밍에 매우 적합한 언어라고 단언할 수 있다.

5.1.2 클래스 선언

트럭, 버스, 승용차 등 다양한 형태들이 존재하는 자동차의 각각은 별개의 객체이지만 범위를 크게 보면 자동차 유형에 속한다. 이러한 객체의 유형을 객체 타입(object type) 혹은 객체 클래스(object class)라고 한다. 반대로 한 클래스에 속하는 각각의 객체를 그 클래스의 인스턴스(instance) 혹은 그냥 객체(object)라고 한다. 예를 들어, 자동차 제조 회사는 승용차라는 클래스에 해당되는 자동차를 제조하는데 이때 생산되는 승용차의 각각을 인스턴스라고 볼 수 있다.

struct 구조체의 개념을 확대하여 보다 더 추상화된 자료형이 C++의 강력한 OOP 도구인 클래스이다. 클래스를 정의함으로서 새로운 추상 데이터형(Abstract Data Type; ADT)이 만들어지며 이를 통해 클래스 변수의 객체를 생성할 수 있다. 지금까지 다루었던 int, double 등의 기본 자료형으로 선언된 변수들도 객체라고 할 수 있는데 기본 자료형에 대한 모든 정보는 컴파일러가 관장하고 있기 때문에 프로그램의 어디에서나 기본 자료형의 변수들을 생성할 수 있다. 하지만 struct이나 class로 선언된 추상 자료형으로 생성된 객체는 이 추상 자료형이 선언된 영역에서만 유효하다.

구조체보다 안정성과 효율성이 더 뛰어난 추상 데이터형으로서의 클래스 정의는 일반적으로 다음과 같은 구문 형식을 따른다.

```
class 클래스이름 {
        접근지정자1 :
            멤버1 ;
            멤버2 ;
        접근지정자2 :
            멤버3 ;
            멤버4 ;
```

```
        . . .
} 객체이름 ;
```

여기서 각 멤버들은 데이터 처리를 위한 변수의 선언과 함수의 선언문으로 이루어진다. 접근 지정자(access specifier)는 private, public, protected의 3종류가 있는데 각 기능을 간단히 언급하면 다음과 같다.

- private: 정보 은폐가 필요한 전용 멤버들이 선언되며 클래스의 외부에서 접근할 수 없다.
- public: 주로 클래스와 외부간의 인터페이스를 구성하는 멤버 함수들인 공용 멤버가 선언되며 클래스의 외부에서 접근 가능하다.
- protected: private와 유사하지만 유도 클래스의 멤버들도 접근 가능하다.

class의 멤버들은 디폴트가 전용(private)이기 때문에 private:을 생략해도 된다. 따라서 다른 접근 지정자 앞에 위치한 멤버들은 전부 private 성질을 갖고 있다고 볼 수 있다. 참고로 struct으로 선언된 구조체의 멤버들은 클래스와 반대로 디폴트가 공용(public)이다. 이는 클래스 멤버의 자유로운 접근을 억제함으로써 확실하게 자료를 보호하겠다는 OOP의 개념이라고 볼 수 있다.

다음은 복소수를 클래스로 표현하기 위하여 Cmplx 클래스를 정의한 예이다. 복소수란 실수와 허수의 합의 형태로 나타내는 수로서 두 실수 a, b에 대하여 a+bi의 형태로 표시한다. 여기서 a는 실수, bi는 허수이다.

```
class Cmplx {
        public:        // 클래스 외부에서 접근(참조) 가능
            double re;
            double im;
} ;
```

클래스 Cmplx의 두 멤버 re과 im는 공용 멤버(public member)로 선언되었으므로 이 클래스 이외의 지역, 예를 들어 main() 함수에서 이 멤버로의 접근이 가능하다. 〈예 5.1〉은 앞에서 선언한 Cmplx 클래스의 멤버들을 main() 함수에서 참조하는 예를 표시한 것이다. 여기서 클래스의 public 멤버는 구조체나 공용체의 멤버를 참조했던 방식과 같이 멤버연산자(dot(.))를 이용하여 접근(참조)할 수 있다.

◆ <예 5.1>

```
int main()
{
    Cmplx z;  // 클래스 Cmplx의 객체 z 생성

    z.re = 1.5;    // 클래스 멤버 참조 가능
    z.im = -2.7;
    cout << "복소수z= (" << z.re << ")+(" << z.im << ")i" << endl;
}
```

```
복소수z= (1.5)+(-2.7)i
```

그러나 Cmplx 클래스를 정의할 때 다음과 같이 접근 지정자를 생략하거나 private:로 지정한 후, 〈예 5.1〉 프로그램을 실행하면 클래스 멤버로의 접근이 불가능하다는 오류 메시지가 출력된다.

```
class Cmplx {
      private:        // 클래스 외부에서 접근(참조) 불가능
          double re;
          double im;
} ;
```

```
E0265  멤버 "Cmplx::re" (선언됨 줄 7)에 액세스할 수 없습니다.
E0265  멤버 "Cmplx::im" (선언됨 줄 8)에 액세스할 수 없습니다.
C2248  'Cmplx::re': private 멤버('Cmplx' 클래스에서 선언)에 액세스할 수 없습니다.
C2248  'Cmplx::im': private 멤버('Cmplx' 클래스에서 선언)에 액세스할 수 없습니다.
```

private:으로 지정된 전용 멤버에 접근할 수 없기 때문에 클래스에서는 일반적으로 공용 멤버를 통하여 전용 멤버에 접근하도록 한다. 이때 공용 멤버로 선언되는 함수를 메소드(method)라고 한다.

클래스의 공용 멤버로 활용되는 멤버 함수를 정의할 때에는 일반 함수의 정의와 같이 함수 머리문, 함수 몸체, 반환 자료형, 매개변수들로 구성된다. 클래스의 정의 부분을 벗어나서 정의할 경우에는 어느 클래스에 소속하는지를 나타내기 위해 멤버 함수의 이름 앞에 범위연산자(::)를 사용한다.

다음은 복소수를 초기화하고 이를 출력하기 위한 메소드로 init()함수와 prntCmplx() 함수를 정의한 것이다.

```
void Cmplx::init() {
    re = 2.5;
    im = -1.3;
}

void Cmplx::prntCmplx() {
    cout << "\n복소수= (" << re << ")+(" << im << ")i" << endl;
}
```

여기서 Cmplx::init()와 Cmplx::prntCmplx()은 Cmplx 클래스의 함수 멤버임을 표시하는 것으로 범위연산자(::)를 사용하였다. 이들은 Cmplx 클래스의 멤버이기 때문에 Cmplx 클래스의 전용 멤버인 re와 im 변수를 아무런 제약없이 참조할 수 있다. 이렇게 정의된 init()와 prntCmplx() 함수를 다음과 같이 클래스 Cmplx의 정의에서 public: 멤버로 선언하면 클래스 외부에서 접근(호출)할 수 있다.

```
class Cmplx {
  private:        // 클래스 외부에서 접근(참조) 불가능
     double re;
     double im;
  public:        // 클래스 외부에서 접근(호출) 가능
     void init();             // 전용 멤버 변수의 초기화
     void prntCmplx();   // 전용 멤버 변수의 값 출력
} ;
```

〈예 5.2〉는 전용 멤버로 re와 im 변수를 가지며, 이들에게 접근할 수 있도록 2개의 메소드를 공용 멤버로 선언한 클래스 Cmplx를 정의한 후 main() 함수 내에서 Cmplx 객체를 생성하고 이를 활용하는 예를 표시한 것이다. 클래스 Cmplx의 공용 멤버인 두 메소드는 main() 내에서 선언된 Cmplx 객체 z에 의하여 접근할 수 있다. 이때 두 메소드가 클래스 Cmplx의 멤버이므로 멤버연산자(.)를 객체 z와 메소드 사이에 삽입하여 z.init()와 같이 접근하면 된다.

◆ **<예 5.2>**

```
// class 전용 멤버로의 접근
#include <iostream>
using namespace std;

class Cmplx {
private:        // 클래스 외부에서 접근(참조) 불가능
    double re;
    double im;
public:    // 클래스 외부에서 접근(호출) 가능
    void init();
    void prntCmplx();
};

void Cmplx::init() {        // private 멤버의 초기화
    re = 2.5;
    im = -1.3;
}

void Cmplx::prntCmplx() {    // private 멤버의 값을 출력
    cout << "\n복소수= (" << re << ")+(" << im << ")i" << endl;
}


int main()
{
    Cmplx z;      // 클래스 Cmplx의 객체 z 생성

    z.init();
    z.prntCmplx();
}
```

```
복소수= (2.5)+(-1.3)i
```

참고로 다음 예와 같이 클래스가 정의되는 시점에 직접 클래스의 전용 멤버인 데이터 멤버들을 초기화할 수도 있다. 그러나 init() 메소드와 같이 초기화 함수를 호출하여 전용 멤버들의 값을 지정하는 것이 더 일반적인 방법이다.

```
class Cmplx {    // 전용 멤버를 직접 초기화가 가능하지만 일반적이지 않음
private:
    double re = 2.5;
    double im = 5.3;
public:
    void init();  // 전용 멤버를 초기화하는 메소드
    void prntCmplx();
} ;
```

지금까지 클래스의 멤버 함수들의 정의를 클래스를 정의하는 영역 밖에서 이루어졌다. 물론 이 경우에는 Cmplx::init()와 Cmplx::prntCmplx()와 같이 이 함수들이 Cmplx 클래스의 함수 멤버임을 표시하는 범위연산자(::)를 반드시 사용하여야 한다.

반면에 클래스의 멤버 함수들의 정의 전체를 다음과 같이 클래스 정의 내에 직접 포함시킬 수 있다. 이렇게 클래스 정의 영역 내에 멤버 함수들을 직접 정의하면 컴파일러에 의해 이런 함수들이 모두 자동적으로 inline 함수로 간주된다. 물론 두 경우 함수의 작동에는 차이가 없다.

```
class Cmplx {
private:        // 클래스 외부에서 접근(참조) 불가능
  double re;
  double im;
public:        // 클래스 정의 영역 내에 멤버 함수 정의
  void init() { re = 2.5; im = -1.3; }
  void prntCmplx() { cout << "\n복소수= (" << re << ")+(" << im << ")i" << endl; }
} ;
```

〈예 5.2〉의 init() 메소드는 복소수 객체를 항상 똑같은 값 (2.5-1.3i)으로 초기화하기 때문에 문제가 있다. 이제 복소수의 실수부와 허수부를 각각 cin으로 입력받아 그 값으로 복소수 객체를 초기화하면 항상 똑같은 값을 갖는 문제점을 해결할 수 있다. 이를 위해서 init() 함수를 다음과 같이 간단히 수정하면 된다.

```
void Cmplx::init() {  // private 멤버를 초기화하는 메소드
    cout << "복소수의 실수부= "; cin >> re;
    cout << "복소수의 허수부= "; cin >> im;
}
```

〈예 5.3〉은 〈예 5.2〉의 init() 함수를 cin으로 두 데이터 멤버의 값을 초기화할 수 있도록 수정한 후 복소수 객체를 생성하는 main() 함수만 표시한 것이다.

◆ **<예 5.3>**

```
int main()
{
    Cmplx z;          // 클래스 Cmplx의 객체 z 생성
    z.init();          // cin으로 두 멤버 re와 im의 값 초기화
    z.prntCmplx();    // 복소수 형태로 출력
}
```

```
복소수의 실수부= -1.6↵
복소수의 허수부= 2.3↵

복소수= (-1.6)+(2.3)i
```

클래스의 멤버 함수는 함수의 정의에서 반환값을 설정해줌으로서 이 멤버함수를 호출한 영역으로 그 값을 쉽게 반환할 수 있다. Cmplx 클래스의 멤버 함수인 absCmplx() 함수는 복소수의 절댓값을 구하여 그 값을 반환하는 함수이다. 여기서 복소수 z=x+yi에 대하여 z의 절댓값 |z|은 다음과 같이 구한다.

$$|z| = \sqrt{x^2 + y^2}$$

클래스가 정의될 때 클래스의 정의 영역 내에서 정의된 모든 멤버 함수들은 인라인(inline) 함수라고 하였다. 인라인 함수를 사용하면 클래스에 효율성을 개선할 수 있으며, 일반적으로 짧은 길이의 멤버 함수에 인라인을 사용한다. 멤버 함수의 정의가 클래스 외부에서 정의될 경우 함수의 헤더가 inline으로 시작되면 그 함수는 인라인 함수로 설정된다. 복소수의 절댓값을 구하는 absCmplx() 함수를 Cmplx 클래스에서 inline 함수로 정의하였다.

```
inline double Cmplx::absCmplx() {   // 복소수의 절댓값 구하기
    return sqrt(re * re + im * im);
}
```

다음과 같이 정의된 Cmplx 클래스의 멤버 함수 initValues()는 Cmplx 클래스의 객체가 이 함수를 호출하는 과정에서 매개변수를 이용하여 클래스의 데이터 멤버들을 초기화하도록 한다.

```
void Cmplx::initValues(double RE, double IM) {
    re = RE;
    im = IM;
}   // 객체의 매개변수를 이용하여 초기화
```

다음은 지금까지 작성했던 Cmplx 클래스의 정의와 멤버 함수들을 모두 표시한 것이다. 여기서 주의할 점은 private 멤버들의 값을 먼저 결정하고 이후 복소수의 출력과 절댓값을 구해야하므로 init() 함수와 initValues() 함수를 먼저 선언해야 한다.

```
class Cmplx {
private:                        // 클래스 외부에서 접근(참조) 불가능
    double re;
    double im;
public:
    void init();                // 복소수를 외부에서 cin으로 초기화
    void initValues(double, double);   // 복소수를 함수의 매개변수로 초기화
    void prntCmplx();                  // 복소수 출력
    inline double absCmplx();          // 복소수 절댓값 반환
};


void Cmplx::init() {          // private 멤버의 초기화
    cout << "복소수의 실수부= "; cin >> re;
    cout << "복소수의 허수부= "; cin >> im;
}
```

```
void Cmplx::prntCmplx() {    // private 멤버의 값을 출력
    cout << "\n복소수= (" << re << ")+(" << im << ")i" << endl;
}

inline double Cmplx::absCmplx() {  // 복소수의 절댓값 구하기
    return sqrt(re * re + im * im);
}

void Cmplx::initValues(double RE, double IM) {  // 매개변수를 이용하여 초기화
    re = RE;
    im = IM;
}
```

다음 〈예 5.4〉의 main() 함수에서 2개의 Cmplx 클래스 객체를 선언하고 있다. 이때 객체 z은 cin을 이용하여 외부에서 데이터 멤버의 값을 초기화하고 있으며, 객체 w는 initValues() 함수를 호출하는 과정에서 매개변수를 통해 데이터 멤버의 값을 초기화하고 있다.

◆ **<예 5.4>**

```
int main()
{
    Cmplx z, w;   // Cmplx 클래스의 객체 z, w 선언
    z.init();
    z.prntCmplx();
    cout << "|z|= " << z.absCmplx() << endl;

    w.initValues(3.3, -2.1);
    w.prntCmplx();
    cout << "|w|= " << w.absCmplx();
}
```

```
복소수의 실수부= 1.2↵
복소수의 허수부= -5.4↵
```

```
복소수= (1.2)+(-5.4)i
|z|= 5.53173

복소수= (3.3)+(-2.1)i
|w|= 3.91152
```

이미 언급한 바와 같이 클래스는 객체 지향 패러다임을 사용하여 프로그램을 작성할 수 있다. 즉, 데이터와 함수 모두 객체의 멤버이므로 객체 안에서 모든 정보가 서로 통하기 때문에 함수의 인수로서 특별한 매개인수를 전달할 필요가 없다. 예를 들어, 〈예 5.4〉에서 Cmplx 클래스의 객체 z이 멤버 함수 init()이나 absCmplx() 함수들을 호출할 때 특별히 이 함수에 데이터 멤버의 값을 전달하지 않아도 클래스 안에서 직접 변수 멤버들의 값을 참조하고 있다.

<실습 5.1> 정수형 자료를 갖는 분모(bunmo)와 분자(bunja), 그리고 double형을 갖는 value, 분수의 이름인 string 문자열 포인터 변수 name를 private 멤버 변수로 하는 Bunsu 클래스를 정의하시오. 이때 value의 값은 bunja/bunmo이다. cin을 이용하여 분모와 분자의 값, 분수의 이름을 입력받은 후, value를 구하는 init() 멤버 함수를 정의하시오. 또한 bunmo와 bunja의 값이 각각 5와 3인 분수 "A"의 경우 value의 값을 다음과 같은 형태로 출력하는 printBunsu() 멤버 함수를 정의하시오.

```
분수 A = 3/5 = 0.6
```

<실습 5.2> Bunsu 클래스의 private 멤버 변수인 bunmo와 bunja, name의 값을 매개변수를 통하여 입력 받고 value의 값을 구할 수 있도록 하는 initValue() 멤버 함수를 정의하시오.

※ 힌트: Bunsu 클래스의 데이터 멤버와 멤버 함수의 원형, 그리고 init() 멤버 함수의 정의는 다음과 같다.

```
class Bunsu {
private:        // 클래스 외부에서 접근(참조) 불가능
    int bunmo;
    int bunja;
    double value;
    string* name;
public:
    void init();            // 외부에서 cin으로 초기화
```

```
    void initValue(int mo, int ja, const string& ptr);  // 매개변수로 초기화
    void printBunsu();    // 분수 출력
};

void Bunsu::init() {      // private 멤버의 초기화
    cout << "분모= "; cin >> bunmo;
    cout << "분자= "; cin >> bunja;
    value = (double)bunja / (double)bunmo;
    name = new string;
    cout << "분수 이름= "; cin >> *name;
}
```

5.1.3 생성자 함수

int나 double로 변수를 선언할 경우 선언과 동시에 초기화가 가능하다. 지금까지 설명했던 클래스 변수(객체)는 선언과 동시에 초기화가 불가능하다. 왜냐하면 private 부분에 선언된 데이터 멤버(data member)들은 클래스의 외부에서 직접 접근할 수 없기 때문이다. 이것이 클래스 멤버 변수들의 초기화를 위하여 초기화 멤버 함수(init() 함수 또는 initValues() 함수)가 필요한 이유이다. 그러나 클래스 객체(instance)를 생성하는 과정에서 초기화한 자료를 이용하여 Cmplx 클래스의 두 은폐 데이터 멤버들을 초기화할 수 있도록 하는 생성자 멤버 함수를 작성할 수 있다.

〈예 5.4〉에서 클래스 객체가 생성된 후 〈예 5.4.1〉과 같이 멤버 변수의 값을 출력하기 위하여 prntCmplx() 함수를 호출해보자.

◆ **<예 5.4.1>**

```
int main()
{
    Cmplx z ;          // Cmplx 클래스의 객체 z 선언
    z.prntCmplx() ;    // 변수 멤버의 값 출력
}
```

```
복소수= (-9.25596e+61)+(-9.25596e+61)i
```

〈예 5.4.1〉의 실행 결과를 보면 객체 z의 prntCmplx() 멤버 함수는 변수 멤버의 값을 출력하기 위하여 두 멤버 변수의 값을 참조하지만 두 데이터 멤버에는 아직 어떠한 값도 저장되어 있지 않기에 예상치 못한 값들이 출력되고 있음을 알 수 있다. 그러나 객체의 초기화가 이루어지지 않았다고 해서 오류가 발생하지는 않는다.

기본 자료형의 경우 변수의 선언과 동시에 변수를 초기화할 수 있다. 클래스 변수도 선언과 동시에 초기화를 할 수 있을 것으로 짐작되지만 다음과 같이 오류가 발생한다.

```
Cmplx z {1.2, 3} ;        // 오류 발생; 생성자 함수가 필요함
```

```
abc  E0289  인수 목록이 일치하는 생성자 "Cmplx::Cmplx"의 인스턴스가 없습니다.
     C2440  '초기화 중': 'initializer list'에서 'Cmplx'(으)로 변환할 수 없습니다.
```

클래스의 초기화를 오류 없이 해결하는 방법은 생성자(constructor) 멤버 함수를 클래스 내에 정의하는 것이다. C++는 객체를 생성함과 동시에 객체의 데이터 멤버들을 메모리에 할당한 후 이를 초기화할 수 있도록 하는 생성자 함수를 제공하고 있다.

생성자 함수가 다른 일반 함수와 다른 점은 클래스의 이름과 같은 이름을 생성자 함수의 이름으로 사용하며 반환값(return value)은 없다는 점이다. 하지만 생성자 함수의 자료형을 void라고 표시하지 않는다. 생성자 함수는 클래스의 객체가 생성될 때마다 자동적으로 호출되어 멤버 변수들의 값을 초기화하는 역할을 수행할 수 있다. 즉, 생성자 함수는 객체의 생성과 동시에 init() 함수나 initValues() 함수의 기능을 수행한다.

〈예 5.5〉는 Cmplx 클래스의 생성자 함수를 정의한 예이다. 생성자 Cmplx() 함수는 클래스 객체가 생성될 때 마다 자동으로 호출되는데 이 때 초기화된 값들이 생성자 함수의 매개변수로 전달되어 클래스의 전용 데이터 멤버들을 초기화한다.

◆ **<예 5.5>**

```
// class 생성자 함수
#include <iostream>
using namespace std;

class Cmplx {
private:        // 클래스 외부에서 접근(참조) 불가능
    double re;
    double im;
public:
```

```
    Cmplx(double, double);    // 생성자 함수
    void prntCmplx();              // 복소수 출력
    inline double absCmplx();    // 복소수 절댓값 반환
};

Cmplx::Cmplx(double RE, double IM) {   // 객체의 매개변수를 이용하여 초기화
    re = RE;
    im = IM;
}

void Cmplx::prntCmplx() {    // private 멤버의 값을 출력
    cout << "\n복소수= (" << re << ")+(" << im << ")i" << endl;
}

inline double Cmplx::absCmplx() {   // 복소수의 절댓값 구하기
    return sqrt(re * re + im * im);
}

int main()
{
    Cmplx z{ 1, 2 }, w(3.3, -2.1);   // 객체 z, w의 생성과 초기화

    z.prntCmplx();
    cout << "|z|= " << z.absCmplx() << endl;

    w.prntCmplx();
    cout << "|w|= " << w.absCmplx() << endl;
}
```

```
복소수= (1)+(2)i
|z|= 2.23607

복소수= (3.3)+(-2.1)i
|w|= 3.91152
```

지금까지 복소수를 다루기 위한 객체를 생성하고 이들이 지니고 있는 데이터 멤버들의 값을 복소수의 형식으로 출력하였다. 이때 출력된 복소수의 표현이 수학적으로 어색하므로 복소수 표기를 명확하게 출력하도록 멤버 함수 prntCmplx()를 다음과 같이 수정해보자.

```
void Cmplx::prntCmplx() {    // private 멤버의 값을 복소수 형태로 출력
    if (re != 0) {
        if (im > 0)
            cout << "\n복소수= " << re << " + " << im << "i" << endl;
        else if (im == 0)
            cout << "\n복소수(실수)= " << re << endl;
        else
            cout << "\n복소수= " << re << " - " << abs(im) << "i" << endl;
    }
    else
        cout << "\n복소수= " << im << "i" << endl;
}
```

〈예 5.6〉은 Cmplx 클래스 변수 z1, z2, z3를 선언하여 3개의 객체를 생성함과 동시에 초기화하는 모습을 표시한 것이다. 클래스 객체를 생성함과 동시에 초기화를 하면 생성자 함수가 자동 호출되며 객체의 초기화에 쓰인 값들이 생성자 함수의 매개변수로 전달되고, 생성자 함수는 이들을 전달받아 클래스 객체의 멤버 변수들의 값을 초기화시킨다.

◆ <예 5.6>

```
// 객체 z1, z2, z3의 생성과 초기화
int main()
{
    Cmplx z1{ 0, -2 }, z2 = { 3.3, 0 }, z3(2.1, -3.5) ;
    z1.prntCmplx() ;
    z2.prntCmplx() ;
    z3.prntCmplx() ;
}
```

```
복소수= -2i

복소수(실수)= 3.3

복소수= 2.1 - 3.5i
```

5.1.4 공동 초기화 방식

지금까지 여러 형태의 자료형을 선언하면서 초기화 방식이 일정하지 않았지만 C++11 부터는 초기화 방식이 일관되도록 중괄호({})을 사용하는 방식을 도입하였다. 이 방식을 공동 초기화 방식(유니폼 초기화, uniform initialization)이라고 하며, 기존 초기화 방식에서 허용했던 암묵적 축소 변환을 금지하였다. 예를 들어 int형 변수 x에 3.14가 초기화되면 기존에는 암묵적 축소 변환이 일어나서 x에 3이 저장되었지만 이를 공동 초기화 방식으로 초기화하면 다음과 같이 오류가 발생한다.

```
int x = { 3.14 } ;  // 공동 초기화(uniform initialization)
cout << x << endl ;   // 오류 발생
```

```
ⓧ C2397   'double'에서 'int'(으)로의 변환에는 축소 변환이 필요합니다.
```

〈예 5.6〉에서 표시한 바와 같이 여러 가지 방식으로 클래스 객체를 초기화할 수 있다. 먼저 클래스 레이아웃의 복잡성이나 생성 등의 개념대신 다음과 같이 지금까지 해왔던 POD(plain old data) 방식으로 초기화할 수 있다. 이때 생성자 함수로 전달된 인수가 한 개인 경우에는 괄호 기호도 생략할 수 있다.

```
Cmplx z2 = { 3.3, 0 } ;  // 기존의 POD 방식으로 자료형을 초기화
```

클래스를 초기화하는 두 번째 방식은 함수 형태(functional form)로 클래스 객체를 초기화하는 것이다. 일반적으로 함수를 호출할 때에는 함수 이름 다음에 괄호 () 기호가 반드시 필요하기 때문에 이 경우 함수 형태로 클래스 객체를 초기화한다고 하는 것이다.

```
Cmplx z3 (2.1, -3.5) ;  // 함수 형태로 초기화
```

클래스를 초기화하는 세 번째 방식은 배열 등에서 많이 사용했던 공동 초기화 방식을 이용하는 것이다. 공동 초기화 방식은 암묵적 축소 변환을 방지할 수 있을 뿐만 아니라 괄호를 사용하지 않기 때문에 함수의 선언과 혼동되지 않는다는 장점이 있다.

```
Cmplx z1 { 0, -2 } ;      // 공동 초기화 방식
```

✣ **<실습 5.3> Bunsu 클래스의 initValue() 함수를 대신할 수 있는 생성자 함수를 정의하고 Bunsu 객체를 공동 초기화 방식으로 생성하여 이 분수를 출력하는 프로그램을 작성하시오.**
※ 힌트: 생성자 함수 Bunsu()의 원형은 다음과 같다.

```
Bunsu::Bunsu(int mo, int ja, const string& ptr) ;
```

5.1.5 기본 생성자 함수와 생성자의 다중정의

다음 〈예 5.6.1〉과 같이 〈예 5.6〉에서 정의한 Cmplx 클래스의 객체를 초기화 없이 선언하면 매개변수가 2개인 생성자 함수가 자동 호출되지 않기 때문에 매개변수가 없는 기본 생성자가 없다는 오류가 발생한다.

◆ **<예 5.6.1>**

```
int main()
{
    Cmplx z ;           // 초기화 없이 Cmplx 클래스의 객체 z 선언; 오류 발생
    z.prntCmplx() ;    // 기본 생성자 함수를 다중 정의해줘야 함
}
```

```
E0291    "Cmplx" 클래스의 기본 생성자가 없습니다.
C2512    'Cmplx': 사용할 수 있는 적절한 기본 생성자가 없습니다.
```

실제로 C++는 클래스 변수가 선언되어 객체를 생성할 때에는 언제나 생성자 함수를 호출한다. 그러나 〈예 5.4.1〉에서 객체 z가 생성될 때 클래스의 생성자 멤버 함수가 따로 정의되어 있지 않았지만 오류가 발생하지 않았다. 이는 컴파일러가 Cmplx 클래스에 대하여 다음과 같이 본체가 비어있는 생성자를 디폴트로 제공해주기 때문이다. 물론 이 생성자는 생성되는 객체에 아무런 일도 수행하지 않는다. 디폴트 생성자(default constructor)인 기본 생성자 함수는 인수를 전혀 갖지 않는 생성자로서 초기화 없이 객체가 선언되는 순간 컴파일러에 의하여 바로 호출된다.

```
Cmplx() { }      // 디폴트 생성자(기본 생성자) 함수
```

그러나 하나의 생성자 함수가 정의된 이후 〈예 5.4.1〉과 똑같은 코드를 갖는 〈예 5.6.1〉의 경우 기본 생성자가 없다는 오류 메시지가 출력된다. 오류가 발생하지 않는 〈예 5.4.1〉의 경우와 오류가 발생하는 〈예 5.6.1〉의 차이점은 클래스의 정의 안에 따로 정의한 생성자 함수가 존재하는가와 하지 않는가의 차이이다.

이는 사용자가 임의의 생성자 함수를 한번 정의하면 컴파일러는 더 이상 디폴트 생성자를 제공하지 않기 때문이다. 따라서 클래스 객체를 생성할 때는 사용자가 정의한 생성자 함수의 형식에 맞도록 암시적이거나 명시적으로 생성자를 호출할 수 있도록 하여야 한다. 〈예 5.6.1〉에 정의한 Cmplx 클래스에는 2개의 전달 인수가 매개변수로 설정한 생성자가 따로 정의되어 있기 때문에 전달인수 없이 생성되는 〈예 5.6.1〉의 객체는 생성될 수 없다. 즉, 〈예 5.6.1〉의 객체 z이 정상적으로 생성되기 위해서는 또 다른 생성자 함수가 다중 정의되어야 한다.

다른 함수의 정의와 마찬가지로 생성자 함수도 다중 정의가 가능하기 때문에 초기화 없이 객체를 선언함과 동시에 호출될 기본 생성자 함수를 정의하면 된다. 2개 이상의 생성자를 하나의 클래스에 동시에 정의하는 것을 생성자 다중정의(overloading constructor)라고 하며, 컴파일러는 매개 변수의 개수에 따라 자동적으로 적절한 생성자 함수를 호출한다.

다음은 초기화 없이 Cmplx 클래스 객체가 선언되는 순간 호출되는 생성자 함수와 기존의 2개의 매개변수를 갖는 생성자 함수를 하나의 클래스에 다중 정의한 것이다.

```
class Cmplx {
private:         // 클래스 외부에서 접근(참조) 불가능
    double re;
    double im;
public:
    Cmplx();  // 전달 인수가 없는 생성자 함수
    Cmplx(double, double);  // 매개변수가 2개인 생성자 함수
    void prntCmplx();    // 복소수 출력
    inline double absCmplx();    // 복소수 절댓값 반환
};

Cmplx::Cmplx() {  // 객체로부터 전달되는 인수가 없는 경우의 생성자 함수
    re = 1.;
    im = 0.;
```

```
}

Cmplx::Cmplx(double RE, double IM) {  // 객체의 매개변수를 이용하여 초기화
    re = RE;
    im = IM;
}
```

<예 5.7>은 2개의 생성자 함수가 다중 정의된 Cmplx 클래스의 정의로부터 두 객체가 생성된 이후 각 객체의 복소수를 출력한 모습을 표시한 것이다. 초기화가 이루어지지 않은 복소수 객체 z은 전달인수가 없는 생성자가 호출되어 복소수가 1+0i로 초기화되고 있음을 알 수 있다.

◆ **<예 5.7>**

```
int main()
{
    Cmplx z ;          // 전달되는 인수가 없는 생성자 호출
    Cmplx w{ 2, -2 } ;    // 매개변수가 2개인 생성자 호출

    z.prntCmplx() ;
    w.prntCmplx() ;
}
```

```
복소수(실수)= 1

복소수= 2 - 2i
```

참고로 생성자 함수를 다중 정의하지 않고 <예 3.23>에서 설명한 바와 같이 기존의 생성자 함수를 조금 수정하여 생성자 함수의 매개변수에 디폴트 전달인수를 취하게 하면 초기화 없이 클래스 객체를 생성할 수 있다. 다음은 생성자 함수의 매개변수가 디폴트 값을 취하도록 수정한 Cmplx() 생성자이다. 그러나 이 경우에는 전달인수가 없는 생성자 함수를 새로 다중 정의할 수 없다.

```
Cmplx::Cmplx(double RE=1.0, double IM=1.0) {  // 매개변수에 디폴트 값 지정
    re = RE ;
    im = IM ;
}
```

이렇게 매개변수에 디폴트 값을 지정한 생성자 함수를 정의한 이후 〈예 5.7〉을 실행하면 초기화가 이루어지지 않은 클래스 객체 z이 복소수 (1+i)로 초기화된다.

클래스 객체 w를 생성하는 선언문에서 클래스 변수 이름 w 뒤에 빈 괄호를 삽입하면 w는 인수가 없지만 클래스 객체를 반환하는 함수임을 컴파일러에게 알려주는 선언문이 된다. 하지만 그런 함수가 존재하지 않기 때문에 당연히 오류가 발생할 것이다. 따라서 두 은폐 데이터 멤버들이 미리 설정한 값으로 초기화되는 객체를 생성하고자 하면 클래스 변수 이름 다음에 빈 괄호를 붙이지 말아야 한다.

```
Cmplx w( ) ;    // Cmplx형 반환값을 갖는 함수 w()의 선언문;
                // 객체의 초기화가 아님!
```

그러나 다음과 같이 중괄호를 이용하여 클래스 변수를 선언하면 전달인수가 없는 생성자 함수가 실행되어 이 생성자에서 설정한 값으로 정상적인 초기화가 이루어진다.

```
Cmplx w{ } ;    // 전달인수가 없는 생성자 함수가 호출됨
```

<실습 5.4> 전달인수가 없는 Bunsu 클래스의 객체를 생성할 때 기본 생성자 함수가 자동 호출되어 bunmo=1, bunja=0, *name="zero"로 초기화될 수 있도록 생성자 함수를 다중정의하시오. 이때 전달인수의 유무에 대한 두 가지 형태의 Bunsu 객체를 생성하고 이들을 출력하는 프로그램을 작성하시오.

※ 힌트: 기본 생성자 함수의 정의 내에서 name 변수의 초기화는 다음과 같다.

```
Bunsu::Bunsu() {
    name = new string;  *name = "zero";   // 나머지 멤버 변수의 초기화는 생략
}
```

5.1.6 생성자에서 멤버의 직접적인 초기화 방법

지금까지 생성자 함수를 이용하여 클래스의 은폐 데이터 멤버들을 초기화할 때 생성자 함수의 본체 내에서 각 멤버들의 값을 다음과 같이 초기화하였다.

```
Cmplx::Cmplx(double RE, double IM) { re = RE; im = IM; }
```

그러나 다음과 같이 생성자 함수를 정의할 때 함수의 헤드 영역에서 콜론(:) 표시를 한 이후 각 멤버 변수들을 직접 초기화할 수 있다.

```
Cmplx::Cmplx(double RE, double IM) : re {RE}  { im = IM; }
```

여기서 re {RE}를 re (RE)로 괄호를 이용하여 표현해도 상관없으며 두 변수의 초기화를 모두 함수의 본체 영역에서 함수의 헤드 영역으로 옮길 수도 있다.

```
Cmplx::Cmplx(double RE, double IM) : re {RE}, im {IM}  { }
```

5.1.7 클래스 객체의 배열

C++ 언어에서 클래스 객체들의 배열은 일반 변수의 배열 또는 구조체의 배열과 동일하게 선언하여 사용할 수 있다. 〈예 5.8〉은 복소수 (k+i) (k=1,2,3)를 생성하기 위하여 크기가 3인 Cmplx 클래스 객체의 배열을 선언하고 그 값을 출력하는 for 문을 작성한 것이다.

◆ **<예 5.8>**

```
// class 객체의 배열 선언과 생성자의 디폴트 값 지정
#include <iostream>
using namespace std;

class Cmplx {
private:
```

```
    double re;
    double im;
public:
    Cmplx();        // 전달인수가 없는 생성자 함수
    Cmplx(double, double);     // 생성자 함수
    void prntCmplx();          // 복소수 출력
    inline double absCmplx();    // 복소수 절댓값 반환
};

Cmplx::Cmplx() { re = 0.; im = 0.; }    // 0+0i로 초기화되는 생성자
Cmplx::Cmplx(double RE, double IM=0.) : re {RE}, im {IM} { }   // 생성자 다중정의
                          // 매개변수의 디폴트 값 지정
inline double Cmplx::absCmplx() {     // 복소수의 절댓값 구하기
    return sqrt(re * re + im * im);
}

/* Cmplx::prntCmplx() 멤버 함수의 정의 부분 생략 */

int main()
{
    Cmplx z[3]{ {1,1}, {2,1}, {3,1} };  // 클래스 객체의 배열 선언
    for (int k = 0; k < 3; k++) {
        z[k].prntCmplx();
        cout << "z[" << k << "]의 절댓값= " << z[k].absCmplx() << endl;
    }

    Cmplx w = 2.5;  // 생성자 매개변수 IM의 디폴트 값 IM=0.으로 지정됨
    w.prntCmplx();
}
```

```
복소수= 1 + 1i
z[0]의 절댓값= 1.41421

복소수= 2 + 1i
z[1]의 절댓값= 2.23607
```

```
복소수= 3 + 1i
z[2]의 절댓값= 3.16228

복소수(실수)= 2.5
```

〈예 5.8〉에서 클래스 객체 w를 선언할 때 {2.5, 0.}과 같이 2개의 값으로 초기화하지 않고, w=2.5;와 같이 한 개의 값으로 초기화하여도 생성자 함수의 매개변수 IM을 0.0으로 디폴트 지정하였기 때문에 아무런 오류 없이 초기화가 이루어진다.

<실습 5.5> 분수 0/5, 1/5, 2/5, 3/5, 4/5를 Bunsu 클래스 객체의 배열로 정의하고 for 문을 이용하여 그 값을 출력하는 프로그램을 작성하시오. 단, 분수 배열의 각 요소의 이름을 "zero", "one", "two", "three", "four"로 명명한다.

5.1.8 클래스를 가리키는 포인터

일반 변수나 구조체를 가리키는 포인터처럼 클래스 객체를 가리키는 포인터 변수도 선언할 수 있으며, 포인터 변수에 적용되는 여러 가지 사실들을 객체 포인터 변수로 구현할 수 있다. 특히 구조체의 경우와 같이 클래스 객체의 공용 멤버들은 멤버연산자(dot(.))와 화살표연산자(->)를 이용하여 접근할 수 있다.

다음은 클래스 객체를 가리키는 포인터 변수 pz을 선언하는 예이다. 포인터 변수를 선언할 때 사용하는 기호 *를 반드시 삽입하여 이 변수가 포인터임을 알려야 한다.

```
Cmplx* pz ;  // pz은 포인터 변수로서 Cmplx형 클래스 객체를 가리킬 수 있음
```

이렇게 선언된 포인터 pz에는 Cmplx형 객체의 시작 주소가 저장될 수 있다. Cmplx형 객체의 주소는 객체 z의 이름 앞에 주소연산자(&)를 연산하면 된다. 다음은 Cmplx 클래스 객체 z의 주소를 포인터 pz에 대입하는 예이다.

```
pz = &z ;     // 클래스 객체 z의 주소를 포인터 pz에 저장
```

클래스 객체 z의 멤버 함수에 접근하는 방법은 멤버연산자(dot(.))을 사용하면 된다. 그러나 클래스 객체 z의 주소가 저장된 pz의 경우 간접멤버연산자(->)를 통하여 객체 z의 공용 멤버에 접근할 수 있다. 또한 pz이 가리키는 객체를 동일하게 얻기 위하여 간접연산자를 pz에 적용한 (*pz)을 이용하여 클래스 객체 z의 멤버 함수에 접근할 수 있다.

〈예 5.9〉는 포인터 pz을 이용하여 클래스 객체 z의 멤버 함수 prntCmplx()를 호출하는 예를 표시한 것이다.

◆ **<예 5.9>**

```
int main()
{
    Cmplx z{ 1, -2 };  // 클래스 객체 선언
    Cmplx* pz;         // 클래스 객체를 가리키는 포인터 선언

    pz = &z;          // 포인터에 객체의 주소 대입
    z.prntCmplx();          // 객체의 멤버 호출
    pz->prntCmplx();        // 객체를 가리키는 포인터를 이용하여 멤버 호출
    (*pz).prntCmplx();      // (*pz) == z
}
```

```
복소수= 1 - 2i

복소수= 1 - 2i

복소수= 1 - 2i
```

<실습 5.6> 분수 2/5를 Bunsu 클래스 객체 b로 선언하고 이 클래스 객체의 주소로 초기화되는 포인터 변수 pb를 선언하시오. 포인터 변수 pb를 이용한 2가지 방법으로 클래스 객체 b의 멤버 변수들을 출력하는 프로그램을 작성하시오.

5.1.9 클래스 객체의 동적 메모리 할당과 해제

클래스 객체에 대한 자료를 동적 메모리(힙 메모리)에 할당하기 위하여 new 연산자를 사용할

수 있다. new 연산자는 클래스 객체를 위하여 자동으로 적절한 크기의 기억장소를 할당한 후 그 시작 주소를 반환한다. new 연산자가 적절한 크기의 기억 공간을 할당받을 수 없는 경우에는 nullptr 포인터를 반환한다. 동적 메모리에 저장된 클래스 객체의 사용이 종료되면 기억공간을 반환하기 위해서 delete 연산자를 사용한다.

클래스 객체의 자료를 동적 메모리에 할당하는 이유는 배열이나 구조체 자료가 동적 메모리에 할당하는 이유와 서로 상통되는 부분으로 메모리 낭비를 줄이기 위하여 프로그램이 실행되는 동안 필요한 양의 메모리만을 할당받기 위해서이다. 이는 new 연산자를 이용함으로서 클래스 객체가 사용할 메모리의 크기를 컴파일 과정에서 결정하지 않고 클래스 객체가 생성되는 실행 과정에서 결정하도록 하는 것이다.

〈예 5.10〉은 Cmplx형 클래스 객체를 동적 메모리에 할당받고 이를 통하여 객체의 멤버 함수에 접근하는 예를 표시한 main() 함수이다. 클래스 객체의 배열도 new 연산자를 통해 동적 메모리를 할당받을 수 있으며, 차후 delete[] 연산자를 이용하여 이들의 동적 메모리 할당을 해제할 수 있다.

◆ **<예 5.10>**

```
int main()
{
    Cmplx* pz, *pw;
    pz = new Cmplx (1, -2);  // 동적 메모리에 객체 할당

    pz->prntCmplx();
    (*pz).prntCmplx();

    pw = new Cmplx [3] { {1,1}, {2,1}, {3,1} };  // 동적 메모리에 객체 배열 할당
    for (int k = 0; k < 3; k++) {
        (pw+k)->prntCmplx();
        cout << "pw[" << k << "]의 절댓값= " << pw[k].absCmplx() << endl;
    }

    delete pz;   // 할당된 동적 메모리 해제
    delete[] pw;
}
```

```
복소수= 1 - 2i

복소수= 1 - 2i

복소수= 1 + 1i
pw[0]의 절댓값= 1.41421

복소수= 2 + 1i
pw[1]의 절댓값= 2.23607

복소수= 3 + 1i
pw[2]의 절댓값= 3.16228
```

〈예 5.10〉의 실행 결과를 보면 동적 메모리에 할당된 객체 배열의 시작 주소가 포인터 pw에 저장되어 pw를 포인터로 활용하여 객체 배열의 각 요소들을 참조하면서 동시에 pw가 마치 하나의 배열의 이름으로 간주하여 배열처럼 각 요소를 참조할 수 있음을 알 수 있다. 즉 다음 두 문장은 같은 결과를 출력한다.

```
(pw+k)->prntCmplx() ;
pw[k].prntCmplx() ;
```

5.2 클래스 응용

5.2.1 연산자 다중정의

다음과 같이 기본 자료형인 int형으로 선언된 3개의 변수들은 연산자를 통해 더하거나 대입하는 등의 행위를 분명하게 실행할 수 있다.

```
int a, b, c ;
c = a + b ;     // 두 int형 변수의 덧셈
```

클래스 객체가 생성된 이후 이 객체를 같은 형태의 다른 객체에 치환할 수 있다. 이때 사용되는 연산자는 대입연산자(=)로서 한 객체의 정보가 다른 객체에 복사된다. 즉, 객체의 치환은 단순히 멤버들의 값을 복사한 것이기 때문에 객체 치환이후 한 객체의 멤버를 변경시켜도 다른 객체에 영향을 주지 않는다. 다음은 대입연산자를 통해 두 클래스 객체의 치환을 수행하는 실행문을 표시한 것이다.

```
Cmplx x{ 1.2, 3 }, y ;
y = x ;                // 객체의 치환
y.prntCmplx() ;      // (1.2 + 3i)가 출력됨
```

그러나 Cmplx 클래스를 통해 생성된 두 복소수 객체에 다음 예와 같이 덧셈 연산자를 연산하면 기본 자료형들의 덧셈 연산과 달리 그 의도가 분명치 않으므로 컴파일 오류가 발생한다.

```
Cmplx x{ 1.2, 3 }, y{ -2.5, 2.1 } ;
Cmplx z ;
z = x + y ;    // 두 클래스 객체의 덧셈; 오류 발생
```

```
E0349   이러한 피연산자와 일치하는 "+" 연산자가 없습니다.
C2676   이항 '+': 'Cmplx'이(가) 이 연산자를 정의하지 않거나 미리 정의된 연산자에 허용되는 형식으로의 변환을 정의하지 않습니다.
```

이 문제를 해결하기 위하여 클래스에 적용되는 연산자 다중정의(overloading operator)가 필요하다. 연산자 다중정의란 C++에 정의된 연산자를 사용자가 선언한 클래스 객체에서 사용할 수 있도록 정의하는 것을 말한다. 연산자 다중정의는 C++의 특징 중의 하나인 다형성(polymorphism)을 설명하는 하나의 좋은 예이다. 구조체나 클래스 등 사용자 정의 자료형에 적절히 연산할 수 있도록 C++에서 사용하고 있는 대부분의 연산자를 다중정의할 수 있다.

연산자 다중정의는 연산자의 개념을 확장함으로써 기존의 C++의 연산자에 다중적인 의미를 갖게 하는 것이다. 즉, 연산자의 의미를 재정의하여 복잡한 연산 기능들을 쉽게 사용할 수 있도록 하는 기법이다.

다음 〈표 5.1〉은 C++에서 연산자 다중정의가 가능한 연산자의 목록이다.

〈표 5.1〉 다중정의가 가능한 연산자

<table>
<tr><td rowspan="4">연산자</td><td>+   -   *   /   =   <   >   +=   -=   *=   /=   <<   >></td></tr>
<tr><td><<=   >>=   ==   !=   <=   >=   ++   --   %   &   ^   ! |</td></tr>
<tr><td>~   &=   ^= |=   && || %=   []   ()   ,   ->*   -></td></tr>
<tr><td>new   delete   new[]   delete[]</td></tr>
</table>

Cmplx 클래스 객체들 간의 덧셈 연산을 수행하는 연산자 다중정의를 살펴보자. 즉, 덧셈연산자(+)를 사용하여 두 개의 객체(실은 복소수)를 더할 수 있도록 하는 것이다. 연산자 다중정의를 정의하고 나면 컴파일러는 피연산자의 개수와 자료형을 살핀 후 내장되어 있는 연산자의 연산을 수행할 것인지, 아니면 다중정의된 연산을 수행할 것인지를 결정한다. 우리는 연산의 목적에 맞도록 연산자 다중정의를 정의하기만 하면 된다. 이것이 C++가 추구하는 OOP의 특징이라고 할 수 있다.

클래스 객체에 적용되는 연산자 다중정의는 반드시 operator이라는 이름의 함수를 정의함으로서 시작된다. operator 함수의 구문 형식은 다음과 같다.

```
type  operator  op (매개변수)
{
        operator 함수의 본체
        return 반환값 ;
}
```

여기서 type은 연산자 다중정의를 위한 함수 operator가 종료되는 순간 반환하는 값의 자료형이며, op는 다중정의하고자 하는 연산자 기호이다. 단 op는 〈표 5.1〉에 표시되어 있는 연산자 기호만을 쓸 수 있다. 예를 들어 두 객체의 덧셈을 위한 연산자 다중정의 함수의 이름은 operator+()가 된다. 그러나 기존의 C++ 연산자가 아닌 $ 기호를 사용한 operator$()를 연산자 다중정의 함수로 정의할 수 없다. 참고로 operator() 함수는 클래스의 멤버 함수로 정의될 수도 있고, 클래스의 비 멤버 함수로 정의될 수도 있다.

앞의 예에서 오류가 발생했던 두 Cmplx 객체의 덧셈을 정상적인 연산이 되도록 operator 함수를 클래스의 멤버 함수로 정의하면 다음과 같다.

```
Cmplx Cmplx::operator + (const Cmplx & right) {
    Cmplx   tmp ;                // 임시 객체 생성
    tmp.re = re + right.re ;
    tmp.im = im + right.im ;
    return  tmp;
}
```

여기서 정의되는 operator+() 함수는 실행 시간이나 메모리 절약 등의 함수 수행 능률을 높이기 위하여 매개변수를 참조자로 선언하였다. 즉, 이 함수로 전달된 객체의 별칭이 right가 된다. 매개변수를 참조자로 선언하였기 때문에 operator+() 함수의 실행 과정에서 right의 값이 변경되면 이 함수를 호출할 때의 두 번째 피연산자 객체가 자동으로 변경되기 때문에 매개변수를 const으로 선언하였다. 참고로 operator 함수를 클래스의 멤버 함수로 정의하면 이항연산자의 경우 오른쪽 피연산자 객체의 정보만 매개변수로 전달하면 된다.

operator+() 함수의 실행 결과 반환하는 Cmplx 클래스 tmp도 참조자로 지정하는 것이 능률적일 것 같지만, 이 경우에는 참조자를 반환할 수 없다. 왜냐하면 반환되는 객체 tmp는 함수 내에서 생성된 지역 변수로서 operator+()의 실행이 종료되어 프로그램의 실행 포인터가 main()으로 넘어가면 더 이상 존재하지 않기 때문이다.

〈예 5.11〉은 클래스의 덧셈 연산을 수행하기 위하여 operator+() 멤버 함수를 정의한 이후 두 클래스 객체의 덧셈 연산이 성공한 예를 main() 함수만 표시한 것이다.

◆ **<예 5.11>**

```
int main()
{
    Cmplx x{ 1.2, 3 }, y{-2.5, 2.1}, z;
    z = x + y ;        // 연산자 다중정의한 덧셈(+)
    z.prntCmplx();
    cout << "|z|= " << z.absCmplx() << endl;
}
```

```
복소수= -1.3 + 5.1i
|z|= 5.26308
```

operator+() 함수가 클래스 Cmplx의 멤버 함수이기 때문에 두 객체의 덧셈 연산을 왼쪽 피연산자의 operator+() 멤버 함수 호출 형식으로 표시할 수 있다. 다음 문장이 실행되면 컴파일러는 + 연산자의 두 피연산자 x와 y가 클래스 객체이므로 내장된 기본 덧셈 연산을 실행하지 않는다. 대신에 함수 호출 문법에 맞추어 연산자 다중정의 함수 operator+()를 호출한다.

```
z = x.operator+(y) ;  // 연산자 다중정의한 덧셈(+) 연산의 다른 표현
```

연산자 다중정의를 위한 operator() 함수를 클래스의 비 멤버 함수로도 정의할 수 있지만 클래스의 멤버 변수들을 public으로 선언해야 한다. 보통 멤버 변수들은 은폐가 목적이기 때문에 operator() 함수를 클래스의 비 멤버 함수로 정의하는 경우는 흔치 않을 것이다.

다음은 두 클래스 객체의 뺄셈 연산을 위하여 operator-() 함수를 클래스의 멤버 함수로 정의한 것이다.

```
Cmplx Cmplx::operator- (const Cmplx& right)  {
    Cmplx   tmp;            // 임시 객체의 생성

    tmp.re = re - right.re;
    tmp.im = im - right.im;

    return   tmp;
}
```

<실습 5.7> 복소수의 뺄셈 연산을 수행하기 위하여 Cmplx 클래스의 operator-() 멤버 함수를 정의한 이후 두 클래스 객체의 뺄셈 연산을 수행하는 프로그램을 작성하시오. 단, 복소수 z와 w가 z=x+iy와 w=s+it으로 표현 될 때, 두 복소수의 뺄셈은 다음과 같다.

$$z - w = (x+iy) - (s+it) = (x-s) + i(y-t)$$

※ 힌트: operator-() 함수를 Cmplx 클래스의 멤버 함수로 포함시킨 이후 Cmplx 클래스의 정의는 다음과 같다.

```
class Cmplx {
private:
    double re;
    double im;
public:
    Cmplx();                          // 디폴트 생성자 함수
    Cmplx(double, double);    // 생성자 함수
    void prntCmplx();                 // 복소수 출력
    inline double absCmplx();     // 복소수 절댓값 반환
    Cmplx operator + (const Cmplx&);      // 연산자 다중정의 함수
    Cmplx operator - (const Cmplx&);
} ;
```

<실습 5.8> 분수의 덧셈 연산을 수행하기 위하여 Bunsu 클래스의 operator+() 멤버 함수를 정의한 이후 두 클래스 객체의 덧셈 연산을 수행하는 프로그램을 작성하시오. 단, 분수 a와 b가 a=y/x와 b=n/m으로 표현 될 때, 두 분수의 덧셈은 a+b = y/x + n/m = (ym+xn)/(xm)이다. 이때 덧셈 연산을 수행하는 과정에서 새롭게 연산된 bunja와 bunmo의 최대공약수 G를 구한 후 두 멤버 bunja와 bunmo를 각각 bunja/G와 bunmo/G으로 갱신하시오.

※ 힌트: operator+() 함수를 Bunsu 클래스의 멤버 함수로 포함시킨 이후 Bunsu 클래스의 정의는 다음과 같다. 단, GCD() 함수는 [연습 3.2.8]를 참조하여 양의 정수의 경우로 수정하시오.

```
int GCD(int, int);      // 최대공약수를 구하는 GCD() 함수의 선언 [연습 3.2.8]

class Bunsu {
 private:         // 클래스 외부에서 접근(참조) 불가능
   int bunmo;
```

```
    int  bunja;
    double  value;
    string*  name;
  public:
    Bunsu();                      // 기본 생성자 함수
    Bunsu(int, int, const string&);         // 매개변수로 초기화하는 생성자 함수
    void printBunsu();    // 분수 출력
    Bunsu operator + (const Bunsu& right);    // 연산자 다중정의 함수
};

Bunsu Bunsu::operator + (const Bunsu& right) {
    Bunsu   tmp;            // 임시 객체의 생성

    tmp.bunja = bunja * right.bunmo + bunmo * right.bunja;
    tmp.bunmo = bunmo * right.bunmo;

    int G = GCD(tmp.bunja, tmp.bunmo);      // 분모, 분자의 최대공약수

    tmp.bunja /= G;              // 분모, 분자를 최대공약수로 약분하기
    tmp.bunmo /= G;

    tmp.value = (double)tmp.bunja / tmp.bunmo;

    *tmp.name = *name + "+" + *right.name;    // 분수의 이름 연결
    return   tmp;
}
```

5.2.2 this 키워드

연산자 다중정의 함수 operator+()를 살펴보면 z=x+y;의 문장을 수행했을 때 객체 y의 정보는 참조자를 이용하여 객체 right로 전달된다. 그런데 연산자 +의 왼쪽 피연산자 x의 정보를 받아주는 매개변수가 존재하지 않아서 의심스럽다. 다행스럽게도 클래스의 멤버 함수에서는 이 정보가 저장된 메모리 주소를 암시적으로 this 키워드의 포인터로 전달한다. 이러한 포인터 this를 이 멤버 함수에서 명시적으로 표시하면 다음과 같다.

```
Cmplx Cmplx::operator + (const Cmplx & right)
{
    Cmplx  tmp ;   // 임시 객체의 생성
    tmp.re = this->re + right.re ;      // this의 명시적 표시; 생략 가능
    tmp.im = this->im + right.im ;
    return  tmp;
}
```

즉, this는 연산자의 왼쪽 피연산자를 가리키는 포인터로 기능하며 멤버 함수 내에서는 생략할 수 있기 때문에 operator+() 함수에서 간단히 tmp.re = re + right.re;로 표현한 것이다. 물론 포인터의 개념에 따라 this->re를 (*this).re로 대신할 수 있다.

키워드 this의 용도를 좀 더 알아보기 위하여 두 Cmplx 클래스 객체의 대소 관계를 판정한 후 객체의 절댓값이 큰 객체를 반환하는 멤버 함수 maxCmplx() 함수를 작성해보자. 먼저 두 객체 중 절댓값이 큰 값을 출력하기 위하여 maxCmplx() 함수를 호출하는 실행문은 다음과 같다.

```
z = x.maxCmplx(y) ;      // 객체 x과 y 중 절댓값이 큰 값이 반환됨
```

즉, 두 객체 x, y의 정보를 maxCmplx() 멤버 함수로 넘겨주는 방법은 하나의 객체(x)는 암시적으로 이 함수에 넘겨주고, 나머지 객체(y)는 전달 인자로서 명시적으로 넘겨주는 것이다. 우리가 컴파일러가 하는 일을 자세히 알 필요는 없지만 컴파일러는 위의 문장을 다음과 같이 변형하여 x의 주소가 멤버 함수 내에서 this 포인터에 저장되도록 실행한다.

```
z = maxCmplx(&x, y) ;   // 컴파일러가 변형한 호출 실행문
```

다음은 Cmplx 클래스의 멤버 함수로서 정의된 maxCmplx() 함수를 표시한 것이다.

```
Cmplx& Cmplx::maxCmplx(Cmplx& tmp)
{
    if ( this->absCmplx() < tmp.absCmplx() )   // this->는 생략 가능
        return tmp;
    else
        return (*this);
}
```

여기서 x의 주소는 this 포인터로 전달되며, y의 정보는 참조자를 이용하여 객체 tmp로 전달된다. 두 객체의 절댓값을 비교한 결과의 객체는 역시 참조자를 이용하여 반환된다. 이때 첫 번째 객체의 절댓값이 두 번째 객체보다 클 때 this 포인터가 없으면 반환할 수 있는 방법이 없을 것이다. 이때 포인터가 아닌 객체를 반환해야 하므로 (*this)를 표시하여야 한다.

〈예 5.12〉는 두 Cmplx 객체의 대소를 비교한 후 절댓값이 큰 객체를 출력하는 예를 표시한 것이다. 객체를 복소수 형태로 출력하는 prntCmplx() 함수도 문자열이 매개변수로 전달되도록 수정하였다.

◆ **<예 5.12>**

```
// 연산자 다중정의와 this 포인터
#include <iostream>
using namespace std;

class Cmplx {
private:        // 클래스 외부에서 접근(참조) 불가능
     double re;
     double im;
public:
     Cmplx();  // 전달인수가 없는 생성자 함수
     Cmplx(double, double);  // 생성자 함수
     void prntCmplx(string);    // 복소수 출력
     inline double absCmplx();    // 복소수 절댓값 반환
     Cmplx operator + (const Cmplx&);  // 연산자 다중정의 함수
     Cmplx operator - (const Cmplx&);
     Cmplx& maxCmplx(Cmplx&);    // 두 복소수의 절댓값 비교 함수
};

void Cmplx::prntCmplx(string str) {    // private 멤버의 값을 복소수 형태로 출력
     str = "\n복소수 " + str + " = ";    // 수정된 부분
     if (re != 0) {
          if (im > 0)
               cout << str << re << " + " << im << "i" << endl;
          else if (im == 0)
               cout << str << re << endl;
```

```
        else
            cout << str << re << " - " << abs(im) << "i" << endl;
    }
    else
        cout << str << im << "i" << endl;
}

int main()
{
    Cmplx x{ 1.2, 3 }, y{ -2.5, 2.1 }, z;

    cout << "|x|= " << x.absCmplx() << endl;
    cout << "|y|= " << y.absCmplx() << endl;
    z = x.maxCmplx(y);  // 두 객체 x와 y의 절댓값 비교한 후 큰 객체 반환
    z.prntCmplx("z");
    cout << "|z|= " << z.absCmplx() << endl;
}
```

```
|x|= 3.2311
|y|= 3.26497

복소수 z = -2.5 + 2.1i
|z|= 3.26497
```

여기서 maxCmplx() 함수가 지역적이지만 main()에서 전달 받은 두 정보가 포인터와 참조자이며, 이 함수의 반환값이 참조자이므로 main() 내에서 이 함수가 반환하는 객체의 정보를 정확히 인식할 수 있다. 즉, 반환되는 결과가 tmp라면 참조자이기에 객체 y가 되고, 반면에 (*this)가 반환되는 결과였다면 this 포인터가 가리키는 x 객체가 반환된다. 객체 x와 y는 main() 내에 존재하는 객체들이기 때문에 아무런 문제없이 함수의 실행이 이루어진다.

<실습 5.9> Bunsu 클래스의 객체를 두 개 생성한 후, 두 객체의 값(value 멤버)을 비교하여 작은 값의 객체를 반환하는 minBunsu() 멤버 함수를 정의하시오. 단, minBunsu() 멤버 함수의 원형은 다음과 같다.

```
Bunsu& minBunsu( Bunsu& ) ;
```

5.2.3 정적 멤버

일반적으로 클래스의 데이터 멤버는 각 객체(인스턴스)마다 서로 다른 변수이다. 하지만 클래스로 선언된 객체가 생성될 때 마다 그 수를 카운트해야 될 변수를 생각해보면 생성된 모든 객체들이 공통으로 참조가 가능한 멤버 변수가 필요하다. C의 전역변수(외부변수, global variable)가 비슷한 역할을 수행하지만 전역변수는 프로그램의 어느 영역에서도 접근이 가능한 변수이기 때문에 OOP의 개념에 부합하지 않는다.

C++ 객체지향 프로그래밍에서 static 키워드를 이용하여 클래스의 모든 객체들이 공통적으로 접근 가능할 수 있도록 선언한 멤버를 정적 멤버(static member)라고 한다. 정적 멤버는 데이터 멤버와 함수 멤버 모두 선언할 수 있다. 단, 정적 멤버를 전용 멤버(private member)로 선언하면 반드시 멤버 함수를 통하여 이 정적 멤버에 접근하여야 한다. 그러나 공용 멤버로 선언한 정적 멤버는 객체의 이름이나 클래스 이름으로 쉽게 접근할 수 있다.

정적 멤버는 클래스 내부에서 static이라는 키워드로 선언하고, 이후 클래스 외부에서 정적 멤버의 값을 한 번만 초기화하도록 한다.

다음은 정적 멤버를 설명하기 위하여 Cmplx 클래스를 단순화하여 재 정의한 MyCmplx 클래스를 정의한 것이다.

```
// MyCmplx 클래스의 정의: 정적 멤버의 선언
class MyCmplx {
private:
    double re;
    double im;
    static int count;           // 정적 멤버의 선언
public:
    MyCmplx();                  // 전달인수가 없는 생성자 함수
    MyCmplx(double, double);    // 생성자 함수
    void prntCmplx(string);     // 복소수 출력
    void prntCount();           // 정적 멤버 count의 값 출력
};

int MyCmplx::count = 0;     // 정적 멤버 count의 값 초기화

MyCmplx::MyCmplx() { re = 0.; im = 0.; count++; }  // 전달인수가 없는 생성자
MyCmplx::MyCmplx(double RE, double IM = 0.) : re{ RE }, im{ IM } { count++; }
```

```
                                              // 생성자 다중정의
void MyCmplx::prntCmplx(string str) {  // private 멤버의 값을 복소수 형태로 출력
    str = "\n복소수 " + str + " = ";
    if (re != 0) {
        if (im > 0)
            cout << str << re << " + " << im << "i" << endl;
        else if (im == 0)
            cout << str << re << endl;
        else
            cout << str << re << " - " << abs(im) << "i" << endl;
    }
    else
        cout << str << im << "i" << endl;
}

void MyCmplx::prntCount()
{
    cout << "생성된 객체의 수 = " << count << endl;
}
```

MyCmplx 클래스의 정의를 살펴보면 count 멤버 변수를 static으로 선언함으로서 정적 멤버임을 알리고 있으며, MyCmplx 클래스의 객체가 선언될 때 마다 생성자 함수들이 호출되어 모든 객체의 공통 변수인 count 변수의 값이 1 증가하고 있다. 정적 멤버를 초기화하거나 참조하기 위해서는 다음과 같이 클래스의 이름과 전역식별연산자(::)를 이용한다.

```
int MyCmplx::count = 0;        // 정적 멤버 count의 값 초기화
```

<예 5.13>은 클래스 객체가 생성될 때마다 정적 멤버인 count 변수의 값이 변하는 과정을 main() 함수만 별도로 표시한 것이다. 실행 결과를 살펴보면 세 개의 MyCmplx 객체 x, y, z이 생성될 때마다 각 개체의 데이터 멤버들은 각각 따로 메모리에 할당되지만 static으로 선언된 count 데이터 멤버는 오로지 하나의 메모리에 할당한다. 이렇게 static으로 선언된 정적 전용 멤버는 어느 객체에도 속하지 않지만 공통으로 접근할 수 있는 클래스의 데이터 멤버이다.

◆ <예 5.13>

```
int main()
{
    MyCmplx x{ 1.2, 3 };
    x.prntCmplx("x");
    x.prntCount();

    MyCmplx y{ -2.5, 2.1 };
    y.prntCmplx("y");
    y.prntCount();

    MyCmplx z;
    z.prntCmplx("z");
    z.prntCount();
}
```

```
복소수 x = 1.2 + 3i
생성된 객체의 수 = 1

복소수 y = -2.5 + 2.1i
생성된 객체의 수 = 2

복소수 z = 0i
생성된 객체의 수 = 3
```

static으로 선언된 정적변수는 지역변수와 달리 컴파일하는 과정에서 정의되고, 블록(함수)의 실행이 끝나더라도 실행 시간동안 변경된 변수의 값을 프로그램이 종료할 때까지 그대로 유지한다. 더욱이 클래스 변수인 객체를 생성할 때 이를 static으로 선언하면 함수 내에서 변경된 객체의 값을 계속 유지할 수 있다.

먼저 MyCmplx 클래스의 멤버 함수로 복소수의 실수 부분의 값을 추출하여 반환하는 함수를 정의해보자. 이 함수의 반환값의 자료형은 double이면 충분하지만 객체의 데이터 멤버인 re의 값을 수정하고자 한다면 참조자를 이용하여 double&으로 정의한다.

```
double& MyCmplx::realCmplx() {      // 복소수의 실수부 반환
    return re;
}
```

〈예 5.14〉는 StaticObject() 함수 내에서 클래스 변수인 객체를 생성할 때 이를 static으로 선언하는 예와 이를 호출하는 main() 함수를 표시한 것이다.

◆ **<예 5.14>**

```
void StaticObject()
{
    static MyCmplx z{ 1.5, -1.5 };  // 클래스 객체를 정적 변수로 선언
    z.prntCmplx("z");
    z.prntCount();
    z.realCmplx() *= 2;  // 객체의 re 멤버의 값을 2배로 변경
}

int main()
{
    for (int k = 0; k < 3; k++)
        StaticObject();      // 동일한 함수를 3번 연속으로 호출
}
```

```
복소수 z = 1.5 - 1.5i
생성된 객체의 수 = 1

복소수 z = 3 - 1.5i
생성된 객체의 수 = 1

복소수 z = 6 - 1.5i
생성된 객체의 수 = 1
```

<예 5.14>의 실행결과를 보면 StaticObject() 함수가 호출될 때마다 객체 z이 매번 생성되는 것이 아니라 처음 생성된 객체 z이 계속 사용되고 있음을 알 수 있다. 만일 StaticObject() 함수에서 생성된 객체 z가 static으로 선언되지 않았다면, StaticObject() 함수가 호출될 때마다 (1.5, -1.5)로 재 초기화되어 객체 z의 출력 결과가 모두 똑같을 것이다.

참고로 함수의 실행이 종료할 때 이 함수를 호출한 함수로 반환되는 객체의 자료가 많을 경우에 스택 넘침(stack overflow)과 같은 오류가 발생할 여지가 있다. 이 경우에는 반환하고자 하는 객체를 static으로 지정한 후 그 값을 참조자로 반환하는 것이 좋다. 정적 자료의 경우에는 함수가 종료되더라도 계속 메모리에 그 자료가 존속하므로 참조자로의 반환이 가능하기 때문이다.

5.2.4 const 멤버 함수

const 클래스 객체와 const 멤버 함수의 관계를 설명하기 위하여 지금까지 정의했던 Cmplx 클래스의 정의를 수정하여 다음과 같이 My2Cmplx 클래스를 정의하자.

```
class My2Cmplx {
private:
    double re;
    double im;
public:
    My2Cmplx();  // 전달인수가 없는 생성자 함수
    My2Cmplx(double, double);  // 생성자 함수
    double& realCmplx();
};

My2Cmplx::My2Cmplx() { re = 0.; im = 0.; }
My2Cmplx::My2Cmplx(double RE, double IM = 0.) : re{ RE }, im{ IM } { }
double& My2Cmplx::realCmplx() { return re; }
```

My2Cmplx 클래스의 멤버 함수는 다중 정의된 2개의 생성자 함수와 복소수를 나타내는 객체의 실수부 re를 참조자로 반환하는 realCmplx() 함수가 있다.

<예 5.15>는 My2Cmplx 클래스의 객체 z를 생성한 후 realCmplx() 멤버 함수를 통하여 z의 실수부 re의 값을 읽거나 수정하는 예를 표시한 것이다.

◆ <예 5.15>

```
int main()
{
    My2Cmplx z{ 2.5, -5.2 } ;
    cout << "복소수 z의 실수부= " << z.realCmplx() << endl ;

    z.realCmplx() = 2.2;
    cout << "복소수 z의 실수부= " << z.realCmplx() << endl ;
}
```

```
복소수 z의 실수부= 2.5
복소수 z의 실수부= 2.2
```

함수의 매개변수를 const로 지정할 수 있는 것처럼 클래스 객체도 const로 선언할 수 있다. 〈예 5.15〉에 표시된 My2Cmplx 객체 z를 상수(const) 객체로 선언하는 예는 다음과 같다.

```
const My2Cmplx z{ 2.5, -5.2 } ;        // 상수(const) 객체의 선언
```

이렇게 클래스 객체가 const로 선언되면 const로 지정된 const 멤버 함수만 호출할 수 있다. 즉, 이전에 정의했던 My2Cmplx 객체의 멤버 함수 realCmplx()를 참조하면 오류가 발생한다.

```
cout << "복소수 z의 실수부= " << z.realCmplx() << endl ;  // 오류 발생
```

```
E1086   개체에 멤버 함수 "My2Cmplx::realCmplx"과(와) 호환되지 않는 형식 한정자가 있습니다.
C2662   'double &My2Cmplx::realCmplx(void)': 'this' 포인터를 'const My2Cmplx'에서 'My2Cmplx &'(으)로 변환할 수 없습니다.
```

이는 realCmplx() 멤버 함수가 const 멤버 함수가 아니기 때문에 발생하는 오류이다. 이 함수를 다중 정의하여 realCmplx() 함수를 다음과 같이 const 멤버 함수로 정의할 수 있다. const 멤버 함수를 만드는 방법은 const 키워드를 함수 이름 뒤에 단순히 추가하면 된다.

```
double My2Cmplx::realCmplx()  const  { return re; }   // const 멤버 함수 정의
```

〈예 5.16〉은 const로 선언된 객체 z와 그렇지 않은 객체 w가 다중 정의된 멤버 함수를 각각 따로 호출하는 예를 표시한 것이다. 이와 같이 const로 지정된 const 멤버 함수의 주 목적은 객체의 데이터 멤버들을 함부로 수정하지 못하도록 하는 것이다.

◆ **<예 5.16>**

```
// const 멤버 함수
double My2Cmplx::realCmplx()  const  { return re; }
int main()
{
    const My2Cmplx z{ 2.5, -5.2 };
    cout << "복소수 z의 실수부= " << z.realCmplx() << endl;    // double형 반환
    My2Cmplx w{ 1.1, -2.2 };
    w.realCmplx() = 2.2;     // double&형 반환
    cout << "복소수 w의 실수부= " << w.realCmplx() ;
}
```

```
복소수 z의 실수부= 2.5
복소수 w의 실수부= 2.2
```

결론적으로 함수 이름 뒤에 const가 추가된 const 멤버 함수의 정의에서는 멤버 변수의 값을 변경하는 작업을 할 수 없으며, const 멤버 함수만 호출할 수 있다. 물론 const 클래스 객체는 이 const 멤버 함수만 호출하여야 한다.

<실습 5.10> Bunsu 클래스의 객체를 생성한 후, 이 객체의 데이터 변수 bunja의 값을 반환하는 멤버 함수 bunjaBunsu()를 정의하고 이 함수를 이용하여 bunja의 값을 수정하는 프로그램을 작성하시오. 또한 Bunsu 객체가 const로 선언될 때, 이 객체의 bunja 멤버의 값을 출력하는 bunjaBunsu() 함수를 다중 정의하시오. 다음은 main() 함수에서 다중 정의된 두 함수를 호출하기 위한 예를 표시한 것이다.

```
int main()
{
     Bunsu b{ 6, 1, "one" };

     cout << "분자= " << b.bunjaBunsu() << endl;
```

```
    b.bunjaBunsu() = 5;
    b.printBunsu();

    const Bunsu c{ 6, 3, "three" };
    cout << "\n분자= " << c.bunjaBunsu() << endl;
}
```

5.2.5 클래스 템플릿

클래스 템플릿(class template)은 데이터 멤버인 변수들의 자료형이나 멤버 함수들의 반환 값에 대한 자료형을 고정적으로 선언하지 않고 특정한 이름으로 대신한 후 실제로 객체를 생성할 때 정확한 자료형을 지정할 수 있도록 설계된 템플릿이다.

다음은 My2Cmplx 클래스의 정의를 클래스 템플릿으로 재 작성한 것이다.

```
template<class T>

class My2Cmplx {
    T re;
    T im;
public:
    My2Cmplx() { re = 0; im = 0; }      // 전달인수가 없는 생성자 함수
    My2Cmplx(T RE, T IM) : re{ RE }, im{ IM } { }  // 생성자 함수
    T& realCmplx() { return re; }
    T realCmplx() const { return re; }
};
```

〈예 5.17〉은 클래스 템플릿으로 정의한 My2Cmplx 클래스의 객체들을 선언하는 방법과 멤버 함수를 실행한 결과를 보여주는 예이다. 여기서 int형 데이터를 다루기 위한 z 객체는 〈int〉으로 자료형을 지정하였으며, double형 데이터를 다루기 위한 w 객체는 〈double〉로 지정하여 객체를 생성하고 있다.

◆ **<예 5.17>**

```
int main()
{
    const My2Cmplx<int> z{ 2, -5 };
    cout << "복소수 z의 실수부= " << z.realCmplx() << endl;

    My2Cmplx<double> w{ 1.1, -2.2 };
    w.realCmplx() = 2.2;
    cout << "복소수 w의 실수부= " << w.realCmplx() << endl;
}
```

```
복소수 z의 실수부= 2
복소수 w의 실수부= 2.2
```

클래스의 외부에서 클래스 템플릿을 이용하여 멤버 함수를 정의하는 방법을 예로 표시하면 다음과 같다. 여기서 정의하는 imagCmplx() 멤버 함수는 데이터 변수인 im의 값을 반환하는 const 멤버 함수이다. 참고로 const 멤버 함수는 const 객체를 포함하여 모든 클래스 객체에서 호출할 수 있다.

```
template<class T>
T My2Cmplx<T>::imagCmplx() const {
    return im;
}
```

〈예 5.18〉은 클래스 템플릿으로 정의한 My2Cmplx 클래스의 객체들로부터 역시 클래스 템플릿으로 정의한 imagCmplx() 함수를 호출하여 복소수의 허수부를 출력하는 main() 함수를 표시한 것이다.

◆ **<예 5.18>**

```
int main()
{
    const My2Cmplx<int> z{ 2, -5 };
```

```
    cout << "복소수 z의 실수부= " << z.realCmplx() << endl;
    cout << "복소수 z의 허수부= " << z.imagCmplx() << endl;

    My2Cmplx<double> w{ 1.1, -2.2 };
    w.realCmplx() = 2.2;
    cout << "복소수 w의 실수부= " << w.realCmplx() << endl;
    cout << "복소수 w의 허수부= " << w.imagCmplx() ;
}
```

```
복소수 z의 실수부= 2
복소수 z의 허수부= -5
복소수 w의 실수부= 2.2
복소수 w의 허수부= -2.2
```

5.2.6 템플릿의 특수화

템플릿 인수로 특정 유형이 전달될 때 이 특정 유형만 따로 적용할 수 있도록 특수하게 템플릿을 구현할 수 있는데 이를 템플릿의 특수화(template specialization)라고 한다. 클래스 템플릿을 특수화하면 템플릿을 구성하는 멤버함수의 일부 또는 전부를 다르게 행동하도록 정의할 수 있다.

예를 들어, 5.2.5절에서 정의한 클래스 템플릿은 복소수 형태의 자료를 계산하고자 하는 것으로 int형이나 double형의 자료에 따라 적절히 템플릿 클래스를 대상으로 객체가 생성된다. 이 템플릿 클래스를 기반으로 숫자 자료가 아닌 string 자료형에 대하여 이 템플릿 클래스를 특수화할 수 있다.

다음은 클래스 템플릿 My2Cmplx를 정의한 이후 숫자형 데이터 대신 string과 같은 문자열 자료형에 대하여 템플릿 클래스를 특수화한 예를 표시한 것이다.

```
template<>
class My2Cmplx <string> {
private:
    string re;
    string im;
public:
    My2Cmplx() { re = ""; im = ""; }            // 전달인수가 없는 생성자 함수
```

```
    My2Cmplx(string RE, string IM) : re{ RE }, im{ IM } { }  // 생성자 함수
    string addString() {
        return (re + im);
    }
};
```

이상에서 알 수 있듯이 템플릿 클래스의 특수화는 template<>으로 시작하며 템플릿을 구성하는 멤버함수의 일부 또는 전부를 이전의 템플릿 멤버 함수와 다르게 정의할 수 있다. 즉, 멤버 변수의 자료형도 다르게 선언하였으며, 생성자 함수의 목적도 문자열을 저장할 수 있도록 정의하였다. 그 뿐만 아니라 새로운 멤버함수 addString()를 정의함으로서 기존의 템플릿 클래스와 전혀 다른 작업을 수행하도록 하였다.

〈예 5.19〉는 복소수의 실수부와 허수부의 값을 저장하는 대신 두 문자열을 저장한 후 두 문자열을 연결하여 출력하도록 특수화된 템플릿 클래스를 실행하는 예를 표시한 main() 함수이다. 여기서 객체 z와 w는 일반 클래스 템플릿을 실행하여 생성된 클래스 변수이며, 객체 tmp는 클래스 템플릿의 특수화를 통해 생성된 클래스 변수이다.

◆ **<예 5.19>**

```
int main()
{
    const My2Cmplx<int> z{ 2, -5 };    // <int> 클래스 템플릿
    cout << "복소수 z의 실수부= " << z.realCmplx() << endl;
    cout << "복소수 z의 허수부= " << z.imagCmplx() << endl;

    My2Cmplx<double> w{ 1.1, -2.2 };  // <double> 클래스 템플릿
    w.realCmplx() = 2.2;
    cout << "복소수 w의 실수부= " << w.realCmplx() << endl;
    cout << "복소수 w의 허수부= " << w.imagCmplx() << endl;

    My2Cmplx<string> tmp{ "직교형식", "(rectangular form)" };
    cout << tmp.addString() ;    // <string> 클래스 템플릿의 특수화
}
```

```
복소수 z의 실수부= 2
복소수 z의 허수부= -5
복소수 w의 실수부= 2.2
복소수 w의 허수부= -2.2
직교형식(rectangular form)
```

정리하면 일반 클래스 템플릿과 클래스 템플릿의 특수화는 다음과 같은 구문 형식을 따른다.

```
template <class T> class My2Cmplx { ... } ;      // 클래스 템플릿
template <> class My2Cmplx <string> { ... } ;  // 클래스 템플릿의 특수화
```

다만 일반 클래스 템플릿의 멤버 변수가 클래스 템플릿의 특수화의 멤버 변수로 상속되지 않는다. 따라서 클래스 템플릿의 특수화를 정의할 때에는 반드시 일반 클래스 템플릿의 멤버 변수와 동일한 멤버 변수들을 정의해줘야 한다.

5.3 특수 멤버 함수

5.3.1 소멸자 함수

생성자 함수의 반대 기능을 수행하는 멤버 함수가 소멸자 함수(destructor function)이다. 소멸자 함수는 생성자 함수를 통해 생성된 객체가 모든 작업을 끝내고 소멸되는 시점에 자동으로 호출된다. 클래스 객체가 소멸되는 시점이란 전역 객체이면 C++ 프로그램이 종료되는 시점을, 지역 객체는 그 객체가 속한 함수 또는 서브루틴이 종료되는 시점을 말한다. 객체의 데이터 멤버를 위하여 동적 메모리를 할당하여 사용하였다면 이를 시스템에 반환하거나, 또는 데이터 멤버의 값을 읽어 들이기 위하여 데이터 파일을 열었다면 이 파일을 닫는 작업 등을 소멸자 함수가 자동으로 담당한다.

지금까지 정의한 클래스에서는 소멸자 함수를 따로 정의하지 않았다. 그러나 소멸자 함수가 실행되는 시점에서 특별히 다른 작업을 하고 싶을 때 소멸자 함수를 정의할 수 있다. 소멸자 함수를 정의할 경우에는 소멸자 함수의 이름으로 생성자 함수와 같이 클래스의 이름을 사용한다. 다만 생성자 함수와 구별하기 위해 ~(틸드) 기호를 소멸자 이름 앞에 붙인다. 생성자 함수와 마

찬가지로 소멸자 함수도 반환값을 갖지 않을뿐더러 함수의 자료형으로 void 등 어떠한 것도 지정하지 않는다.

〈예 5.20〉은 문자열을 동적 메모리에 저장하는 Sample 클래스의 변수 멤버를 선언하고 이 변수에 문자열을 저장하기 위해 생성자 함수를 통해 클래스 객체를 생성하고 프로그램이 끝나는 시점에서 소멸자 함수가 실행되는 예를 작성한 것이다.

◆ **<예 5.20>**

```
// class 생성자 함수와 소멸자 함수
#include <iostream>
using namespace std;

class Sample {
    string* name;
public:
    Sample() : name{ new string } { }          // 기본 생성자
    Sample(const string& ptr) { name = new string(ptr); }          // 생성자
    ~Sample() { cout << "소멸자 실행됨" << endl;  delete name; }    // 소멸자
    void prntSample() { cout << "객체의 이름= " << *name << endl; }
};

int main()
{
    Sample green;
    Sample red{ "Sample with Red color" };
    green.prntSample();
    red.prntSample();
}
```

```
객체의 이름=
객체의 이름= Sample with Red color
소멸자 실행됨
소멸자 실행됨
```

〈예 5.20〉의 실행 결과를 보면 main() 함수 내에서 2개의 Sample 클래스 객체가 생성되었기 때문에 main() 함수가 종료되는 시점에서 2번의 소멸자 함수가 실행되었음을 알 수 있다. 두 객체 green과 red는 프로그램이 끝나기 직전까지 계속 동적 메모리에 존속하다가 소멸자 함수가 호출되면서 객체들의 정보가 지워지게 된다. 참고로 객체의 생성과 소멸 시기를 살펴보면 나중에 생성된 객체가 먼저 소멸된다.

5.3.2 복사 생성자

생성자와 소멸자 함수와 같이 자동으로 호출되는 복사 생성자(copy constructor)를 이용하면 이미 생성된 클래스 객체의 정보와 같은 변수 멤버들을 갖는 새로운 객체를 생성할 수 있다. 먼저 〈예 5.20〉에 정의된 Sample 클래스를 다음과 같이 수정하여 재정의해보자.

```
class Sample {
    int num;
    string* name;
public:
    Sample() : num{ 0 }, name{ new string } { }    // 기본 생성자
    Sample(int n, const string& str) { num = n; name = new string(str); }
    ~Sample() { cout << "소멸자 실행됨" << endl;  delete name; }  // 소멸자
    void prntSample() {cout << "번호= " << num << ", 색상= " << *name << endl; }
    void setNum(int n) { num = n; }
    void setName(const string& str) { *name = str; }
};
```

암시적으로 호출되는 기본 복사 생성자 함수는 한 객체의 멤버 변수를 다른 객체에 모두 복사해주는 얕은 복사(shallow copy)를 수행하며 주로 다음과 같이 새로운 객체가 생성될 때 호출된다.

```
Sample red{2, "red color" } ;  // 생성자 함수 호출
Sample green (red) ;    // 복사 생성자 함수 호출
Sample blue = red ;    // 복사 생성자 함수 호출
```

이외에 멤버함수에서 매개변수로 객체를 선언하거나 멤버함수의 return 문에서 객체를 반환할 때도 복사 생성자 함수가 호출된다. 복사 생성자 함수는 원본 객체와 같은 멤버들을 갖는 사본을 만들어 준다.

예를 들어, Sample 클래스에서 암시적으로 호출되는 기본 복사 생성자 함수를 정의해보면 다음과 같다.

```
Sample::Sample(const Sample& x) : num{x.num}, name{x.name} {} // 복사 생성자
```

〈예 5.21〉은 초기화된 Sample 클래스 red가 생성된 이후 green 객체의 생성 시 암시적으로 기본 복사 생성자 함수가 호출되어 red의 정보가 green 객체로 복사되고 있음을 알 수 있다.

◆ **<예 5.21>**

```
int main()
{
    Sample red{2, "red color" };
    red.prntSample();

    Sample green (red);  // 얕은 복사가 수행됨
    green.prntSample();
}
```

```
번호= 2, 색상= red color
번호= 2, 색상= red color
소멸자 실행됨
소멸자 실행됨
```

〈예 5.21〉의 결과 클래스 객체 간 얕은 복사가 이루어진 모습을 그림으로 표시하면 〈그림 5.1〉와 같다. 얕은 복사의 경우 일반 변수 멤버는 새로운 기억장소가 할당되고 같은 값으로 복사되지만 포인터 변수는 포인터가 가리키는 값이 복사되는 것이 아니라 단지 포인터가 가리키는 주소의 값이 복사된다.

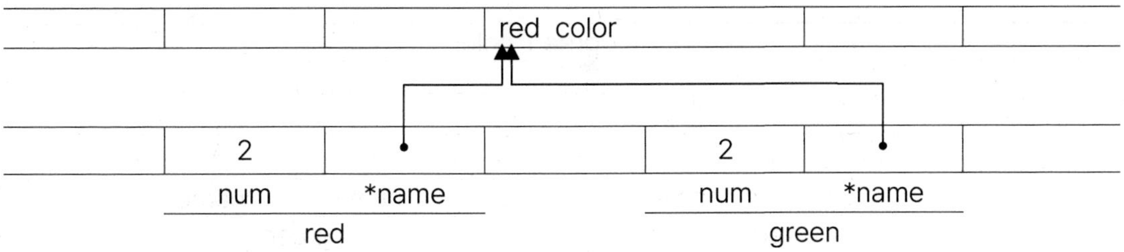

〈그림 5.1〉 얕은 복사

〈예 5.22〉는 얕은 복사가 이루어진 이후 green 객체의 num 멤버 변수와 포인터 멤버 name이 가리키는 문자열의 값을 변경하였다. 이때 바뀐 green 객체와 원본 객체인 red의 멤버들을 출력하여 얕은 복사의 문제점을 나타내고자 한 것이다.

◆ **<예 5.22>**

```
int main()
{
    Sample red{2, "red color" };
    red.prntSample();

    Sample green (red);   // 얕은 복사
    green.prntSample();

    string* ptr = new string("green color");
    green.setNum(5);   // 새로운 값으로 변경
    green.setName(*ptr);
    green.prntSample();

    red.prntSample();
}
```

```
번호= 2, 색상= red color
번호= 2, 색상= red color
번호= 5, 색상= green color
번호= 2, 색상= green color
소멸자 실행됨
소멸자 실행됨
```

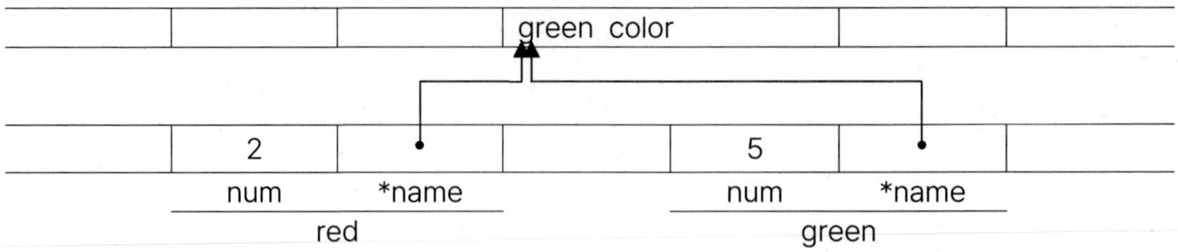

〈그림 5.2〉 얕은 복사이후 green 객체의 변경에 따른 메모리 변화

〈그림 5.2〉는 얕은 복사를 통하여 생성된 green 객체의 멤버 변수의 값을 변경한 이후 두 객체의 메모리 상황을 그림으로 표시한 것이다. red 객체의 num 변수는 green 객체와 무관하게 처음의 값을 유지하고 있으나 red 객체의 *name의 값은 green의 멤버 변수의 변경에 따라 다른 값으로 변경되고 있음을 알 수 있다.

이와 같이 기본 복사 생성자는 객체의 멤버 변수의 값을 일대일로 대입할 뿐이어서 멤버 변수가 포인터이면 두 객체의 포인터가 같은 번지를 가리키고 있다. 따라서 〈그림 5.2〉에서 알 수 있듯이 한쪽의 포인터가 가리키는 값이 변경되면 다른 쪽의 객체도 영향을 받게 된다. 또한 프로그램이 종료되는 시점에서 두 객체가 소멸할 때 하나의 객체가 가리키는 동적 메모리를 해제했는데도 불구하고 얕은 복사 때문에 이미 해제된 다른 객체의 동적 메모리도 해제하려는 행동을 하게 된다. 따라서 런타임 오류가 발생하거나 프로그램이 끝난다는 표시가 영원히 나오지 않을 것이다.

따라서 포인터를 멤버로 가진 클래스는 대입만 하는 기본 복사 생성자 함수를 사용하지 말고 사본에 별도의 메모리를 할당하는 직접 복사 생성자(copy constructor)를 정의함으로서 깊은 복사(deep copy)를 하는 것이 좋다.

다음은 Sample 클래스 내에 정의한 복사 생성자 Sample(const Sample& x)를 표시한 것이다. 복사 생성자 함수는 매개변수로 Sample형 객체를 참조자 형태로 받아들인다. 이 함수 내에서 포인터 변수에 대한 동적 메모리를 새롭게 할당받은 후 전달된 문자열(*x.name)을 복사하기 때문에 얕은 복사와는 다른 독립적인 복사본이 만들어 진다. 단. 복사 생성자는 같은 타입의 객체 참조자를 매개변수로 받아야 하며 참조자 기호 &를 빼서 값으로 받으면 오류가 발생한다.

```
Sample(const Sample& x) {      // 깊은 복사를 위한 복사 생성자
        name = new string(*x.name);
        num = x.num;
}
```

〈예 5.23〉은 깊은 복사를 위하여 Sample 클래스에 복사 생성자를 추가한 후 두 객체의 멤버 변수들의 값을 출력하도록 작성된 main() 함수이다. 깊은 복사가 이루어진 이후 두 객체 red와 green은 완전히 다른 객체가 되며, 둘 중 하나의 멤버 변수의 값을 변경하여도 서로 영향을 받지 않는다.

◆ **<예 5.23>**

```
int main()
{
    Sample red{2, "red color" };
    Sample green (red);  // 복사생성자를 정의한 이후에는 깊은 복사가 가능
    green.prntSample();

    string* ptr = new string("green color");
    green.setNum(5);
    green.setName(*ptr);

    green.prntSample();
    red.prntSample();
}
```

```
번호= 2, 색상= red color
번호= 5, 색상= green color
번호= 2, 색상= red color
소멸자 실행됨
소멸자 실행됨
```

다음 〈그림 5.3〉는 깊은 복사가 이루어진 이후 두 객체의 메모리 상황을 그림으로 표시한 것이다.

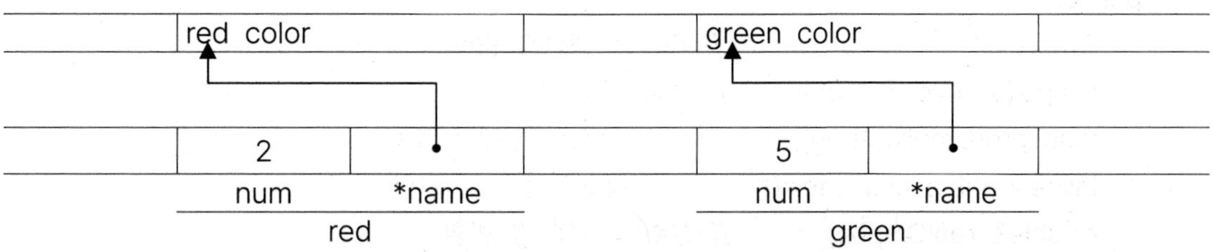

〈그림 5.3〉 깊은 복사이후 green 객체의 변경에 따른 메모리 변화

<실습 5.11> 분수 5/12를 의미하는 분수 "Five"의 Bunsu 클래스 객체 a의 정보를 b라는 Bunsu 객체에 얕은 복사를 한 후, 두 객체의 정보를 출력하는 프로그램을 작성하시오. 또한 다음과 같이 Bunsu 객체의 name을 변경하는 setNameBunsu()를 정의하고 객체 b의 분자의 값을 7로, name을 "B"로 설정한 후 두 객체 a와 b의 정보를 출력하여 그 결과를 분석하시오.

```
void setNameBunsu(const string& str) { *name = str; }
```

5.4 프렌드와 상속

5.4.1 프렌드 함수

클래스의 공용 멤버는 구조체의 멤버를 참조하는 것처럼 클래스 밖에서 참조할 수 있었지만, 클래스의 private: 또는 protected: 이후에 선언된 멤버들은 클래스 외부에서 참조가 불가능하였다. 따라서 은폐된 클래스의 전용 멤버는 클래스의 공용 멤버로 선언된 멤버 함수를 통하여 외부에서 접근할 수밖에 없다.

그러나 상황에 따라 멤버 함수를 통하지 않고 클래스의 전용 멤버를 참조할 필요가 있다. C++에서는 이를 위해 프렌드 함수(friend function)를 제공한다. 키워드 friend로 시작하는 프렌드 함수는 클래스의 멤버 함수가 아니지만 클래스의 전용 멤버들을 자유롭게 참조할 수 있다.

지금까지 정의했던 멤버 함수들을 모아서 Cmplx 클래스의 정의를 정리하면 다음과 같다.

```
class Cmplx {
private:
    double re;
    double im;
public:
    Cmplx();                        // 디폴트 생성자 함수
    Cmplx(double, double);          // 생성자 함수
    void prntCmplx(string);         // 복소수 형태로 출력
    inline double absCmplx();       // 복소수 절댓값 반환
    double& realCmplx();            // 실수부 re의 값 반환
```

```
    double& imagCmplx();        // 허수부 im의 값 반환
    Cmplx operator + (const Cmplx&);     // + 연산자 다중정의 함수
    Cmplx operator - (const Cmplx&);     // - 연산자 다중정의 함수
    Cmplx& maxCmplx(Cmplx&);      // 두 복소수의 절댓값 비교 함수
};

// 멤버 함수 정의 -------------------------------------------//

Cmplx::Cmplx() { re = 0.; im = 0.; }  // 0+0i로 초기화되는 생성자
Cmplx::Cmplx(double RE, double IM = 0.) : re{ RE }, im{ IM } { }

inline double Cmplx::absCmplx() { return sqrt(re * re + im * im); }
double& Cmplx::realCmplx()  { return re; }
double& Cmplx::imagCmplx()  { return im; }

void Cmplx::prntCmplx(string str) {  // 멤버 변수의 값을 복소수 형태로 출력
    str = "\n복소수 " + str + " = ";
    if (re != 0) {
        if (im > 0)
            cout << str << re << " + " << im << "i" << endl;
        else if (im == 0)
            cout << str << re << endl;
        else
            cout << str << re << " - " << abs(im) << "i" << endl;
    }
    else
        cout << str << im << "i" << endl;
}

Cmplx Cmplx::operator + (const Cmplx& right) {  // + 연산자 다중정의
    Cmplx  tmp;
    tmp.re = re + right.re;
    tmp.im = im + right.im;
    return  tmp;
```

```
}

Cmplx Cmplx::operator- (const Cmplx& right) {  // - 연산자 다중정의
    Cmplx  tmp;
    tmp.re = this->re - right.re;
    tmp.im = this->im - right.im;
    return  tmp;
}

Cmplx& Cmplx::maxCmplx(Cmplx& tmp) {  // 두 복소수의 절댓값 비교
    if (this->absCmplx() < tmp.absCmplx())
        return tmp;
    else
        return (*this);
}
```

클래스의 프렌드 함수는 클래스의 멤버에 포함되지 않는 별개의 함수를 friend로 지정함으로서 클래스의 다른 멤버 함수와 같이 프렌드 함수 내에서 이 클래스의 멤버들을 참조할 수 있다. 클래스의 프렌드 함수는 보통 public: 영역에 friend로 시작하는 함수의 원형(prototype)을 표시한다. 당연히 프렌드 함수의 정의는 클래스와 별 개로 작성되어야 한다. 다음 〈예 5.28〉은 main() 함수를 Cmplx 클래스의 프렌드로 선언한 이후 main() 함수에서 Cmplx 클래스의 전용 멤버들을 공용 멤버처럼 참조하는 예를 표시한 것이다.

◆ **<예 5.24>**

```
#include <iostream>
#include <string>
using namespace std;

class Cmplx {
private:
    double re;
    double im;
public:
    Cmplx();        // 디폴트 생성자 함수
```

```
    Cmplx(double, double);        // 생성자 함수
    void prntCmplx(string);       // 복소수 출력
    inline double absCmplx();     // 복소수 절댓값 반환
    double& realCmplx();          // 실수부 re의 값 반환
    double& imagCmplx();          // 허수부 im의 값 반환
    Cmplx operator + (const Cmplx&);     // + 연산자 다중정의 함수
    Cmplx operator - (const Cmplx&);     // - 연산자 다중정의 함수
    Cmplx& maxCmplx(Cmplx&);        // 두 객체의 절댓값 비교 함수

    friend int main();      // main() 함수를 friend 함수로 선언
};

#include "Cmplx_member_function.h"    // 클래스의 멤버 함수를 정의한 파일

int main()
{
    Cmplx z{ 1, 3 }, w;
    cout << "z의 실수부= " << z.re << endl;
    cout << "z의 허수부= " << z.im << endl;

    w.re = w.im = 2.2;
    w.prntCmplx("w");
}
```

```
z의 실수부= 1
z의 허수부= 3

복소수 w = 2.2 + 2.2i
```

참고로 〈예 5.24〉의 #include 문장은 Cmplx 클래스의 멤버 함수들을 별도의 헤더 파일로 저장한 후 클래스의 정의에 삽입한 것이다. (비주얼 스튜디오(IDE) 패키지에서 헤더파일을 생성하는 방법과 이 파일을 C++ 프로그램에 연결하는 방법은 1.4절, 1.5절 참조)

```
#include "Cmplx_member_function.h"
```

〈예 5.24〉에서 짐작할 수 있듯이 프렌드 함수로 지정된 main() 함수는 클래스의 멤버 함수가 아니기 때문에 main() 함수가 Cmplx 클래스의 프렌드 함수로 명시되더라도 main 이름 앞에 클래스의 멤버임을 밝히는 Cmplx::가 붙지 않는다.

이와 같이 main() 함수나 기타 사용자 정의 함수를 클래스의 프렌드로 선언하면 그 함수 내에서 Cmplx 클래스의 전용 멤버에 언제든지 접근할 수 있으므로 w.re = w.im = 2.2;와 같이 전용 멤버 re과 im의 데이터를 참조하거나 변경시킬 수 있다.

다음 〈예 5.25〉는 클래스의 멤버 함수와 클래스의 friend 함수를 호출하는 차이점을 알아보기 위하여 전용 멤버를 출력하기 위한 prntFriend() 함수를 Cmplx 클래스의 프렌드로 선언하였다.

◆ **<예 5.25>**

```
#include <iostream>
#include <string>
using namespace std;

class Cmplx {
private:
    double re;
    double im;
public:
    Cmplx();                              // 디폴트 생성자 함수
    Cmplx(double, double);              // 생성자 함수
    void prntCmplx(string);             // 복소수 출력
    inline double absCmplx();           // 복소수 절댓값 반환
    double& realCmplx();                // 실수부 re의 값 반환
    double& imagCmplx();                // 허수부 im의 값 반환
    Cmplx operator + (const Cmplx&);        // + 연산자 다중정의 함수
    Cmplx operator - (const Cmplx&);        // - 연산자 다중정의 함수
    Cmplx& maxCmplx(Cmplx&);        // 두 객체의 절댓값 비교 함수

    friend void prntFriend(const Cmplx&);   // prntFriend() 함수를 friend로 선언
};

#include "Cmplx_member_function.h"     // Cmplx 클래스의 멤버 함수 정의
```

```
void prntFriend(const Cmplx& v) {       // friend 함수의 정의
     cout << "실수부= " << v.re << endl;
     cout << "허수부= " << v.im << endl;
}

int main()
{
    Cmplx z{ 1,3 };
    z.prntCmplx("z");
    prntFriend(z);      // z.prntfriend()로 호출하면 오류 발생
}
```

```
복소수 z = 1 + 3i
실수부= 1
허수부= 3
```

〈예 5.25〉의 main() 함수를 살펴보면 Cmplx 클래스의 멤버 함수 prntCmplx()의 호출에는 이 함수로 전달되는 인수가 복소수의 이름인 문자열뿐이지만, 프렌드 함수 prntFriend() 함수의 호출에는 전달 인수가 복소수 객체임을 알 수 있다. z.prntCmplx("z")와 같이 호출될 경우에는 암시적으로 객체 z의 주소가 this 포인터로 넘겨주었지만, 프렌드 함수는 멤버 함수가 아니기 때문에 암시적으로 객체의 주소를 넘겨줄 수 없다. 따라서 프렌드 함수는 객체 데이터를 전달받아야 하므로 반드시 전달 인수로서 객체가 필요하다.

5.4.2 프렌드를 이용한 연산자 다중정의

Cmplx 클래스에 정의된 operator+() 함수는 복소수를 나타내는 두 객체의 합을 연산할 수 있도록 다중 정의된 연산자 멤버 함수이다. 그러나 다음과 같이 클래스 객체와 실수의 합을 구하는 연산은 이 operator+() 함수를 이용하여 구할 수 없다. 왜냐하면 operator+() 함수에 명시적으로 전달될 오른쪽 피연산자의 인수는 실수가 아니라 Cmplx형 객체이기 때문이다.

```
w = z + 1.2 ;  // 객체와 실수의 합 연산: + 연산자의 다중정의 필요
```

이를 해결하기 위해서는 Cmplx 클래스 내에 operator+() 함수를 추가로 다중 정의해줘야 한다. 복소수에 실수를 더한다는 것은 복소수의 허수부는 그대로 두고, 실수부에만 실수를 더하는 연산을 의미한다. 물론 실수가 아닌 정수가 객체에 더해질 경우에는 연산 변환 규칙에 의하여 정수가 실수로 자동 변환되어 operator+() 함수로 전달될 것이다.

다음은 객체에 실수를 더하는 operator+() 함수를 다중 정의한 것이다.

```
Cmplx  Cmplx::operator + (const double d) {
    Cmplx tmp;
    tmp.re = re + d;
    tmp.im = im;

    return tmp;
}
```

〈예 5.26〉은 operator+() 함수를 다중정의한 후 객체인 복소수에 실수를 더하는 연산을 수행하는 예를 표시한 프로그램이다.

◆ **<예 5.26>**

```
#include <iostream>
#include <string>
using namespace std;

class Cmplx {
private:
    double re;
    double im;
public:
    Cmplx();                        // 디폴트 생성자 함수
    Cmplx(double, double);      // 생성자 함수
    void prntCmplx(string);          // 복소수 출력
    inline double absCmplx();        // 복소수 절댓값 반환
    double& realCmplx();        // 실수부 re의 값 반환
    double& imagCmplx();        // 허수부 im의 값 반환
```

```
    Cmplx operator + (const Cmplx&);      // + 연산자 다중정의 함수
    Cmplx operator - (const Cmplx&);      // - 연산자 다중정의 함수
    Cmplx& maxCmplx(Cmplx&);              // 두 객체의 절댓값 비교 함수
    Cmplx operator + (const double);      // + 연산자 (객체+실수)
};

#include "Cmplx_member_function.h"    // Cmplx 클래스의 멤버 함수 정의

int main()
{
    Cmplx z{ 1, 3 };

    z = z + 1.2;  // 객체+실수 연산
    z.prntCmplx("z");

    (z + z.absCmplx()).prntCmplx("z+|z|");  // (객체+실수).멤버 함수
}
```

```
복소수 z = 2.2 + 3i

복소수 z+|z| = 5.92022 + 3i
```

<실습 5.12> operator+() 멤버 함수를 수정하여 Bunsu 객체에 정수를 더하는 operator+() 함수를 다중 정의한 후 5/12 + 2의 값을 출력하는 프로그램을 작성하시오. 힌트. Bunsu 객체에 정수를 더하는 다중 정의된 operator+() 멤버 함수의 원형은 다음과 같다.

```
Bunsu operator + (const int) ;    // 분수 + 정수
```

〈예 5.26〉에 표시된 main() 함수에서 객체와 실수의 덧셈은 항상 + 연산자 왼쪽에 객체가, 오른쪽에 실수가 피연산자로 지정되어 있다. 만일 다음과 같이 두 피연산자들의 순서를 바꾸면 어떻게 될까?

```
w = 1.2 + z ;    // 실수와 객체의 합 연산: + 연산자의 다중정의가 불가능
```

이 문장은 double형 실수 1.2가 객체가 아니므로 멤버 함수 operator+()를 호출할 수 없다. 따라서 (실수+객체)의 연산은 현재 다중 정의로도 불가능한 연산이 된다. 하지만 이 문제는 friend 함수를 정의함으로서 해결할 수 있다.

연산자 다중정의를 위한 operator 함수도 클래스의 프렌드 함수로 정의할 수 있다. 다음과 같이 선언된 operator+() 함수는 첫 번째 매개변수가 double형이며, 이 매개변수에는 이 함수가 호출될 때 + 연산자의 왼쪽에 있는 피연산자가 전달된다. 두 번째 매개변수는 + 연산자의 오른쪽 피연산자인 객체가 참조자 형태로 프렌드 함수 operator+()에 전달된다.

```
friend Cmplx operator+(double, const Cmplx&) ;
```

〈예 5.27〉은 (실수+객체)의 연산이 가능하도록 operator+() 함수를 Cmplx 클래스의 프렌드 함수로 선언하고 이를 이용하여 (1.2+z)의 연산을 수행하는 예를 표시한 프로그램이다.

◆ **<예 5.27>**

```
#include <iostream>
#include <string>
using namespace std;

class Cmplx {
private:
    double re;
    double im;
public:
    Cmplx();                          // 디폴트 생성자 함수
    Cmplx(double, double);      // 생성자 함수
    void prntCmplx(string);            // 복소수 출력
    inline double absCmplx();        // 복소수 절댓값 반환
    double& realCmplx();         // 실수부 re의 값 반환
    double& imagCmplx();        // 허수부 im의 값 반환
    Cmplx operator + (const Cmplx&);    // + 연산자 다중정의 함수
    Cmplx operator - (const Cmplx&);    // - 연산자 다중정의 함수
    Cmplx& maxCmplx(Cmplx&);             // 두 객체의 절댓값 비교 함수
    Cmplx operator + (const double);      // + 연산자 (객체+실수)
```

```
    friend Cmplx operator+(double, const Cmplx&);  // + 연산자 (실수+객체)
};

#include "Cmplx_member_function.h"    // Cmplx 클래스의 멤버 함수 정의

Cmplx operator+(double d, const Cmplx& v) {  // + 연산자 정의 (실수+객체)
      Cmplx tmp;
      tmp.re = v.re + d;
      tmp.im = v.im;
      return tmp;
}

int main()
{
    Cmplx z{ 1,3 }, w;

    z = z + 1.2;
    z.prntCmplx("z=z+1.2");

    w = 1.2 + z;
    w.prntCmplx("w=1.2+z");
}
```

```
복소수 z=z+1.2 = 2.2 + 3i

복소수 w=1.2+z = 3.4 + 3i
```

이와 같이 friend를 이용하면 연산자를 다중 정의함으로서 클래스 객체의 다양한 연산을 수행할 수 있다. 연산자의 다중 정의에서 언급하였지만 임의의 연산자를 다중 정의할 수 없으며 C++는 연산자 다중정의에 대하여 다음과 같이 몇 가지 제한을 두고 있다.

- $와 같이 기존의 연산자로 쓰이지 않는 기호를 새로운 연산자로 정의할 수 없다.
- 4개의 연산자 (sizeof, ., ::, ?:)는 연산자 다중 정의할 수 없다.
- 이미 내장된 연산자의 기능을 보장하기 위해서 기본 데이터형만을 피연산자로 하는 다중정의 연산자를 정의할 수 없다.
- 다중 정의된 연산자는 그 연산자가 사용하는 일반적인 형식을 어겨서는 안 된다.
- 내장된 기존 연산자가 갖고 있는 연산자 우선순위를 바꿀 수 없다.

<실습 5.13> 정수에 Bunsu 객체를 더하는 용도로 Bunsu 클래스의 프렌드인 operator+() 함수를 정의한 후 정수 2에 Bunsu 객체 5/12를 더한 값을 출력하는 프로그램을 작성하시오. 힌트. 정수에 Bunsu 객체를 더하는 작업을 수행하는 클래스 Bunsu의 프렌드인 operator+() 함수의 원형은 다음과 같다.

```
friend Bunsu operator + (const int, const Bunsu&);   // 정수+분수
```

5.4.3 프렌드 클래스

지금까지 다루었던 Cmplx 클래스는 복소수를 직교형식인 z=x+iy로 표현한 것으로 실수부 x와 허수부 y의 자료를 각각 멤버 변수 re와 im으로 정의하였다. z=x+iy로 표현되는 직교형식의 복소수는 다음과 같이 r과 θ을 이용한 극형식으로 표현할 수 있다.

$$z = x + iy = r(\cos\theta + i\sin\theta) \quad \text{(여기서 } r = |z| = \sqrt{x^2 + y^2},\ \theta = \arctan(y/x)\text{이다.)}$$

이제 복소수를 극형식으로 저장하는 클래스 PolarCmplx를 정의해보자. 먼저 전용 멤버 변수로 r과 theta를 정의하고 이들의 값을 극형식으로 출력하는 prntPolar() 멤버 함수를 정의하면 다음과 같다.

```
const double PI = 3.141592;

class PolarCmplx {
private:
    double r;
    double theta;
```

```
public:
    PolarCmplx();  // 디폴트 생성자 함수
    PolarCmplx(double, double);  // 생성자 함수
    void prntPolar(string);    // 복소수를 극형식으로 출력
};

PolarCmplx::PolarCmplx() { r = 0.; theta = 0.; }  // 0+0i로 초기화되는 생성자
PolarCmplx::PolarCmplx(double R, double TH = 0.) : r{ R }, theta{ TH } { }

void PolarCmplx::prntPolar(string str) {   // 복소수를 극형식 형태로 출력
    str = "\n복소수(극형식) " + str + " = ";
    double degree = 180 * theta / PI;  // radian을 degree로 변환
    cout << str << r << "*(cos(" << degree
                << "\") + i sin(" << degree << "\"))" << endl;
}
```

〈예 5.28〉은 복소수를 극형식으로 다루기 위한 PolarCmplx 클래스의 객체를 선언하고 전용 멤버를 복소수의 극형식으로 출력하는 예를 표시한 main() 함수이다. PolarCmplx의 전용 멤버 theta는 라디안(radian) 값을 취하는 double형 자료이지만, PolarCmplx의 데이터 멤버를 극형식으로 출력하는 prntPolar() 멤버 함수에서 theta를 degree 단위로 변환하여 출력하도록 정의하였다. 그러나 $\pi/4$(radian)을 degree 단위로 45° 와 같이 표시해야 하지만 이를 표기할 적당한 기호가 없기 때문에 45"로 출력하였다.

◆ **<예 5.28>**

```
int main()
{
    PolarCmplx pz{ 1.5, 3*PI/2 }, pw;
    pz.prntPolar("pz");

    pw = PolarCmplx(2, -PI/4);
    pw.prntPolar("pw");
}
```

```
복소수(극형식) pz = 1.5*(cos(270") + i sin(270"))

복소수(극형식) pw = 2*(cos(-45") + i sin(-45"))
```

프렌드 함수와 마찬가지로 한 클래스(원본 클래스)의 정의에서 다른 클래스(프렌드 클래스)를 friend로 선언하면 이 프렌드 클래스의 모든 멤버 함수(메소드)들은 원본 클래스의 전용 멤버를 참조할 수 있다. 예를 들어 〈예 5.27〉의 Cmplx 클래스에서 operator+ 함수를 friend로 지정하는 선언문 다음에 다음과 같이 PolarCmplx 클래스를 friend로 선언하면 PolarCmplx 클래스에서 정의된 모든 멤버 함수들이 Complx 클래스의 전용 멤버들을 참조할 수 있다.

```
// Cmplx 클래스의 정의 부분에 friend로 선언
friend Cmplx operator+(double, const Cmplx&);    // + 연산자 (실수+객체)
friend class PolarCmplx;    // PolarCmplx 클래스를 프렌드로 선언
```

Cmplx 클래스의 전용 멤버를 추출하는 realCmplx(), imagCmplx() 함수처럼 PolarCmplx의 전용 멤버를 추출하는 rPolar() 함수와 thetaPolar() 함수를 각각 정의할 수 있다.

```
double& PolarCmplx::rPolar() { return r; }
double& PolarCmplx::thetaPolar() { return theta; }
```

〈예 5.29〉는 PolarCmplx의 멤버 함수인 rPolar() 함수와 thetaPolar() 함수를 호출하는 예를 표시한 프로그램이다. 참고로 라디안에 $180/\pi$을 곱하면 degree로 변환할 수 있다.

◆ **<예 5.29>**

```
#include <iostream>
#include <string>
#include <cmath>
using namespace std;

const double PI = 3.141592;
```

```
class PolarCmplx {
private:
    double r;
    double theta;
public:
    PolarCmplx();      // 디폴트 생성자 함수
    PolarCmplx(double, double);      // 생성자 함수
    void prntPolar(string);       // 복소수를 극형식으로 출력
    double& rPolar();              // 절대값 r 출력
    double& thetaPolar();          // 각 theta 출력
};

#include "PolarCmplx_member_function.h"    // PolarCmplx 클래스의 멤버 함수

int main()
{
    PolarCmplx pz{ 1.5, 3*PI/2 }, pw;
    pz.prntPolar("pz");
    pw = PolarCmplx(2, -PI/4);
    pw.prntPolar("pw");

    cout << "pz.rPolar() = " << pz.rPolar() << endl;
    cout << "pw.thetaPolar() = " << pw.thetaPolar() << " radian" << endl;
    cout << "pw.thetaPolar() = " << pw.thetaPolar() * 180/PI << "\"" << endl;
}
```

```
복소수(극형식) pz = 1.5*(cos(270") + i sin(270"))

복소수(극형식) pw = 2*(cos(-45") + i sin(-45"))
pz.rPolar() = 1.5
pw.thetaPolar() = -0.785398 radian
pw.thetaPolar() = -45"
```

Cmplx 클래스에서 PolarCmplx 클래스를 friend로 선언한 이후 PolarCmplx 클래스에서 멤버 함수를 통하여 Cmplx 클래스의 전용 멤버를 참조해보자. 예를 들어, 복소수의 직교형식으로 입력된 실수부와 허수부의 값을 참조한 후 이 값들을 이용하여 PolarCmplx의 r과 theta를 얻으면 복소수의 직교형식을 극형식으로 변환할 수 있다.

다음 PolarCmplx 클래스의 두 멤버 함수는 이전에 정의했던 rPolar() 함수와 thetaPolar() 함수를 다중 정의한 것이다. Cmplx 클래스가 PolarCmplx를 friend로 선언해 줬기 때문에 다음과 같이 정의되는 두 멤버 함수는 Cmplx 클래스의 전용 멤버들을 참조할 수 있다.

```
double& PolarCmplx::rPolar(const Cmplx& Rz) {
    r = sqrt(Rz.re * Rz.re + Rz.im * Rz.im);
    return r;
}
double& PolarCmplx::thetaPolar(const Cmplx& Rz) {
    theta = atan2(Rz.im, Rz.re);
    return theta;
}
```

참고로 thetaPolar() 멤버 함수의 정의에서 호출된 atan2() 함수는 시스템 라이브러리 함수로 〈cmath〉 헤더파일에 원형(prototype)이 선언되어 있다. atan2() 함수는 $\tan^{-1}(y/x)$의 값을 $-\pi$에서 π 사이의 값으로 반환하도록 한다. 이 함수를 호출할 때 유의할 점은 첫 번째 인수가 y축의 값이고 두 번째 인수가 x축의 값이어야 한다는 점이다. 예를 들어 양의 x축과 원점에서 점 (-2, 2)을 잇는 선분과의 각도는 atan2(2, -2)로 구해야 한다.

〈예 5.30〉은 z=-2+2i와 같이 직교형식으로 표현된 복소수를 극형식으로 변환하고자 할 경우 구해야 하는 r과 theta의 값을 PolarCmplx의 두 멤버 함수 rPolar()와 thetaPolar()가 구해주는 예를 표시한 것이다. 다중 정의된 두 멤버 함수 rPolar()와 thetaPolar()는 매개변수로 전달된 Cmplx 객체의 전용 멤버에 접근하여 r과 theta의 값을 구하는 역할을 잘 수행하고 있다.

◆ <예 5.30>

```
#include <iostream>
#include <string>
#include <cmath>
using namespace std;
```

```
const double PI = 3.141592;

#include "Cmplx.h"  // Cmplx 클래스 정의; PolarCmplx 클래스를 프렌드로 선언
#include "Cmplx_member_function.h"   // Cmplx 클래스의 멤버 함수

class PolarCmplx {
private:
    double r;
    double theta;
public:
    PolarCmplx();      // 디폴트 생성자 함수
    PolarCmplx(double, double);  // 생성자 함수
    void prntPolar(string);    // 복소수를 극형식으로 출력
    double& rPolar();           // 절대값 r 출력
    double& thetaPolar();      // 각도 theta 출력
    double& rPolar(const Cmplx&);         // 직교형식의 복소수에서 r 출력
    double& thetaPolar(const Cmplx&);    // 직교형식의 복소수에서 theta 출력
};

#include "PolarCmplx_member_function.h"  // PolarCmplx 클래스의 멤버 함수

int main()
{
    Cmplx rz{ -2., 2. };
    PolarCmplx pz;
    rz.prntCmplx("rz");

    cout << "\npz.rPolar(rz) = " << pz.rPolar(rz) << endl;
    cout << "pz.thetaPolar(rz) = " << pz.thetaPolar(rz) * 180/PI << "\"" << endl;

    pz.prntPolar("pz");
}
```

```
복소수 rz = -2 + 2i

pz.rPolar(rz) = 2.82843
pz.thetaPolar(rz) = 135"

복소수(극형식) pz = 2.82843*(cos(135") + i sin(135"))
```

이제 Cmplx 객체를 PolarCmplx 객체로 변환하는 멤버 함수 Rect2Polar()를 정의해보자. 먼저 이 멤버 함수의 원형은 다음과 같다.

```
PolarCmplx& Rect2Polar( const Cmplx& ) ;
```

Rect2Polar() 멤버 함수는 매개변수로 Cmplx 객체가 참조자로 전달되며 함수의 실행 후 반환값은 이 멤버 함수를 호출한 PolarCmplx 객체임을 알 수 있다. 즉, Cmplx 객체가 매개변수로 전달되면 이 객체의 전용 멤버를 참조하여 r과 theta를 구한 후 이 값들을 전용 멤버로 갖는 PolarCmplx 객체가 생성되는 것이다.

다음은 Rect2Polar() 멤버 함수의 정의를 구현한 것이다.

```
// 직교형식을 극형식으로 변환하는 PolarCmplx의 멤버 함수
PolarCmplx& PolarCmplx::Rect2Polar(const Cmplx& Rz) {
    r = rPolar(Rz);
    theta = thetaPolar(Rz);
    return (*this);
}
```

Cmplx 객체를 PolarCmplx 객체로 변환하는 목적으로 정의된 Rect2Polar() 함수도 함수 내에서 Cmplx 객체의 전용 멤버들을 참조하는 rPolar()와 thetaPolar() 함수를 호출하고 있기 때문에 이 함수도 PolarCmplx 클래스가 Cmplx 클래스의 프렌드로 선언되어야 실행이 된다. 〈예 5.31〉은 직교형식의 복소수 Cmplx 객체를 극형식의 복소수 PolarCmplx 객체로 변환하는 예를 표시한 프로그램이다.

◆ <예 5.31>

```
#include <iostream>
#include <string>
#include <cmath>
using namespace std;

const double PI = 3.141592;

#include "Cmplx.h"  // PolarCmplx 클래스를 프렌드로 선언함
#include "Cmplx_member_function.h"   // Cmplx 클래스의 멤버 함수 정의

class PolarCmplx {
private:
    double r;
    double theta;
public:
    PolarCmplx();    // 디폴트 생성자 함수
    PolarCmplx(double, double);  // 생성자 함수
    void prntPolar(string);    // 복소수를 극형식으로 출력
    double& rPolar();           // 절대값 r 출력
    double& thetaPolar();      // 각도 theta 출력
    double& rPolar(const Cmplx&);        // 직교형식의 복소수에서 r 출력
    double& thetaPolar(const Cmplx&);  // 직교형식의 복소수에서 theta 출력

    PolarCmplx& Rect2Polar(const Cmplx&);    // 극형식으로 객체 변환
};

#include "PolarCmplx_member_function.h"    // PolarCmplx 클래스의 멤버 함수

int main()
{
    Cmplx rz{ -2., 2. };
    rz.prntCmplx("rz");
    PolarCmplx pz;
    pz.Rect2Polar(rz);
    pz.prntPolar("pz");
}
```

```
복소수 rz = -2 + 2i

복소수(극형식) pz = 2.82843*(cos(135") + i sin(135"))
```

참고로 〈예 5.31〉 프로그램의 중간에 삽입된 "Cmplx.h" 파일은 Cmplx 클래스의 정의가 저장된 헤더 파일이며, "Cmplx_member_function.h" 파일은 Cmplx 클래스 멤버 함수들의 정의가 저장된 헤더 파일이다. 마찬가지로 "PolarCmplx_member_function.h" 파일은 지금까지 설명했던 PolarCmplx 클래스 멤버 함수들의 정의가 저장된 헤더 파일이다.

직교형식의 복소수 객체를 극형식의 복소수 객체로 변환하는 멤버 함수 Rect2Polar()를 호출하는 것보다 대입연산자(=)를 다중 정의하여 두 객체의 변환을 살펴보는 것이 더 간단할 것이다. 이 작업을 위하여 대입연산자(=)를 다중 정의하면 다음과 같다.

```
// 객체 변환을 위한 대입연산자(=)의 다중 정의 멤버 함수
PolarCmplx PolarCmplx::operator = (const Cmplx& Rz) {
    PolarCmplx tmp;
    tmp.r = rPolar(Rz);
    tmp.theta = thetaPolar(Rz);
    return tmp;
}
```

〈예 5.32〉는 다중 정의된 대입연산자의 operator=() 함수를 호출하여 직교형식으로 저장된 클래스 Cmplx 객체를 극형식의 PolarCmplx 객체로 변환하는 예를 표시한 것이다.

◆ <예 5.32>

```
#include <iostream>
#include <string>
#include <cmath>
using namespace std;

const double PI = 3.141592;

#include "Cmplx.h"  // PolarCmplx 클래스를 프렌드로 선언함
```

```
#include "Cmplx_member_function.h"    // Cmplx 클래스의 멤버 함수 정의

class PolarCmplx {
private:
    double r;
    double theta;
public:
    PolarCmplx();      // 디폴트 생성자 함수
    PolarCmplx(double, double);    // 생성자 함수
    void prntPolar(string);    // 복소수를 극형식으로 출력
    double& rPolar();            // 절대값 r 출력
    double& thetaPolar();      // 각도 theta 출력
    double& rPolar(const Cmplx&);        // 직교형식의 복소수에서 r 출력
    double& thetaPolar(const Cmplx&);  // 직교형식의 복소수에서 theta 출력

    PolarCmplx& Rect2Polar(const Cmplx&);    // 극형식으로 객체 변환
    PolarCmplx operator = (const Cmplx&);    // 대입(=) 연산자: 극형식=직교형식;
};

#include "PolarCmplx_member_function.h"    // PolarCmplx 클래스의 멤버 함수

int main()
{
    Cmplx rz{ -2., 2. };
    rz.prntCmplx("rz");

    PolarCmplx pz;
    pz.Rect2Polar(rz);  // 직교형식을 극형식으로 변환하는 함수
    pz.prntPolar("pz");

    rz.realCmplx() = 2.;
    rz.prntCmplx("rz");

    pz = rz;               // 직교형식을 극형식으로 변환하는 대입연산자(=)
    pz.prntPolar("pz");
}
```

```
복소수 rz = -2 + 2i

복소수(극형식) pz = 2.82843*(cos(135") + i sin(135"))

복소수 rz = 2 + 2i

복소수(극형식) pz = 2.82843*(cos(45") + i sin(45"))
```

〈예 5.32〉에서 직교형식의 클래스 객체를 극형식의 클래스 객체로 변환하는 대입연산자(=)를 활용하기 위하여 operator=() 멤버 함수를 정의하였다. 이와 반대로 대입연산자를 사용하여 극형식의 클래스 객체를 직교형식의 클래스 객체로 변환할 수 있다. 이 경우에는 operator=() 함수 대신 연산자 기호 없이 operator() 함수를 정의하면 된다.

다음은 극형식의 클래스 객체를 직교형식의 클래스 객체로 변환하기 위한 operator() 변환 함수를 정의한 것이다. 여기서 operator() 변환 함수는 PolarCmplx 클래스의 멤버 함수이어야 한다. 또한 이 함수로 전달되는 인자는 없으며, 반환되는 자료형을 명시하지 않아야 한다.

```
// 극형식을 직교형식으로 변환하는 operator() 변환 함수
PolarCmplx::operator Cmplx() {
    double real, imag;
    real = r * cos(theta);
    imag = r * sin(theta);
    return Cmplx(real, imag);
}
```

〈예 5.33〉은 연산자 다중 정의와 operator() 변환 함수를 정의함으로서 대입연산자(=)를 이용하여 PolarCmplx 객체를 Cmplx 객체로 변환하고, 반대로 Cmplx 객체를 PolarCmplx 객체로 변환하는 예를 표시한 프로그램이다.

◆ <예 5.33>

```
#include <iostream>
#include <string>
```

```
 #include <cmath>
 using namespace std;

 const double PI = 3.141592;

#include "Cmplx.h"   // PolarCmplx 클래스를 프렌드로 선언함
#include "Cmplx_member_function.h"    // Cmplx 클래스의 멤버 함수 정의

 class PolarCmplx {
 private:
    double r;
    double theta;
 public:
    PolarCmplx();  // 디폴트 생성자 함수
    PolarCmplx(double, double);  // 생성자 함수
    void prntPolar(string);    // 복소수를 극형식으로 출력
    double& rPolar();           // 절대값 r 출력
    double& thetaPolar();       // 각도 theta 출력
    double& rPolar(const Cmplx&);          // 직교형식의 복소수에서 r 출력
    double& thetaPolar(const Cmplx&);    // 직교형식의 복소수에서 theta 출력
    PolarCmplx& Rect2Polar(const Cmplx&);  // 극형식으로 객체 변환
    PolarCmplx operator = (const Cmplx&);  // 대입연산자: 극형식=직교형식;
    operator Cmplx();      // 대입연산자: 직교형식=극형식;
 };

 #include "PolarCmplx_member_function.h"    // PolarCmplx 클래스의 멤버 함수


 int main()
 {
     Cmplx rz{ -2., 2. }, rw;
     rz.prntCmplx("rz");

     PolarCmplx pz, pw{ 3, PI / 6 };
     pz = rz;   // 직교형식을 극형식으로 변환
```

```
    pz.prntPolar("pz = rz");

    rw = pw;  // 극형식을 직교형식으로 변환
    pw.prntPolar("pw");
    rw.prntCmplx("rw = pw");
}
```

```
복소수 rz = -2 + 2i

복소수(극형식) pz = rz = 2.82843*(cos(135") + i sin(135"))

복소수(극형식) pw = 3*(cos(30") + i sin(30"))

복소수 rw = pw = 2.59808 + 1.5i
```

지금까지 PolarCmplx 클래스가 Cmplx 클래스의 프렌드인 경우를 다루었지만 동시에 상대방 클래스를 프렌드로 선언할 수도 있다. 물론 클래스들의 정의가 이루어진 순서에 따라 프렌드 함수의 원형과 정의의 위치를 조정하여야 한다. 구조체와 마찬가지로 클래스를 다른 클래스에 포함시킬 수 있는데 이때 다른 클래스 내에 선언된 클래스를 내포 클래스라고 한다. 내포 클래스에 대한 접근 방법 등 여러 기능에 대해서는 생략한다.

5.4.4 상속

객체 지향 프로그래밍(OOP)의 주요 특징 중의 하나가 상속(inheritance)이다. 상속은 기존의 코드를 재활용하게 해주며 클래스 간의 계층적 관계를 통해 다형성의 토대를 마련해준다. C++는 이러한 상속의 개념을 통해 기존에 정의되어 있는 클래스의 멤버들을 포함하는 새로운 클래스를 만들 수 있다. 즉, 기반 클래스(base class)라고 하는 기존 클래스의 멤버들을 상속하여 새로운 클래스인 파생 클래스(유도 클래스, derived class)를 만들 수 있다. 특히 클래스 상속을 통하여 기존의 클래스를 확장하고 수정할 수 있다.

기반 클래스로부터 유도되어 새로운 파생 클래스가 만들어지므로 기반 클래스를 부모 클래스(parent class) 또는 상위 클래스(super class)라고 하고, 새롭게 작성된 파생 클래스를 자식 클래스(child class) 또는 하위 클래스(sub class)라고 부른다. 한 부모 밑에 여러 자식들이 있을 수 있듯이 하나의 클래스에서 파생된 여러 개의 자식 클래스가 부모 클래스의 멤버들을 상속받을 수 있다. 기반 클래스로부터 유도된 파생 클래스도 자신의 자식 클래스를 파생할 수 있다. 이와 같이 한 가문의 족보처럼 기반 클래스와 이로부터 유도된 모든 파생 클래스의 집합을 상속 계층(inheritance hierarchy)이라고 한다.

다시 언급하지만 클래스 상속을 하면 기존에 작성된 클래스를 재활용할 수 있으며, 부모 클래스를 변경하면 이로부터 유도된 모든 파생 클래스도 자동 변경되기 때문에 자료의 변경이 쉽다는 장점이 있다. 또한 자식 클래스의 공통적인 부분을 부모 클래스에 작성할 수 있으므로 중복되는 코드를 미리 제거할 수 있다.

먼저 사람의 이름과 성별, 그리고 나이를 변수 멤버로 갖는 Person 클래스를 기반 클래스로 작성해보자. 이름 name은 string형으로 선언하고 성별 gender는 char형으로, 그리고 나이 age는 int형으로 선언하면 된다. 단 파생 클래스에서 기반 클래스의 멤버 변수들을 참조할 수 있도록 전용멤버 private: 대신 보호 멤버 protected: 으로 선언한다.

protected:로 선언된 보호 멤버는 private:으로 선언된 전용 멤버와 같이 멤버 함수에 의해서만 접근할 수 있다. 그러나 이 클래스로부터 유도된 파생 클래스의 멤버 함수는 기반 클래스의 전용 멤버에는 직접 접근할 수 없지만, 보호 멤버에는 접근할 수 있다. 즉, 파생 클래스는 공용 멤버 함수를 정의한 후, 이를 통하여 기반 클래스의 보호 데이터 멤버를 참조할 수 있다.

```
class Person {    // 기반 클래스의 정의
 protected:        // 파생 클래스의 멤버 함수를 통해 접근 가능
    string name;
    char gender;
    int age;
 public:
    Person() { gender = 'M'; age = 20; }      // 디폴트 생성자 함수
    Person(const string&, char, int);          // 생성자 함수
    string& namePerson();      // 이름 반환
    char& genderPerson();      // 성별 반환
    int& agePerson();          // 나이 반환
    void prntPerson(string);   // 이름(성별), 나이 형식으로 출력
 };

 #include "Person_member_function.h"       // Person 클래스의 멤버 함수
```

여기서 "Person_member_function.h" 파일은 Person 클래스의 멤버 함수들의 정의만 따로 저장한 파일로서 다음과 같이 구성되어 있다.

```
// Person 클래스의 멤버 함수의 정의: "Person_member_function.h"

Person::Person(const string& str, char mf, int old) {  // 생성자 함수
        name = str;
        gender = mf;
        age = old;
}
string& Person::namePerson() { return name; }      // 이름 반환
char& Person::genderPerson() { return gender; }  // 성별 반환
int& Person::agePerson() { return age; }             // 나이 반환

void Person::prntPerson(string str) {      // 이름(성별), 나이 출력
        cout << str << "의 정보 = [이름: " << name
                << "(" << gender << ")" << ", 나이: " << age << "]" << endl;
}
```

〈예 5.34〉는 기반 클래스로 작용할 Person 클래스의 객체를 선언하는 두 가지 방법을 이용하여 생성된 객체를 출력하는 main() 함수를 표시한 것이다.

◆ **<예 5.34>**

```
int main()
{
     Person kim{ "김철수", 'M', 27};
     kim.prntPerson("kim");

     Person lee;
     lee.namePerson() = "이영희";
     lee.genderPerson() = 'F';
     lee.agePerson() = 24;
     lee.prntPerson("lee");
}
```

```
kim의 정보 = [이름: 김철수(M), 나이: 27]
lee의 정보 = [이름: 이영희(F), 나이: 24]
```

클래스의 상속 관계는 파생 클래스를 정의할 때 선언한다. 파생 클래스의 정의에 대한 구문 형식은 다음과 같다.

---

class 파생클래스이름 : [private | protected | public] 기반클래스이름
{ 파생 클래스의 정의 부분 }

여기서 *[private | protected | public]* 는 상속받는 상속명시자(접근 제어 지시자)를 표시하는 키워드로서 생략하면 private가 디폴트 상속명시자가 된다.

다음 Student 클래스는 Person 클래스를 기반 클래스로 하여 유도된 파생 클래스이다.

```
class Student :  Person {  // Person 클래스에서 유도된 파생 클래스

private:
    string department;       // 학과
    int student_ID;          // 학번
public:
    Student() { student_ID = 220000; };  // 디폴트 생성자
    Student(const string& str1, char mf, int old, const string& str2, int no);
    void prntStudent(string);      // 멤버 변수들의 정보 출력
};


Student::Student(const string& str1, char mf, int old, const string& str2, int no)
        : Person(str1, mf, old) {
    department = str2;
    student_ID = no;
}


void Student::prntStudent(string str) {
    cout << "학생 "<< str << "의 정보 = [이름: " << name
        << "(" << gender << ")" << ", 나이: " << age
        << ", 학과: " << department << ", 학번: " << student_ID << "]" << endl;
}
```

클래스 Student의 정의로부터 몇 가지 사실을 알 수 있다. 첫째, 파생 클래스의 이름 Student 뒤에 콜론(:)을 붙이고 이어서 부모 클래스의 이름 Person을 표시함으로서 Student 클래스는 기반 클래스 Person으로부터 유도된 파생 클래스임을 나타낸다. 둘째, 기반 클래스의 보호 멤버와 공용 멤버는 파생 클래스 Student에 상속된다. 즉, 기반 클래스의 name, gender, age 멤버는 파생 클래스가 선언한 변수가 아니지만 상속되어 Student 클래스의 데이터 멤버가 된다. 셋째, 파생 클래스를 정의할 때의 상속명시자가 public이면 기반 클래스의 공용 멤버 함수들도 파생 클래스로 상속된다. 그러나 생성자와 소멸자 함수는 클래스의 이름과 언제나 일치하여야 하므로 기반 클래스의 생성자와 소멸자는 파생 클래스로 상속되지 않는다.

다음 〈예 5.35〉는 기반 클래스인 Person으로부터 private으로 파생된 Student 파생 클래스의 객체를 생성한 후 이들의 멤버 변수들을 출력하는 예를 표시한 main() 함수이다.

◆ <예 5.35>

```
int main()
{
    Person kim{ "김철수", 'M', 27};
    kim.prntPerson("kim");

    Student oh{ "오태현", 'M', 20, "수학과", 221001};
    oh.prntStudent("oh");
}
```

```
kim의 정보 = [이름: 김철수(M), 나이: 27]
학생 oh의 정보 = [이름: 오태현(M), 나이: 20, 학과: 수학과, 학번: 221001]
```

파생 클래스를 정의할 때의 상속 명시자가 private(디폴트)이면 기반 클래스 Person의 모든 보호 멤버와 공용 멤버는 파생 클래스 Student의 전용 멤버가 된다. 따라서 기반 클래스 Person의 멤버 함수인 agePerson() 함수나 prntPerson() 함수 등은 클래스 외의 지역인 main()에서 참조가 불가능하다. 즉, 다음 예와 같이 main() 함수 내에서 선언된 Student 객체로부터 이 멤버 함수들을 참조하면 오류가 발생한다.

```
oh.agePerson() = 24 ;  // 상속 명시자가 private이므로
oh.prntPerson("oh") ;  // 오류 발생
```

```
C2247 'Person::agePerson'에 액세스할 수 없습니다. 이는 'Student'이(가) 'private'을(를) 사용하여 'Person'에서 상속하기 때문입니다.
C2247 'Person::prntPerson'에 액세스할 수 없습니다. 이는 'Student'이(가) 'private'을(를) 사용하여 'Person'에서 상속하기 때문입니다.
```

상속명시자가 protected일 경우에는 기반 클래스의 보호 멤버들과 공용 멤버들이 파생 클래스의 보호 멤버로 상속된다. 따라서 클래스 밖의 main()에서는 이들을 직접 접근할 수 없지만. 이 파생 클래스에서 유도된 다른 파생 클래스에서는 이 멤버들에 접근이 가능할 것이다. 클래스 자체만을 보면 private으로 선언된 전용 멤버나 protected로 선언된 보호 멤버 둘 다 공용 멤버 함수를 이용하여 접근되어야 한다.

마지막으로 상속명시자를 public으로 명시하면 기반 클래스의 보호 멤버들은 파생 클래스의 보호 멤버로, 기반 클래스의 공용 멤버는 파생 클래스의 공용 멤버로 상속받는다. 따라서 상속명시자를 public으로 명시하면 기반 클래스의 보호 멤버는 정보를 보호하기 위해서 은폐하지만 파생 클래스로 상속되는 공용 멤버 함수들은 파생 클래스 객체로 어디서든지 접근할 수 있다.

〈예 5.36〉은 기반 클래스 Person으로부터 파생 클래스 Student를 정의할 때 상속명시자로 public을 지정한 이후 Student 객체로부터 기반 클래스의 멤버 함수들을 참조하는 예를 표시한 main() 함수이다.

◆ <예 5.36>

```
// 상속 명시자가 public인 경우
class Student : public Person { . . . } ;  // 파생 클래스의 정의

int main()
{
     Person kim{ "김철수", 'M', 27};
     kim.prntPerson("kim");

     Student oh{ "오태현", 'M', 20, "수학과", 221001};  // 파생 클래스의 객체
     oh.prntStudent("oh");

     oh.agePerson() = 24;      // 기반클래스의 멤버 함수 참조
     oh.prntPerson("oh");      // 기반클래스의 멤버 함수 참조
     oh.prntStudent("oh");     // 파생클래스의 멤버 함수 참조
}
```

```
kim의 정보 = [이름: 김철수(M), 나이: 27]
학생 oh의 정보 = [이름: 오태현(M), 나이: 20, 학과: 수학과, 학번: 221001]
oh의 정보 = [이름: 오태현(M), 나이: 24]
학생 oh의 정보 = [이름: 오태현(M), 나이: 24, 학과: 수학과, 학번: 221001]
```

5.4.5 파생 클래스의 구현

기반 클래스 Person으로부터 Student 클래스가 파생될 때 Person 클래스의 생성자 함수가 먼저 호출되고, 이어서 파생 클래스 Student의 생성자가 호출된다. Student 객체를 생성한 이후에는 기반 클래스 Person의 생성자 함수는 더 이상 호출되지 않는다. 즉, 파생 클래스의 생성자 함수를 호출하는 순간에는 이미 기반 클래스의 데이터 멤버들이 저장되어 있다고 가정할 수 있다.

다음 예는 〈예 5.36〉에 표시된 main() 함수 내에서 Student 클래스 객체 park을 생성하는 문장이다.

```
Student park ;    // 초기화가 없는 클래스 객체의 선언
```

이 문장이 실행되면 Student 클래스 객체 park을 생성하기 전에 먼저 부모 클래스인 Person의 생성자 함수를 호출한다. 그러나 이 생성자 함수에 전달되는 인수가 없기 때문에 다음과 같이 정의된 디폴트 생성자 함수가 호출된다.

```
Person() { gender = 'M'; age = 20; }  // Person의 디폴트 생성자 함수
```

이 생성자가 실행되면 파생 클래스로 상속된 멤버 변수들 중 gender의 값을 'M'으로, age의 값을 20으로 초기화한 후 파생 클래스 Student의 생성자가 호출된다. 이때 호출되는 생성자 역시 Student의 디폴트 생성자로서 다음과 같이 정의된 생성자가 호출되어 student_ID의 값을 220000으로 초기화할 것이다.

```
Student() { student_ID = 220000; };  // Student의 디폴트 생성자 함수
```

다음은 Student의 객체 park의 변수 멤버들을 prntStudent() 멤버 함수를 참조하여 출력한 결과를 표시한 것이다.

```
park.prntStudent("park") ;
```

```
학생 park의 정보 = [이름: (M), 나이: 20, 학과: , 학번: 220000]
```

다음 예는 〈예 5.36〉에 표시된 main() 함수 내에서 Student의 객체 oh의 선언문이다.

```
Student oh{ "오태현", 'M', 20, "수학과", 221001};
```

이 경우에도 먼저 기반 클래스 Person의 생성자 함수 Person(const string&, char, int)가 호출되어 실행된다.

```
Person::Person(const string& str, char mf, int old) {    // Person의 생성자 함수
        name = str;
        gender = mf;
        age = old;
}
```

이때 Student의 객체 oh를 생성하는 과정에 초기화되는 인수들은 부모 클래스의 name에 문자열 str의 값이 전달되고, gender와 age 멤버에는 mf와 old의 값이 각각 전달되어 임시 부모 클래스라고 하는 기반 클래스 객체를 생성한다. 이어서 이 클래스의 보호 멤버들과 공용 멤버들을 Student 클래스의 멤버로 유도함과 동시에 다음과 같이 Student 클래스 생성자의 본체를 실행함으로서 모든 변수 멤버들의 초기화가 이루어진다.

```
Student::Student(const string& str1, char mf, int old, const string& str2, int no)
 : Person(str1, mf, old) {
    department = str2;
    student_ID = no;
}
```

<예 5.36>의 실행 결과를 보면 부모 클래스 Person의 모든 공용 멤버들이 이 클래스에서 유도된 자식 클래스 Student의 공용 멤버가 되고 있음을 알 수 있다. 따라서 Person 클래스의 공용 멤버 함수 agePerson(), prntPerson() 등을 통하여 Student 클래스의 데이터 멤버들을 참조할 수 있다. 따라서 OOP의 상속의 개념에 따라 이들 함수를 자식 클래스에서 상속받으면 되기 때문에 똑같은 코드를 자식 클래스의 멤버 함수로 재작성할 필요가 없는 것이다.

이제 부모클래스 객체 parent를 먼저 생성한 다음 이 객체를 자식 클래스 boy에 대입하는 연산을 실행해보자. 그러나 두 클래스는 서로 성격이 다른 자료형이므로 오류가 발생할 것이다.

```
Person parent {"김영웅", 'M', 24} ;
Student boy = parent ;
```

```
E0312  "Person"에서 "Student"(으)로의 사용자 정의 변환이 적절하지 않습니다.
C2440  '초기화 중': 'Person'에서 'Student'(으)로 변환할 수 없습니다.
```

그러나 Student 클래스의 정의 안에 다음과 같이 생성자 함수를 다중 정의하면 이 오류를 해결할 수 있다.

```
Student::Student(const Person& man) : Person(man) {
    department = "";
    student_ID = 221111;
}
```

<예 5.37>은 부모 클래스인 Person 객체 parent를 생성하고 이 객체의 정보들을 자식 클래스의 객체 생성에 초기값으로 대입한 후 이들의 정보를 출력하는 main() 함수를 표시한 프로그램이다.

◆ **<예 5.37>**

```
#include <iostream>
#include <string>
using namespace std;

class Person {
protected:
    string name;
```

```
    char gender;
    int age;
public:
    Person() { gender = 'M'; age = 20; }  // 디폴트 생성자 함수
    Person(const string&, char, int);  // 생성자 함수
    string& namePerson();  // 이름 반환
    char& genderPerson();  // 성별 반환
    int& agePerson();  // 나이 반환
    void prntPerson(string);    // 이름(성별), 나이 출력
};

#include "Person_member_function.h"    // Person 클래스의 멤버 함수

class Student : public Person {
private:
     string department;    // 학과
     int student_ID;          // 학번
public:
     Student() { student_ID = 220000; }
     Student(const string&, char, int, const string&, int);
     Student(const Person&);  // 객체 변환 생성자
     string& departStudent();    // 학과 이름 반환
     int& IDStudent();      // 학번 반환
     void prntStudent(string);
};

#include "Student_member_function.h"    // Student 클래스의 멤버 함수

int main()
{
     Person parent{"김영웅", 'M', 24};
     Student boy = parent;
     boy.prntStudent("boy");
}
```

```
학생 boy의 정보 = [이름: 김영웅(M), 나이: 24, 학과: , 학번: 221111]
```

여기서 "Student_member_function.h" 파일은 Student 클래스의 멤버 함수들의 정의만 따로 저장한 파일로서 다음과 같이 구성되어 있다.

```
// Student 클래스의 멤버 함수의 정의 : "Student_member_function.h"

Student::Student(const string& str1, char mf, int old, const string& str2, int no)
    : Person(str1, mf, old) {
    department = str2;
    student_ID = no;
}

Student::Student(const Person& man) : Person(man) {
    department = "";
    student_ID = 221111;
}

string& Student::departStudent() { return department; }  // 학과 이름 반환
int& Student::IDStudent() { return student_ID; }  // 학번 반환

void Student::prntStudent(string str) {
    cout << "학생 " << str << "의 정보 = [이름: " << name
         << "(" << gender << ")" << ", 나이: " << age
         << ", 학과: " << department << ", 학번: " << student_ID << "]" << endl;
}
```

이상과 같이 상속명시자를 public으로 명시하면 기반 클래스의 보호 멤버들은 파생 클래스의 보호 멤버로, 기반 클래스의 공용 멤버는 파생 클래스의 공용 멤버로 상속받을 수 있다. 그러나 이렇게 유도된 파생클래스도 기반 클래스의 생성자와 소멸자, 대입연산자에 대한 다중 함수, 그리고 전용 멤버들은 상속받지 못한다. 또한 기반 클래스가 프렌드 함수를 포함하고 있을 때 그 프렌드 함수는 파생 클래스의 프렌드 함수가 아니다. 즉, 프렌드 함수도 파생 클래스에 상속되지 않는다.

마지막으로 파생 클래스의 소멸자 함수는 동적 메모리 할당 등의 특별한 작업을 수행하지 않는 한 작성할 필요가 없다. 당연히 소멸자 함수를 만들지 않으면 C++는 디폴트 소멸자 함수를 호출할 것이다. 프로그램이 종료되면 그 동안 생성됐던 객체들이 소멸되는데 생성자가 호출된 것과 반대의 순서로 소멸자가 호출된다. 상속의 경우 파생 클래스의 객체가 먼저 소멸되고 난 후, 기반 클래스의 객체가 소멸된다.

5.4.6 파생 클래스의 파생 클래스

Person 클래스에서 유도된 Student 클래스를 기반 클래스로 하여 하위 클래스인 Course 클래스를 유도해보자. Course 클래스에는 보호(protected) 멤버로 subject(수강 과목)와 grade(학점)이 추가된다. 다만 〈예 5.37〉에서 정의했던 상위 클래스인 Student의 변수 멤버를 private에서 protected로 변경해야 한다. 하지만 그 외 상위 클래스의 정의를 신경 쓰지 않아도 된다.

다음은 자식 클래스 Student 클래스에서 유도되는 손자 클래스 Course 클래스의 정의 부분을 표시한 것이다.

```
class Course : public Student {
protected:
    string subject;    // 과목
    double grade;     // 학점
public:
    Course() { grade = 1.0; }
    Course(const string&, char, int, const string&, int, const string&, double);
    string& subjectCourse() { return subject; };    // 과목 이름 반환
    double& gradeCourse(){ return grade; }     // 학점 반환
    void prntCourse(string);
};

Course::Course(const string& str1, char mf, int old, const string& str2, int no,
        const string& str3, double point) : Student(str1, mf, old, str2, no) {
    subject = str3;
    grade = point;
}

void Course::prntCourse(string str) {
    cout << "\n학생 " << str << "의 정보 ============= \n [이름: " << name
        << "(" << gender << ")" << ", 나이: " << age << "]" << endl
        << " [학과: " << department << ", 학번: " << student_ID << "]" << endl
        << " [과목: " << subject << ", 학점: " << grade << "]" << endl;
}
```

<예 5.38>의 main() 함수는 이미 정의된 세 클래스로부터 얻어질 수 있는 몇 가지 사실들을 확인해보고자 하는 프로그램이다. 실행 결과에서 알 수 있듯이 Course 클래스는 부모 클래스로부터 대부분의 메소드인 멤버 함수들을 상속받기 때문에 몇 가지 기능만 추가하더라도 많은 것을 얻을 수 있다. 이와 같이 상속을 통해 프로그래밍 생산성을 크게 향상시킬 수 있다.

◆ **<예 5.38>**

```
int main()
{
    Person parent{ "김영웅", 'M', 24 };  // 부모 클래스 생성
    parent.prntPerson("parent");
    cout << endl;

    Student son{ "김다솜", 'F', 20, "물리학과", 221022};      // 자식 클래스 생성
    son.prntStudent("son");


    // 손자 클래스 생성
    Course grand{ "이다은", 'F', 23, "수학과", 212032, "확률론", 4.5 };
    grand.prntCourse("grand");
    cout << endl;

    cout << "grand.namePerson() = " << grand.namePerson() << endl;
    grand.agePerson() = 24;              // 부모 클래스의 메소드
    cout << endl;

    grand.prntStudent("grand");  // 자식 클래스의 메소드
    grand.prntPerson("grand");   // 부모 클래스의 메소드
}
```

```
parent의 정보 = [이름: 김영웅(M), 나이: 24]

학생 son의 정보 = [이름: 김다솜(F), 나이: 20, 학과: 물리학과, 학번: 221022]

학생 grand의 정보 =============
 [이름: 이다은(F), 나이: 23]
 [학과: 수학과, 학번: 212032]
```

```
[과목: 확률론, 학점: 4.5]

grand.namePerson() = 이다은

학생 grand의 정보 = [이름: 이다은(F), 나이: 24, 학과: 수학과, 학번: 212032]
grand의 정보 = [이름: 이다은(F), 나이: 24]
```

〈그림 5.4〉은 생성자 함수와 소멸자 함수를 제외하고 세 개의 클래스가 갖고 있는 데이터 멤버와 멤버 함수를 함께 표시한 것이다. 이를 보면 Course 클래스의 멤버 함수로 세 종류의 객체 출력 함수가 속해 있다. Course 객체를 출력하기 위한 멤버 함수를 prntCourse()으로 이름을 정하였는데 만일 이 이름이 부모 클래스의 함수 이름과 같으면 부모 클래스의 멤버 함수는 자식 클래스에 상속되지 않는다.

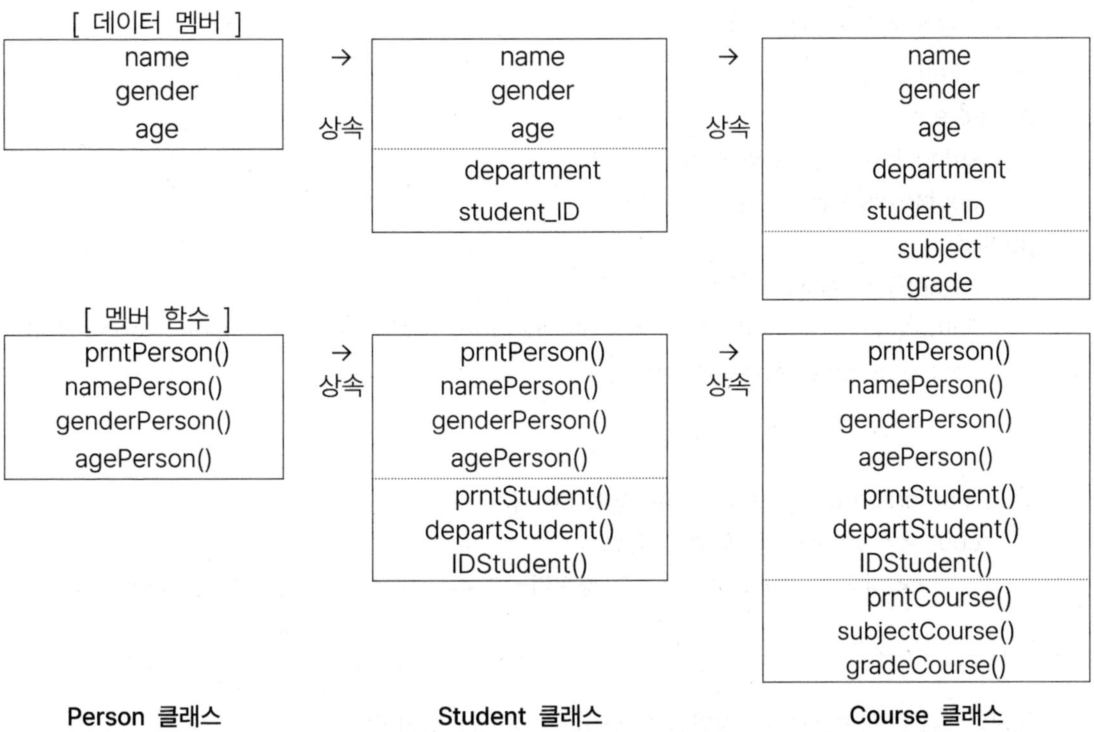

〈그림 5.4〉 세 클래스의 상속 관계

5.4.7 다중 상속

부모 클래스가 오직 한 개이면 단일 상속(single inheritance)이라고 하고, 부모 클래스가 둘 이상일 때 다중 상속(multiple inheritance)이라고 한다. 다중 상속으로 클래스를 작성하면 더 복잡하기 때문에 혼란을 부채질 할 우려가 있다는 주장이 있으며, 또한 단일 상속만으로도 대부분의 문제를 해결할 수 있기 때문에 다중 상속 기법은 사용자 개인의 취향에 따라 선택하면 된다. C++에서 다중 상속은 상속하는 순서에 따라 생성자의 호출 순서가 달라지며 부모 클래스에 같은 이름의 데이터 멤버나 함수 멤버가 있으면 자식 클래스에서 이들을 호출할 때 모호한 상황이 벌어지므로 오류가 발생한다.

둘 이상의 부모 클래스로부터 정보를 상속받기 위하여 다중 상속을 정의하는 방법은 간단하다. 다음은 5.4.4절에서 다루었던 자식 클래스 Student에 또 하나의 부모 클래스인 Father 클래스를 정의하고 이 클래스를 Student의 정의에서 나열하면 다중 상속이 이루어진다. 먼저 Person 클래스와 함께 부모 클래스로 작용할 Father 클래스의 정의는 다음과 같다.

```
// 부모 클래스 Father의 정의
class Father {
protected:
    string job;    // 부의 직업
    double salary;  // 부의 월수입
public:
    Father() { salary = 0.; }
    Father(const string& work, double income) : job{ work }, salary{ income } {}
    void prntFather(const string&);
};

void Father::prntFather(const string& str) {
    cout << str << "의 아버지 정보 = "
        << "[직업: " << job << ", 월수입= " << salary << "만원]" << endl;
}
```

다음은 다중 상속으로 재 정의된 Student 클래스의 정의이다.

```
// 다중 상속되는 Student의 재 정의
class Student : public Person, public Father {
```

```
protected:
    string department;    // 학과
    int student_ID;    // 학번
public:
    Student() { student_ID = 220000; }
    Student(const string&, char, int, const string&, int, const string&, double);
    string& departStudent();    // 학과 이름 반환
    int& IDStudent();      // 학번 반환
    void prntStudent(string);
};
```

다음은 재 정의된 Student 클래스의 생성자 함수와 prntStudent() 멤버 함수를 새롭게 수정한 것이다.

```
Student::Student(const string& str1, char mf, int old, const string& str2, int no,
                 const string& str3, double income)
   : Person(str1, mf, old), Father(str3, income) {
     department = str2;
     student_ID = no;
}

void Student::prntStudent(string str) {
   cout << "학생 " << str << "의 정보 = [이름: " << name
       << "(" << gender << ")" << ", 나이: " << age
       << ", 학과: " << department << ", 학번: " << student_ID << "]" << endl;
   cout << "       ";
   prntFather(str);  // 부의 정보 출력
}
```

<예 5.39>은 부모 클래스 Person과 Father 클래스로부터 상속된 Student 클래스의 객체를 생성한 후, 부모 클래스에서 상속된 멤버 변수들의 값을 출력하는 main() 함수를 표시한 것이다.

◆ **<예 5.39>**

```
int main()
{
    Student son{ "김다솜", 'F', 20, "물리학과", 221022, "회사원", 423.6};
    son.prntStudent("son");
    cout << endl;
    son.prntPerson("son");
    son.prntFather("son");
}
```

```
학생 son의 정보 = [이름: 김다솜(F), 나이: 20, 학과: 물리학과, 학번: 221022]
    son의 아버지 정보 = [직업: 회사원, 월수입= 423.6만원]

son의 정보 = [이름: 김다솜(F), 나이: 20]
son의 아버지 정보 = [직업: 회사원, 월수입= 423.6만원]
```

참고로 지금까지 모든 프로그램에 삽입된 〈iostream〉 헤더 파일에 포함된 입력과 출력 스트림 클래스는 새로운 종류의 클래스를 유도하기 위하여 다중 상속으로 결합된 것이다.

5.5 다형성

객체 지향 프로그램의 중요한 특징으로 하나의 함수 이름이나 심벌이 여러 목적으로 사용될 수 있는 다형성(polymorphism)을 들 수 있다. 다형성은 복수의 클래스들이 같은 이름의 함수를 가지고 있지만 하나의 메시지에 대해 각 클래스의 고유한 방법으로 그 메시지에 반응할 수 있는 성질을 의미한다. 예를 들어, 다음과 같이 다중 정의된 print() 함수는 무엇(텍스트 파일, 고유 형식의 문서 편집기에서의 파일, 그래픽 포함 파일 등)을 인쇄하느냐에 따라 그 인쇄 방법이 각각 다르게 작동된다.

void print(string str, int i);
void print(int n, int i);
void print(double a, int i);
void print(long k, int i);
	print("Tomato", 5);
	print(11, 12);
	print(11.2233, 12)
	print(112233L, 12);

하지만 언제나 다형성이 허용되는 것은 아니다. 예를 들어 다음과 같이 함수의 매개변수의 이름과 유형이 모두 같은 경우에는 반환 값의 자료형이 다르다고 하더라도 다형성이 허용되지 않는다.

```
int change(int i, char *a);        // 다형성 허용 불가
char change( int i, char *a);
```

5.5.1 기반 클래스를 가리키는 포인터

부모 클래스인 Person과 자식 클래스인 Student 클래스의 정의가 5.4.5절에서 정의한 것과 동일하다고 할 때, 다음 〈예 5.40〉의 main() 함수에서 생성된 Student 클래스 객체 oh는 부모 클래스인 Person 클래스로부터 유도된 자식 클래스 객체이다. 이 객체 oh에 주소연산자(&)를 연산하면 이 클래스 객체가 저장된 메모리의 주소를 구할 수 있으며 이 주소를 포인터 변수에 저장할 수 있다. 이후 이 포인터를 이용하여 간접적으로 객체 oh의 정보를 출력할 수 있다.

◆ **<예 5.40>**

```
int main()
{
    Student oh{ "오태현", 'M', 20, "수학과", 221001 };
    oh.prntStudent("oh");
    Student* ptr_oh = &oh;       // 클래스 객체를 가리키는 포인터
    ptr_oh->prntStudent("ptr_oh->");
}
```

```
학생 oh의 정보 = [이름: 오태현(M), 나이: 20, 학과: 수학과, 학번: 221001]
학생 ptr_oh->의 정보 = [이름: 오태현(M), 나이: 20, 학과: 수학과, 학번: 221001]
```

ptr이 부모 클래스인 Person 클래스의 객체를 가리키는 포인터일 때, 다음과 같은 대입 연산을 형 격상이라고 하며 이때 암시적인 형 변환이 일어난다.

```
Person* ptr = &oh;  // 형 격상 대입 연산
```

<예 5.41>은 객체 oh를 가리키는 포인터 ptr를 이용하여 이 객체 oh를 생성하는 과정에서 먼저 생성된 임시 Person 객체의 멤버 함수들을 참조할 수 있음을 표시한 main() 함수이다.

◆ **<예 5.41>**

```
int main()
{
    Student oh{ "오태현",'M', 20, "수학과", 221001 };

    Person* ptr = &oh;  // 형 격상 대입 연산

    ptr->namePerson();
    (*ptr).agePerson() = 24;
    ptr->prntPerson("ptr->")
}
```

```
ptr->의 정보 = [이름: 오태현(M), 나이: 24]
```

그러나 포인터 ptr이 Person형 클래스의 객체를 가리키는 포인터이기 때문에 Person 클래스의 멤버 함수가 아닌 Student 클래스의 멤버 함수 prntStudent()를 참조할 수 없다.

```
ptr->prntStudent("ptr->") ;  // 오류 발생
```

```
E0135   클래스 "Person"에 "prntStudent" 멤버가 없습니다.
C2039   'prntStudent': 'Person'의 멤버가 아닙니다.
```

형 격상과 반대의 개념으로 형 격하를 활용할 수 있지만 이 경우에는 캐스트 연산자를 사용하여 명시적인 형 변환을 해주어야 한다.

◆ <예 5.42>

```
int main()
{
    Person kim{ "김철수", 'M', 27 };

    Student* ptr_kim = (Student*) & kim;  // 형 격하 대입 연산: 형변환연산자 필요

    ptr_kim->prntPerson("ptr_kim");
    cout << endl;
    ptr_kim->prntStudent("ptr_kim");
}
```

```
ptr_kim의 정보 = [이름: 김철수(M), 나이: 27]

학생 ptr_kim의 정보 = [이름: 김철수(M), 나이: 27, 학과:
```

5.5.2 가상 멤버 함수

main() 함수에서 함수를 호출하는 경우 컴파일 과정에서 이 함수에 특정 순서를 설정한다. 함수를 호출하면 미리 설정된 이 함수의 상대적인 위치의 메모리를 로드하여 함수를 실행한다. 이와 같이 컴파일하면서 호출할 함수를 결정하는 전략을 조기 바인딩(early binding) 또는 정적 바인딩(static binding)이라고 한다. 반면에 C++는 프로그램을 컴파일 할 때는 함수를 호출한다는 암시만 주고, 프로그램의 주어진 지점에서 그 책임을 프로그램에게 넘겨 실행 시간에 호출할 함수를 결정하는 전략을 제공하는 데 이를 지연 바인딩(late binding) 또는 동적 바인딩(dynamic binding)이라고 한다.

부모 클래스인 Person과 자식 클래스인 Student 클래스의 정의가 5.4.5절에서 정의한 것과 동일하다고 할 때, 〈예 5.41〉의 main() 함수에서 실행한 바와 같이 Person을 가리키는 포인터에 Stdudent 클래스의 객체의 주소를 대입하는 형 격상 대입 연산이 가능하였다.

◆ **<예 5.43>**

```
int main()
{
    Student oh{ "오태현", 'M', 20, "수학과", 221001 };
    Person kim{ "김철수", 'M', 27 };

    Person* ptr_oh = &oh;  // 형 격상 대입연산
    Person* ptr_kim = &kim;

    ptr_oh->prntPerson("ptr_oh->");
    ptr_kim->prntPerson("ptr_kim->");
}
```

```
ptr_oh->의 정보 = [이름: 오태현(M), 나이: 20]
ptr_kim->의 정보 = [이름: 김철수(M), 나이: 27]
```

여기서 Person형과 Student형 클래스 객체의 출력을 위하여 서로 다른 멤버 함수를 정의하였다. 그러나 클래스 객체의 출력을 위하여 똑같은 이름으로 멤버 함수를 정의할 수 있다. 이 경우에는 같은 이름을 갖는 부모 클래스의 멤버 함수는 자식 클래스에 상속되지 않는다.

이제 부모 클래스 Person과 자식 클래스 Student의 객체를 출력하기 위한 멤버 함수들을 같은 이름인 prnt()로 재정의해보자. 그래도 함수의 다중정의에 의하여 이름은 같지만 전달 인수들의 개수나 데이터형이 다르기 때문에 같은 함수로 인식하지 않는다.

〈예 5.44〉는 Person 클래스의 prntPerson() 멤버 함수와 Student 클래스의 prntStudent() 멤버 함수의 이름을 같은 이름인 prnt()으로 수정한 후 〈예 5.43〉의 main() 함수를 그대로 실행한 결과를 표시한 것이다.

◆ **<예 5.44>**

```
int main()
{
    Student oh{ "오태현", 'M', 20, "수학과", 221001 };
    Person kim{ "김철수", 'M', 27 };

    Person* ptr_oh = &oh;  // 형 격상 대입연산
```

```
    Person* ptr_kim = &kim;

    ptr_oh->prnt("ptr_oh->");
    ptr_kim->prnt("ptr_kim->");
}
```

```
ptr_oh->의 정보 = [이름: 오태현(M), 나이: 20]
ptr_kim->의 정보 = [이름: 김철수(M), 나이: 27]
```

〈예 5.44〉의 실행 결과를 보면 객체 포인터 ptr_oh와 ptr_kim 전부가 기반 클래스 Person을 가리키는 포인터로 선언되었기 때문에 이 포인터들이 가리키는 멤버 함수는 기반 클래스 Person 클래스의 prnt() 멤버 함수이다. 이는 함수 호출 전략이 초기에 조기 바인딩되어 있기 때문이다.

객체 포인터의 문제에 있어서 조기 바인딩(정적 바인딩)이 아닌 지연 바인딩(동적 바인딩) 전략을 세울 수 있는 방법이 가상 멤버 함수(virtual member function)를 사용하는 것이다. 이것은 기반 클래스 정의에서 멤버 함수 원형의 앞에 키워드 virtual를 한번만 지정하면 된다.

```
virtual void prnt(string) ;     // 기반 클래스에서 가상 멤버 함수의 선언
```

이때 가상 멤버 함수를 선언하는 기반 클래스를 다형성 클래스(polymorphic class)라고 한다. 〈예 5.45〉는 기반 클래스의 멤버 함수 prnt()를 virtual로 선언한 이후 〈예 5.44〉의 main() 프로그램을 그대로 실행한 결과를 표시한 것이다. 그러나 가상화(virtualization)를 무시하고 기반클래스의 멤버 함수를 실행하고 싶을 경우에는 전역식별연산자(::)와 함께 기반 클래스의 이름을 지정해주면 된다.

◆ **<예 5.45>**

```
int main()
{
    Student oh{ "오태현", 'M', 20, "수학과", 221001 };
    Person kim{ "김철수", 'M', 27 };

    Person* ptr_oh = &oh;  // 형 격상 대입연산
    Person* ptr_kim = &kim;
```

```
    ptr_oh->prnt("ptr_oh->");
    ptr_kim->prnt("ptr_kim->");
    ptr_oh->Person::prnt("ptr_oh->");   // 가상화 무시
}
```

```
학생 ptr_oh->의 정보 = [이름: 오태현(M), 나이: 20, 학과: 수학과, 학번: 221001]
ptr_kim->의 정보 = [이름: 김철수(M), 나이: 27]
ptr_oh->의 정보 = [이름: 오태현(M), 나이: 20]
```

〈예 5.45〉의 실행 결과와 같이 virtual 키워드가 하는 역할은 기반 클래스와 같은 이름을 갖는 파생 클래스의 멤버 함수를 객체 포인터에서 적절하게 호출할 수 있도록 도와주는 것이다.

가상 멤버 함수를 사용하면 메모리가 더 필요하고, 함수를 호출할 때 몇 단계를 더 거치므로 실행 속도가 늦어진다. 따라서 가상 멤버 함수의 조금 비효율적인 특성 때문에 기반 클래스의 모든 멤버 함수들을 가상 멤버 함수로 정의하지 않는 이유이다. 생성자 함수는 가상 함수로 만들 수 없지만 소멸자 함수는 가상 함수로 적절히 만들 수 있다.

5.5.3 추상 기반 클래스

클래스 중에는 객체인 인스턴스를 만드는 목적이 아니라, 서브 클래스들의 공통된 특성을 추출하여 추상 기반 클래스(abstract base class, virtual class)를 만들기도 한다. 추상 클래스는 서브 클래스들의 공통된 데이터 변수들을 정의하고 함수 중에는 완전히 구현하지 않고 시그너처(signature)만 정의한 것들이 있다. 이를 추상 함수(abstract function)라고 부르며, 후에 서브 클래스를 정의할 때에 완전히 구현된다. 여기서 시그너처란 함수가 외부에 보여 지는 부분을 말하며 함수 이름, 매개변수, 함수의 반환 자료형 등으로 구성되어 있다.

예를 들어, '프린터' 클래스는 프린터의 상태를 나타내는 변수(속도 등)를 가지고 있으며, 함수로는 'print()'를 고려할 수 있으나 프린터마다(도트 프린터, 레이저 프린터, 잉크젯 프린터 등) 프린트 방법이 다르므로 '프린터' 추상 클래스에는 print() 함수를 완전히 구현할 수 없다. 따라서 추상 함수의 시그너처만 가지고 있게 된다. 이렇게 하위 클래스들 간의 공통된 특성만 지정하고 있으므로 하나의 객체를 만드는 것이 무의미하다. 그러나 추상 클래스는 문제를 모델링하는데 유용하게 사용될 수 있기 때문에 일종의 설계도라고 할 수도 있다.

기반 클래스의 가상 멤버 함수가 본체가 없이 작성될 때, C++에서는 이 함수를 순수 가상 함수(pure virtual function)라고 하며 일반적으로 다음과 같은 구문 형식을 갖는다.

```
virtual void prnt() = 0 ;      // 순수 가상 함수
```

클래스 정의 부분이 순수 가상 함수를 포함할 경우에는 그 클래스의 객체를 생성할 수 없다. 이 클래스는 다른 클래스를 파생하는 기반 클래스로의 역할만 수행한다. 순수 가상 함수를 가진 기반 클래스는 추상적이며 여기서 유도된 다른 파생 클래스의 기반이 되지만 쉽게 표현될 수 없는 클래스이기 때문에 추상 기반 클래스(abstract base class; ABC)라고 한다. 추상 기반 클래스는 객체(인스턴스)를 생성할 수 없지만, 추상 클래스를 가리키는 포인터는 선언할 수 있다.

다음은 Person 클래스의 내부에서 prnt() 함수를 시그너처만 있는 순수 가상 함수로 선언한 예이다. 따라서 Person 클래스는 추상 기반 클래스가 되고 따라서 객체를 생성할 수 없기 때문에 이 추상 클래스를 가리키는 포인터 변수를 선언하여 함수 멤버들을 참조할 수 있다.

```
class Person {    // 추상 기반 클래스
protected:
    string name;
    char gender;
    int age;
public:
    Person() { gender = 'M'; age = 20; }  // 디폴트 생성자 함수
    Person(const string&, char, int);  // 생성자 함수
    string& namePerson();  // 이름 반환
    char& genderPerson();  // 성별 반환
    int& agePerson();  // 나이 반환
    virtual void prnt(string) = 0;    // 순수 가상 함수
};
```

〈예 5.46〉은 추상 클래스를 가리키는 포인터 변수를 선언하고 이를 이용하여 함수 멤버들을 참조하는 main() 함수를 표시한 것이다.

◆ **<예 5.46>**

```
int main()
{
    Student oh{ "오태현", 'M', 20, "수학과", 221001 };
    Person* ptr_oh = &oh;

    cout << "ptr_oh->agePerson() = " << ptr_oh->agePerson() << endl;
    ptr_oh->prnt("ptr_oh->");
}
```

```
ptr_oh->agePerson() = 20
학생 ptr_oh->의 정보 = [이름: 오태현(M), 나이: 20, 학과: 수학과, 학번: 221001]
```

이때 다음과 같이 선언함으로서 추상 클래스의 객체를 생성하려고 하면 오류가 발생한다.

```
Person kim{ "김철수", 'M', 27 } ;  // 오류 발생
```

```
E0322   추상 클래스 형식 "Person"의 개체를 사용할 수 없습니다.
C2259   'Person': 추상 클래스를 인스턴스화할 수 없습니다.
```

연습문제

[연습 5.1.1]

(1) 다음과 같이 letters 클래스를 정의한 후, 초기화 없이 생성되는 클래스 객체의 ch를 널 문자로 초기화시키는 디폴트 생성자 함수를 다중 정의하시오.

```
class letters {
        char ch;
public:
        letters(char c) { ch = c; }
};
```

(2) 전용 멤버 ch의 문자를 반환하는 공용 멤버 함수 getCHAR()을 작성하시오.

(3) 5개의 요소를 갖는 letters 클래스 배열을 선언하고 'A' 문자부터 'E' 문자까지로 초기화하고 getCHAR() 함수를 이용하여 초기화된 문자들을 출력하는 main() 프로그램을 작성하시오.

[연습 5.1.2]

사각형의 둘레와 넓이를 구하기 위하여 전용 멤버 length와 width를 갖는 rectangle 클래스를 다음과 같이 정의하였다.

```
class rectangle {
        double length, width;
public:
        rectangle() { length = width = 1.; }
};
```

(1) 클래스 객체에 저장된 멤버 length, width의 값을 반환하는 멤버 함수 getLength() 함수와 getWidth() 함수를 각각 작성하시오.

(2) 클래스 객체를 생성할 때 초기화되는 두 값을 length와 width의 값으로 대입하는 생성자 함수를 다중 정의하시오.

(3) cin으로 입력받은 len와 wid의 값을 클래스 객체의 length와 width의 값으로 입력하는 멤버 함수 setLength() 함수와 setWidth() 함수를 각각 작성하시오.

(4) 클래스 객체에 저장된 세로 length와 가로 width의 길이를 갖는 사각형의 둘레의 길이와 넓이를 반환하는 멤버 함수 perimeter() 함수와 area() 함수를 각각 작성하시오.

[연습 5.1.3]

좌표평면 위의 한 점을 표시하기 위하여 전용 멤버 x와 y를 갖는 Point 클래스를 다음과 같이 정의하였다.

```
class Point {
private:
        double x, y;
public:
        Point() { x = y = 0; }
};
```

(1) 현재 Point 객체의 좌표를 출력하는 멤버 함수 void Display(void) 함수를 작성하시오.

(2) Point 클래스 객체를 생성할 때 초기화되는 두 값을 x와 y의 값으로 대입하는 생성자 함수를 다중 정의하시오.

(3) Point 클래스 객체가 생성된 이후 Point의 전용 멤버를 특정한 좌표 (ix, iy)로 설정하는 멤버 함수 SetPoint()를 정의하시오.

[연습 5.2.1]

(1) 좌표평면 상의 두 점 P(x1, y1), Q(x2, y2)에 대하여 덧셈 연산 P+Q의 결과는 (x1+x2, y1+y2)이다. 이 연산에 의거하여 Point 클래스의 operator+() 멤버 함수를 정의하고 두 좌표의 덧셈 연산을 수행하는 main() 함수를 작성하시오.

(2) 좌표평면 상의 두 점 P(x1, y1), Q(x2, y2)에 대하여 뺄셈 연산 P-Q의 결과는 (x1-x2, y1-y2)이다. 이 연산에 의거하여 Point 클래스의 operator-() 멤버 함수를 정의하고 두 좌표의 뺄셈 연산을 수행하는 main() 함수를 작성하시오.

[연습 5.2.2]

복소수의 곱셈 연산을 수행하기 위하여 Cmplx 클래스의 operator*() 멤버 함수를 정의한 이후 두 클래스 객체의 곱셈 연산을 수행하는 프로그램을 작성하시오. 단, 복소수 z와 w가 z=x+iy와 w=s+it으로 표현 될 때, 두 복소수의 곱셈은 다음과 같다.

$$z \times w = (x+iy) \times (s+it) = (xs-yt) + i(xt+ys)$$

[연습 5.2.3]

복소수의 나눗셈 연산을 수행하기 위하여 Cmplx 클래스의 operator/() 멤버 함수를 정의한 이후 두 클래스 객체의 나눗셈 연산을 수행하는 프로그램을 작성하시오. 단, 복소수 z와 w가 z=x+iy와 w=s+it으로 표현 될 때, 두 복소수의 나눗셈은 다음과 같다.

$$z/w = (x+iy)/(s+it) = \frac{(xs+yt)+i(ys-xt)}{(s^2+t^2)}$$

[연습 5.2.4]

분수의 뺄셈 연산을 수행하기 위하여 Bunsu 클래스의 operator-() 멤버 함수를 정의한 이후 두 클래스 객체의 뺄셈 연산을 수행하는 프로그램을 작성하시오. 단, 분수 a와 b가 a=y/x와 b=n/m으로 표현 될 때, 두 분수의 뺄셈은 a-b = y/x - n/m = (ym-xn)/(xm)이다. 이때 뺄셈 연산을 수행하는 과정에서 새롭게 연산된 bunja와 bunmo의 최대공약수 G를 구한 후 두 멤버 bunja와 bunmo를 각각 bunja/G와 bunmo/G으로 갱신하시오.

[연습 5.2.5]

분수의 곱셈 연산을 수행하기 위하여 Bunsu 클래스의 operator*() 멤버 함수를 정의한 이후 두 클래스 객체의 곱셈 연산을 수행하는 프로그램을 작성하시오. 단, 분수 a와 b가 a=y/x와 b=n/m으로 표현 될 때, 두 분수의 곱셈은 a*b = y/x * n/m = (yn)/(xm)이다. 이때 곱셈 연산을 수행하는 과정에서 새롭게 연산된 bunja와 bunmo의 최대공약수 G를 구한 후 두 멤버 bunja와 bunmo를 각각 bunja/G와 bunmo/G으로 갱신하시오.

[연습 5.2.6]

분수의 나눗셈 연산을 수행하기 위하여 Bunsu 클래스의 operator/() 멤버 함수를 정의한 이후 두 클래스 객체의 나눗셈 연산을 수행하는 프로그램을 작성하시오. 단, 분수 a와 b가 a=y/x와 b=n/m으로 표현 될 때, 두 분수의 나눗셈은 a/b = y/x * m/n = (ym)/(xn)이다. 이때 나눗셈 연산을 수행하는 과정에서 새롭게 연산된 bunja와 bunmo의 최대공약수 G를 구한 후 두 멤버 bunja와 bunmo를 각각 bunja/G와 bunmo/G으로 갱신하시오.

[연습 5.2.7]

Bunsu 클래스의 객체를 두 개 생성한 후, 두 객체의 값(value 멤버)을 비교하여 큰 값의 객체를 반환하는 maxBunsu() 멤버 함수를 정의하시오.

※ 힌트: maxBunsu() 함수 내에서 코딩된 if - else 문은 다음과 같다.

```
if (this->value < tmp.value)   return tmp;
else   return (*this);
```

[연습 5.2.8]

Bunsu 클래스의 객체를 생성한 후, 이 객체의 데이터 변수 bunmo의 값을 반환하는 멤버 함수 bunmoBunsu()를 정의하고 이 함수를 이용하여 bunmo의 값을 수정하는 main() 프로그램을 작성하시오. 또한 const로 선언된 Bunsu 객체에 대하여 이 객체의 bunmo 멤버의 값을 출력하는 bunmoBunsu() 함수를 다중 정의하시오.

※ 힌트: 다중 정의된 bunmoBunsu() 함수는 다음과 같다.

```
int& bunmoBunsu() { return bunmo; }
int bunmoBunsu() const { return bunmo; }
```

[연습 5.2.9]

복소수 x+iy의 켤레(conjugate) 복소수는 x-iy로 정의된다. <예 5.12>에서 정의된 Cmplx 클래스의 멤버 함수로 Cmplx 객체의 켤레를 반환하는 conjCmplx() 함수를 작성하시오.

※ 힌트: conjCmplx() 함수의 원형은 다음과 같으며, conj_z = z.conjCmplx();으로 호출한다.

```
Cmplx conjCmplx() ;
```

[연습 5.3.1]

Bunsu 클래스에 깊은 복사를 수행하는 복사생성자 함수를 정의하여 추가한 후, 분수 5/12를 의미하는 분수 "Five"의 Bunsu 클래스 객체 a의 정보를 b라는 Bunsu 객체에 깊은 복사를 수행하여 두 객체의 정보를 출력하는 프로그램을 작성하시오. 또한 객체 b의 분자의 값을 7로, name을 "B"로 설정한 후 두 객체 a와 b의 정보를 출력하여 그 결과를 분석하시오.

※ 힌트: 다음은 깊은 복사를 수행하기 위한 복사생성자 함수를 정의한 것이다.

```
Bunsu::Bunsu(const Bunsu& x) {   // 깊은 복사를 위한 복사생성자 함수
    bunja = x.bunja ;
    bunmo = x.bunmo ;
    value = (double) bunja / bunmo ;
    delete name;
    name = new string(*x.name) ;
}
```

[연습 5.3.2]

Bunsu 클래스에 깊은 복사를 수행하는 복사대입연산자 함수를 다중 정의하여 추가한 후, 분수 5/12를 의미하는 분수 "Five"의 Bunsu 클래스 객체 a의 정보를 b라는 Bunsu 객체에 깊은 복사를 수행하여 두 객체의 정보를 출력하는 프로그램을 작성하시오. 또한 객체 b의 분자의 값을 7로, name을 "B"로 설정한 후 두 객체 a와 b의 정보를 출력하여 그 결과를 분석하시오.

[연습 5.4.1]

Cmplx 클래스의 operator-() 멤버 함수를 수정하여 Cmplx 객체에 실수를 빼는 operator-() 함수를 다중 정의한 후 z - 1.5의 값을 출력하는 프로그램을 작성하시오.

※ 힌트: Cmplx 객체에 실수를 빼는 다중 정의된 operator-() 멤버 함수의 원형은 다음과 같다.

```
Cmplx operator - (const double);   // - 연산자 (객체-실수)
```

[연습 5.4.2]

실수에 Cmplx 객체를 빼는 작업을 수행하기 위하여 Cmplx 클래스의 프렌드로 operator-() 함수를 정의한 후 1.5 - z의 값을 출력하는 프로그램을 작성하시오.

※ 힌트: 실수에 Cmplx 객체를 빼는 용도인 클래스 Cmplx의 프렌드 operator-() 함수의 원형은 다음과 같다.

```
friend  Bunsu  operator - (const int, const Bunsu&);   // 정수 - 분수
```

[연습 5.4.3]

Bunsu 클래스의 operator-() 멤버 함수를 수정하여 Bunsu 객체에 정수를 빼는 operator-() 함수를 다중 정의한 후 2 - 5/12의 값을 출력하는 프로그램을 작성하시오.

※ 힌트: Bunsu 객체에 정수를 빼는 다중 정의된 operator-() 멤버 함수의 원형은 다음과 같다.

```
Bunsu operator - (const int) ;   // 분수 - 정수
```

[연습 5.4.4]

정수에 Bunsu 객체를 빼는 작업을 수행하기 위하여 Bunsu 클래스의 프렌드로 operator-() 함수를 정의한 후 2 - 5/12의 값을 출력하는 프로그램을 작성하시오.

※ 힌트: 정수에 Bunsu 객체를 빼는 용도인 클래스 Bunsu의 프렌드 operator-() 함수의 원형은 다음과 같다.

```
friend  Bunsu  operator - (const int, const Bunsu&);   // 정수 - 분수
```

[연습 5.4.5]

(1) 좌표평면 상의 한 점 P(x, y)와 실수 d에 대하여 연산 P*d의 결과는 (d*x, d*y)이다. 이 연산에 의거하여 Point 클래스의 operator*() 멤버 함수를 정의하고 한 점과 실수의 곱셈 연산을 수행하는 main() 함수를 작성하시오.

(2) 좌표평면 상의 한 점 P(x, y)와 실수 d에 대하여 연산 d*P의 결과는 (d*x, d*y)이다. 이 연산에 의거하여 operator*() 함수를 Point 클래스의 friend 함수로 정의하고 실수와 한 점의 곱셈 연산을 수행하는 main() 함수를 작성하시오.

※ 힌트: Point 클래스의 friend 함수인 operator*() 함수의 정의는 다음과 같다.

```
Point operator*(double d, Point& p) {
        Point tmp;
        tmp.x = d * p.x;
        tmp.y = d * p.y;
        return tmp;
}
```

[연습 5.4.6]

다음 main() 함수가 실행되어 얻어진 결과를 참조하여 Person 클래스를 기반 클래스로 하여 유도되는 파생 클래스 Office의 생성자 함수를 포함한 모든 멤버 함수를 정의하시오.

```
class Office : public Person {
private:
    int ID;    // 사번
    double salary;    // 월급
public:
    Office() { ID = 220011; salary = 500; }    // 디폴트 생성자
    Office(const string&, char, int, int, double);  // 생성자
    int& ID_Office();                 // 사번 반환
    double& salary_Office();    // 월급 반환
    void prnt_Office(string);    // 사원 정보 출력
};

int main()
{
    Office kim{ "김영웅", 'M', 24, 222200, 475 };
    kim.prnt_Office("kim");

    Office park;
    park.prnt_Office("park");

    park.namePerson() = "박세리";
    park.agePerson() = 35;
    park.genderPerson() = 'F';
```

```
    park.ID_Office() = 222211;
    park.salary_Office() = 780;
    park.prnt_Office("park");
}
```

```
사원 kim의 정보 = [이름: 김영웅(M), 나이: 24, 사번: 222200, 월급: 475만원]
사원 park의 정보 = [이름: (M), 나이: 20, 사번: 220011, 월급: 500만원]
사원 park의 정보 = [이름: 박세리(F), 나이: 35, 사번: 222211, 월급: 780만원]
```

CHAPTER 6

CHAPTER 6.

형 변환과 예외처리

CHAPTER

6.1 형 변환

6.1.1 암시적 형 변환

대입 연산자를 이용하여 오른쪽 피연산자의 값이 호환 가능한 왼쪽 피연산자의 변수로 대입될 때 암시적 형 변환(implicit conversion)이 일어난다. 만일 오른쪽 피연산자의 자료형이 2바이트의 메모리를 차지하는 short형이고 왼쪽 피연산자가 4바이트의 메모리를 차지하는 int형이라면 바로 표준 변환(standard conversion)이 일어난다. 이와 같이 메모리 크기가 작은 short형 정수에서 큰 long형 정수로, 크기가 작은 부동소수형 float에서 큰 부동소수형 double로의 암시적 형 변환은 데이터의 손실 없이 이루어 질 수 있다.

그러나 음의 정수가 unsigned형의 변수에 대입될 경우 시행되는 암시적 형 변환은 의도치 않게 문제가 발생할 수 있다. 예를 들어 음의 정수를 메모리에 저장하는 방식(2.3.1절 참조)에 의하면 -30은 30의 이진수 표현인 00...011110를 2의 보수 방식으로 변환하여 저장한다. 따라서 -30은 이진수로 11...100010이기 때문에 16진수인 ffffffe2이 메모리에 저장된다. 따라서 다음 〈예 6.1〉과 같이 실행된 암시적 형 변환의 결과는 메모리에 저장된 -30의 이진수 표현을 그대로 unsigned형으로 변환한 양수가 된다.

◆ <예 6.1>

```
int main()
{
   unsigned u = -30 ;   // 암시적 형 변환이 일어남
   cout << "u= " << u << endl ;
   cout << hex ;         // 정수 자료를 16진수로 출력
   cout << "u= " << u << endl ;
}
```

```
u= 4294967266
u= ffffffe2
```

정수형 자료가 float형이나 double형의 변수로 암시적 형 변환이 일어날 경우에는 문제가 없으나, 반대로 다음 예와 같이 부동소수형의 자료가 정수형 변수에 대입될 때는 자동적으로 암시적 형변환이 일어나면서 소숫점 이하의 자료가 절단된다. (2.2.4절 참조) 이때 데이터 손실에 대한 경고 메시지가 발생한다.

```
double x = 3.14;
int a = x;          //  a에 3이 입력됨
cout << a << endl;
```

```
warning C4244: '=': 'double'에서 'int'(으)로 변환하면서 데이터가 손실될 수 있습니다.
```

[표 2.3]에 표시한 바와 같이 short형으로 선언되는 변수는 -32768에서 32767까지의 정수만 정상적으로 처리할 수 있다. 그러나 다음과 같이 short형의 범위를 벗어난 자료가 입력되면 경고 메시지가 발생하며 의도치 않은 결과가 저장된다.

```
short s = 32769 ;
cout << "s= " << s << endl ;    // -32767이 출력됨
```

```
warning C4309: '초기화 중': 상수 값이 잘립니다.
```

이외에 널 포인터 nullptr은 모든 형태의 포인터로 변환이 가능하며 어떤 형태의 포인터라도 void 포인터로 변환할 수 있다. 〈예 5.45〉에서 설명한 바와 같이 파생 클래스를 가리키는 포인터는 접근 가능한 기반 클래스의 포인터로 격상할 수 있다.

6.1.2 클래스에서 암시적 형 변환

클래스에서 설명한 바와 같이 서로 다른 형태의 클래스 간 암시적 형 변환은 3개의 멤버 함수를 통하여 일어난다. 먼저 〈예 5.41〉에서 소개한 바와 같이 부모 클래스인 Person 객체 parent를 생성하고 이 객체의 정보들을 자식 클래스의 객체 생성에 초기값으로 대입할 경우 먼저 다음과 같은 생성자 함수를 다중 정의해주면 암시적 형 변환이 일어난다.

```
Student::Student(const Person& man) : Person(man) {
    department = " " ;
    student_ID = 221111 ;
}

int main()
{
     Person parent{"김영웅", 'M', 24};
```

```
        Student boy = parent;      // 다중 정의된 생성자 함수 호출
        boy.prntStudent("boy");
    }
```

클래스에서 암시적 형 변환의 두 번째 방법은 〈예 5.36〉에서 표시한 것처럼 operator=() 멤버 함수를 다중 정의함으로서 직교형식의 클래스 객체를 극형식의 클래스 객체로 변환할 수 있다.

```
int main() {
    Cmplx rz{ -2., 2. } ;
    PolarCmplx pz ;
    pz = rz ;                  // 직교형식을 극형식으로 변환하는 대입연산자(=)
    pz.prntPolar("pz") ;
}
```

이와 반대로 〈예 5.37〉에서 설명한 바와 같이 극형식의 클래스 객체를 직교형식의 클래스 객체로 변환할 수 있는데 이 경우에는 연산자 기호 없이 형 변환(type-cast) operator() 함수를 정의하면 된다.

```
int main() {
     Cmplx rw;
     PolarCmplx pw{ 3, PI / 6 } ;

     rw = pw ;            // 극형식을 직교형식으로 변환하는 type-cast operator

     rw.prntCmplx("rw = pw") ;
}
```

6.1.3 explicit 키워드

explicit 키워드는 암시적 형변환이 발생하는 과정에서 사용자가 원하지 않는 형 변환이 일어나지 않도록 암시적 형 변환을 제한하는 용도로 사용된다. 따라서 explicit 키워드를 사용하면 대입연산자(=)를 사용한 암시적 형 변환으로 객체를 생성할 수 없으며 ()이나 {} 으로 초기화하여 인수를 전달하는 형식으로만 객체가 생성된다.

5.3.2절의 <예 5.23>은 깊은 복사를 위하여 Sample 클래스에 복사 생성자를 추가한 후 두 객체의 멤버 변수들의 값을 출력하는 예를 표시한 것이다. 복사 생성자는 클래스 객체가 생성한 후 같은 클래스를 갖는 다른 객체를 생성함과 동시에 이 객체의 데이터 멤버를 다시 초기화하는 불편함을 해소하기 위하여 사용한다. 이때 Sample 클래스의 복사 생성자 함수 이름 앞에 explicit 키워드를 삽입하면 대입연산자(=)를 사용한 암시적 형 변환으로는 객체를 생성할 수 없으며 오직 ()이나 {} 으로 초기화하여 인수를 전달하는 명시적 형 변환으로만 새로운 객체를 생성할 수 있다.

다음은 <예 5.23>에서 정의했던 복사 생성자에 explicit 키워드를 지정하여 표시한 것이다.

```
explicit Sample(const Sample& x) {        // explicit로 지정된 복사 생성자
        name = new string(*x.name);
        num = x.num;
}
```

<예 6.2>는 Sample 클래스의 복사 생성자 함수를 explicit 키워드로 지정한 이후 명시적 형 변환을 통하여 새로운 객체를 생성하는 예를 표시한 것이다.

◆ **<예 6.2>**

```
int main() {
    Sample red{ 2, "red color" } ;

    Sample green1 { red } ;    // 명시적 형 변환
    green1.prntSample() ;

    Sample green2 (red) ;     // 명시적 형 변환
    green2.prntSample() ;
}
```

```
번호= 2, 색상= red color
번호= 2, 색상= red color
소멸자 실행됨
소멸자 실행됨
소멸자 실행됨
```

〈예 6.2〉에서의 명시적 형 변환과 달리 Sample 클래스의 복사 생성자 함수를 explicit 키워드로 지정한 이후 다음과 같이 암시적 형 변환을 실행하면 오류가 발생하기 때문에 주의해야 한다.

```
Sample red { 2, "red color" } ;
Sample green = red ;     // explicit 키워드 지정 이후 암시적 형 변환은 오류 발생
```

```
E0334   "Sample" 클래스에 적절한 복사 생성자가 없습니다.
C2440   '초기화 중': 'Sample'에서 'Sample'(으)로 변환할 수 없습니다.
```

6.1.4 동적 형 변환

실수 3.14를 int형 변수 a에 대입하면 데이터가 손실될 수 있다는 경고 메시지와 함께 자동적으로 암시적 형 변환이 일어나고 변수 a에 3이 저장된다. 그러나 17을 3.1로 나눈 나머지를 구하는 연산 (17 % 3.1)을 실행하면 암시적 형 변환 대신 다음과 같이 오류가 발생한다.

```
cout <<  17 % 3.1  << endl ;    // 오류 발생
```

```
E2140   식에 정수 또는 범위가 지정되지 않은 열거형 형식이 있어야 합니다.
C2297   '%': 오른쪽 피연산자 형식으로 'double'을(를) 사용할 수 없습니다.
```

암시적 형 변환이나 피연산자의 부적절한 자료형을 방지하기 위해서는 프로그램 코드 내에서 컴파일러에게 명시적으로 형 변환을 강제로 지시하여야 한다. 이와 같이 강제적인 명시적 형 변환을 동적 형 변환 또는 형 캐스팅(type casting)이라고 한다.

일반적인 동적 형 변환 방법으로 C-스타일 구문 형식과 함수적 구문 형식이 있는데, C-스타일 구문 형식은 C에서 자주 쓰이고 있는 방식으로 이를 캐스트 연산자라 부르기도 한다. 예를 들어 나머지 연산을 수행하는 앞의 문장을 C-스타일 구문 형식으로 표시하면 다음과 같다. 여기서 (int)가 3.1을 int형 자료인 3으로 변환해주는 연산자의 역할을 한다.

```
cout << 17 % (int) 3.1 << endl ;      // C-스타일 구문 형식
```

동적 형 변환에 대한 함수적 구문 형식은 변환하고자 하는 자료에 괄호를 사용함으로서 마치 함수를 호출하는 형식을 취하는 구문 형식이다. 다음은 C-스타일 구문 형식을 함수적 구문 형식으로 변경한 예이다.

```
cout << 17 % int (3.1) << endl ;     // 함수적 구문 형식
```

클래스인 경우에도 형 변환에 대한 적용이 가능하다. 그러나 클래스에 명시적 동적 형 변환을 제한없이 적용하면 멤버 호출 시 런 타임 오류나 예기치 않은 결과를 야기할 수 있다. 클래스 간의 형 변환을 제어하기 위하여 다음과 같이 특별한 4가지 캐스팅 연산자가 있다.

```
static_cast <new_type> (expression)
reinterpret_cast <new_type> (expression)
const_cast <new_type> (expression)
dynamic_cast <new_type> (expression)
```

예를 들어 실수 3.1을 정수 3으로 강제 형 변환하고자 하거나 또는 정수를 실수로 강제 형 변환하고자 하는 경우에 다음과 같이 static_cast 연산자를 사용할 수 있다.

```
cout << 17 % static_cast<int>(3.1) << endl ;    // static_cast 형 변환 연산자
int sum = 500, n = 26 ;
cout << static_cast<double>(sum) / n << endl ;
```

6.1.5 static_cast 연산자

가장 많이 사용되는 형 변환 연산자인 static_cast 연산자는 논리적으로 변환이 가능한 자료형의 경우에만 변환을 수행한다. 앞에서 표시한 예와 같이 부동소수형을 정수형으로, 반대로 정수형을 실수형으로 강제 형 변환하거나 배열의 이름을 포인터로 변환 가능하다. 또한 상속 관계에 있는 클래스 포인터 간 변환 등이 가능하다. 그러나 포인터 자료형을 정수형 자료형으로 변환하는 것처럼 논리적이 아닌 경우에는 static_cast 형 변환이 불가능하다. static_cast 연산은 암시적 형 변환과 같이 컴파일하는 과정에서 형 변환이 일어난다.

5.5.1절의 〈예 5.45〉와 〈예 5.46〉에서 다음과 같이 암시적 형 변환이 일어나는 형 격상 연산과 C-스타일 구문의 캐스트 연산자를 사용한 형 격하 연산에 대하여 설명하였다.

```
Person* ptr = &oh;        // 형 격상 대입 연산
Student* ptr_kim = (Student*) & kim;     // 형 격하 대입 연산
```

〈예 6.3〉은 기반 클래스 Person과 하위 클래스 Student 클래스가 정의된 이후 두 클래스 간 형 격상 연산과 형 격하 연산을 위하여 static_cast 연산자를 사용한 예를 표시한 것이다. 형 격상 연산은 안전하게 수행되지만 형 격하 연산은 불안정한 종료 등의 문제 등이 발생하기 때문에 안전하지 않을 수 있음에 주의하자.

◆ **<예 6.3>**

```
int main()
{
    Person parent{ "김영웅", 'M', 24 };
    Student s{ "손흥민", 'M', 27, "체육학과", 202020 };
    Person* p;
    Student* boy;

    p = static_cast<Person*>(&s);              // 형 격상
    p->prntPerson("s");

    boy = static_cast<Student*>(&parent);  // 형 격하
    boy->prntStudent("boy");
}
```

```
s의 정보 = [이름: 손흥민(M), 나이: 27]
학생 boy의 정보 = [이름: 김영웅(M), 나이: 24, 학과:
```

6.1.6 reinterpret_cast 연산자

reinterpret_cast 연산자는 임의의 포인터를 이와 연관성이 없는 다른 포인터 자료형으로, 때로는 클래스 등으로 변환이 가능하다. 이 연산자는 문법적으로 변환을 허용하지만 비트 단위로 강제적인 형 변환을 수행하기 때문에 논리적으로 안전한 형 변환 연산이라고 볼 수 없다. 이 캐스팅 연산자는 자료형의 이진 표현을 재해석하는 것에 기반하고 있으므로 저수준 연산이라고 할 수 있다. 예를 들어 static_cast 연산자를 이용하면 포인터 자료형을 정수형으로 변환하는 연산이 불가능하지만 reinterpret_cast 연산자는 그 연산이 가능하다.

〈예 6.4〉는 reinterpret_cast 연산자를 이용하여 형 변환을 수행하는 예를 표시한 것이다. 특히 int형 변수의 주소를 char형 포인터에 저장하고자 할 때 static_cast 연산자는 오류가 발생하지만 reinterpret_cast 연산자는 오류 없이 실행이 이루어지고 있음을 확인할 수 있다.

◆ **<예 6.4>**

```
#include <iostream>
using namespace std;

int main()
{
        int* pInt = new int(1000);
        cout << "*pInt = " << *pInt << endl;

        char* pChr = reinterpret_cast<char*>(pInt);
        *pChr = 65;  // 대문자 'A'의 ASCII 값 저장
        cout << "*pChr = " << *pChr << endl;

        int n=97;  // 소문자 'a'의 ASCII 값 저장
        // pChr = static_cast<char*>(&n);          // 오류 발생
        pChr = reinterpret_cast<char*>(&n);
        cout << "*pChr = " << *pChr ;
}
```

```
*pInt = 1000
*pChr = A
*pChr = a
```

6.1.7 const_cast 연산자

const_cast 연산자는 const 키워드를 이용하여 상수로 지정된 포인터나 참조자에 대해서 동일한 타입(type)으로의 변환에만 연산이 가능하며 이 연산자에 의하여 const 속성을 일시적으로 설정하거나 제거하고자 할 때 유용하다.

〈예 6.5〉는 prnt() 함수에 const의 속성을 지니지 않은 포인터를 전달하기 위하여 const_cast 연산자를 통하여 const 속성을 일시적으로 제거하는 예를 표시한 것이다.

◆ **<예 6.5>**

```
#include <iostream>
 using namespace std;
 void prnt(int* pInt) {
        *pInt += 100;
        cout << "100 증가된 값 = " << * pInt << endl;
 }

 int main()
 {
        int n=97;
        prnt( &n );

        const int cInt = 1000;
        prnt( const_cast<int*>(&cInt) );     // const_cast 연산자
 }
```

```
100 증가된 값 = 197
100 증가된 값 = 1100
```

〈예 6.5〉에서 정의한 prnt() 함수는 이 함수로 전달된 인자(포인터)가 가리키는 주소에 100을 더한 결과를 갱신한 후 이 값을 출력하는 함수이다. 만일 이 함수에 전달한 포인터가 상수 변수인 const 키워드로 설정된 cInt의 주소라면 prnt() 함수에서 이 주소가 가리키는 기억 장소의 값을 갱신할 수 없기 때문에 다음과 같은 오류가 발생한다.

```
prnt( &cInt ) ;     //  오류 발생
```

```
E0167   "const int *" 형식의 인수가 "int *" 형식의 매개 변수와 호환되지 않습니다.
C2664   'void prnt(int *)': 인수 1을(를) 'const int *'에서 'int *'(으)로 변환할 수 없습니다.
```

6.1.8 dynamic_cast 연산자

6.1.5절에서 기반 클래스와 하위 클래스가 정의된 이후 두 클래스 간 형 격상 연산과 형 격하 연산을 위하여 static_cast 연산자를 사용하는 예를 설명하였다. 이때 static_cast 연산자를 사용

한 형 격상 연산은 안전하게 수행되지만 형 격하 연산은 불안정한 종료 등의 문제 등이 발생한다고 하였다.

dynamic_cast 연산자는 클래스에 대한 객체의 포인터 및 참조자에 대해서만 사용할 수 있는 연산자로서 특히 상속 관계 속에서 객체를 형 변환(형 격상 또는 형 격하)할 때 유용하다. 이 연산자는 동적 유형을 추적하기 위하여 RTTI(run-time type information)를 요구한다. RTTI는 C++ 컴파일러 내에 포함되어 있는 기능으로, 객체의 유형을 실행 시에 결정할 수 있도록 허용하는 것으로 프로그램의 실행 중에 자료형의 정보를 결정하는 것을 의미한다.

RTTI는 객체를 동적으로 변화시킬 수 있는 다형성(polymorphism) 능력을 가지므로 가상 멤버 함수를 지닌 다형성 클래스(polymorphic class)에 dynamic_cast 연산자를 사용할 수 있다. 다형성 클래스가 아닌 경우에는 앞에서 설명했던 static_cast 연산자를 사용하면 된다. 다만 dynamic_cast 연산자를 사용하여 올바르게 작동하려면 런타임 유형 검사를 활성화해야 한다. dynamic_cast 연산자를 사용하여 형 변환이 성공하면 변환된 값이 반환되고, 반대로 형 변환이 실패하면 널 포인터(nullptr) 또는 예외(Exception)가 반환된다.

〈예 6.6〉은 〈예 5.49〉의 기반 클래스 Person과 하위 클래스 Student 클래스가 정의된 이후 두 클래스 간 형 격상 연산과 형 격하 연산을 위하여 dynamic_cast 연산자를 사용한 예를 표시한 것이다. 여기서 upcast는 파생 클래스를 기반 클래스로 형 변환하는 것이고, 반대로 downcast는 기반 클래스를 파생 클래스로 형 변환하는 것이다. dynamic_cast 연산자는 안전한 형 격하 변환인 downcast를 위하여 사용되는 연산자이지만 기반 클래스를 가리키는 포인터가 변환하고자 하는 파생 클래스의 유효한 완전 객체일 경우에만 downcast이 정상적으로 이루어진다.

◆ <예 6.6>

```
int main()
{
    Student oh{ "오태현", 'M', 20, "수학과", 221001 };
    Person kim{ "김철수", 'M', 27 };

    Person* ptr_oh = &oh;
    Person* ptr_kim = &kim;

    Student *ps1, *ps2;

    ps1 = dynamic_cast<Student*>(ptr_oh);        // downcast
    if (ps1 == 0) cout << "ps1: return Null pointer !" << endl;
    else ps1->prnt("ps1->");
```

```
    ps2 = dynamic_cast<Student*>(ptr_kim);      // downcast
    if (ps2 == 0) cout << "ps2: return Null pointer !" << endl;
    else ps2->prnt("ps2->");
}
```

```
학생 ps1->의 정보 = [이름: 오태현(M), 나이: 20, 학과: 수학과, 학번: 221001]
ps2: return Null pointer !
```

<예 6.6>의 실행 결과를 보면 Student의 포인터 ps1으로 변환하고자 하는 ptr_oh 포인터는 기반 클래스 Person의 포인터이지만 ptr_oh가 가리키는 객체는 완전히 유효한 파생 클래스 Student의 객체이다. 따라서 dynamic_cast 연산자를 이용하여 안전하게 형 격하 연산이 이루어지고 있다. 반면에 Student의 포인터 ps2로 변환하고자 하는 ptr_kim 포인터는 기반 클래스 Person의 포인터이며 또한 ptr_oh가 가리키는 객체도 Person 클래스의 객체이다. 즉, ps2는 Student 클래스의 불완전한 객체이면서 동시에 Person 객체를 가리키게 되어 형 격하 연산이 성공하지 못하고 대신에 nullptr의 값이 반환되는 것이다.

6.1.9 typeid 연산자

typeid는 일반 변수, 포인터, 객체, 객체의 포인터 또는 클래스 이름 등의 피연산자에 대하여 이들의 자료형(type)을 조사하는 연산자이다. 이 연산자는 타입에 대한 정보를 갖고 있는 type_info 클래스 객체의 참조자를 반환한다.

type_info 클래스는 표준 헤더 파일인 <typeinfo>에 정의되어 있으며, 데이터 유형이나 클래스 이름 등을 구하기 위하여 name() 멤버 함수를 호출한다. 비교연산자인 == 또는 != 연산자를 이용하여 두 피연산자의 자료형이 서로 일치하는지의 여부를 판별할 수 있다.

<예 6.7>은 일반변수, 포인터 변수, 그리고 클래스 객체와 클래스의 포인터에 대하여 typeid 연산자를 통해 출력되는 연산 결과를 알아보기 위한 main() 함수이다. 여기서 정의된 두 클래스는 <예 5.49>에서 소개했던 상속 관계의 Person 클래스와 Student 클래스이다.

◆ **<예 6.7>**

```
int main()
{

    int a, * pa;

    cout << "typeid(a).name() = " << typeid(a).name() << endl;
    cout << "typeid(pa).name() = " << typeid(pa).name() << endl;
    cout << "typeid(*pa).name() = " << typeid(*pa).name() << endl;

    Student oh{ "오태현", 'M', 20, "수학과", 221001 }, *ptr_oh;
    Person kim{ "김철수", 'M', 27 }, *ptr_kim;

    cout << "typeid(oh).name() = " << typeid(oh).name() << endl;
    cout << "typeid(kim).name() = " << typeid(kim).name() << endl;
    cout << "typeid(ptr_oh).name() = " << typeid(ptr_oh).name() << endl;
    cout << "typeid(ptr_kim).name() = " << typeid(ptr_kim).name() << endl;
}
```

```
typeid(a).name() = int
typeid(pa).name() = int * __ptr64
typeid(*pa).name() = int
typeid(oh).name() = class Student
typeid(kim).name() = class Person
typeid(ptr_oh).name() = class Student * __ptr64
typeid(ptr_kim).name() = class Person * __ptr64
```

〈예 6.8〉은 〈예 5.49〉에서 소개했던 상속 관계의 Person 클래스와 Student 클래스가 정의되어 있을 때 각 클래스의 객체에 대한 포인터를 함수 prntID()에 전달하는 예를 표시한 것이다. prntID() 함수에서는 typeid 연산자를 이용하여 이 함수의 매개변수로 전달된 포인터의 유형(type)을 조사한 후 자식 클래스인 Student 클래스를 가리키는 포인터이면 Student의 ID를 출력하고, 그렇지 않으면 "No ID" 문자열을 출력하도록 한다. 이때 typeid 연산자는 프로그램의 실행 중에 자료의 타입을 조사하여 적용하므로 안전하다고 볼 수 있다.

◆ <예 6.8>

```
void prntID(Person* p)
{
    p->prnt("p->");
    if (typeid(*p) == typeid(Student))
        cout << "p->ID = " << static_cast<Student*>(p)->IDStudent() << endl;
    else
        cout << "No ID" << endl;
}

int main()
{
    Student oh{ "오태현", 'M', 20, "수학과", 221001 };
    Person kim{ "김철수", 'M', 27 }, *ptr_kim;

    prntID(&oh);
    cout << endl;

    ptr_kim = &kim;
    prntID(ptr_kim);
}
```

```
학생 p->의 정보 = [이름: 오태현(M), 나이: 20, 학과: 수학과, 학번: 221001]
p->ID = 221001

p->의 정보 = [이름: 김철수(M), 나이: 27]
No ID
```

6.2 예외처리

C++ 프로그램을 작성하고 실행하다보면 예기치 않은 문제 때문에 프로그램이 정상적으로 실행되지 않고 중지되는 현상을 직면하게 된다. 예를 들어 new 연산자를 통하여 배열 등의 자료를 동적 메모리에 할당할 때 시스템이 메모리를 확보하지 못할 경우에는 nullptr 값이 반환된다. 그러나 다음과 같이 이 값을 직접 체크해주지 않으면 이상한 결과가 나타날 것이다.

```
double* pD ;
pD = new (nothrow) double [20] ;    // 할당이 실패하면 nullptr가 반환됨

if ( pD == nullptr ) {
    cout << "동적 메모리 할당이 실패함" << endl ;
}
```

또한 0으로 나누는 나눗셈의 경우에는 수학적으로 불능의 결과이므로 다음과 같이 오류 메시지를 출력함과 동시에 프로그램이 종료된다.

```
cout << 3 / 0 << endl ;       // 오류 발생 -> 프로그램 종료
```

⊗ C2124 0으로 나누기 또는 나머지 연산을 수행했습니다.

이러한 오류가 발생하는 문제에 대하여 C++의 처리 방법이 예외(exception) 메카니즘을 사용하는 것이다. 예외란 프로그램 실행 중에 오류가 발생하여 프로그램이 중지되는 상황을 말하며 핸들러(handler)라고 하는 특수한 함수로 제어를 넘기는 예외 처리를 통해 프로그램의 한 부분에서 다른 부분으로 실행의 흐름을 넘길 수 있다.

예외 처리는 세 개의 키워드 try, throw, catch로 구성된다. 먼저 try로 묶여진 시험 블록 안의 문장들을 실행하는 과정에서 예외를 탐지한다. try 블록 안에서 예외적인 상황이 발생하면 예외 핸들러로 제어를 전송하는 예외가 발생한다. try 블록 안에서 예외가 발생하지 않으면 모든 예외 핸들러가 무시되며 이후의 코드는 정상적으로 실행된다. 따라서 try 블록 밖에서 실행되는 비정상적인 예외 상황은 여기서 정하는 예외 처리를 따르지 않는다.

예외는 try 블록 내에서 throw 키워드를 이용하여 예외 핸들러인 catch 처리기로 보내어진다. 즉, 예외는 키워드 throw로 선언된 문장부터 시작된다. catch 처리기는 catch 키워드를 이용하여 선언하며 반드시 try 블록 뒤에 위치해야 한다. throw 뒤에는 예외를 분류하는 정수 값,

예외를 설명하는 문자열 또는 객체의 값이 나타난다. 참고로 try에 대응하는 catch 처리기가 존재하지 않으면 오류가 발생한다.

〈예 6.9〉는 두 수의 나눗셈을 연산하는 과정에서 예외가 발생하는 상황을 고려하여 예외 처리를 하도록 try-throw-catch 구문을 코딩한 프로그램이다. 여기서 예외 처리를 위한 throw 구문은 try 블록 안에 포함되어 있으며, 예외가 발생할 경우 throw 문장의 인수 값 1은 예외 핸들러인 catch 처리기의 매개변수 err_no에 전달된다.

◆ **<예 6.9>**

```
#include <iostream>
#include <string>
using namespace std;

int main()
{
   int x;
   double y, z;

   cout << "x= "; cin >> x;
   cout << "y= "; cin >> y;

   try {
        if (x == 0)
             throw 1;
        else {
             z = y / x;
             cout << "z = y/x = " << z << endl;
        }
   }

   catch (int err_no) {
        if (err_no == 1)
            cout << "예외발생: 0으로 나눗셈 연산 (예외번호 " << err_no << ")"
                  << endl;
   }
}
```

```
x= 11↵
y= 45↵
z = y/x = 4.09091
```

```
x= 0↵
y= 5↵
예외발생: 0으로 나눗셈 연산 (예외번호 1)
```

〈예 6.9〉의 실행 결과를 살펴보면 x의 값이 0이 아닌 경우에는 예외가 발생하지 않으므로 catch 처리기가 무시되면서 나머지 코드는 정상적으로 실행되고 있음을 알 수 있다. 반면에 x의 값이 0이면 예외가 발생하고 throw를 거쳐 catch 처리기가 실행되어 준비된 예외 발생 메시지가 출력되고 있다.

서로 다른 형태의 자료를 각각 전달받을 수 있도록 2개 이상의 catch 처리기를 작성할 수 있다. 〈예 6.10〉은 3개의 throw 문을 통해 각각 3개의 catch 처리기가 작동하도록 프로그램을 작성한 것이다.

◆ <예 6.10>

```
#include <iostream>
#include <string>
using namespace std;

double Exception(int a, double b) {
    if (a == 0)
        throw 1;
    else
        return b / a;
}

int main()
{
    int x;
    double y;
    char A = 'A', B;

    cout << "x= "; cin >> x;
```

```
    cout << "y= "; cin >> y;
    cout << "B= "; cin >> B;

    try
    {
        cout << "y/x= " << Exception(x, y) << endl;

        if (A == B) throw 'A';

        if (typeid(y) != typeid(int)) {
            throw "정수형으로만 나머지 연산 가능";
        }
    }

    catch (int err_no) {
        if (err_no == 1)
            cout << "예외발생: 0으로 나눗셈 연산 (예외번호 " << err_no << ")"
                 << endl;
    }

    catch (const char* err_str) {
        cout << "예외발생: " << err_str << endl;
    }

    catch (...) { cout << "기타 자료형을 throw한 경우" << endl; }
}
```

```
x= 0
y= 1
B= C
예외발생: 0으로 나눗셈 연산 (예외번호 1)
```

```
x= 3
y= 1
B= A
y/x= 0.333333
기타 자료형을 throw한 경우
```

```
x= 3
y= 1
B= B
y/x= 0.333333
예외발생: 정수형으로만 나머지 연산 가능
```

〈예 6.10〉의 실행 결과를 살펴보면 먼저 함수 Exception() 내에서 throw 1;으로 발생한 예외는 catch에 전달되는 인수 1이 int형이기 때문에 자동적으로 catch (int err_no) 처리기가 실행된다. 두 번째 throw 문장은 char형 문자 'A'를 전달하기 때문에 이 자료에 대응하는 catch 처리기가 준비되어 있지 않다. 따라서 이 경우에는 전달되는 인수의 유형에 상관없는 catch (...) 처리기가 실행된다. 마지막으로 문자열이 전달되는 throw "정수형으로만 나머지 연산 가능"; 문장은 catch 처리기의 매개변수가 char*인 catch (const char* err_str) 처리기가 자동으로 실행된다.

6.2.1 표준 예외 처리

표준 예외(standard exception)는 C++ standard library에서 제공해주는 기본적인 예외 클래스를 의미하며 〈exception〉 헤더 파일에 표준 예외 리스트들을 정의하고 있다. 표준 예외가 발생하면 그에 해당하는 예외의 객체를 throw한다. 여기서 exception 클래스는 C++의 모든 표준 예외의 기반 클래스이다.

[표 6.1] 표준 예외(standard exception)

예외(exception)	내용
bad_alloc	new를 통해서 동적 할당을 할 때, 동적 할당이 실패하게 되면 throw를 통해 bad_alloc 객체를 예외처리로 전송함
bad_cast	dynamic_cast 연산이 실패할 경우 throw 됨
bad_exception	unexpected exception을 다루기 위한 유용한 장치
bad_typeid	typeid 연산이 실패할 경우 throw 됨
bad_function_call	함수의 본체가 비어있을 경우 throw 됨
logic_error	domain_error, invalid_argument, length_error, out_of_range 가 하위 클래스로 정의되어 있음
runtime_error	overflow_error, range_error, underflow_error가 하위 클래스로 정의되어 있음

예를 들어, bad_alloc 하위 클래스는 bad_alloc 생성자와, operator= 그리고 what() 등으로 구성되어 있다. 예외가 발생하면 모두 exception 객체 타입으로 보내지고, 보내진 exception 객체가 어떤 건지 알고 싶으면 what() 함수를 사용하면 된다. 표준 예외에 속하지 않는 예외는 exception catch(...)을 사용해서 예외 처리한다.

〈예 6.11〉은 double형 배열을 동적 메모리로 할당받고자 하는 예를 표시한 것이다. 아주 많은 수의 크기를 갖는 배열을 지정하였기 때문에 충분한 메모리를 할당할 수 없어서 오류가 발생하고 이를 bad_alloc 클래스를 통해 예외 처리한 것으로 보인다.

◆ <예 6.11>

```
#include <iostream>
using namespace std;

int main()
{
        try {
                double* myDbl = new double[10000000000];
                // 많은 메모리를 요구하였기 때문에 표준 예외 발생함
        }
        catch (bad_alloc& e) {
                cout << "Not enough memory: " << e.what() << endl;
        }

        catch (...) { cout << "기타 예외" << endl; }
}
```

```
Not enough memory: bad allocation
```

〈예 6.12〉는 exception 클래스의 기능을 상속하는 구조체나 클래스를 정의함으로서 표준 방식으로 예외 처리를 수행할 수 있음을 보여주는 프로그램이다.

◆ **<예 6.12>**

```
#include <iostream>
using namespace std;

class myException : public exception {
public:
	const char* what() const throw() {
		return "예외 발생함";
	}
};

int main()
{
	try {
		throw myException();
	}
	catch (myException& e) {
		cout << "표준 예외를 이용하여 사용자 예외 처리:" << endl;
		cout << e.what() << endl;
	}
}
```

```
표준 예외를 이용하여 사용자 예외 처리:
예외 발생함
```

연습문제

[연습 6.1.1]

다음은 암시적 형 변환이 일어나는 경우이다. 출력 결과를 예측하고 설명하시오.

```
int main()
{
        short s = 0xFF00FF;
        cout << "s= " << s << endl;

        char ch = 0xF64;
        cout << "ch= " << ch << endl;

        int x = 123.45;
        cout << "x= " << x;
}
```

[연습 6.1.2]

팀 작업 등을 할 때 내가 작업한 지역변수를 다른 팀이 작업한 함수의 매개변수로 전달하고자 할 때 두 자료 간의 자료형이 일치하지 않으면 강제적으로 동적 형 변환을 시행하여야 한다. 이때 동적 형변환을 실시하는 세 가지 방법에 대하여 설명하시오.

[연습 6.1.3]

다음 각 문장을 실행할 경우 오류가 없으면 출력 결과를, 오류가 발생하면 그 이유를 설명하시오.

```
int main()
{
        int x[5] { 10,2,31,4,15 };
        int* px, y = 0;
```

```
    px = static_cast<int*>(x);          // (1)
    cout << *(px + 2) << endl;

    y = static_cast<int>(px);           // (2)
    cout << "y= " << y << endl;

    y = reinterpret_cast<int>(px);  // (3)
    cout << "y= " << y << endl;

    const double pi = 3.14;
    double* PI;
    PI = &pi;        // (4)

    PI = const_cast<double*>(&pi);    // (5)
    *PI += 2;
    cout << "*PI= " << *PI << endl;
}
```

[연습 6.2.1]

다음 문장은 어떤 상황에서 사용하는지 설명하시오.

```
catch ( ... ) { throw; }
```

[연습 6.2.2]

[연습 3.1.19]에서 출력했던 구구단 8단의 예를 확장하여 cin으로 n의 값이 입력되면 구구단 n단을 출력하는 프로그램을 작성하시오. 단, n의 값으로 음수이거나 10이상의 정수가 입력되면 "양의 정수 1-9를 입력하시오."라는 문자열을 출력한 후 다시 새로운 정수를 입력받고, 0이 입력되면 바로 프로그램을 중단하는 try - throw - catch 예외 처리를 작성하시오.

※ 힌트: 정수 n이 입력되었을 때 구구단을 출력하는 while 문은 다음과 같다. 이때 (가), (나), (다)를 적절히 코딩하면 된다.

```
while (1) {
        cout << "\n정수= "; cin >> n;

        try {
                (가)
        }
        catch (int x) {   (나)   }
        catch (const char* s) {
                (다)
        }

        cout << "\n구구단: " << n << "단"<< endl;
        for (int i = 1; i <= 9; i++)
                cout << n << " * " << i << " = " << n * i << endl;
}
```

CHAPTER

7

CHAPTER 7.

파일 입출력

CHAPTER

Basic, Fortran, Pascal 등의 언어는 read, write, input, print와 같이 입출력 기능을 위한 명령어를 언어 자체 내에 포함하고 있다. 하지만 C는 사용자에게 더 많은 이식성을 제공함으로써 하드웨어에 적합한 프로그램을 구현하는데 목적을 두었기 때문에 입출력 기능의 명령어 대신 따로 printf(), scanf() 등의 입출력 관련 라이브러리 함수를 제공한다. C++도 C의 기능을 포함하고 있으므로 C의 〈stdio.h〉 헤더 파일에 정의되어 있는 입출력 함수를 사용할 수 있다. 그러나 C++는 표준 클래스 라이브러리인 〈iostream〉, 〈fstream〉 헤더 파일에 입출력을 담당하는 클래스들을 정의하고 있으므로 이들을 적극 사용하여 입출력 문제를 해결할 수 있다.

7.1 입출력과 스트림 객체

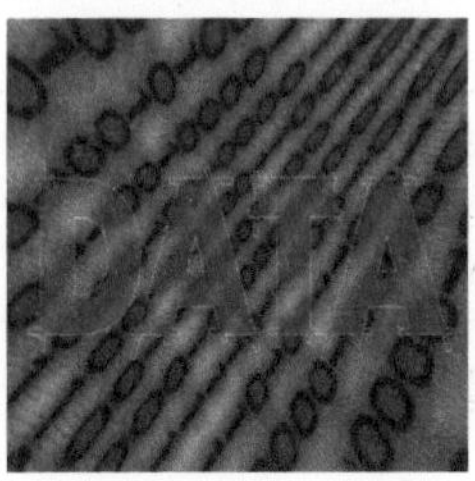

C++ 언어는 입력 또는 출력 자료들의 모임을 바이트의 흐름으로 간주하여 개울물의 흐름을 의미하는 스트림(stream)이라고 부른다. 파일로부터 자료를 읽어 들일 경우 C++ 언어에서의 입력 스트림은 파일에서 프로그램으로 흘러 들어가는 파이프(pipe)를 연상하면 되는데 이 파이프를 통해서 물대신 바이트 단위로 자료가 흘러가게 될 것이다. 입력 스트림과 반대의 개념인 출력 스트림은 프로그램에서부터 출력 장치(파일, 모니터 등)까지 연결되는 파이프를 뜻한다.

예를 들어 하드디스크 파일에 저장된 자료들을 프로그램이 읽어오는 작업을 수행한다고 할 때 먼저 입력 스트림의 양쪽에 파일과 프로그램을 연결한 후, 신호에 따라 파일의 자료들을 입력 스트림에 바이트 단위로 흘려보낸다. 그러나 파일의 자료를 입력 스트림을 통해 바이트 단위로 프로그램에 전달하면 그 속도가 느리고 매우 비효율적이다. 따라서 처리 속도를 효율적으로 다룰 수 있는 방법으로 임시 저장 장치라고 하는 버퍼(buffer)를 메모리 블록으로 설정한다.

일반적으로 디스크 드라이브와 같은 장치는 512바이트 이상의 블록 단위로 많은 데이터를 한꺼번에 전송할 수 있다. 이렇게 전송된 파일의 자료를 임시 메모리인 버퍼에 일단 저장하면 프로그램은 버퍼에 전송된 자료들을 신속하게 읽고 처리할 수 있게 된다. 키보드 입력으로 입력된 자료들은 [Enter ↵] 키가 입력되기까지 입력 버퍼에 쌓이다가 [Enter] 키가 입력되고 나면 버퍼에 쌓여있던 자료들이 프로그램으로 전달된다. 출력 버퍼의 경우에는 newline 문자('\n')가 전송될 때 버퍼에 쌓인 정보를 출력 장치로 보내면서 출력 버퍼를 배출한다. 이때 다음 출력을 위해 "버퍼 비우기" 작업을 통하여 버퍼를 비워주어야 한다.

C++에서는 클래스 상속을 통하여 스트림과 버퍼를 관리하는 클래스가 〈iostream〉 헤더 파일에 정의되어 있다. 이는 2003년 이전의 C++ 입출력 라이브러리를 의미하며 입출력 자료가 1바

이트의 단위로 읽고 쓰는 경우만 다루는 표준 입출력 스트림 클래스이다. 그러나 2003년 ANSI/ISO C++ 표준위에서 한글과 같이 2바이트 이상의 메모리로 표현되는 다국어 문자의 입출력을 위하여 템플릿을 사용한 C++ 입출력 라이브러리로 개선하였다.

[표 7.1] C++ 표준 입출력 클래스

입출력 클래스	문자 단위의 입출력 클래스	템플릿 클래스	설명
기반 클래스	ios	basic_ios	바이너리 파일이나 텍스트 파일을 읽고 쓰고 개방하는 등 스트림 입출력에 필요한 공통 함수와 멤버 변수 등선언
입출력 스트림 클래스	istream	basic_istream	ios 클래스에서 파생된 입력 지원 클래스이며 표준 입력 장치와 대응되는 cin을 지원
	ostream	basic_ostream	ios 클래스에서 파생된 출력 지원 클래스이며, 표준 출력 장치와 대응되는 cout을 지원
	iostream	basic_iostream	ostream, istream 클래스로부터 다중 상속된 파생 클래스로서 입출력 지원 클래스임. cin, cout을 모두 지원
파일 입출력 클래스	ifstream	basic_ifstream	파일에서 자료를 읽을 때 지원
	ofstream	basic_ofstream	파일에 자료를 출력할 때 지원
	fstream	basic_fstream	파일로부터 읽고 쓰기를 동시에 할 때 사용하는 클래스

입력 스트림 객체란 입력 장치인 키보드나 파일로부터 자료를 프로그램으로 순서대로 전달하는 istream 클래스의 객체이며 표준 입력 스트림 객체는 cin이다. 출력 스트림 객체는 입력 스트림과 반대로 프로그램에서 출력하고자 하는 자료를 모니터 스크린, 프린터, 파일 등의 출력 장치로 내보내는 ostream 클래스 객체로서 표준 출력 스트림 객체는 cout이다.

다음 [표 7.2]는 프로그램에 〈iostream〉 헤더 파일을 삽입함으로서 생성되는 표준 입출력 스트림 객체를 표로 간략히 나타낸 것이다.

[표 7.2] 표준 입출력 스트림 객체

표준 스트림 객체	설명	연계장치
cin	표준 입력 스트림 객체	표준 입력 장치(키보드)
cout	표준 출력 스트림 객체	표준 출력 장치(모니터)
cerr	버퍼없는 표준 에러 스트림 객체	표준 출력 장치(모니터)
clog	버퍼있는 표준 에러 스트림 객체	표준 출력 장치(모니터)

예를 들어, 표준 출력 스트림 객체 cout은 한 쪽에는 프로그램이, 다른 한 쪽에는 모니터와 같은 표준 출력 장치가 연계되어 있다. cout은 ostream 클래스에서 정의된 출력 메소드 등을 호출하여 삽입연산자(insertion operator, 〈〈) 뒤에 표시되는 자료들을 출력한다. 〈〈 연산자 뒤에 표시된 자료들의 자료형에 따라 서로 다르게 작용하는 operator〈〈() 함수가 ostream 클래스에 다중정의되어 있으므로 cout 객체는 이 메소드를 호출하여 자료들을 정확히 출력할 수 있다. 참고로 〈그림 7.1〉은 다중 정의된 operator〈〈() 함수의 원형을 표시한 것으로 이 자료는 cplusplus.com 사이트에 게시되어 있다. 여기서 C++98과 C++11이란 C++ 언어의 표준을 새롭게 지정한 버전으로 C++98은 1998/2003 표준을, C++11은 2011 표준을 각각 의미한다. (https://m.cplusplus.com/reference/ostream/ostream/operator〈〈 참조)

public member function

std::ostream::operator<<

<ostream> <iostream>

C++98 | C++11

```
                       ostream& operator<< (bool val);
                       ostream& operator<< (short val);
                       ostream& operator<< (unsigned short val);
                       ostream& operator<< (int val);
                       ostream& operator<< (unsigned int val);
                       ostream& operator<< (long val);
arithmetic types (1)   ostream& operator<< (unsigned long val);
                       ostream& operator<< (long long val);
                       ostream& operator<< (unsigned long long val);
                       ostream& operator<< (float val);
                       ostream& operator<< (double val);
                       ostream& operator<< (long double val);
                       ostream& operator<< (void* val);
stream buffers (2)     ostream& operator<< (streambuf* sb );
                       ostream& operator<< (ostream& (*pf)(ostream&));
manipulators (3)       ostream& operator<< (ios& (*pf)(ios&));
                       ostream& operator<< (ios_base& (*pf)(ios_base&));
```

〈그림 7.1〉 ostream 클래스에 다중정의된 operator〈〈() 멤버 함수

7.2 cout을 이용한 출력

7.2.1 클래스 객체를 출력하기 위한 operator<<() 함수

〈그림 7.1〉에 표시한 바와 같이 int형 자료 100을 cout으로 출력하면 cout.operator<<(100)이 호출되어 정확히 100을 출력할 것이다. 그러나 다음 main() 함수에 표시한 바와 같이 사용자가 직접 작성한 클래스를 cout으로 출력하는 실행문은 오류가 발생할 것이다. 여기서 사용된 클래스 Cmplx는 〈예 5.31〉에서 정의한 클래스이다.

```
int main()
{
    Cmplx z{ 1, 3 } ;
    cout << z ;  // 오류 발생
}
```

```
E0349  이러한 피연산자와 일치하는 "<<" 연산자가 없습니다.
C2679  이항 '<<': 오른쪽 피연산자로 'Cmplx' 형식을 사용하는 연산자가 없거나 허용되는 변환이 없습니다.
```

당연히 여기서 오류가 발생한 이유는 〈그림 7.1〉에 다중 정의된 operator<<() 멤버 함수 중에 사용자가 작성한 클래스를 출력하라는 내용의 함수가 존재하지 않기 때문이다. cout을 이용하여 Cmplx 클래스의 객체를 출력하는 방법은 operator<<() 함수를 정의하고 이를 Cmplx 클래스의 프렌드(friend)로 선언하면 된다. 프렌드 함수로 작성할 수밖에 없는 이유는 복소수 덧셈 연산 1.2+z를 계산하기 위하여 프렌드를 사용했던 경우와 같기 때문이다.

먼저 Cmplx 클래스의 friend로 선언한 operator<<() 함수는 Cmplx 클래스의 공용 멤버 함수를 조건 없이 참조할 수 있기 때문에 이 함수 내에서 prntCmplx() 함수를 호출할 수 있다. 다음은 Cmplx 클래스의 선언 부분과 operator<<() 함수의 정의를 작성한 것이다.

```
class Cmplx {
private:
    double re;
    double im;
public:
    Cmplx();  // 디폴트 생성자 함수
    Cmplx(double, double);  // 생성자 함수
```

```
    void prntCmplx(string);    // 복소수 출력
    inline double absCmplx();    // 복소수 절댓값 반환
    double& realCmplx();  // 실수부 re의 값 반환
    double& imagCmplx();  // 허수부 im의 값 반환
    Cmplx operator + (const Cmplx&);  // + 연산자 다중정의 함수
    Cmplx operator - (const Cmplx&);  // - 연산자 다중정의 함수
    Cmplx& maxCmplx(Cmplx&);    // 두 객체의 절댓값 비교 함수
    Cmplx operator + (const double);  // + 연산자 (객체+실수)

    friend Cmplx operator+(double, const Cmplx&);  // + 연산자 (실수+객체)
    friend ostream& operator<<(ostream&, Cmplx&);  // << 연산자 다중정의
};

// Cmplx 클래스의 멤버 함수의 정의는 생략

// Cmplx 클래스 객체의 출력을 위한 operator<<() 다중정의 함수
ostream& operator<<(ostream& out, Cmplx& z)
{
    z.prntCmplx("cout");
    return out;
}
```

Cmplx 클래스의 객체를 출력하기 위한 operator<<() 함수는 ostream 클래스의 표준 출력 스트림 객체인 cout을 매개변수의 전달 인자로서 참조자를 사용하며, 함수 실행 결과 ostream 객체의 참조자 값을 반환하고 있다. 이와 같이 ostream 객체의 참조자를 반환하면 cout을 이용하여 여러 개의 자료를 한 번에 출력할 수 있다.

◆ **<예 7.1>**

```
int main()
{
    Cmplx z{ 1, 3 }, w{ -2, 4 };

    cout << z;
    cout << "클래스 객체 출력: " << w << z;
}
```

```
복소수 cout = 1 + 3i
클래스 객체 출력:
복소수 cout = -2 + 4i

복소수 cout = 1 + 3i
```

<예 7.1>의 두 번째 cout 문장은 먼저 operator<<()를 호출하여 문자열 "클래스 객체 출력: "을 출력한 후 반환된 ostream 객체를 통하여 새롭게 정의된 operator<<()를 호출하여 클래스 객체 w의 값을 출력한다. 이어서 다시 반환된 ostream 객체를 통하여 클래스 객체 z를 출력하고 마지막으로 반환된 ostream 객체는 아무런 일도 하지 않고 종료될 것이다.

7.2.2 cout의 출력 형식 조정자

2.5.1절에 설명한 바와 같이 표준 출력 스트림 객체 cout에 조정자를 적용하면 출력의 형식을 다양하게 조정할 수 있다. 주의할 점은 한번 설정하면 계속 그 기능을 유지하는 조정자가 있으므로 다른 형식의 출력이 필요할 경우 그에 대응하는 조정자로 재설정하여야 한다는 것이다. 예를 들어 정수를 8진수로 출력하고자 조정자를 oct로 설정하고 나면 이후의 모든 정수형의 출력은 8진수로 이루어진다. 따라서 10진수로의 출력으로 바꾸고자 한다면 조정자를 dec로 다시 지정하여야 한다.

다음 [표 7.3]은 cout에서 사용되는 표준 조정자를 정리한 것이다.

[표 7.3] 표준 조정자

표준 조정자 (standard manipulator)	기능
boolalpha	bool형 자료를 true 또는 false로 출력
noboolalpha	bool형 자료를 1과 0으로 출력
dec	정수형 자료를 10진수로 출력
hex	정수형 자료를 16진수로 출력
oct	정수형 자료를 8진수로 출력
fixed	부동소수형 자료를 소수점이 있는 형식으로 출력
scientific	부동소수형 자료를 지수 형식으로 출력
hexfloat	부동소수형 자료를 16진수 형태로 출력

defaultfloat	부동소수형 자료를 디폴트 형식으로 출력
internal left right	음수의 경우 – 기호와 자료 사이에 채움 문자가 삽입됨 왼쪽으로 정렬하여 출력 오른쪽으로 정렬하여 출력
showbase noshowbase	8진수는 0을, 16진수는 0x를 정수 숫자 앞에 붙여서 출력 정수 출력 시 0(8진수)이나 0x(16진수)를 붙이지 않음
showpoint noshowpoint	부동소수형의 소수점(.)을 무조건 출력하고 여백을 0으로 채움 소수점 이하의 유효 숫자가 없을 경우 소수점과 이하 생략
showpos noshowpos	양수의 경우 + 기호가 표시됨 양수라도 + 기호를 표시하지 않음
unitbuf nounitbuf	각 삽입연산자가 실행된 이후 자동적으로 버퍼 내용을 삭제 자동적으로 버퍼 내용을 삭제하지 않음
uppercase nouppercase	정수를 16진수로 출력 시 대문자 사용 정수를 16진수로 출력 시 소문자 사용
endl	개행문자의 기능과 동시에 스트림 버퍼의 내용을 삭제
ends	널 문자('\0')를 삽입
flush	스트림 버퍼의 내용을 삭제

다음 〈예 7.2〉는 부동소수형 자료의 출력 형식 조정자를 다르게 설정할 함에 따라 출력되는 결과가 다르다는 사실을 확인하기 위한 main() 함수이다. 출력 결과에서 알 수 있듯이 부동소수형 자료에 대하여 출력 형식 조정자를 지정하지 않으면 defaultfloat 조정자의 기능과 동일함을 알 수 있다. 참고로 정수형의 경우에는 dec 조정자가 디폴트 조정자의 역할을 한다.

◆ <예 7.2>

```
#include <iostream>
using namespace std;

int main()
{
    double x = 2.345e+12, y = 3.14159;

    cout << "x= " << x << "\ny= " << y << endl;
```

```
    cout << fixed;
    cout << "x= " << x << "\ny= " << y << endl;

    cout << scientific;
    cout << "x= " << x << "\ny= " << y << endl;

    cout << hexfloat;
    cout << "x= " << x << "\ny= " << y << endl;

    cout << defaultfloat;
    cout << "x= " << x << "\ny= " << y << endl;
}
```

```
x= 2.345e+12
y= 3.14159
x= 2345000000000.000000
y= 3.141590
x= 2.345000e+12
y= 3.141590e+00
x= 0x1.10fe722d00000p+41
y= 0x1.921f9f01b866ep+1
x= 2.345e+12
y= 3.14159
```

✣ **<실습 7.1> 정수 값들을 8칸의 필드폭에 출력하되 다음과 같이 123과 -3547은 오른쪽으로 정렬하고 9876은 왼쪽으로 정렬하여 출력하는 main() 함수를 작성하시오.**

```
     123
   -3547
9876
```

다음 [표 7.4]에 표시된 확장 조정자들은 전달 인자가 필요한 조정자 함수로서 〈iomanip〉 헤더 파일을 삽입해야 한다. 이 확장 조정자들은 istream 객체에도 적용할 수 있다. 여기서 setw 확장 조정자만은 〈예 2.36〉에서 언급한 바와 같이 출력 자료에 연이어 영향을 주지 않는다.

[표 7.4] 확장 조정자: 추가로 전달 인자가 필요함

확장 조정자 (extended manipulator)	기능
setbase	정수를 출력할 경우 출력되는 진수(8, 10, 16) 지정
setfill	출력의 필드 중에서 비어있는 공간을 지정된 문자로 채움
setprecision	부동소수형 자료의 출력 시 유효숫자의 개수를 지정
setw	출력의 필드폭을 지정; 바로 다음 출력에만 유효
setiosflags resetiosflags	포맷 플래그를 지정 포맷 플래그를 해제

〈예 7.3〉은 확장 조정자 setw()와 setfill()의 기능을 표준 조정자 left, internal, right 그리고 showbase, uppercase, hex의 결합으로 자료를 출력하는 cout의 예를 표시한 것이다. 이와 같이 출력 형식 조정자를 사용하면 여러 가지 형태의 출력 결과를 얻을 수 있다.

◆ <예 7.3>

```
#include <iostream>
#include <iomanip>
using namespace std;

int main()
{
   int maxE = -25107, meanInc = 3510000;

   cout << setfill('*');
   cout << left ;
   cout << "["<< setw(10) << maxE << "]" << endl;
   cout << internal;
   cout << "[" << setw(10) << maxE << "]" << endl;
   cout << right;
   cout << "[" << setw(10) << maxE << "]" << endl;

   cout << showbase << setfill(' ') << uppercase << hex << left;
   cout << "[" << setw(15) << meanInc << "]" << endl;
```

```
    double pi = 3.14, n = 100;
    cout << showpoint << pi << endl;
    cout << noshowpoint << n << endl;
}
```

```
[-25107****]
[-****25107]
[****-25107]
[0X358EF0        ]
3.14000
100
```

✣ **<실습 7.2> 확장 조정자 setw()와 setbase()를 이용하여 6칸의 필드폭에 십진수 1234의 값을 8진수, 16진수, 그리고 10진수로 각각 출력하는 main() 함수를 작성하시오.**

7.2.3 ostream 클래스의 멤버 함수 write()

ostream 클래스의 멤버 함수 write()를 이용하여 문자열을 출력할 수 있다. write() 함수의 원형은 다음과 같으며 s가 가리키는 문자 배열의 요소 중 처음 n개의 문자들을 출력하는 기능을 수행한다.

ostream& write (const char s, streamsize n) ;*

〈예 7.4〉는 ostream 클래스의 멤버 함수 write()를 이용하여 문자열을 출력하는 예를 표시한 것이다. 멤버 함수 write()의 원형을 보면 cout 객체 자체를 반환하므로 두 개의 문자열을 연이어 출력할 수 있다.

◆ **<예 7.4>**

```
#include <iostream>
using namespace std;
```

```
int main()
{
    char math[] = "Mathe";
    char stat[] = "Statistics";
    size_t len = strlen(math);

    for (int i = 1; i <= len; i++) {
        cout.write(math, i);
        cout << endl;
    }
    cout.write(math, 4).write(stat, 4);  // 두 개의 문자열을 연이어 출력
    cout << endl;
    cout.write(math, len + 4);  // copied without stopping the copying process
}
```

```
M
Ma
Mat
Math
Mathe
MathStat
Mathe儆?
```

<예 7.4>의 마지막 출력 결과는 문자열 math의 길이를 초과하여 출력 스트림의 길이를 지정하였지만 오류 없이 실행되고 있음을 알 수 있다. 다만 지정된 문자열의 길이를 넘어서는 경우 인접한 다음 자료의 문자들을 계속 출력하기 때문에 주의하여야 한다.

이외에 cout은 ostream 클래스의 멤버 함수 put() 메소드를 호출하여 하나의 문자를 화면에 출력할 수 있다. put() 멤버 함수의 반환값도 ostream 객체이므로 이 반환된 객체가 다시 put() 메소드를 호출함으로써 연이어 두 개의 문자를 출력할 수 있다.

C++는 출력을 할 경우 자료들을 일단 버퍼에 저장한 후 여러 가지 구현에 의하여 버퍼의 내용을 출력하고 버퍼를 비우게 된다. 그러나 버퍼가 비워지지 않는 상황이 발생할 수 있는데 이 때에는 flush 또는 endl 조정자를 이용하여 강제로 버퍼를 지울 수 있다. endl 조정자는 버퍼를 지우는 flush 조정자의 기능에 개행 문자를 출력하는 기능이 추가된 것이다.

✥ <실습 7.3> 문자열 "C++ Prog"을 char형 배열로 저장한 후 cout.write() 함수를 이용하여 다음과 같이 출력하는 프로그램을 작성하시오.

```
C++ Prog
C++ Pro
C++ Pr
C++ P
C++
C++
C+
C
```

7.3 cin을 이용한 입력

7.3.1 클래스 객체의 자료를 입력하기 위한 operator>>() 함수

지금까지 설명했던 대부분의 프로그램에서 자료의 입력은 cin을 이용하여 처리하였다. 표준 입력 스트림 객체인 cin은 istream 클래스의 객체이다. istream 클래스 정의에는 기본형 등의 입력을 위한 >> 연산자 다중정의 함수가 포함되어 있다. 이 연산자 함수는 전달 인수와 반환값 모두 참조자 istream&이다. 따라서 cin을 이용하여 한꺼번에 여러 개의 변수에 대한 입력을 연달아 수행할 수 있다. 다음은 다중 정의된 operator>>() 함수의 원형을 5가지만 표시한 것으로 cplusplus.com 사이트에 게시되어 있는 자료를 참조한 것이다. 여기서 val은 입력되는 값이 저장되는 참조자 변수이다.

```
istream& operator>> (bool& val);
istream& operator>> (short& val);
istream& operator>> (unsigned short& val);
istream& operator>> (int& val);
istream& operator>> (unsigned int& val);
. . .
```

당연히 기본적으로 다중 정의된 operator>>() 함수에는 사용자가 정의한 클래스 객체의 자료를 입력하는 함수가 포함되지 않는다. 그러나 Cmplx 클래스의 friend 함수로 << 연산자를 정의하는 방법과 유사하게 >> 연산자를 다중 정의함으로서 <예 7.1>에서 정의한 Cmplx 클래스 객체의 자료를 cin으로 입력하는 기능을 구현할 수 있다.

<예 7.5>는 Cmplx 클래스 객체의 자료를 cin으로 입력하는 기능을 구현한 operator>>() 함수의 정의와 이 함수를 이용하여 Cmplx 객체의 데이터 멤버들을 입력하는 cin 문장을 표시한 것이다.

◆ <예 7.5>

```
istream& operator>>(istream& in, Cmplx& z)  //  >> 연산자 다중 정의 함수
{
    cout << "실수부= "; in >> z.re;
    cout << "허수부= "; in >> z.im;
    return in;
}

int main()
{
    Cmplx w, z;

    cin >> w;  // >> 연산자 다중 정의 함수 호출
    cout << w;  // << 연산자 다중 정의 함수 호출

    z = w;
    cout << z;
}
```

```
실수부= -2
허수부= 4

복소수 cout = -2 + 4i

복소수 cout = -2 + 4i
```

〈예 7.5〉에 표시된 operator〉〉() 함수는 Cmplx 클래스의 멤버 함수가 아니기 때문에 이 클래스의 private 멤버들을 참조할 수 없다. 그러나 Cmplx 클래스에서 다음과 같이 이 함수를 friend로 선언해주면 이 문제가 자연스럽게 해결된다.

```
friend istream& operator>>(istream&, Cmplx&) ;    // >> 연산자 다중정의
```

7.3.2 istream 클래스의 멤버 함수 read()

2.5.3절에서 istream 클래스의 멤버 함수 getline()을 이용하여 문자열을 입력하는 방법에 대하여 설명하였다. 이외에 istream 클래스의 멤버 함수 read()를 이용하여 문자열을 입력할 수 있다. read() 함수의 원형은 다음과 같으며 s가 가리키는 문자열을 저장하기 위한 기억 장소에 입력 스트림으로부터 처음 n개의 문자를 추출하여 저장하는 기능을 수행한다.

```
istream& read (char* s, streamsize n) ;
```

〈예 7.6〉은 istream 클래스의 멤버 함수 read()를 이용하여 문자열을 입력하는 예를 표시한 것이다. 멤버 함수 read()의 원형을 보면 cin 객체 자체를 반환하므로 두 개의 문자열을 연이어 입력할 수 있다. read() 함수도 단순히 지정된 개수의 문자들을 저장하는 목적이며 문자열을 완성하기 위하여 입력된 문자의 뒤에 널 문자를 넣어주지는 않는다. 따라서 입력된 문자들의 모임을 하나의 정상적인 문자열로 다루기 위해서는 따로 널 문자를 삽입해줘야 한다.

◆ **<예 7.6>**

```
#include <iostream>
#include <iomanip>
using namespace std;

int main()
{
    char* buffer = new char[10];
    char* test = new char[10];
```

```
    cout << "10개의 문자를 입력===" << endl;

    cin.read(buffer, 10);
    cout.write(buffer, 10);

    char ch;
    cin.get(ch);
    while (ch != '\n') cin.get(ch);   // 입력 버퍼를 지워줌

    cout << "\nbuffer에 5개; test에 4개 문자 읽기===" << endl;
    cin.read(buffer, 5).read(test, 4);

    buffer[5] = '\0';   // 문자열로 처리
    test[4] = '\0';     // 문자열로 처리

    cout << "buffer= " << buffer << endl;
    cout << "test= " << test << endl;

    delete[] test;
    delete[] buffer;
}
```

```
10개의 문자를 입력===
12345 7↵
90123↵
12345 7
90
buffer에 5개; test에 4개 문자 읽기===
12345abcde↵
buffer= 12345
test= abcd
```

〈예 7.6〉의 실행 결과를 보면 cin.read(buffer, 10);를 실행할 경우 공백 문자(빈칸, 탭, 개행 문자)를 포함하여 입력되는 10개의 문자를 읽어서 buffer에 저장한다. 이때 입력된 문자 중에서 11번째 이후의 문자들은 입력 버퍼에 남아있게 된다. 만일 입력 버퍼에 남아있는 자료들을 다른 변수에서 사용하고 싶지 않으면 버퍼의 내용을 강제로 지우는 작업을 실시하면 된다.

〈예 7.6〉에서는 while문과 get() 멤버 함수를 이용하여 버퍼의 내용을 지우는 작업을 수행하고 있다. cin 객체는 istream 클래스의 get() 멤버 함수를 참조하여 하나의 문자를 읽어 들일 수 있다. 〉〉 연산자를 이용하여 cin 입력을 받을 때에는 공백 문자(빈칸, 탭, 개행 문자)를 건너뛰지만 get()를 이용하면 공백 문자도 하나의 문자로 입력된다.

마지막으로 입력된 문자들의 모임을 하나의 정상적인 문자열로 다루기 위해서는 따로 널 문자를 삽입해줘야 하므로 buffer[5] = '\0';와 같이 문자의 입력이 끝난 후 널 문자를 입력하였다.

<실습 7.4> 20개 이상 일련의 문자들을 입력하면 cin.read() 함수를 이용하여 처음 2개, 3개, 4개, 5개, 6개의 문자들을 5번 연속 읽어 들인 후 각각을 문자열로 변환하고 이들을 다음과 같이 cout으로 출력하는 프로그램을 작성하시오.

```
TestOf cin.read()↵
Te
stO
f ci
n.rea
```

<실습 7.5> 다음과 같이 세 과목의 점수를 붙여 입력한 경우 이를 cin.read() 함수를 이용하여 문자열로 분리한 후 각 과목에 저장하고 세 과목의 합계를 구한 후 이 자료들을 출력하는 프로그램을 작성하시오. 즉, 국어 점수는 처음 3칸을 읽어 들이고 영어 점수는 다음 3칸을, 마지막으로 다음 3칸을 읽어 들여 수학 점수로 저장한다. 이때 문자열을 정수로 변환하는 함수는 stoi()이다.

```
 89100 88↵
국어 영어 수학 합계
  89  100  88  277
```

7.4 파일을 통한 입출력

표준 입출력 스트림 객체인 cin과 cout은 C++ 프로그램과 표준 입출력 장치(키보드나 모니터 등)를 연계하여 입출력을 수행한다. C++ 프로그램과의 입출력 작업은 표준 입출력 장치대신 파일(file)을 이용하여 바이트나 블록 단위로 입출력할 수 있다. 여기서 파일이란 보조기억장치(하드디스크, 자기테이프, USB 등)에 저장된 바이트들의 모임이며 크게 텍스트 파일과 바이너리 파일로 구분할 수 있다.

파일을 통한 입출력이란 보조기억장치의 특정 위치에 저장된 파일의 자료를 프로그램으로 읽어 들이거나, 반대로 프로그램의 실행 결과로서 생성된 자료를 특정 파일로 출력하는 것을 의미한다. C++에서는 파일을 통한 자료의 입출력을 수행할 목적으로 ofstream(output file stream) 클래스와 ifstream(input file stream) 클래스, 그리고 fstream(file stream) 클래스를 제공한다. 이 클래스들은 istream과 ostream, 그리고 iostream 클래스로부터 직간접적으로 파생된 클래스이며 이들의 정보가 〈fstream〉 헤더 파일에 정의되어 있다.

7.4.1 파일 열기

C++ 프로그램은 ifstream 클래스의 객체를 통하여 파일에서 자료를 읽어오며, ofstream 클래스의 객체를 통하여 파일에 정보를 출력한다. 즉, 파일로부터 자료를 입력받기 위하여 입력 스트림을 관리하기 위한 ifstream 객체를 생성한 후 이 객체를 특정 파일에 연결시키고, 반대로 파일에 자료를 출력하기 위해서는 출력 스트림을 관리하기 위한 ofstream 객체를 생성하고 특정 파일에 이 객체를 연결시켜야 한다. 이때 프로그램은 입력 버퍼와 출력 버퍼를 위한 임시 메모리 공간을 각각 할당한다.

파일을 통한 입출력을 위하여 파일을 여는 첫 번째 절차는 ofstream 또는 ifstream 클래스의 객체인 스트림 객체를 생성하는 것이다. 다음은 두 클래스의 스트림 객체인 fout과 fin을 생성하는 선언문이다. 여기서 fileout과 filein은 표준 입출력 스트림인 cout, cin과 같은 기능을 수행한다고 보면 된다. 단지 입출력되는 장치가 키보드나 모니터가 아니라 물리적인 보조기억장치인 파일이라는 것만 차이가 있다.

```
ofstream fileout ;
ifstream filein ;
```

다음으로 특정 파일에 이 객체들을 연결하기 위하여 두 클래스의 open() 멤버 함수를 호출하여 해당 파일을 열어야 한다. open() 멤버 함수는 전달 인수로 전달된 파일을 열고, open() 멤버 함수를 호출하고 있는 클래스 객체에 이 파일을 연결시킨다. open() 멤버 함수의 사용형식은 다음과 같다.

```
void open(const char* filename, ios_base::openmode mode = ios_base::out);
```

여기서 filename은 입출력하고자 하는 파일의 이름으로 문자열로 입력하여야 한다. mode는 파일의 열려지는 상태를 지정하는 상수로서 [표 7.5]에 나열되어 있는 값들 중 하나 또는 비트별 OR 연산자(|)를 이용하여 복수 개의 상수를 결합하여 설정할 수 있다.

[표 7.5] open() 멤버 함수의 파일 모드 상수

파일 모드	의미
ios::in	읽기 위해 파일을 연다. (ifstream 클래스의 디폴트 값)
ios::out	쓰기를 위해 파일을 연다. (ofstream 클래스의 디폴트 값)
ios::ate	파일을 열 때 파일 포인터를 eof에서 시작하지만 파일 포인터를 통해 파일의 어디에든 원하는 위치에 자료를 추가할 수 있다. 기존 파일이 존재하면 기존의 내용을 삭제한 후 이어서 자료를 추가한다.
ios::app	기존 파일의 끝에 자료를 이어서 추가한다.
ios::trunc	파일이 존재하면 파일의 내용을 모두 삭제하고 시작한다.
ios::binary	바이너리 파일을 연다. 디폴트는 텍스트 파일을 연다.

[표 7.5]의 파일 모드 ios::out은 ofstream 클래스 객체가 open() 함수를 호출할 때 파일 모드 상수를 따로 지정하지 않아도 디폴트로 설정되어 있으며, ios::in은 ifstream 클래스 내에서 open() 함수를 정의할 때 디폴트로 내정되어 있다.

다음 [표 7.6]은 파일의 열려지는 상태인 파일 모드 상수를 두 개 이상 지정하는 몇 가지 예를 표시한 것이다. 단, ios::trunc와 ios::app를 결합하여 지정하면 파일 열기 작업이 실패로 끝난다. 또한 ios::app와 ios::in를 동시에 지정해도 역시 파일 열기가 실패로 이어질 것이다.

[표 7.6] 파일 모드 상수를 복수 개 지정하는 방법

파일 모드	의미
ios::out | ios::trunc	쓰기 위해 열고 파일이 존재하면 새로 생성
ios::out | ios::app	쓰기 위해 열고 파일의 뒤에만 추가 쓰기 가능
ios::in | ios::out	읽거나 쓰기 위해 열기 (fstream 클래스의 디폴트 값)
ios::in | ios::out | ios::app	읽거나 쓰기 위해 열고 파일 뒤에 추가 가능
ios::in | ios::binary	읽기 위해 바이너리 모드로 열기

〈예 7.7〉은 cin의 getline() 멤버 함수를 이용하여 키보드로부터 읽어 들인 한 줄의 문자열(최대 80개 문자)을 "save.txt" 파일로 출력하는 예를 보인 것이다.

◆ <예 7.7>

```
#include <iostream>
#include <string>
#include <fstream>
using namespace std;

int main()
{
    string filename = "save.txt";
    string buf;

    ofstream fileout;
    fileout.open(filename, ios::out);

    cout << "한 줄의 문자열 입력===" << endl;
    getline(cin, buf);

    fileout << "== 파일 " << filename << "으로 자료 출력 == " << endl;
    fileout << buf;    // 파일로 buf의 내용이 출력됨
}
```

```
한 줄의 문자열 입력===
이곳은 아름다운 소도시입니다!↵
```

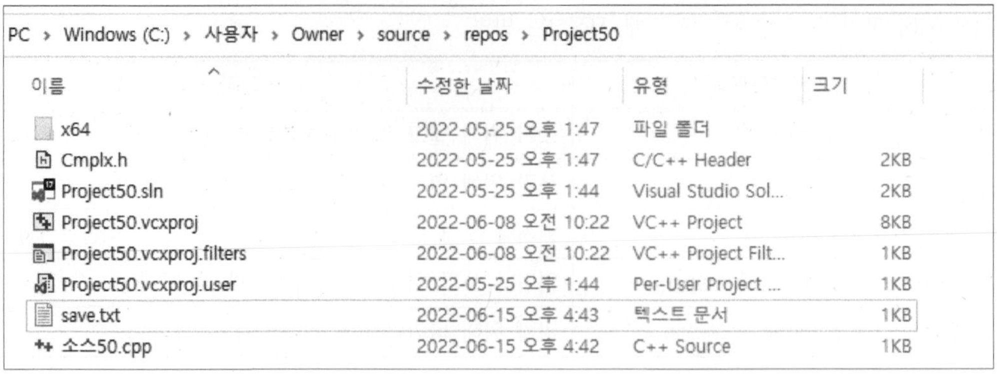

〈그림 7.2〉 텍스트 파일 "save.txt"가 저장된 폴더

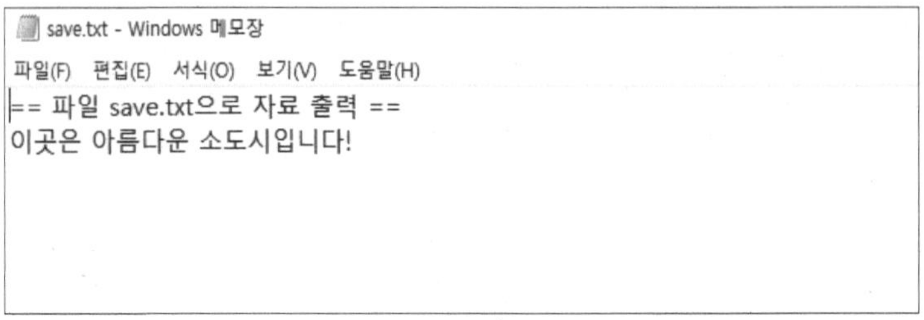

〈그림 7.3〉 Windows 메모장으로 파일 "save.txt" 열기

〈예 7.7〉의 프로그램이 정상적으로 실행되면 텍스트 파일 "save.txt"이 생성된다. 이 파일은 〈그림 7.2〉에서 알 수 있듯이 〈예 7.7〉의 소스 파일의 이름인 "소스50.cpp" 프로그램과 같은 폴더("C:\Users\Owner\source\repos\Project50")에 저장되어 있다.

실행문 fileout.open(filename, ios::out);의 파일 모드가 텍스트 파일로 디폴트 설정되어 있으므로 "save.txt" 파일은 Windows에서 제공하는 메모장 프로그램으로 읽을 수 있다.

✣ [실습 7.6] 키보드(cin)로부터 이름과 성별('M', 'F'), 그리고 나이를 입력받은 후 이 정보를 다음 예와 같은 형식으로 파일 "kang.txt"에 저장하는 프로그램을 작성하시오.

```
강민아 F 20
```

다음은 ofstream 클래스의 fileout 객체를 생성함과 동시에 파일 열기를 통하여 프로그램에 이 파일 스트림을 연결하는 방법을 표시한 것이다.

```
ofstream fileout ("save.txt", ios::out | ios::app) ;
```

이 문장이 실행되면 ofstream 클래스의 fileout 객체가 생성됨과 동시에 이 클래스의 생성자 멤버 함수가 자동 실행된다. 생성자 멤버 함수는 open() 멤버 함수와 같은 기능을 하므로 생성자 멤버 함수에 전달된 "save.txt" 파일을 열게 된다. 이때 파일을 여는 상태로 ios::out | ios::app가 전달되어 기존의 파일에 새로운 자료를 추가할 수 있게 된다.

파일 입출력을 위하여 파일을 열고자 할 때 여러 가지 이유로 파일 열기가 실패할 수 있다. 파일 열기가 실패하면 더 이상 프로그램의 진행이 불가능하므로 파일 열기의 성공 여부를 사전에 체크하여야 한다. 파일 열기의 성공 여부는 ios 클래스의 멤버 함수 operator!()를 이용한다. ofstream 클래스와 ifstream 클래스는 ios 클래스의 파생 클래스들이므로 이 멤버 함수를 호출할 수 있다. 예를 들어 파일 열기가 실패할 경우 !fileout의 연산 결과는 true이고 반대로 파일 열기가 성공하면 !fileout의 값은 false가 된다.

다음 〈예 7.8〉의 if 문은 파일 열기가 실패할 경우를 대비하여 작성한 코드이다. 여기서 파일 열기의 모드에 ios::trunc와 ios::app를 동시에 지정하면 파일 열기가 실패로 끝난다는 사실을 확인할 수 있다.

◆ <예 7.8>

```
#include <iostream>
#include <string>
#include <fstream>
using namespace std;
int main()
{
    string filename = "save1.txt";
    ofstream fileout(filename, ios::trunc | ios::app);      // 파일 열기 실패

    if ( !fileout ) {      // 파일 열기를 실패할 경우
        cout << "파일 \"" << filename << "\"을 열수가 없습니다." << endl;
        return 1;
    }
    return 0;
}
```

```
파일 "save1.txt"을 열수가 없습니다.
```

파일 스트림이 파일을 성공적으로 열었는지를 확인하는 또 다른 방법은 is_open() 멤버 함수를 호출하는 것이다. 이 함수는 파일 열기가 성공적이면 true를 반환하고 파일 열기를 실패하면 false를 반환한다. 따라서 if 문을 이용하여 파일 열기의 성공 여부에 대한 확인은 다음과 같이 코딩하면 된다.

```
if ( !fileout.is_open() ) {      // 파일 열기를 실패할 경우
        cout << "파일 \"" << filename << "\"을 열수가 없습니다." << endl ;
        return 1 ;
}
```

참고로 자료의 입력을 위한 텍스트 파일은 윈도우즈(Windows)의 문서 편집기인 '메모장' 프로그램을 이용하여 간단히 편집할 수 있으며, 한글이 필요할 경우에는 옵션을 ANSI로 지정하여 저장한다. 예를 들어 다음은 학생들의 이름 등 간단한 정보를 메모장으로 편집한 후 ANSI 옵션으로 저장한 "person.txt" 파일의 내용이다.

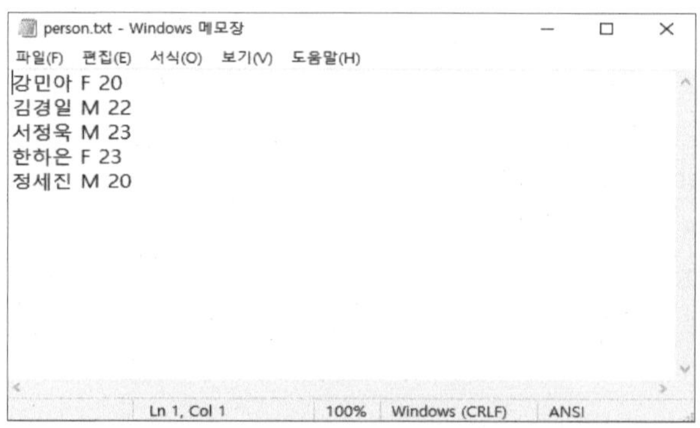

〈그림 7.4〉 텍스트 파일 "person.txt"

〈예 7.9〉는 학생들의 정보가 입력되어 있는 "person.txt" 파일로부터 자료를 읽어 들여 새로운 변수 grade(학년)을 생성한 후 파일 "student.txt"에 출력하는 예를 표시한 것이다.

◆ <예 7.9>

```
#include <iostream>
#include <string>
#include <fstream>
```

```
using namespace std;
int main()
{
    string inputfile = "person.txt";
    string outputfile = "student.txt";

    ifstream filein(inputfile);
    ofstream fileout(outputfile);

    if (!filein) {
        cout << "파일 \"" << inputfile << "\"을 열수가 없습니다." << endl;
        return 1;
    }
    if (!fileout.is_open() ) {
        cout << "파일 \"" << outputfile << "\"을 열수가 없습니다." << endl;
        return 2;
    }

    string name[5];  // 학생의 이름
    char mf[5];     // 성별
    int age[5];     // 나이
    int grade[5]; // 학년

    for (int i = 0; i < 5; i++) {
        filein >> name[i];
        filein >> mf[i];
        filein >> age[i];
        switch ( age[i] ) {
            case 19:
            case 20: grade[i] = 1; break;
            case 21: grade[i] = 2; break;
            case 22: grade[i] = 3; break;
            default: grade[i] = 4;
        }
    }
```

```
    fileout << "이름\t(성별)\t나이\t학년" << endl;
    fileout << "-----------------------------------" << endl;
    for(int i=0; i<5; i++)
        fileout << name[i] << "\t(" << mf[i] << ") \t" << age[i]
                << "\t" << grade[i] << endl;
}
```

다음 〈그림 7.5〉는 〈예 7.9〉의 실행 결과 filecout 스트림으로 출력된 텍스트 파일이다. 자료를 파일로 출력하기 위한 형식은 cout 객체의 사용법과 동일하다. 다만 cout은 표준 출력 장치로 자료를 보내고, filedout 출력 스트림 객체는 filedout 객체를 생성할 때 지정한 특정 파일로 자료를 출력하는 것만 차이가 있을 뿐이다.

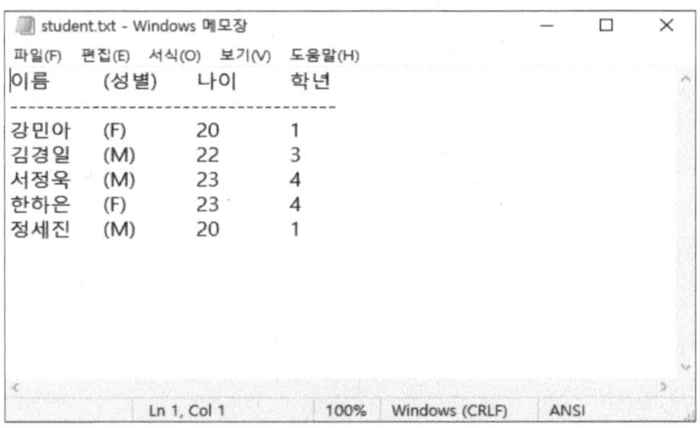

〈그림 7.5〉 출력된 파일 "student.txt"

특정한 폴더의 파일을 읽어 들이거나 그 폴더에 파일을 저장할 경우에는 특정 폴더의 경로를 파일의 이름과 함께 표시하면 된다. 예를 들어 폴더 "C:/TEMP/INPUT"에서 "person.txt" 파일을 읽어 들이고, 폴더 "C:/TEMP/OUTPUT"에 출력 파일 "student.txt"을 저장하고자 하면 다음과 같이 코딩한다.

```
string inputfile = "c:/temp/input/person.txt" ;      // 대소문자 무시함
string outputfile = "c:/temp/output/student.txt" ;
```

[실습 7.7] 파일 "kang.txt"의 정보를 읽어 들여 다음과 같이 모니터(cout)에 출력하는 프로그램을 작성하시오.

```
[이름] 강민아 (F)
[나이] 20
```

7.4.2 파일 닫기

open() 멤버 함수를 이용한 파일 열기 작업은 파일 입출력을 위하여 파일 모드에 따라 파일이 정상적으로 존재하는지 하드 디스크가 오류가 없는 지 또는 접근 금지된 파일을 열기 작업하는지에 대하여 검사하는 과정을 수행한다. 모든 검사가 성공적으로 끝나면 is_open() 멤버 함수 등을 통하여 파일 열기 성공에 true 값을 반환하며 실패하면 false 값이 반환된다.

파일을 성공적으로 열어 파일 입출력 작업이 끝나면 버퍼에 남아 있는 자료를 물리적으로 비워주거나 하드디스크 등 리소스가 다른 프로그램에서 사용할 수 있도록 운영 체제에 파일 입출력 작업이 끝났음을 알려 주는 것이 좋다. 사용된 파일을 닫는 작업은 close() 멤버 함수를 입출력 클래스 객체가 호출하도록 하면 된다.

```
fileout.close() ;  // 출력 파일 닫기
filein.close() ;  // 입력 파일 닫기
```

close() 멤버 함수는 파일 열기를 수행하는 과정에서 설정했던 입출력 버퍼를 비워주고 난 후 파일을 닫는다. close() 멤버 함수를 통하여 일단 파일이 닫히면 읽거나 쓰는 작업이 모두 불가능하다. main() 함수가 종료되어 프로그램이 끝나면 입출력 클래스의 소멸자 함수에 의하여 자동적으로 열린 파일이 닫히므로 파일 닫기 작업을 하지 않아도 크게 유의할 필요는 없다.

7.5 파일 입출력 스트림의 상태 플래그 검사

파일 입출력 스트림에 대한 클래스 객체를 선언하고, 이를 사용하여 파일의 입출력 작업을 진행할 때 오류가 발생할 수 있다. 파일을 통한 입출력 작업에 대한 오류의 발생 여부를 조사할 수 있는 멤버 함수로서 다음 [표 7.7]에 표시된 함수들은 파일 입출력 스트림의 특정한 상태를 검사하는 기능을 수행한다.

[표 7.7] 파일 입출력 스트림의 상태 검사 함수

상태 플래그 검사 함수	기능
bad()	입출력하고자 하는 파일이 열리지 않거나 출력하고자 하는 하드디스크의 공간 부족 현상이 발생하면 badbit의 값이 1로 설정되고 이때 bad() 함수는 true 값을 반환
fail()	bad() 함수와 같이 입출력 오류가 발생하면 true 값을, 오류가 발생하지 않고 정상적으로 파일 입출력이 실행되면 false의 값을 반환함. 또한 정수를 읽어 들이고자 할 때 문자가 추출되는 등 포맷 오류가 발생하여도 failbit의 값이 1로 설정된 후 true 값을 반환
eof()	파일을 읽어 들이는 작업 중 파일의 끝(eof)에 도달하면 eofbit의 값이 1로 설정되고 이때 eof() 함수는 true 값을 반환함. eof() 멤버 함수는 파일 포인터의 위치가 파일의 끝인가의 여부를 조사하는데 사용
good()	bad() 함수나 fail() 함수가 true 값을 반환할 때 false 값을 반환
clear()	상태 플래그의 모든 비트 값을 0으로 설정

예를 들어 fail() 함수는 〈예 7.9〉에서 구현했던 !filein이나 !filein.is_open() 대신 파일의 입출력 오류를 검사하는 용도로 사용할 수 있다.

```
if ( filein.fail() ) {
        cout << "파일 \"" << inputfile << "\"을 열수가 없습니다." << endl;
        return 1;
}
```

7.6 텍스트 파일과 바이너리 파일

텍스트 파일은 문서의 내용이 글자 또는 문자만으로 구성된 파일을 의미하며 문서 파일 또는 C나 C++ 언어에서 작성된 소스 파일 등이 텍스트 파일의 좋은 예이다. 또한 텍스트 파일에는 1바이트로 구성된 ASCII에 대응되는 문자들이나 전 세계의 글자를 표현하기 위한 2바이트의 유니코드(unicode)로 구성된 문서가 포함된다.

반면에 바이너리 파일은 .exe와 같은 형식의 실행 파일이나 .jpg나 .bmp와 같은 이미지 그림 파일, .mp3의 음악 파일, .avi와 같은 형식의 동영상 파일 등을 말한다. 바이너리 파일은 이 파일들을 읽거나 실행할 수 있는 응용 프로그램이 필요한 경우가 많다. 바이너리 파일은 보통 텍스트 파일보다 저장 방식이나 처리 효율이 좋다고 알려져 있다. 그 이유는 바이너리 파일에 저장하고자 하는 정보를 특별히 변환하지 않고 그대로 저장하기 때문이다. 예를 들어 정수 1000을 int형 변수 x에 대입한 후 바이너리 파일에 저장하면 변수 x가 4바이트의 크기이므로 1000을 4바이트 용량의 바이너리 파일에 저장된다. 반면에 x의 값을 텍스트 파일에 저장하라고 하면 먼저 정수 1000을 문자열로 변환한 후 저장한다. 이때 텍스트 파일에 저장하는 바이트 수는 널 문자열을 포함하여 5바이트가 필요하다. 즉, 바이너리 파일보다 저장되는 파일 용량의 측면에서 비효율적이라고 할 수 있다.

또한 파일 스트림 입출력에서 텍스트 모드로 파일을 열고나서 개행문자('\n')를 파일로 출력하면 개행문자가 두 개의 문자 '\r'(carrage return)와 '\n'(line feed)으로 변환되어 저장된다. (반대의 경우에는 파일에 있는 '\r''\n'이 '\n'으로 변환) 그러나 바이너리 모드로 파일을 열면 자료변환이 되지 않고 프로그램에서 출력하는 개행문자('\n')가 그대로 파일에 저장된다.

이런 상황임에도 특별한 프로그램의 도움이 없어도 쉽게 파일의 내용을 볼 수 있다는 장점 때문에 텍스트 파일을 아직까지 널리 사용하고 있다. 텍스트 파일과 바이너리 파일을 구분하는 간단한 방법은 윈도우즈의 문서 편집기 'Windows 메모장' 프로그램을 이용하는 것이다. 즉, 메모장 프로그램을 통하여 이 파일의 내용을 볼 수 있으면 텍스트 파일이고 그렇지 않으면 바이너리 파일이라고 볼 수 있다.

예를 들어 다음과 같이 메모장 프로그램으로 파일의 내용을 알 수 있는 'array.cpp' 파일이나 'Professional.xml' 파일은 텍스트 파일이고, 우리가 알아볼 수 없는 이상한 문자들로 채워진 '프레젠테이션1.pptx' 파일이나 'old_본문-14.hwp' 파일은 바이너리 파일이라고 할 수 있다.

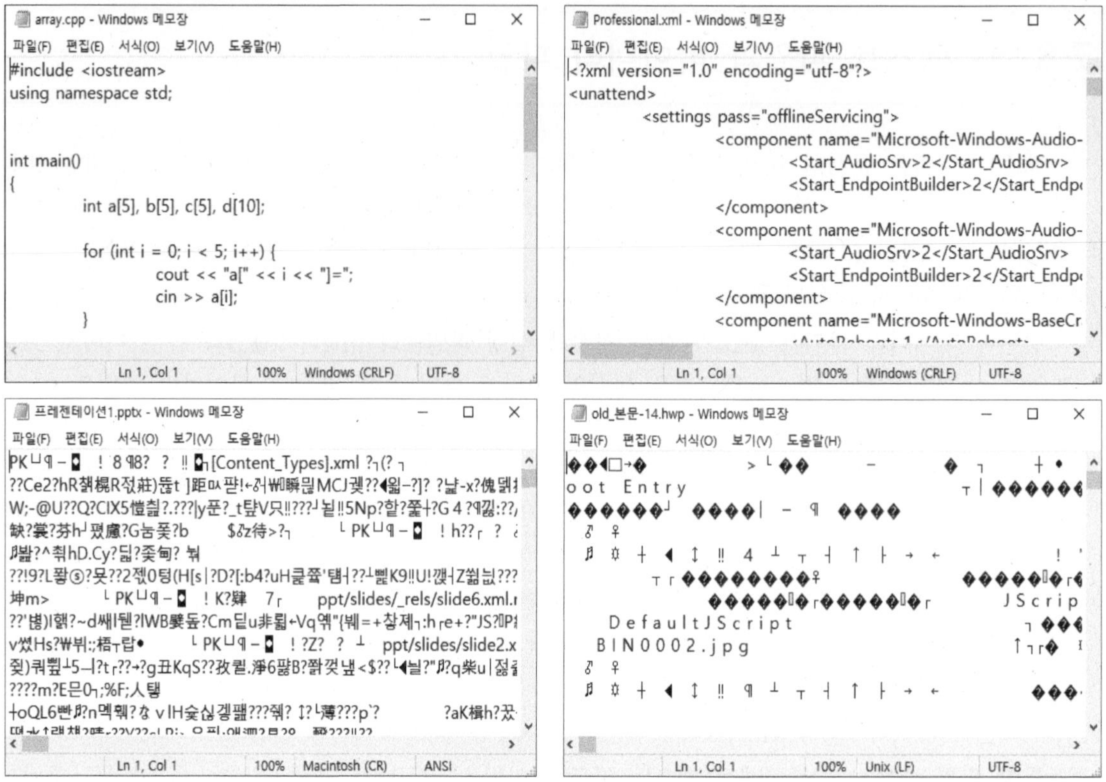

7.7 텍스트 파일의 입출력

7.7.1 get() 함수와 put() 함수

ios::binary가 포함되지 않는 상태로 파일 모드를 설정할 경우 텍스트 파일 스트림 객체가 생성되며 이를 통하여 텍스트 파일에서 문자들을 읽어 오거나 프로그램에서 만들어진 문자들을 텍스트 파일로 저장할 수 있다.

istream 클래스의 멤버 함수 get()은 다음과 같이 다양한 목적으로 다중 정의되어 있다.

```
int get();
istream& get (char& c);
istream& get (char* s, streamsize n);
istream& get (char* s, streamsize n, char delim);
```

여기서 c는 입력된 값이 저장되는 char형 참조자이며, s는 C언어 문자열(C-string)이 저장된 char형 배열을 가리키는 포인터이다. n은 널 문자를 포함하여 s에 저장되는 최대 문자의 개수이며 streamsize는 signed int형을 의미한다. delim이 생략되면 개행문자('\n') 직전까지, delim의 문자를 지정하면 이 문자 직전까지의 문자들을 하나의 문자열로 저장한다.

여기서 첫 번째로 정의된 get() 함수는 입력 파일 스트림에서 문자를 읽어 그 값을 반환한다. 만약 파일의 끝에 도달하여 더 이상 읽을 문자가 없을 경우에는 EOF(end-of-file)의 값인 -1을 반환한다. 차후 문자들과 이 값을 비교할 수 있도록 get() 함수의 반환 자료형이 int형으로 선언되었다. 그러나 나머지 다중 정의된 get() 함수는 항상 *this 값을 반환하고 문자를 읽는 과정에서 파일 끝에 도달하면 자동적으로 문자 추출을 중지한다. 동시에 파일입출력 상태의 eofbit 플래그를 1로 설정한다. 이 값을 istream 클래스에 정의되어 있는 operator() 연산자가 인식하여 false 값을 반환하게 된다.

다음 예는 첫 번째 정의된 get() 함수를 이용하여 파일 스트림에서 문자를 읽어 들이는 과정에서 파일의 끝에 도달했음을 인식하는 while 문을 표시한 것이다.

```
int ch ;
while ( (ch=filein.get()) != EOF ) {
    // 파일의 끝에 도달하기 직전까지 작업
}
```

〈예 7.10〉은 〈예 7.9〉에서 입력 파일로 사용했던 "person.txt" 파일을 get() 함수로 파일의 끝까지 읽어서 이 파일에 들어있는 문자를 출력함과 동시에 문자의 총 개수를 카운트하는 예제 프로그램이다. 〈예 7.10〉의 실행 결과에서 알 수 있듯이 한글 1글자는 영문자 2개와 같은 메모리를 차지하므로 char형 문자의 개수가 한글 1글자당 2개로 계산되고 있다.

◆ <예 7.10>

```
#include <iostream>
#include <string>
#include <fstream>
using namespace std;

int main()
{
    string input = "person.txt";
```

```
    ifstream filein(input);

    if ( filein.fail() ) {
        cout << "파일 \"" << input << "\"을 열수가 없습니다." << endl;
        return 1;
    }

    int cnt = 0;
    char ch;
    while ( filein.get(ch) ) {  // 파일의 끝에 도달하면 자동적으로 문자 추출 중단
        cout << ch;
        cnt++;
    }
    cout << "\n===파일에 있는 문자의 총 개수(한글1개는 2개의 문자로 카운트): "
         << cnt << endl;
}
```

```
강민아 F 20
김경일 M 22
서정욱 M 23
한하은 F 23
정세진 M 20
===파일에 있는 문자의 총 개수(한글1개는 2개의 문자로 카운트): 59
```

getline() 멤버 함수가 delim의 문자를 버퍼에서 제거하는 것과 달리 get() 멤버 함수는 delim의 문자를 버퍼에서 제거하지 않는다. 따라서 문자열을 입력하는 용도로 get() 함수를 사용할 경우 다른 자료의 입력을 위하여 버퍼에 남아 있는 개행문자('\n')를 직접 제거하여야 한다.

〈예 7.11〉은 입력 파일 "person.txt"에서 get() 함수를 이용하여 2줄의 문자열을 읽고 그들을 출력하는 예를 표시한 것이다. get() 멤버 함수는 개행문자를 비롯하여 delim의 문자를 버퍼에서 제거하지 않기 때문에 입력 파일의 첫 번째 줄에서 문자열을 추출한 이후 filein.get(); 문을 실행하여 개행문자를 우선 제거해야 한다.

◆ <예 7.11>

```
#include <iostream>
#include <string>
#include <fstream>
using namespace std;

int main()
{
    string input = "person.txt";
    ifstream filein(input);

    if ( filein.fail() ) {
        cout << "파일 \"" << input << "\"을 열수가 없습니다." << endl;
        return 1;
    }

    char* s = new char[30];

    filein.get(s, 30);  // 첫 번째 줄 읽기
    cout << s << endl;

    filein.get();  // 스트림 버퍼에 있는 개행문자('\n') 제거

    filein.get(s, 30);  // 두 번째 줄 읽기
    cout << s << endl;
}
```

```
강민아 F 20
김경일 M 22
```

ostream 클래스의 멤버 함수 put()은 다음과 같은 구문 형식을 가지며 매개변수로 지정한 문자 c를 출력 파일 스트림에 출력하는 기능을 한다.

ostream& put (char c) ;

〈예 7.12〉은 문자의 개수를 세는 작업 대신 get()으로 읽어 들인 문자를 put() 함수를 이용하여 새로운 파일로 출력하는 예를 표시한 것이다. 다만 읽은 문자를 출력함과 동시에 밑줄 문자('_')를 추가로 매번 출력하도록 하였다.

◆ <예 7.12>

```
#include <iostream>
#include <string>
#include <fstream>
using namespace std;

int main()
{
    string input = "test.txt";
    string output = "test-out.txt";
    ifstream filein(input);
    ofstream fileout(output);

    if (filein.fail()) {
        cout << "파일 \"" << input << "\"을 열수가 없습니다." << endl;
        return 1;
    }
    if (fileout.fail()) {
        cout << "파일 \"" << output << "\"을 열수가 없습니다." << endl;
        return 2;
    }

    char ch;
    while (filein.get(ch)) {
        fileout.put(ch);
        fileout.put('_');
    }
}
```

다음은 〈예 7.12〉의 입력 파일로 입력된 "test.txt"과 실행 결과 얻어진 "test-out.txt" 파일의 모습이다. 출력 파일의 2번째 줄에 밑줄 문자로 시작한 이유는 첫 번째 줄의 마지막 문자가 개행문자이므로 다음 줄로 개행된 작업 이후에도 밑줄 문자를 출력하게 했기 때문이다.

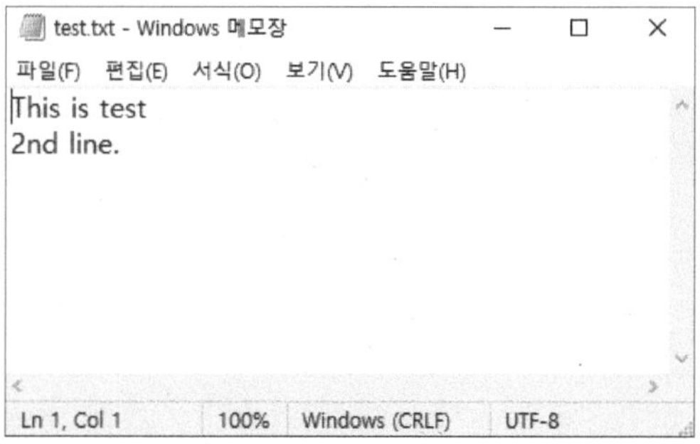

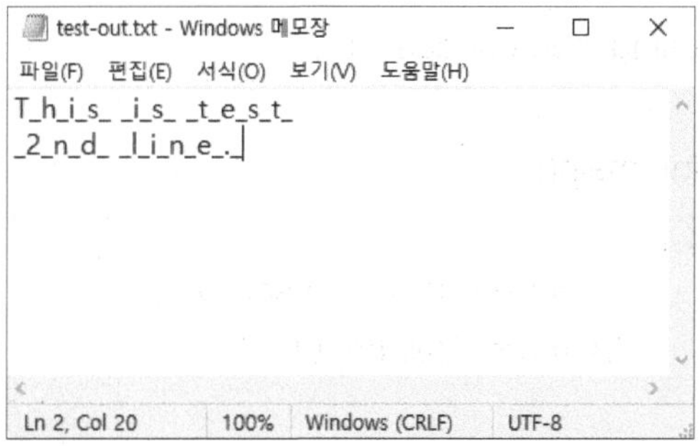

7.7.2 getline() 함수

2.5.3절에서 설명했던 입출력 스트림 클래스의 멤버 함수 getline()의 기능을 파일 입출력 스트림에 그대로 적용할 수 있다. 라인 단위로 문자열을 읽어 들이는 getline() 함수는 다음과 같이 2가지 방법으로 사용할 수 있다.

```
istream& getline (char* s, streamsize n );
istream& getline (char* s, streamsize n, char delim );

istream& getline (istream& is, string& str);
istream& getline (istream& is, string& str, char delim);
```

getline() 함수는 스트림에 연결된 입력 장치나 파일로부터 최대 (n-1) 개의 문자 또는 지정된 문자 delim 앞까지의 문자들을 읽어 널 문자와 함께 s에 저장하는 istream 클래스의 멤버 함수이다. 이 함수는 문자를 파일에서 읽어 들일 경우 파일의 끝에 도달하면 eofbit 플래그의 값을 1로 설정한 후 문자의 추출을 중단한다. get() 함수와 달리 이 함수는 '\n' 또는 특정 문자 delim까지 읽어 들이지만 이 문자들은 s에 저장하지 않지만 널 문자 '\0'를 문자열 끝에 추가한다.

getline() 함수 구문 형식의 두 번째 방법은 string으로 선언된 문자열 str에 추출된 문자열을 저장하는 함수로 첫 번째 구문보다 아주 쉽게 문자열을 읽어 들일 수 있다.

〈예 7.13〉는 "person.txt" 파일을 입력 파일로 지정한 후 getline() 함수를 이용하여 문자열을 라인 단위로 읽고 이를 출력하는 프로그램을 표시한 것이다.

◆ **<예 7.13>**

```
#include <iostream>
#include <string>
#include <fstream>
using namespace std;

int main()
{
    string input = "person.txt";
    ifstream filein(input);

    if ( filein.fail() ) {
        cout << "파일 \"" << input << "\"을 열수가 없습니다." << endl;
        return 1;
    }

    string str;
    int i = 1;

    while ( getline(filein, str) ) {  // 라인 단위로 문자열 읽기
        cout << "Line " << i++ << ":";
        cout << str << endl;
    }
}
```

```
Line 1:강민아 F 20
Line 2:김경일 M 22
Line 3:서정욱 M 23
Line 4:한하은 F 23
Line 5:정세진 M 20
```

✣ **<실습 7.8> <예 7.13>의 소스 프로그램을 읽어서 다음과 같이 출력하는 프로그램을 작성하시오.**

```
#include <iostream>
#include <string>
#include <fstream>
using namespace std;

int main()
{
    string input = "person.txt";
    ifstream filein(input);
 <이하 생략>
```

7.7.3 get, put 스트림 위치이동

지금까지 다루었던 파일 스트림 클래스의 get(), getline(), put() 멤버 함수들은 파일의 처음부터 끝까지 순차적으로 자료를 읽거나 쓰는 작업을 진행하였다. 이와 같이 파일의 자료를 순차적으로 읽고 출력하는 방식을 순차 접근 방식(sequential file access method)이라고 한다.

모든 I/O 스트림 객체가 내부적으로 적어도 하나의 내부 위치를 갖고 있는 것처럼 ifstream 클래스도 다음에 읽을 작업을 위해 읽어 들일 요소 위치인 get 포인터(position, 위치)를 갖고 있다. 또한 ofstream 클래스에는 출력하고자 하는 요소의 위치인 put 포인터를 가지고 있으며, fstream 클래스는 get 포인터와 put 포인터 둘 다 가지고 있다.

파일이 열렸을 때, 열린 파일의 모드에 따라 get 포인터와 put 포인터의 위치가 정해진다. 예를 들어 ios::in의 모드로 파일이 열리면 파일의 처음 시작 위치가 get 포인터의 위치가 되며, ios::out 모드로 열리면 파일의 처음 시작 위치가 put 포인터의 위치가 된다.

[표 7.8] 파일 모드에 따른 파일 포인터의 위치

파일 모드	get 포인터의 위치	put 포인터의 위치
ios::in	파일의 처음 시작 위치	
ios::out		파일의 처음 시작 위치
ios::ate		파일의 마지막 EOF의 위치
ios::app		처음: 파일의 처음 시작 위치 쓰기 작업 후: 파일의 마지막 EOF의 위치

순차 접근 방식으로 파일을 열어 읽기나 쓰기 작업이 이뤄지면, 자동적으로 파일 내에서 읽은 바이트 수만큼 get 포인터를 이동하거나 또는 출력한 바이트 수만큼 put 포인터를 이동해준다. 지금까지 수행했던 모든 예제 프로그램에서 파일 포인터를 순차적으로 이동하였다.

seekg() 또는 seekp() 멤버 함수들을 이용하면 순차적으로 파일 포인터를 이동하지 않고 파일 내에서 점프를 통해 이곳저곳의 데이터에 접근할 수 있다. 즉, seekg() 또는 seekp() 멤버 함수 등을 통하여 입출력 위치에 대한 파일 포인터를 임의의 위치로 옮긴 후, 파일 스트림 입출력 작업을 수행할 수 있다. 이와 같이 파일 포인터를 임의의 위치로 변경하면서 입출력 하는 방식을 임의 접근 방식(random file access method)이라고 한다.

멤버 함수인 tellg() 함수는 입력 파일 스트림의 현재 문자의 get 포인터 위치를 반환하는 함수이고 tellp() 함수는 출력 파일 스트림의 현재 put 포인터의 위치를 반환하는 함수이다. 반환값의 자료형 streampos는 파일 포인터의 절대적 위치를 나타내며 정수형 자료형으로 변환이 가능하다. 파일 스트림의 시작 위치에 대한 절대적 위치는 0(바이트)이다. 예를 들어 현재 반환된 절대적 위치의 값이 112일 때 실제로 파일 내에서의 위치는 파일의 113번째 바이트이다.

```
streampos tellg();      // get 포인터 위치 반환
streampos tellp();      // put 포인터 위치 반환
```

seekg() 함수는 절대적 위치 pos(정수값)으로 get 포인터를 이동시키거나 way 기준으로 상대적 위치인 off(정수값) 만큼 떨어진 위치로 get 포인터를 이동시키는 함수이다. off가 음수이면 기준 위치에서 off 번째 전 바이트로 이동한다. off가 0이면 당연히 현재의 위치를 그대로 유지한다.

```
istream& seekg (streampos pos);
istream& seekg (streamoff off, ios::seekdir way);
```

반면에 seekp() 함수는 절대적 위치 pos(정수값)으로 put 포인터를 이동시키거나 way 기준으로 상대적 위치인 off(정수값) 만큼 떨어진 위치로 put 포인터를 이동시키는 함수이다. off가 음수이면 기준 위치에서 off 번째 전 바이트로 이동한다. off가 0이면 당연히 현재의 위치를 그대로 유지한다.

```
ostream& seekp (streampos pos);
ostream& seekp (streamoff off, ios::seekdir way);
```

여기서 두 번째 매개변수인 way의 상수 값은 다음 표에 표시된 바와 같이 파일의 처음 위치, 현재 파일 포인터의 위치, 파일의 마지막 위치를 의미하는 ios::seekdir 타입의 상수이다.

way	의미
ios::beg	파일 스트림의 처음 시작 위치
ios::cur	파일 스트림의 현재 위치
ios::end	파일 스트림의 마지막 파일의 끝(EOF) 위치

〈예 7.14〉은 〈예 7.13〉에서 다루었던 "person.txt" 파일을 입력 파일로 지정한 후 이 입력 파일의 자료에 임의 접근하기 위하여 seekg() 그리고 tellg() 멤버 함수들을 파일 스트림 클래스 객체가 어떻게 참조하는지 그리고 이들 멤버 함수의 실행으로 어떤 결과가 얻어지는 지를 알아보기 위한 C++ 프로그램이다.

◆ **<예 7.14>**

```
#include <iostream>
#include <string>
#include <fstream>
using namespace std;

int main()
{
    string input = "person.txt";
    string str;
    ifstream filein(input);

    if ( filein.fail() ) {
        cout << "파일 \"" << input << "\"을 열수가 없습니다." << endl;
        return 1;
    }

    cout << "처음 시작위치에 대한 절대적 위치의 값= " << filein.tellg() << endl;
    filein.seekg(8);     // get 파일 포인터의 절대적 위치를 8로 변경
```

```
    filein >> str; // 인덱스 8부터 하나의 자료를 문자열로 읽어들임
    cout << "인덱스 8 위치 자료 = " << str << endl;
    cout << "현재의 위치= " << filein.tellg() << endl;  // 3개의 바이트를 읽어들였음

    filein.seekg(-4, ios::end);  // 마지막 EOF에서 -4 만큼 상대적 위치로 변경
    cout << "EOF에서 -4의 위치 자료 = " << (char) filein.get() << endl;
}
```

```
처음 시작위치에 대한 절대적 위치의 값= 0
인덱스 8 위치 자료 = 20
현재의 위치= 11
EOF에서 -4의 위치 자료 = M
```

<실습 7.9> <예 7.13>의 소스 프로그램을 읽어서 끝에서 24 바이트 이전에 저장된 문자열을 출력한 후, 이어서 파일의 첫 바이트에 저장된 문자열을 출력하는 프로그램을 작성하시오.

```
파일의 끝에서 24바이트 이전의 문자열= str
파일의 첫 번째 바이트에 저장된 문자열= #include
```

〈예 7.15〉는 〈예 7.12〉에서 다루었던 입력 파일 "test.txt"의 크기를 바이트 단위로 구한 후 이를 이용하여 "test.txt"의 내용을 표준 출력 장치인 모니터에 거꾸로 출력하는 while 문을 작성한 것이다.

◆ **<예 7.15>**

```
#include <iostream>
#include <string>
#include <fstream>

using namespace std;

int main()
{
    string input = "test.txt";
```

```
    ifstream filein(input, ios::in);

    if ( filein.fail() ) {
        cout << "파일 \"" << input << "\"을 열수가 없습니다." << endl;
        return 1;
    }

    filein.seekg(0, ios::end);
    streamsize FileSize = filein.tellg();    // 파일의 크기(바이트)

    cout << "파일 \"" << input << "\"의 크기= " << FileSize << " byte" << endl;

    int i = 0;
    while ( i++ < FileSize ) {
        filein.seekg(-i, ios::end);
        cout << (char) filein.get();
    }
}
```

```
파일 "test.txt"의 크기= 23 byte
.enil dn2

tset si sihT
```

〈예 7.15〉의 실행 결과 거꾸로 출력된 첫 번째 줄과 두 번째 줄 사이에 하나의 빈 줄이 들어간 이유는 입력 파일이 텍스트 파일로 지정되었기 때문이다. 열고자 하는 입력 파일의 파일 모드를 (ios::in | ios::binary)로 설정하면 두 번째 빈 줄이 생기지 않는다. 이는 텍스트 파일과 바이너리 파일에서 각각 개행문자를 처리하는 사소한 차이점 때문에 생기는 결과이다.

7.8 바이너리 파일의 입출력

바이너리 파일의 경우에는 자료를 포맷할 필요가 없기 때문에 추출연산자(〈〈)나 삽입연산자(〉〉) 또는 getline() 함수 등을 이용하여 자료를 읽고 쓰는 것이 효율적이지 않다. 즉, 바이너리 입출력 방식은 파일의 각 바이트를 이진 형태 그대로 읽거나 버퍼의 값을 이진 형태 그대로 저장하는 저수준 입출력 방식이기 때문이다. 따라서 바이너리 파일은 반드시 ios::binary의 파일 모드로 파일을 오픈해야 한다. 그러나 텍스트 파일은 어떤 모드로 오픈해도 상관없다.

파일 스트림 클래스의 파일 입출력을 위하여 7.7.1절에서 다루었던 get() 함수와 put() 함수를 사용할 수 있지만, 7.2.3절과 7.3.2절에서 다루었던 istream 클래스의 멤버 함수 write()와 ostream 클래스의 read() 함수를 사용하면 블록 단위로 입출력하는 작업을 수행할 수 있다.

〈예 7.16〉은 read()와 write() 멤버 함수를 이용하여 한 파일의 내용을 다른 파일로 복사하는 프로그램이다. 이때 파일 모드가 ios::binary로 설정되어 있지만 입력 파일은 텍스트 파일이든 바이너리 파일이든 상관없다.

◆ **<예 7.16>**

```
#include <iostream>
#include <string>
#include <fstream>
using namespace std;

const int SIZE = 1024;

class File {
     char buf[SIZE];
public:
     int copy(const string, const string);
};

int File::copy(const string input, const string output) {

     ifstream filein(input, ios::in | ios::binary);
     ofstream fileout(output, ios::out | ios::binary);

     if ( filein.fail() ) {
```

```
        cout << "파일 \"" << input << "\"을 열수가 없습니다." << endl;
        return 1;
    }
    if ( fileout.fail() ) {
        cout << "파일 \"" << output << "\"을 열수가 없습니다." << endl;
        return 2;
    }

    while ( !filein.eof() ) {
        filein.read(buf, SIZE);
        streampos cnt = filein.gcount();  // 현재 읽은 바이트 수
        fileout.write(buf, cnt);
    }
    return 0;
}

int main()
{
    File obj;

    string inputfile;
    cout << "입력 파일을 폴더의 경로와 함께 입력: ";
    cin >> inputfile;

    string outputfile;
    cout << "출력 파일을 폴더의 경로와 함께 입력: ";
    cin >> outputfile;

    obj.copy(inputfile, outputfile);
}
```

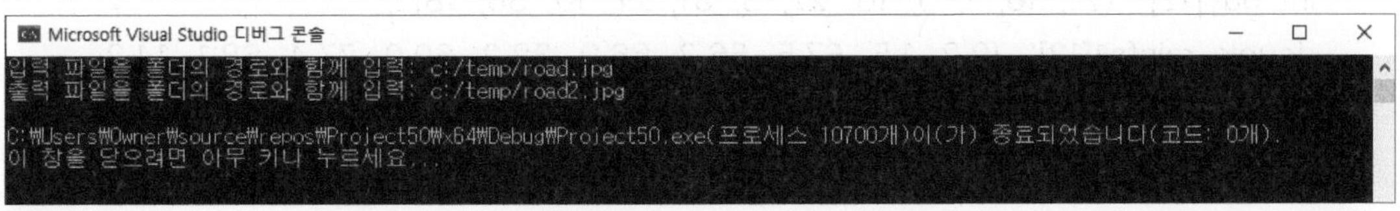

〈그림 7.4〉 c:/temp/road.jpg

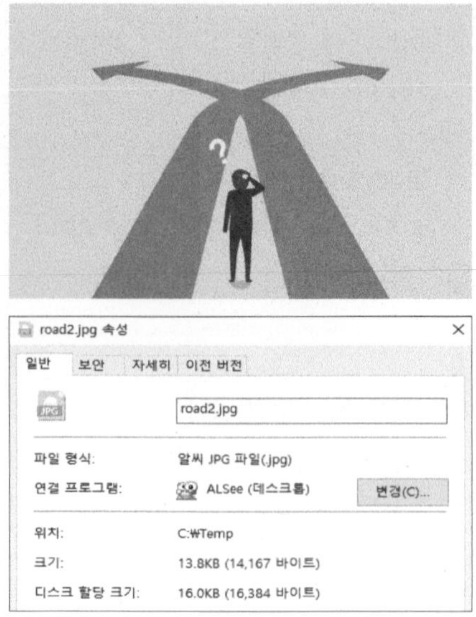

〈그림 7.5〉 c:/temp/road2.jpg

〈그림 7.4〉은 바이너리 파일인 이미지 파일로서 입력 파일로 주어진 것이며 〈그림 7.5〉의 파일은 〈예 7.16〉의 실행 결과로 얻어진 출력 파일이다. 두 바이너리 파일의 속성을 살펴보면 두 파일 모두 총 14,167 바이트의 같은 크기를 차지하고 있음을 확인할 수 있다.

〈예 7.16〉에서 사용한 gcount() 함수는 read() 함수 등을 통해 현재 읽어 들인 데이터의 바이트 수를 구해준다. 입력 파일 "road.jpg"의 크기가 14,167 바이트이므로 〈예 7.16〉의 while 문에서는 1024 바이트씩 13번 읽어 들인 후 마지막으로 나머지 855 바이트를 읽어 들인다. 따라서 read() 함수를 통해 읽어 들인 자료의 바이트 크기를 매번 write() 함수의 인수로 전달되었으므로 정확한 복사가 이루어지고 있음을 알 수 있다.

프로그램 내에서 할당된 변수나 배열 등의 자료를 이진 형태로 저장하기 위해서는 당연히 출력 파일의 모드를 ios::binary로 설정하여야 한다. 〈예 7.17〉은 다음과 같이 4.1.2절에서 선언했던 두 배열 day[]와 rainfall[]의 값을 출력 파일 "array.dat"에 저장한 후 이 파일을 다시 입력 파일로 설정하여 저장된 배열의 값을 다시 출력하는 프로그램이다.

```
int day[12]  {21, 16, 1, 3, 16, 27, 3, 31, 21, 10, 30, 18} ;
double rainfall[12]  {9.2, 1.5, 67.5, 56.2, 66.9, 38.2, 60.0, 77.4, 68.1, 14.2,
                      27.2, 2.8} ;
```

◆ <예 7.17>

```
#include <iostream>
#include <string>
#include <fstream>
using namespace std;

const string filename = "array.dat";

int main()
{
    int day[12]{ 21, 16, 1, 3, 16, 27, 3, 31, 21, 10, 30, 18 };
    double rainfall[12]{ 9.2, 1.5, 67.5, 56.2, 66.9, 38.2, 60.0, 77.4, 68.1, 14.2,
                         27.2, 2.8 };

    ofstream fileout(filename, ios::out | ios::binary);
    if ( fileout.fail() ) {
        cout << "파일 \"" << filename << "\"을 열수가 없습니다." << endl;
        return 1;
    }

    fileout.write((char*)day, sizeof(day));           // 배열 day[]의 모든 요소 저장
    fileout.write((char*)rainfall, sizeof(rainfall)); // 배열 rainfall[]의 모든 요소 저장
    fileout.close();

    ifstream filein(filename, ios::in | ios::binary);
    if ( filein.fail() ) {
        cout << "파일 \"" << filename << "\"을 열수가 없습니다." << endl;
        return 2;
    }

    int test[12] = { 0 };    // 일차원 배열 day[]의 값 읽어오기
    filein.read( (char*)test, sizeof(test) );  // day[]의 값을 배열 test[]로 입력

    cout << "day[] == test[]: ";
    for (int i = 0; i < 12; i++)
```

```
        cout << test[i] << "  ";
    cout << endl;

    filein.close();
    return 0;
}
```

```
day[] == test[]: 21  16  1  3  16  27  3  31  21  10  30  18
```

<예 7.17>의 실행 결과 두 배열 day[]와 rainfall[]의 모든 요소들을 저장한 "array.dat" 파일은 바이너리 파일이므로 윈도우즈의 메모장 프로그램으로 열어볼 수 없다.

<실습 7.10> "array.dat" 파일로부터 rainfall[]의 각 요소의 값을 읽어 온 후, 다음과 같이 출력되도록 <예 7.17>을 적절히 수정하시오.

```
double rain[12] = { 0.0 } ;
filein.seekg( sizeof(day) ) ;
filein.read( (char*)rain, sizeof(rain) ) ;
< for 문>
```

```
rainfall[]: 9.2  1.5  67.5  56.2  66.9  38.2  60  77.4  68.1  14.2  27.2  2.8
```

마지막으로 <예 7.18> 프로그램은 5.4.4절에서 선언했던 Person 클래스의 멤버 자료들을 입력하여 그 데이터를 파일에 저장한 후 나중에 그 내용을 표준 출력 장치에 출력하는 프로그램을 표시한 것이다.

◆ <예 7.18>

```
#include <iostream>
#include <string>
#include <fstream>
using namespace std;
```

```
const string filename = "Person.dat";

class Person {
protected:
    string name;
    char gender;
    int age;
public:
    Person() { gender = 'M'; age = 20; }  // 디폴트 생성자 함수
    Person(const string&, char, int);  // 생성자 함수
    string& namePerson();    // 이름 반환
    char& genderPerson();    // 성별 반환
    int& agePerson();          // 나이 반환
    void prntPerson(string);    // 이름(성별), 나이 출력
};

Person::Person(const string& str, char mf, int old) {  // 생성자 함수
    name = str;
    gender = mf;
    age = old;
}
string& Person::namePerson() { return name; }  // 이름 반환
char& Person::genderPerson() { return gender; }  // 성별 반환
int& Person::agePerson() { return age; }  // 나이 반환

void Person::prntPerson(string str) {    // 이름(성별), 나이 출력
    cout << str << "의 정보 = [이름: " << name
        << "(" << gender << ")" << ", 나이: " << age << "]" << endl;
}

int addPerson() {
    ofstream fileout(filename, ios::ate | ios::binary);
    if (fileout.fail()) {
        cout << "파일 \"" << filename << "\"을 열수가 없습니다." << endl;
```

```
        return 1;
    }

    Person p;
    cout << "이름: "; getline(cin, p.namePerson());

    while (p.namePerson() != "") {  // 이름이 빈 공간 문자열이면 입력 종료
        cout << "성별(M,F): "; cin >> p.genderPerson();
        cout << "나이: "; cin >> p.agePerson();
        cin.ignore(80, '\n');

        fileout.write((char*)&p, sizeof(p));

        cout << "이름: "; getline(cin, p.namePerson());
    }

    fileout.close();
    return 0;
}


int printPerson() {
    ifstream filein(filename, ios::in | ios::binary);
    if (filein.fail()) {
        cout << "파일 \"" << filename << "\"을 열수가 없습니다." << endl;
        return 2;
    }

    int cnt = 0;

    Person p;
    cout << "Person 객체 배열의 내용:" << endl;
    while ( filein.read((char*)&p, sizeof(p)) ) {
          p.prntPerson(to_string(cnt));
          cnt++;
```

```
        }

    filein.close();
    return 0;
}

int main()
{
    addPerson();    // Person 객체 자료 추가; 엔터를 치면 추가 입력 종료됨
    printPerson();  // 입력된 Person 객체 배열 출력
}
```

```
이름: 강정아↵
성별(M,F): F↵
나이: 22↵
이름: Oh Tae Hyun↵
성별(M,F): M↵
나이: 28↵
이름: 정세진↵
성별(M,F): M↵
나이: 25↵
이름: Hong Gildong↵
성별(M,F): M↵
나이: 34↵
이름:↵
Person 객체 배열의 내용:
0의 정보 = [이름: 강정아 (F), 나이: 22]
1의 정보 = [이름: Oh Tae Hyun(M), 나이: 28]
2의 정보 = [이름: 정세진(M), 나이: 25]
3의 정보 = [이름: Hong Gildong(M), 나이: 34]
```

연습문제

[연습 7.2.1]

다음은 Bunsu 클래스 객체를 ostream 클래스의 표준 출력 스트림 객체인 cout을 이용하여 출력할 수 있도록 operator<<() 함수를 다중 정의한 것이다.

```
ostream& operator<<(ostream& out, Bunsu& b)  {
    b.printBunsu();
    return out;
}
```

이 함수를 Bunsu 클래스의 friend로 선언한 후 { 12, 5, "Five" }으로 초기화되는 Bunsu 객체 a를 << 연산자를 이용하여 다음과 같이 출력하는 main() 함수를 작성하시오.

```
a 객체:
분수 Five = 5/12 = 0.416667
```

[연습 7.2.2]

조정자와 확장 조정자를 적절히 설정하여 3개의 정수 123, -3547, 9876을 다음과 같이 출력하도록 main() 함수를 작성하시오.

```
^^^^^123
-^^^3547
9876^^^^
```

[연습 7.2.3]

십진수 12345의 값을 조정자와 확장 조정자를 적절히 설정하여 다음과 같이 3가지 형태로 출력하는 main() 함수를 작성하시오.

```
030071
##0x3039
###12345
```

[연습 7.3.1]

다음은 istream 클래스의 표준 입력 스트림 객체인 cin을 이용하여 Bunsu 클래스 객체의 자료를 입력할 수 있도록 operator>>() 함수를 다중 정의한 것이다.

```
istream& operator>>(istream& in, Bunsu& b)  {
    cout << "\n분모= "; in >> b.bunmo;
    cout << "분자= "; in >> b.bunja;
    cout << "이름= "; in >> *b.name;
    return in;
}
```

이 함수를 Bunsu 클래스의 friend로 선언한 후 Bunsu 객체 c의 전용 멤버 자료들을 >> 연산자를 이용하여 다음과 같이 입력한 후, << 연산자로 이 객체를 출력하는 main() 함수를 작성하시오.

```
분모= 8↵
분자= 2↵
이름= c↵

분수 c = 2/8 = 0.25
```

[연습 7.4.1]

다음은 학생의 이름(name), 성별(mf), 나이(age), 학년(grade)를 멤버로 갖는 Student 구조체를 정의한 것이다.

```
struct Student {
    string name;     // 학생의 이름
    char mf;         // 성별
    int age;         // 나이
    int grade;       // 학년
} ;
```

<예 7.9>의 소스 프로그램을 수정하여 파일 "person.txt"으로 부터 학생들의 정보를 읽어 들여 Student 구조체 배열 Student st[5];로 저장한 후 이 구조체 배열을 "student.txt" 파일로 출력하는 프로그램을 작성하시오.

[연습 7.7.1]

다음과 같이 입력되어 있는 파일 "bluebird.txt"을 읽어 들여 영문 소문자는 대문자로, 대문자는 소문자로 출력하는 프로그램을 작성하시오. 단, 나머지 문자들은 그대로 출력한다.

```
I say, STAY in there,
I' m not going to let anybody see YOU.
```

※ 힌트: get() 함수를 사용하여 전체 파일의 내용을 하나의 문자씩 차례대로 읽어 들이는 while 문은 다음과 같다.

```
string input = "bluebird.txt" ;
ifstream filein(input) ;
while ( (ch = filein.get()) != EOF ) {
        // ch가 소문자면 대문자로, 대문자면 소문자로 변환
}
```

[연습 7.7.2]

함수 get()으로 읽어 들인 파일 "bluebird.txt"의 문자들을 put() 함수를 이용하여 다음과 같이 빈칸 문자(' ')는 '+' 문자로, 개행문자('\n')를 비롯한 다른 모든 문자는 그 문자 그대로 텍스트 파일 "redbird.txt"에 저장하는 프로그램을 작성하시오. 또한 파일 "bluebird.txt"의 내용 중에 포함된 모든 공백 문자(' ', '\n', '\t')의 개수를 "redbird.txt" 파일의 마지막 줄에 다음과 같이 저장하는 프로그램을 작성하시오.

```
I+say,+STAY+in+there,
I' m+not+going+to+let+anybody+see+YOU.
공백문자의 개수= 13
```

[연습 7.7.3]

다음은 한 학생의 국어(kor), 영어(eng), 수학(mat) 성적과 이들 세 과목 성적의 합과 평균을 멤버로 갖는 Score 구조체를 정의한 것이다.

```
struct Score {
    int kor;
    int eng;
```

```
    int mat;
    int sum;
    double avr;
};
```

다음 입력 파일 "score.txt"은 학생 3명의 국어, 영어, 수학 성적이 한 줄에 3칸씩 붙여서 입력되어 있다.

```
 90 75100
100 80 90
 92100 70
```

파일 "score.txt"의 자료를 read() 함수로 3바이트씩 연속해서 읽어 들이면 각 학생의 과목별 점수를 얻을 수 있다. 이 자료를 Score 구조체 배열로 저장한 후, 합계와 평균을 구하여 다음과 같이 출력하는 프로그램을 작성하시오. 이때 주의할 점은 한 학생의 자료를 읽은 후 filein.read(str, 1);과 같이 개행 문자를 읽어서 버림해야 한다.

```
국어  영어  수학  합계  평균
  90    75   100   265  88.3333
 100    80    90   270  90
  92   100    70   262  87.3333
```

[연습 7.7.4]

파일 "bluebird.txt"을 읽어 들여 다음과 같이 이 파일에 들어있는 공백 문자를 제외한 모든 문자의 개수와 줄의 개수, 그리고 파일의 크기(바이트)를 구하는 프로그램을 작성하시오.

※ 힌트: 어떤 문자가 공백 문자가 아님을 판정하는 조건식은 (!(ch == ' ' or ch == '\t' or ch == '\n'))이다.

```
공백 문자가 아닌 문자의 수 = 48
줄의 개수= 2
파일의 크기 = 63바이트
```

[연습 7.8.1]

다음은 학생의 이름(name)과 국어(kor), 영어(eng), 수학(mat) 성적과 이들 세 과목 성적의 합과 평균을 멤버로 갖는 Score 구조체를 정의한 것이다.

```
struct Score {
    char name[10];
    int kor;
    int eng;
    int mat;
    int sum;
    double avr;
};
```

파일 "scoreInput.txt"에는 다음과 같이 학생 3명 학생들의 국어, 영어, 수학 성적이 한 줄에 입력되어 있다.

```
Kang 90 75 100
Kim 100 80 90
Seo 92 100 70
```

입력 파일 "scoreInput.txt"을 읽어서 학생의 이름(name), 3개 과목의 점수와 합계(sum), 평균(avr)으로 구성되는 Score 구조체 student의 자료를 바이너리 파일 "scoreOutput.dat"에 차례대로 출력하는 프로그램을 작성하시오.

[연습 7.8.2]

바이너리 파일 "scoreOutput.dat"에 저장되어 있는 3명의 구조체 자료 중에서 제일 마지막에 저장된 구조체 자료를 다음과 같이 출력하는 프로그램을 작성하시오.

```
이름= Seo
성적= [국어] 92 [영어] 100 [수학] 70
합계= 262, 평균= 87.3333
```

[연습 7.8.3]

cin으로 입력한 4번째 학생의 정보("Sunwoo", 87, 95, 92)를 student 구조체 객체로 생성한 후, 3명의 자료가 저장되어 있는 바이너리 파일 "scoreOutput.dat"에 이어서 출력하는 프로그램을 작성하시오. 또한 파일 "scoreOutput.dat"을 읽어 들여 4명 학생 모두의 성적을 다음과 같이 출력하는 프로그램을 작성하시오.

```
Sunwoo 87 95 92↵

 이름        국어  영어  수학  합계  평균
      Kang    90    75   100   265   88.3333
       Kim   100    80    90   270   90
       Seo    92   100    70   262   87.3333
    Sunwoo    87    95    92   274   91.3333
```

※ 힌트: 4명의 성적에 대한 자료를 모두 출력하는 while 문은 다음과 같다.

```
while ( filein.read((char*)&student, sizeof(student)) ) {
        cout << setw(10) << student.name << setw(6) << student.kor
              << setw(6) << student.eng << setw(6) << student.mat
              << setw(6) << student.sum << "    " << student.avr << endl ;
}
```

[연습 7.8.4]

텍스트 파일 "forgotten.txt"의 내용이 아래와 같다고 할 때, 텍스트 파일 "bluebird.txt"의 뒤에 "forgotten.txt"의 내용을 추가하는 프로그램을 작성하시오.
※ 힌트: <예 7.16>의 예제 프로그램 참조.

```
Let it be forgotten, as a flower is forgotten,
Forgotten as a fire that once was stinging gold,
Let it be forgotten for ever and ever,
Time is a kind friend, be will make us old.
```

찾아보기

참고문헌

[1] C++ Language [https://cplusplus.com/doc/tutorial/]

[2] H. M. Deitel·P. J. Deitel, 강성철 외 역, “C++ HOW TO PROGRAM", 2003, PEARSON EDUCATION KOREA.

[3] Ira POHL 저, 김태공·천인국·하상호 편역, “C++를 사용한 객체 지향 프로그래밍”, 2000, 시그마프레스.

[4] Stephan Prata 저, 윤성일·이도희 역, “C++ 기초 플러스”, 1996, 성안당.

[5] Steven C. Lawlor, “The Art of Programming COMPUTER SCIENCE with C++”, 1998, PWS Publishing Company.

[6] 강환수 외, “C로 배우는 프로그래밍 기초”, 2003, 학술정보.

[7] 김상형, “C++을 내것으로, 레퍼런스편”, 1995, 가남사.

[8] 박근덕 외, “C, C++ 프로그래밍 및 실습”, 2006, 정익사.

[9] 안기수, “C 언어 프로그래밍”, 2020, 생능출판.

[10] 오종철 외, “C++ Programming”, 2010, GS인터비전.

[11] 우재남, “C 언어 for beginner”, 2022, 한빛아카데미.

[12] 윤성우, “열혈 C 프로그래밍”, 2021, 오렌지미디어.

[13] 윤인성, “프로그래밍 기초부터 객체 지향 핵심까지 C# 프로그래밍”, 2021, 한빛아카데미.

[14] 윤인성 옮김, “포르잔 C++ 에센셜”, 2020, 한빛아카데미

[15] 전문식 편저, “미래 컴퓨터 프로그램 언어 객체지향 프로그래밍”, 1992, 홍릉과학출판사.

[16] 천인국, “누구나 쉽게 즐기는 C 언어 콘서트”, 2022, 생능출판.

[17] 천인국, “쉽게 풀어쓴 C 언어 Express”, 2022, 생능출판.

[18] 황기태, “C++ Programming”, 2018, 생능출판.

본 저서는 국립군산대학교 2022 연구년의 연구비 지원에 의해 연구되었음

Visual Studio 패키지를 이용한
C++ 프로그래밍

2023년 3월 1일 인쇄 발행

저 자 오종철
발 행 인 송기수
발 행 처 도서출판 GS인터비전
편 집 처 도서출판 GS인터비전
편 집 인 공예서
표지디자인 도서출판 GS인터비전
인 쇄 처 트윈벨미디어
등 록 번 호 제 25100-2016-000050 호
I S B N 979-11-5576-422-0(93560)

주 소 서울 은평구 증산로 15길 69, 2층
전 화 02-976-7898, 02-3272-7898.
팩 스 02-6468-7898
홈페이지 gsintervision.co.kr
E-Mail gsinter7@gmail.com

정 가 30,000원